U0067682

旗 標 事 業 群

好書能增進知識　提高學習效率　卓越的品質是旗標的信念與堅持

Flag Publishing

http://www.flag.com.tw

旗 標 事 業 群

好書能增進知識 提高學習效率 卓越的品質是旗標的信念與堅持

Flag Publishing

http://www.flag.com.tw

第Ⅱ版

SPSS
統計分析實務
Statistical Analysis Guidebook Using SPSS

感謝您購買旗標書,
記得到旗標網站
www.flag.com.tw
更多的加值內容等著您…

● FB 官方粉絲專頁:旗標知識講堂

● 旗標「線上購買」專區:您不用出門就可選購旗標書!

● 如您對本書內容有不明瞭或建議改進之處,請連上
旗標網站,點選首頁的 聯絡我們 專區。

若需線上即時詢問問題,可點選旗標官方粉絲專頁
留言詢問,小編客服隨時待命,盡速回覆。

若是寄信聯絡旗標客服email,我們收到您的訊息後,
將由專業客服人員為您解答。

我們所提供的售後服務範圍僅限於書籍本身或內
容表達不清楚的地方,至於軟硬體的問題,請直接
連絡廠商。

學生團體	訂購專線:(02)2396-3257 轉 362
	傳真專線:(02)2321-2545
經銷商	服務專線:(02)2396-3257 轉 331
	將派專人拜訪
	傳真專線:(02)2321-2545

作　　者/楊世瑩

發行所/旗標科技股份有限公司

台北市杭州南路一段 15-1 號 19 樓

電　　話/(02)2396-3257(代表號)

傳　　真/(02)2321-2545

劃撥帳號/1332727-9

帳　　戶/旗標科技股份有限公司

監　　督/陳彥發

執行編輯/張根誠

美術編輯/林美麗‧薛詩盈‧張容慈

封面設計/古鴻杰

校　　對/張根誠

新台幣售價:550 元

西元 2024 年 1 月初版 18 刷

行政院新聞局核准登記 - 局版台業字第 4512 號

ISBN　978-957-442-631-7

Copyright ©2023 by Flag Technology Co., LTD.
All rights reserved.

國家圖書館出版品預行編目資料

SPSS 統計分析實務 / 楊世瑩著 .-- 第二版 .--

-- 臺北市:旗標科技股份有限公司 , 2008.06　面;　公分

ISBN 978-957-442-631-7　(平裝)

1. 統計套裝軟體　2. 統計分析

512.4　　　　　　　　　　　　　　97010706

本著作未經授權不得將全部或局部內容以任何形
式重製、轉載、變更、散佈或以其他任何形式、
基於任何目的加以利用。

本書內容中所提及的公司名稱及產品名稱及引用
之商標或網頁,均為其所屬公司所有,特此聲明。

本書學習地圖

書名：Microsoft Excel 統計實務
應用 第二版 - 市場調查與資料分析
以廣泛使用、容易取得的 Excel 為
工具，列舉豐富統計案例進行解說，
並提供問卷設計等實務面的應用！

書名：SPSS 統計分析實務 第二版
用 SPSS 進行統計分析，專題、初等
統計分析、描述性統計、交叉分析表
信度等等統計應用，範圍廣泛，帶您快
速學習、立刻使用。

推薦閱讀

書名：Excel 2007 實戰手冊

書名：Excel 2007 函數與分析
工具 2007~2002 函數全適用

書名：Excel 2007
資料分析達人講座

序 PREFACE

SPSS 原名是 Statistical Package for the Social Science, 後來更名爲 Statistical Product and Service Solutions, 爲一用於社會科學研究上的統計套裝軟體。它在統計上的功能相當完備, 有一般市調人員（包括報章雜誌撰寫民調結果的人）及大學生撰寫報告所需之分析工具：次數分配、交叉表、均數檢定、變異數分析、相關、迴歸、……等；甚至, 包括研究生撰寫博碩士論文所需之多變量分析工具：因素分析、判別分析、集群分析、……等。歷年來, SPSS 不斷推陳出新, 逐年有不同之中 / 英文版本推出, 本書所使用之 SPSS 版本爲『SPSS 14.0 中文視窗版』, 但書籍內容可適用於各 SPSS 版本。

本書係將筆者於教學時, 經多年與學生合作, 進行實際問卷調查所收集到之資料, 作爲全書之分析實例的主要資料。其特性爲：

1. 具眞實性且符合國情

絕大多數之資料均是於國內眞正進行問卷調查所獲得, 每筆均是眞眞實實的資料, 並非如坊間大部分書籍所使用之假設資料；或國情不同的國外資料。

2. 具親切感

各問卷所調查之對象, 均是一般人日常生活上所使用得到之產品。如：手機、信用卡、網路購書、音樂 CD、運動鞋、運動飲料、化妝品、衛生棉、……。而非機械、生物、植物、昆蟲、化學、醫學、……等, 較難懂之實例。對普通人言, 應是較具親切感。

3. 具時效

所使用之資料爲最近兩三年才進行調查之實際資料, 絕對是讀者們最近還接觸得到的事物；而非數年或數十年前的老資料。

4. 實例充足

因筆者教授與市場調查相關之課程多年, 所獲取之原始問卷及資料相當多。除可用於課本之本文上, 多舉幾個實例進行解說外；還可供學生於課堂上進行實作演練, 或於課後當作習題作業。甚至, 還可保留幾組資料專供授課教師, 拿來作爲考試題目。

5. 重過程也重解説

每一個實例, 除了不厭其煩, 詳盡地逐步解説其操作及計算過程外; 對其結果, 也儘量以讀者較容易接受之口語化加以說明; 而不是以艱澀難懂的統計術語來進行解説。

6. 包含報告之整理與寫法

於以 SPSS 取得分析之後, 最終仍得將其寫成報告或論文。這個工作通常是以 Word 來處理, 可是要如何將 SPSS 結果轉到Word, 仍是大有學問, 無論單選題之次數分配表與交叉表; 或是複選題之次數分配表與交叉表, 其處理方式均不相同, 沒有充分之實作經驗可真是事倍功半。此外, 對於應如何將龐大之報表濃縮整理成 Word 表格之技巧與方式; 以及, 如何撰寫成報告或論文內容? 本書在這幾個方面均有詳盡的介紹, 這絕對是其它類似書籍上找不到的!

7. 易學易用

所談及之內容, 均是一般常用之問卷分析技巧。無導出/驗證統計公式之乏趣內容, 也無過深理論, 絕對能讓讀者「學得輕鬆、學得實用」!

為節省教師指定作業之時間, 並讓學習者有自我練習之機會, 每一範例均附有所使用之檔案, 可馬上驗收所學內容; 且於章節適當位置再加有『馬上練習』之題目, 並於各章末備有習題。且將每一章所使用之範例、「馬上練習」與習題之題目, 均附於書附下載範例中, 學習者可隨時於任一章插進來閱讀並練習。

撰寫本書雖力求結構完整與內容詳盡, 然仍恐有所疏漏與錯誤, 誠盼各界先進與讀者不吝指正。

楊世瑩 謹識

關於書附下載範例

本書下載範例中, 含有豐富的學習資源, 除真實的調查資料檔案外, 並提供讀者您練習操作時所需要的範例檔案; 並附上各章可供您立即練習測試學習成果的習題。

下載範例中共區分為 2 個資料夾, 分別放置:

下載檔的資料夾	資料夾內容
SPSS習題	在習題中所需使用的相關問卷及調查資料
SPSS範例	在您實際操作 SPSS 時所需的調查資料檔及說明

讀者連到以下網址即可取得範例檔:

https://www.flag.com.tw/DL.asp?F8731

書中凡出現「書附光碟」、「光碟」指的就是您透過上述網址所取得的書附範例。

目錄

CONTENTS

第 1 章 概說

1-1	SPSS 簡介	1-2
1-2	本書之特色	1-2
1-3	進入 SPSS	1-4
1-4	SPSS 之『SPSS 資料編輯程式』視窗	1-8
1-5	定義變數	1-17
1-6	輸入資料	1-18
1-7	儲存資料	1-19
1-8	執行一簡單分析	1-21
1-9	『SPSS 瀏覽器』畫面	1-24
1-10	儲存結果	1-27
1-11	離開 SPSS	1-28
1-12	開啟舊檔	1-29
1-13	輔助說明	1-31

第 2 章 建立 / 編輯資料檔

2-1	定義變數	2-2
2-2	增 / 刪變數	2-13
2-3	搬移變數	2-16
2-4	輸入資料	2-18
2-5	查變數資訊	2-18
2-6	查檔案資訊	2-19
2-7	顯示數值標記	2-20
2-8	排序	2-20

2-9 　多重鍵排序 ……………………………………………………… 2-24

2-10 　增/刪觀察值 …………………………………………………… 2-25

2-11 　複製變數 ………………………………………………………… 2-25

2-12 　複製觀察值 ……………………………………………………… 2-27

2-13 　搬移觀察值 ……………………………………………………… 2-28

2-14 　尋找 ……………………………………………………………… 2-29

2-15 　直接跳到某觀察值 ……………………………………………… 2-31

2-16 　修改 ……………………………………………………………… 2-31

2-17 　儲存 ……………………………………………………………… 2-31

第 3 章　設計問卷與取得資料

3-1 　幾個專有名詞 …………………………………………………… 3-3

3-2 　變數的分類 ……………………………………………………… 3-6

3-3 　設計問卷的步驟 ………………………………………………… 3-7

3-4 　編碼與鍵入 ……………………………………………………… 3-11

3-5 　幾種典型的問卷題目 …………………………………………… 3-11

3-6 　單選題 …………………………………………………………… 3-12

3-7 　複選題 …………………………………………………………… 3-13

3-8 　填充/開放題 …………………………………………………… 3-14

3-9 　量表 ……………………………………………………………… 3-16

3-10 　權數 ……………………………………………………………… 3-18

3-11 　等級/順序 ……………………………………………………… 3-21

3-12 　子題 ……………………………………………………………… 3-24

3-13 　核對資料 ………………………………………………………… 3-25

第 4 章　資料轉換

4-1　自別的檔案取得資料 4-2

4-2　轉存為其他軟體可用之資料 4-13

4-3　僅轉存部份變數 4-15

4-4　合併-觀察值 4-18

4-5　合併-變數 4-21

4-6　重新編碼 4-25

4-7　計算 4-29

4-8　置換遺漏值 4-31

4-9　置換成中位數 4-33

第 5 章　次數分配

5-1　類別變數—單選題次數分配 5-2

5-2　將分析結果轉入 Word 5-4

5-3　連續變數之次數分配 5-9

5-4　以視覺化聚集器進行分組 5-14

5-5　縮減類別再求次數分配 5-21

5-6　僅取得有效百分比轉到 Word 5-26

5-7　統計量 5-29

5-8　統計圖表 5-31

第 6 章 / 敘述統計

6-1　均數 6-2

6-2　中位數 6-2

6-3　眾數 6-4

6-4　偏態 6-5

6-5　峰度 6-6

6-6　全距 6-6

6-7　四分位數 6-6

6-8　變異數與標準差 6-7

6-9　整體摘要 6-8

6-10　分組摘要 6-11

6-11　類別轉數值求統計量 6-20

第 7 章 / 交叉分析表

7-1　建立交叉分析表 7-2

7-2　將分析結果轉入 Word 7-6

7-3　百分比 7-10

7-4　卡方檢定 7-12

7-5　應注意下列事項 7-16

7-6　縮減組數 7-17

7-7　長條圖 7-24

第 8 章　複選題

8-1	如何定義複選題資料	8-2
8-2	複選題次數分配	8-5
8-3	將複選題次數分配結果轉入 Word	8-8
8-4	複選題交叉表-複對單	8-11
8-5	將複選題對單選題交叉表結果轉入 Word	8-18
8-6	複選題交叉表-複對複	8-22
8-7	將複選題對複選題交叉表結果轉入 Word	8-28

第 9 章　均數檢定

9-1	概説	9-2
9-2	假設檢定之類型與單/雙尾檢定	9-3
9-3	檢定的步驟	9-4
9-4	單一母體平均數檢定	9-5
9-5	獨立樣本 T 檢定	9-10
9-6	量表檢定-兩組	9-16
9-7	轉入 Word 撰寫報告	9-19
9-8	成對樣本	9-31

第 10 章　單因子變異數分析

10-1	多組樣本之均數檢定	10-2
10-2	量表的檢定—多組	10-7
10-3	轉入 Word 撰寫報告	10-11

第 11 章 / 相關

11-1　概念 11-2

11-2　雙變數的簡單相關係數 11-3

11-3　繪製資料散佈圖 11-5

11-4　多個變數之簡單相關矩陣 11-9

11-5　偏相關 11-11

第 12 章 / 迴歸

12-1　直線迴歸 12-2

12-2　求迴歸並繪圖 12-11

12-3　非線性迴歸 12-14

12-4　複迴歸 12-21

第 13 章 / 因素分析

13-1　概念 13-2

13-2　申請信用卡考慮因數之因素分析 13-3

13-3　萃取主成份 13-4

13-4　存成新變數作為後階段之資料 13-10

13-5　整理轉軸後的成份矩陣 13-10

13-6　於報告中的寫法 13-15

13-7　對萃取之主成份進行分析 13-18

13-8　洗髮精購買考慮因素的主成份分析 13-22

13-9　比較各品牌洗髮精購買考慮因素 13-28

第 14 章　信度

14-1　概念 ……………………………………………………………… 14-2

14-2　內部一致性 ……………………………………………………… 14-2

第 15 章　判別分析

15-1　概念 ……………………………………………………………… 15-2

15-2　以原始資料進行分析 …………………………………………… 15-3

15-3　以萃取後之主成分進行分析 …………………………………… 15-8

15-4　多組別的判別分析 ……………………………………………… 15-10

第 16 章　集群分析

16-1　概念 ……………………………………………………………… 16-2

16-2　階層化集群分析 ………………………………………………… 16-5

16-3　非階層化集群分析 ……………………………………………… 16-17

16-4　信用卡消費者之市場區隔 ……………………………………… 16-30

附　錄

附錄一　卡方分配的臨界值 ………………………………………… A-2

附錄二　標準常態分配表 …………………………………………… A-4

附錄三　t方分配的臨界值 …………………………………………… A-6

附錄四　F分配的臨界值 ……………………………………………… A-7

CHAPTER

01

概 説

1
2
3
4
5
6
7
8
9
10
11
12
13
14
15
16

1-1 | SPSS 簡介

　　SPSS原名是Statistical Package for the Social Science, 後來更名為Statistical Product and Service Solutions，為一用於社會科學研究上的統計套裝軟體。其功能相當完備, 有一般市調人員 (包括報章雜誌撰寫民調結果的人) 及大學生撰寫報告所需之分析工具：次數分配、交叉表、均數檢定、變異數分析、相關、迴歸、……等；甚至, 包括研究生撰寫博碩士論文所需之多變量分析工具：因素分析、判別分析、集群分析、……等 (平常人, 一輩子也用不到！)。

　　目前, SPSS 與 SAS (Statistical Analysis Software) 同為是世界上公認最優秀的統計套裝軟體。雖然, 兩者在統計上的功能, 均相當受肯定。但若是以進行市場調查分析為目的言, SPSS 似乎是較 SAS 好用一點。所以, SPSS 的普及度還是較 SAS 來得高一些！

　　SPSS 算是非常成熟的產品, 推出的年代也相當久。早在 1965 年, PC 尚未問世之前, 它就已經在大電腦上被使用了。那時的電腦, 作業系統相當多, 且資料也不一定可以共享, 所以 SPSS 就隨電腦所使用的作業系統不同, 有很多不同的版本。但因開發成本較高, 故其租金相當昂貴, 若不是政府機關的研究單位, 或是經費較充足的學校, 是不可能有能力購買的！

　　隨著 PC 的普及, SPSS 也相續推出 DOS 版以及目前的 Windows 版。其租金價位才稍微降低一點點, 普及率也略為提高一些；但還是僅為政府或大型公司之研究單位及學校所採用而已！有很多碩博士論文也都是靠它的幫忙才得以完成, 很多學校除用來作為研究工具外, 許多統計課程, 也直接以其作為教學工具。

1-2 | 本書之特色

　　本書的撰寫方向, 並非用於學習統計課程之內容；而是將重點放在問卷調查結果之分析實務。係將筆者於教學時, 經多年與學生合作, 進行實際問卷調查所收集到之資料, 作為全書分析實例的主要資料。其特性為：

1. **具真實性且符合國情**

   絕大多數之資料, 均是於國內真正進行問卷調查, 所獲得的真實資料, 並非如坊間大部分書籍所使用之假設資料；或國情不同的國外資料。

2. **具親切感**

   各問卷所調查之對象, 均是一般人日常生活上所使用得到之產品。如：數位相機、網路求職行為、網路購物、網路購書、手機、信用卡、電腦、音樂 CD、運動鞋、手錶、皮鞋、運動飲料、運動休閒品牌、化妝品、洗面乳、洗髮乳、7-11 消費行為、名牌包、網路求職、衛生棉、……。而非機械、生物、植物、昆蟲、化學、醫學、……等, 較難懂之實例。對普通人言, 應是較具親切感。

3. **具時效**

   所使用之資料為最近四、五年才進行調查之實際資料, 絕對是讀者們最近還接觸得到的事物；而非十年或數十年前的老資料。

4. **實例充足**

   因筆者教授與市場調查相關之課程多年, 所獲取之原始問卷及資料相當多。除可用於課本之本文上, 多舉幾個實例進行解說外；還可供學生於課堂上進行實作演練, 或於課後當作習題作業。(重點是：還附有解答, 教師可逕向旗標公司索取) 甚至, 還可保留幾組資料專供授課教師, 拿來作為考試題目。

5. **重過程也重解說**

   每一個實例, 除了不厭其煩, 詳盡地逐步解說其操作及計算過程外；對其結果, 也盡量以讀者較容易接受之口語化加以說明；而不是以艱澀難懂的統計術語來進行解說。

6. **包含報告之整理與寫法**

   於以 SPSS 取得分析之報表後, 最終仍得將其寫成報告或論文, 這個工作通常是以 Word 來處理。可是, 要如何將 SPSS 之結果轉到 Word, 仍是大有學問, 無論

單選題之次數分配表與交叉表、複選題之次數分配表與交叉表、單一母體均數檢定之 T 檢定或多組樣本之變異數分析;其處理方式均不相同, 沒有充分之實作經驗可真是事倍功半。此外, 對於應如何將龐大之報表, 利用 Excel 與 Word, 濃縮整理成表格之技巧與方式;以及, 如何撰寫成報告或論文內容? 本書在這幾個方面均有詳盡的介紹, 這絕對是其它類似書籍上找不到的!

7. **易學易用**

所談及之內容, 均是一般常用之問卷分析技巧。無導出/驗證統計公式之乏趣內容, 也無過深理論。絕對能讓讀者能『學得輕鬆、學得實用』!

1-3 │ 進入 SPSS

欲執行 SPSS, 可執行「**開始/所有程式/SPSS 中文視窗版/SPSS 中文視窗版**」, 將獲致

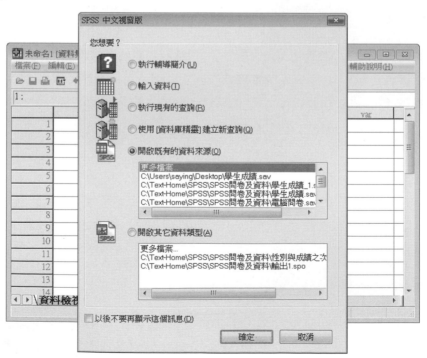

此部份的選項, 較常用的選項及其作用分別為:

執行輔導簡介 (U)

轉入輔助說明之『輔導簡介』, 以一系列之畫面, 簡單解說如何操作 SPSS 來進行分析。(此部份之動作, 相當於執行「**輔助說明 (H) /輔導簡介 (T)**」)

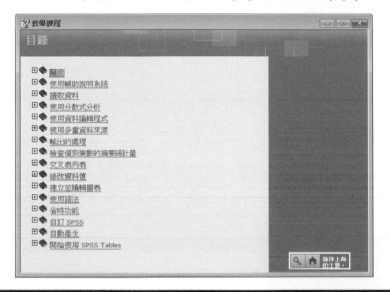

輸入資料 (T)

轉入 SPSS 之『SPSS 資料編輯程式』視窗, 等待輸入資料, 以建立資料檔。通常, 用於第一次輸入問卷資料時。因為, 必須有資料才可進行後續之統計分析。(各部位作用詳本章後文說明)

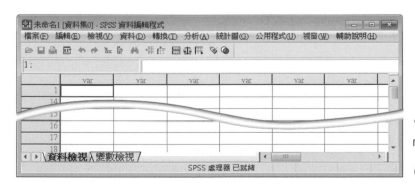

(此部份之動作, 相當於執行「**檔案 (F) /新增 (N) /資料 (A)**」)

開啟既有的資料來源 (O)

若已經將要進行分析之資料輸妥並存檔, 且於最近才使用過該檔。即可選此項, 續於其下之捲動方塊, 以垂直捲動鈕進行捲動, 找出該檔案:

直接雙按其檔名 (或於選取該檔名後, 按 確定), 可將其開啟並等待進行後續之統計分析: (此部份之動作, 相當於執行「**檔案 (F) /最近使用資料 (Y)**」)

	編號	週遭清潔	燈光明亮	商品擺設	多媒體廣告	平面廣告	招牌顯眼	商品多樣
1	1	4	4	4	4	3	4	4
2	2	4	5	3	3	3	4	4
3	3	4	4	4	4	3	4	3
4	4	5	5	4	5	4	5	5
5	5	3	4	4	5	4	4	4
6	6	3	4	4	4	4	4	4
7	7	4	5	5	4	4	5	4
8	8	3	3	3	4	4	4	3
9	9	3	3	4	4	4	4	4
10	10	4	4	3	3	3	4	4
11	11	4	4	4	4	4	4	4

本部份並不僅限於開啟以 SPSS 所建立之資料檔, 也可以開啟其他知名軟體, 如: Excel、Access、dBASE、……等, 所建立之各類資料檔。很多學生, 家裡並沒有 SPSS, 可先以 Excel 進行輸入問卷資料, 再帶到學校轉入 SPSS。(本部份之操作詳第四章之說明)

若資料檔並非最近才使用過, 則無法於其下之捲動方塊內找到該檔案, 可雙按「**更多檔案…**」(或於選取後, 按 確定 鈕), 轉入『開啟檔案』對話方塊, 去找尋所要開啟之資料檔:

找到後, 直接雙按該檔之圖示 (或於選取該檔後, 按 開啟舊檔(O) 鈕), 可將其開啟。
(此部份之動作, 相當於執行「**檔案 (F) /開啟舊檔 (O) /資料 (A) …**」)

開啟其他資料類型 (A)

若想找出最近才儲存之 SPSS 分析結果, 可選此項, 續於其下之方塊, 找出該檔
案:

直接雙按其檔名 (或於選取該檔名後, 按 開啟舊檔(O) 鈕), 可直接取得其分析結果:
(此部份之動作, 相當於執行「**檔案 (F) /最近使用檔案 (F)**」)

輸出1.spo - SPSS 瀏覽器

檔案(F) 編輯(E) 檢視(V) 資料(D) 轉換(T) 插入(I) 格式(O) 分析(A) 統計圖(G) 公用程式(U) 視窗(W) 輔助說明(H)

輸出
　記錄
交叉表
　標題
　註解
　作用中資料集
　觀察值處理摘要
　是否使用電腦 * 性別 交叉表

➡ **交叉表**

[資料集1] C:\Text-Home\SPSS\SPSS問卷及資料\電腦問卷.sav

觀察值處理摘要

	觀察值				
	有效的		遺漏值		
	個數	百分比	個數	百分比	個數
是否使用電腦 * 性別	199	99.5%	1	.5%	200

是否使用電腦 * 性別 交叉表

個數

		性別		總和
		男	女	
是否使用電腦 是		94	105	199
總和		94	105	199

SPSS 處理器 已就緒

　　不過, 由於 SPSS 的執行速度很快, 且其操作步驟也蠻簡單。故而, 我們通常僅保留問卷資料之原始檔案而已。等要取得某一分析之內容時, 於開啓原始資料檔後, 再以指令進行統計分析即可;並不會將所有分析結果均分別存檔 (除非其操作過程比較複雜)。

以後不要再顯示這個訊息 (D)

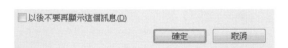

　　選此項, 可促使下次重新啓動 SPSS 時, 不再顯示這個訊息方塊。直接進入 SPSS 之『SPSS 資料編輯程式』視窗, 等待輸入資料。

1-4 SPSS 之『SPSS 資料編輯程式』視窗

『資料檢視』畫面

由於, 現階段我們尚無資料檔可供分析。故於上階段之選擇畫面, 選「**輸入資料 (T)**」

續按 ┌─ 確定 ─┐ 鈕, 轉入 SPSS 之『SPSS 資料編輯程式』(實際上就是一個資料編輯器), 它有兩個檢視畫面。目前我們所看到的是『資料檢視』(左下角顯示 **資料檢視**/), 是用來輸入問卷 (觀察值) 資料的畫面, 其外觀及各部位的名稱為:

茲將其上各部位, 由左而右由上而下分別說明如下:

▶ **標題列**

視窗畫面最上面一列為視窗標題, 指出目前編輯中資料檔的檔名。若係一新檔, 則其標題為『未命名 1 』。一但將其命名存檔後, 本部位將顯示其檔名:

> 數位相機問卷 [資料集1] - SPSS 資料編輯程式

▶ **控制功能表按鈕**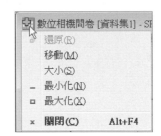

位於『SPSS 資料編輯程式』視窗之左上角, 以滑鼠單按此鈕, 將獲致一下拉式之次功能表:

可用來控制視窗的還原、移動、大小、最大化、最小化與關閉。(可用方向鍵調整, 但一般很少用)

🔑 **小秘訣**

以滑鼠左鍵雙按本按鈕, 亦可關閉『SPSS 資料編輯程式』視窗。

▶ **最小化按鈕** ▭

於其上單按, 會將執行中之『SPSS 資料編輯程式』視窗, 轉為工作列上之小圖示。續於其上單按滑鼠, 可使其還原。

▶ **最大化按鈕** ▭

外觀為一個大視窗, 會把『SPSS 資料編輯程式』視窗放大到佔滿整個螢幕。

▶ 關閉按鈕 ✕

可用以關閉『SPSS 資料編輯程式』視窗, 並結束 SPSS。

▶ 還原按鈕 ⧉

可將視窗還原成前階段之大小。

▶ 主功能表

標題列之下緊跟著主功能表選擇列, 包括：「**檔案 (F)**」、「**編輯 (E)**」、「**檢視 (V)**」、「**資料 (D)**」、「**轉換 (T)**」、「**分析 (A)**」、「**統計圖 (G)**」、「**公用程式 (U)**」、「**視窗 (W)**」與「**輔助說明 (H)**」, 總共有十個主功能選項。在任一主功能選項上單按滑鼠, 會有一下拉式功能選擇表供使用者選擇後續之動作。

💡 注意事項

功能表選項後, 若接有三角符號 ▶ 者, 表示其後仍有次功能選項。如：

若接有連結符號 (…) 者, 表示將轉入另一對話方塊以進行選擇。有些常用功能, 除備有工具按鈕外, 尚提供有快速鍵。如：「**儲存檔案 (S)**」後之

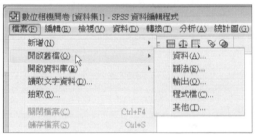

「Ctrl + S」, 表同時按下 Ctrl 與 S 鍵, 相當於執行該選項之動作。

▶ 資料編輯程式工具列

在主功能表下方第一列, 含多個小圖示 (Icon), 稱之為資料編輯程式工具按鈕。每個工具按鈕內, 均包含了 SPSS 的指令巨集, 透過選按所要之工具按鈕, 將可達成某一特定功能。如：按 🖨 『列印』鈕, 可進行印表工作；按 📂 『開啟檔案』鈕, 可進行開啟檔案。如此, 可於操作上獲得更多的便利。

▶ 目前儲存格位址

若未曾定義過欄變數名稱, 本處僅顯示目前所停留之儲存格是在第幾列。如：

2 :		
	var	var
1		
2		
3		

表示目前所停留之位置在第幾 2 列。若曾定義過欄變數名稱, 本處將另再顯示目前所停留之儲存格是在那一個變數欄之第幾列。如：

2 : idno		102	
	idno	q1	q1s1_1
1	101	2	1
2	102	2	1
3	103	2	1

表示目前所停留位置, 在 idno 變數欄的第 2 列。

▶ 資料編輯區

資料輸入中或已完成輸入, 均將於原儲存格及資料編輯區顯示目前所輸入之資料。如, 輸入中之畫面為：

1 :		1001
	var	var
1	1001		
2		

完成輸入後之畫面為：

1 : VAR00001		1001
	VAR00001	var
1	1001.00	

原來之欄變數為 var, 將自動改為 var00001；且目前儲存格位址也已改為

```
1: var00001
```

表示目前所停留位置, 在 var00001 變數欄的第 1 列。儲存格及資料編輯區, 均顯示目前該格之內容為 1001。

▶ 邊框

資料表視窗中很顯眼的灰色框邊, 上有 var 者稱為水平邊框, 上有數字者稱為垂直邊框。

	var	var	var	——水平邊框
1				
2				
3				
4				

垂直邊框

▶ 欄

水平邊框上, 每一個 var 處, 即是用來顯示該欄變數名稱之位置。於其上直接雙按, 即可轉入『變數檢視』畫面去輸入變數名稱:

如, 將其欄名改爲『編號』:

輸妥後, 按左下角之 \資料檢視/ 又可轉回『資料檢視』。可將其變數名稱, 由 var 改變爲我們所定義之新名稱 (編號) :

每個欄名部份之灰色按鈕, 亦可用來作爲整欄選取鈕, 單按該鈕可將一整欄全部選取 (呈反白顯示, 供抄錄、搬移或刪除……等之用, 移往按鈕外之資料表上單按滑鼠, 即可解除被選取之狀態)。

▶ 列

垂直邊框上一個數字所對應之整個橫列 (如：第 2 列), 是用來存放一筆問卷調查之資料, 一列一筆, SPSS 稱之為一個觀察值。

每個數字按鈕, 亦可用來作為整列選取鈕, 單按該鈕可將一整列全部選取 (呈反白顯示, 供抄錄、搬移或刪除……等之用, 移往按鈕外之資料表上單按滑鼠, 即可解除被選取之狀態)。

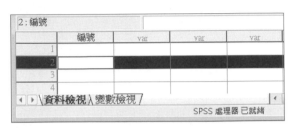

▶ 儲存格

每個垂直與水平座標所交會之處, 即為一個儲存格。

▶ 目前儲存格

資料表內, 以單線方框所圍之儲存格, 用以指出目前游標所在處為那一個儲存格？如：

	idno	q1	q1s1_1	q1s1_2
1	101	2	1	0
2	102	2	1	0
3	103	2	1	0
4	104	1	0	0

3 : q1s1_1 ... 1

表目前儲存格位置為 q1s1_1 欄的第 3 列。若按 Delete 鍵, 將會刪除該格之內容：

3 : q1s1_1

	idno	q1	q1s1_1	q1s1_2
1	101	2	1	0
2	102	2	1	0
3	103	2	.	0
4	104	1	0	0

若輸入新資料, 亦將存於該位置：

3 : q1s1_1 ... 2

	idno	q1	q1s1_1	q1s1_2
1	101	2	1	0
2	102	2	1	0
3	103	2	2	0
4	104	1	0	0

▶ **垂直捲軸**

按 ↑ ↓ 或 Page up Page Down 鍵, 雖可於資料表上作上下移動。但欲全以滑鼠進行操作, 就得使用垂直捲軸。按住垂直捲動鈕上下拖曳, 可用來快速垂直捲動資料表。按軸末端之 ▲ ▼ 上下箭頭, 其作用相當按 ↑ ↓ 鍵, 可上下移動一列。

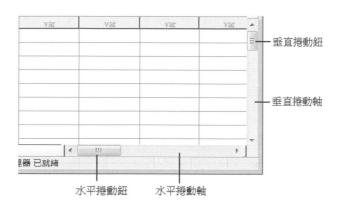

▶ **水平捲軸**

按 ← → 鍵, 雖可於資料表上左右移動。但若欲全以滑鼠進行操作, 就得使用水平捲動軸。按住水平捲動鈕左右拖曳, 可快速左右捲動資料表。按水平捲軸末端之 ◄ ► 左右箭頭, 其作用相當按 ← → 鍵, 可左右移動一欄。

▶ **狀態列**

畫面最下方的一列, 稱為狀態列, 可顯示與目前編輯中資料表有關的一些狀態, 及所要執行之指令的動作提示。

『變數檢視』畫面

SPSS『SPSS 資料編輯程式』的另外一個畫面, 為『變數檢視』畫面, 是用來輸入變數名稱、定義各欄變數之資料型態及其格式。於『資料檢視』要切換到『變數檢視』畫面, 可用方式為:

☑ 執行「**檢視 (V) / 變數**」

☑ 按左下角之 變數檢視 標籤來切換

☑ 按 Ctrl + T 鍵

☑ 雙按任意之欄變數的標題按鈕

若未曾定義過欄變數名稱, 其畫面如:

	名稱	類型	寬度	小數	標記	數值
1						
2						
3						

資料檢視 \ **變數檢視** /

SPSS 處理器 已就緒

其內一列, 即用來定義一個欄變數之名稱及其資料型態 (如:數值、字串、日期……)
及格式 (如:長度與小數位數)、……。

若曾定義過欄變數名稱及其相關設定, 則畫面上可看到各變數之各項設定值:

	名稱	類型	寬度	小數	標記	數值
1	問卷編號	數字的	8	0	編號	無
2	q1	數字的	8	0	是否使用電腦	{1, 是}...
3	q2	數字的	8	0	住處或家中有無	{1, 有}...
4	q3	數字的	8	1	每天使用電腦時	無
5	q4_1	數字的	8	0	利用電腦從事	{1, 做報告}...
6	q4_2	數字的	8	0		無
7	q4_3	數字的	8	0		無
8	q5	數字的	8	0	忍耐多久不使用	{1, 三天內}...

資料檢視 \ **變數檢視** /

SPSS 處理器 已就緒

於『變數檢視』要切換到『資料檢視』畫面, 可用方式為:

☑ 執行「**檢視 (V) / 資料**」

☑ 按左下角之 資料檢視 標籤來切換

☑ 按 Ctrl + T 鍵

1-5 定義變數

由於, 我們目前尚無任何資料可供進行後續之統計分析。所以, 得輸入一些資料。在進行輸入資料之前, 得先定義各欄變數之名稱; 否則, SPSS 將依欄位順序給予 var00001、var00002、var00003、……。

假定, 我們要輸入:編號、性別 (1 表男性; 2 表女性) 與成績等三欄數值資料。可以下示步驟進行定義其變數名稱:

① 首先, 執行「**檢視 (V) /變數**」(或按左下角之〔變數檢視〕標籤) 來切換到『變數檢視』畫面

其內每一列, 即用來定義一個欄變數之名稱及其資料型態。

② 於第 1 列之『名稱』處, 輸入:編號, 作爲第 1 欄之變數名稱。按下 Enter 後, 將自動補上其餘之相關定義的預設值。如:數字的類型、寬度 8、小數 2

③ 由於, 編號並不須小數位, 且寬度也不用那麼多。故我們將其改爲:寬度 4、
小數 0。修改時, 可直接鍵入新值或按其右側之箭頭進行調整

	名稱	類型	寬度	小數
1	編號	數字的	4	0
2				

④ 接著, 依序於第 2、3 列之『名
稱』處, 輸入:性別與成績等作
爲各欄變數名稱。且將其小數均
設定爲 0;寬度分別定爲 1 與 3

	名稱	類型	寬度	小數
1	編號	數字的	4	0
2	性別	數字的	1	0
3	成績	數字的	3	0
4				
5				

◀ ▶ \ 資料檢視 \ 變數檢視 /

SPSS 處理器 已就緒

各部位之定義內容, 目前先維持原狀。留待後文適當章節再進行詳細說明。

1-6 │ 輸入資料

定義完各欄變數之名稱、型態及寬度小數位數後。可以下示之步驟來輸入資料:

① 執行「**檢視 (V) /資料**」(或按左下角之 [資料檢視] 標籤) 切換回『資料檢視』
畫面

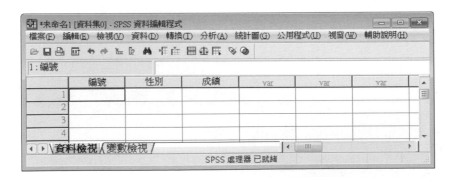

於欄標題處, 已可以看到我們先前所定義之欄變數名稱。此處一列將用以存放
一筆記錄之資料 (一個學生的資料, SPSS 稱其爲一個觀察值)。

② 於各列輸入學生之編號、性別 (1 表男性；2 表女性) 與成績等三欄數值資料 (為利於安排書本之畫面, 我們僅輸入 15 筆學生資料而已)

	編號	性別	成績
1	1	1	72
2	2	1	68
3	3	2	81
4	4	1	75
5	5	2	86
6	6	2	88
7	7	2	91
8	8	2	74
9	9	2	75
10	10	1	67
11	11	2	76
12	12	1	70
13	13	2	82
14	14	2	81
15	15	1	85
16			

1：編號   1

資料檢視 / 變數檢視 /   SPSS 處理

輸入時, 按 → 鍵, 可向右移到下一個資料儲存格, 按 ↓ 鍵, 可向下移到下一列, 或以滑鼠點按要輸入資料之資料儲存格, 即可直接鍵入資料。

雖然, 並沒有規定要一列一列逐筆輸入, 我們雖可一欄打完, 再打另一欄。但這不太是實務上的真實作法, 設想：在一大堆回收之問卷中, 我們會先每份問卷找出第一題進行輸入, 等輸完全部的第一題後, 再回頭由第一份問卷開始找出第二題進行輸入？還是, 一份問卷逐題輸入完後, 再輸入下一份問卷之資料？當然, 是採用後者之方法才對！

1-7 | 儲存資料

輸妥資料 (甚至是資料輸入中), 第一個想到要做的事, 一定是將其存檔, 以免稍有閃失、操作不當、當機或斷電導而致前功盡棄。

初入 SPSS 進行練習, 第一個檔案必然是未曾命名之新檔 (『未命名 1』)。若欲儲存之資料檔, 為一尚未命名之新檔, 可執行下列之任一個動作進行存檔：

☑ 執行「**檔案 (F) /儲存檔案 (S)**」

☑ 按工具列上之 🖫 『儲存檔案』鈕

☑ 按 Ctrl + S 鍵

均將轉入『儲存資料為』對話方塊, 等待輸入檔名:

選擇磁碟機、資料匣並輸入檔案名稱後, 按 [存檔(S)] 鈕, 即可將其依所指定之檔名存入磁碟。

本例將其命名為『學生成績.sav』進行存檔, 儲存後, 標題列的檔名已由『未命名 1』改為『學生成績.sav』:

注意事項

檔名部份, 可使用多達 **250** 個字元, 只要不使用:

: | / \ * ? < > "

等字元, 其餘之中英文、數字及特殊符號均合乎語法。SPSS 預設儲存之資料檔的檔案類型是「**SPSS (*.sav)**」格式, 若無特殊理由, 絕大多數情況, 均直接以此一類型進行存檔。

1-8 │ 執行一簡單分析

接著,我們來進行一般人最能接受、最常見、也最容易看得懂的『次數分配表』分析,求性別及成績之次數分配表:

① 執行「**分析 (A) / 敘述統計 (E) /次數分配表 (F)** …」

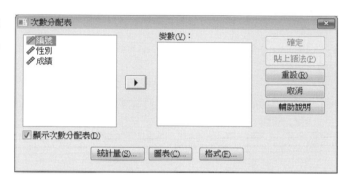

② 左側方塊內所顯示者,為我們所定義過之欄變數名稱,於其上以滑鼠直接拖曳,可同時選取這兩個變數

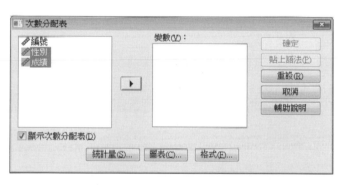

💡 注意事項

如是不連續之變數,可按住 `Ctrl` 鍵,續以滑鼠點按,可選取不連續之多個變數。如果是連續之變數,亦可按住 `Shift` 鍵,續以滑鼠點按要選取之最後一個變數,可選取連續之多個變數。

③ 按 ▶ 鈕,將所選之兩個變數送到右側之『變數 (V)』方塊,表欲處理這兩個變數 (若選錯,可按 ◀ 鈕將其送回左側方塊)

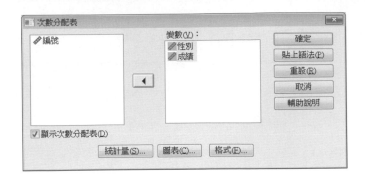

④ 按 統計量(S)... 鈕, 選擇
要取得那些統計量？
本例選擇要求得：平
均數、最小值與最大
值(僅對成績部份有意
義；對性別言,則無意
義。只要不理會性別
在此部份之結果就好
了！)

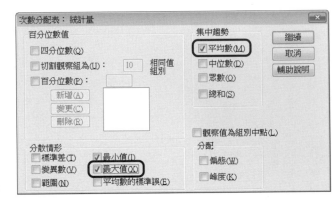

⑤ 按 繼續 鈕, 結束有關統計量的選擇。回上一層之對話方塊

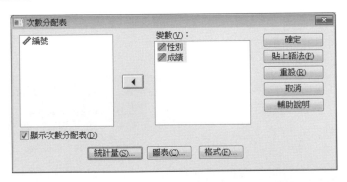

⑥ 按 確定 鈕, 即可進行『次數分配表』統計分析。獲致

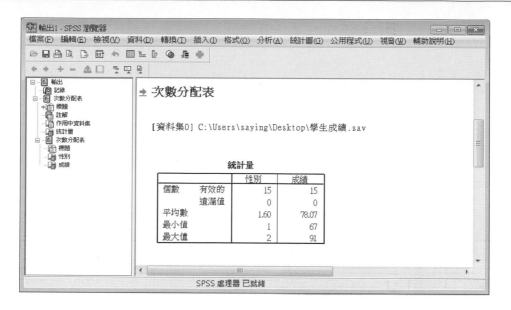

『性別』欄下, 是性別資料的平均數、最小值與最大值, 並無意義; 不過, 可看到其有效個數為 15, 表計有 15 個觀察值 (人)。

『成績』欄下, 可看到成績資料的平均數為 78.07、最小值為 67、最大值為 91, 其有效個數亦一樣為 15 個觀察值 (人)。

以右側之垂直捲軸向下捲動, 可取得性別之次數分配:

性別資料為 1 表男性; 為 2 表女性。故由此表之『次數』欄, 可看出男性有 6 人; 女性有 9 人。由此表之『百分比』欄, 可看出男性佔總人數之 40% (6/15); 女性佔總人數之 60% (9/15)。

續以右側之垂直捲軸向下捲動, 可取得成績之次數分配：

於『次數』欄, 可看到成績資料相同的並不多, 僅 75 與 81 有 2 人；其餘每個分數均只有 1 人而已。由於, 成績分配如此分散, 故求其次數分配表已無多大意義！通常, 是將其分組, 如：『~70』、『71~80』與『81~』, 再求算分組後之次數分配表。(本部份之作法, 參見第五章『連續變數之次數分配』的說明)

1-9 『SPSS 瀏覽器』畫面

SPSS 將分析結果安排於一稱之為『SPSS 瀏覽器』的輸出畫面, 其標題為『輸出 1- SPSS 瀏覽器』

其主功能表與工具按鈕下, 又細分為兩個方塊 (方框)。左框, 是內容的概要輸出；右框則是放置統計分析結果的文數字、表格或圖表。

如, 目前左框之內容為：

可看出整個輸出, 包含兩個『次數分配表』。第一個『次數分配表』包含：標題、
註解、作用中資料集與統計量等子項目；第二個『次數分配表』則包含：標題、性
別與成績等子項目。選按某一個子項目的圖示, 於右框將可直接顯示該子項目之內
容。如, 選按「 📇 **性別** 」, 將於右框直接顯示性別之次數分配表：

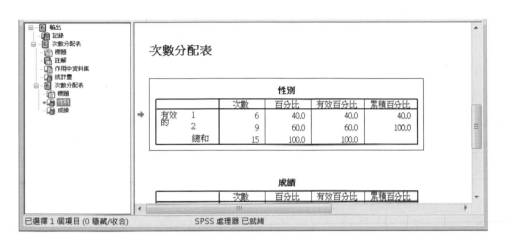

也可以拖曳子項目的圖示, 來改變其顯示位置。如, 將「 📇 **性別** 」拉到
「 📇 **成績** 」之下：

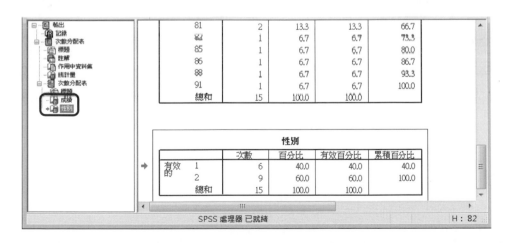

我們也可以按某一項目前之減號鈕 ➖, 也可於選取該項目後, 續按 ➖, 將其所屬
之內容收合。如, 將第二個『次數分配表』之全部內容收合：

　　收合後, 原減號鈕 ⊟ 會轉爲加號鈕 ⊞, 按該加號鈕 (也可於選取該項目後, 續按 ⊞ 鈕), 可讓收合之內容得以展開。以減號鈕 ⊟ 進行收合, 會收合其所屬之所有子項目；若只要隱藏一個 (或某幾個) 子項目而已, 可於選取該子項目之圖示後：(本例選取三個子項目)

　　續執行「**檢視 (V) /隱藏 (H)**」, 可將選取之三個子項目一併隱藏, 僅留下統計量而已：

　　要讓原已隱藏之內容重新顯示, 得於選取該子項目之圖示後, 執行「**檢視 (V) / 顯示 (W)**」。

1-10 儲存結果

若要省去下次重新執行分析的麻煩, 可將目前之輸出結果存檔。可於『SPSS 瀏覽器』, 執行下列任一個動作進行存檔:

☑ 執行「**檔案 (F) /儲存檔案 (S)**」

☑ 按工具列上之  『儲存檔案』鈕

☑ 按 Ctrl + S 鍵

均將轉入『另存新檔』對話方塊, 等待輸入檔名:

其預設之檔案類型為『**瀏覽器檔 (*.spo)**』, 本例將其命名為『性別與成績之次數分配表』, 按 存檔(S) 鈕, 進行存檔後, 其標題列將由『輸出 1- SPSS 瀏覽器』變為『性別與成績之次數分配表.spo- SPSS 瀏覽器』:

1-11 | 離開 SPSS

欲離開 SPSS, 可以下列方式達成：

☑ 執行「**檔案 (F) / 結束 (X)**」

☑ 以滑鼠左鍵單按位於『SPSS 資料編輯程式』或『SPSS 瀏覽器』視窗最右上角的 [X] 按鈕

☑ 以滑鼠左鍵雙按位於『SPSS 資料編輯程式』或『SPSS 瀏覽器』視窗最左上角的 或 鈕 (該按鈕稱為『控制功能表』按鈕)

若所處理之檔案均已事先存檔。將可結束執行, 離開 SPSS；否則, 將顯示提示, 要求存檔：

1-12 | 開啟舊檔

開啟資料檔

資料檔儲存過後, 下次再度進入 SPSS, 則可使用下列任一方式來開啟已存在之資料檔:

☑ 於進入 SPSS 之第一畫面選「**開啟既有的資料來源 (O)**」, 找出該檔案, 直接雙按其檔名

☑ 於『SPSS 資料編輯程式』或『SPSS 瀏覽器』視窗, 執行「**檔案 (F) /最近使用資料 (T)**」, 續選擇要開啟之檔名

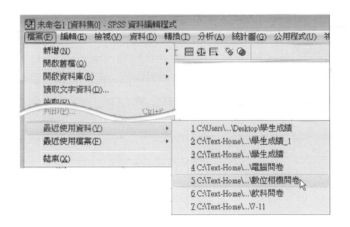

☑ 於『SPSS 資料編輯程式』或『SPSS 瀏覽器』視窗, 執行「**檔案 (F) /開啟舊檔 (O) /資料 (A)** …」, 於磁碟之資料匣中雙按要開啟之檔名

（開啟檔案對話框圖示）

開啟檔案

搜尋位置(I)：　SPSS問卷及資料

名稱	修改日期	類型	大小
7-11			大學生消費休閒運動品牌的行...
日常飲食問卷			手機
手機問卷			手錶
手錶1			皮鞋
名牌包問卷			百貨問卷
求職行為			宗教信仰1
宗教信仰2			拍賣網站資料
便利商店			信用卡
信用卡問卷			染髮行為問卷
洗面乳			洗髮乳
洗髮精問卷			相機
音樂產品問卷			消費型態問卷
啤酒問卷			宿舍滿意度問卷
球鞋行銷問卷			軟性飲料問卷

最近的位置　桌面　saying　電腦　網路

檔案名稱(N)：　　　　　　　　　　　　　　　　　　　　開啟舊檔(O)
檔案類型(T)：　SPSS (*.sav)　　　　　　　　　　　　　貼上(P)
　　　　　　　　　　　　　　　　　　　　　　　　　　取消

開啟輸出檔

　　輸出檔經儲存過後, 下次再度進入 SPSS, 則可使用下列任一方式來開啟已存在之輸出檔：

☑ 於進入 SPSS 之第一畫面, 選「**開啟其它資料類型 (A)**」, 找出該檔案, 直接雙按其檔名

☑ 於『 SPSS 資料編輯程式 』或『 SPSS 瀏覽器 』視窗, 執行「**檔案 (F) /最近使用檔案 (F)**」), 續選擇要開啟之檔名

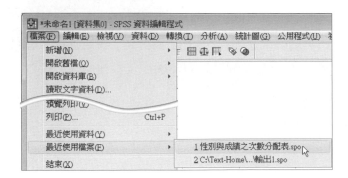

☑ 於『SPSS 資料編輯程式』或『SPSS瀏覽器』視窗, 執行「**檔案 (F) /開啓舊檔 (O) /輸出 (O) …**」, 於磁碟之資料匣中雙按要開啓之檔名

1-13 輔助說明

內容標籤

執行 SPSS 中, 任何階段遇有操作疑問, 最直接聯想到之解決方法爲: 執行「**輔助說明 (H) /主題 (P)**」, 轉入『Base 系統』視窗之『內容 (C)』標籤進行查閱。於其內以雙按方式, 逐層開啓所要查閱之主題內容, 即可查得其輔助說明:

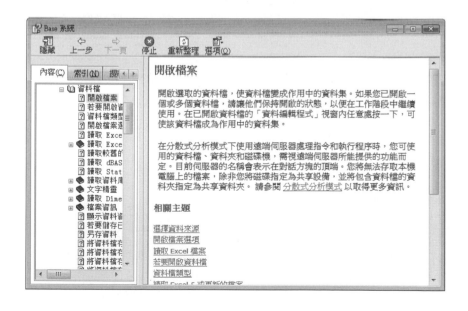

索引標籤

　　若確知查閱對象的名稱或指令,也可於執行「**輔助說明 (H) / 主題 (P)**」,轉入『Base 系統』視窗之『索引 (N)』標籤,續於『輸入要尋找的關鍵字 (W)』文字方塊內,輸入要查閱之內容。將可快速找到該主題,如:(本例輸入「**次數**」)

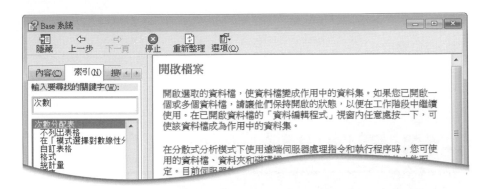

按 顯示(D) 鈕, 即可轉入

　　於所要之主題上雙按滑鼠,或於選取後按 顯示(D) 鈕,即可轉入其說明視窗。本例雙按「**次數分配表的統計量**」:

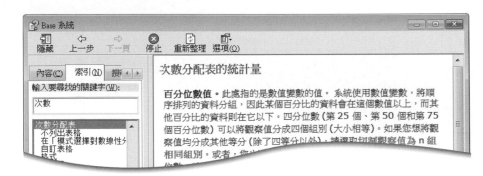

按『輔助說明』鈕

前述之找尋方式一般會較慢, 且得稍有一點 SPSS 觀念, 才有辦法找得到。有時, 也可於操作之對話方塊中:

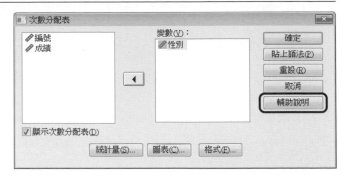

按 ┌輔助說明┐ 鈕, 取得其『輔助說明』:

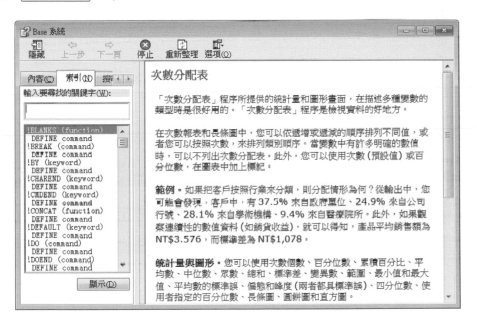

查工具按鈕之作用

若不知某工具按鈕之作用, 可將滑鼠指標移往其上, 稍作停留, 即可顯示出作用提示:

習題

1. 如何進入/離開 SPSS？

2. 如何開啓已存在之資料檔？

3. 如何開啓已存在之輸出檔？

4. 如何查閱 SPSS 的輔助說明？

建立／編輯資料檔

雖然, 我們已於前章建立過一個『學生成績』資料檔。但其內仍有許多相關的細部設定與操作未曾述及, 將於本章作一完整的介紹。

2-1 定義變數

通常, 於進行資料輸入之前, 我們會先定義各欄變數之名稱；否則, SPSS 將依欄位順序給予 var00001、var00002、var00003、……之欄名。這樣, 畢竟還是有點不好辨識。

要定義各欄變數之名稱, 得於『SPSS 資料編輯程式』畫面之『資料檢視』, 執行「**檢視(V) / 變數**」(或按左下角之 (變數檢視 / 標籤) 來切換到『變數檢視』畫面：

其內一列即用來定義一個欄變數之名稱、類型、寬度、小數、標記、數值、遺漏、欄、對齊與測量等項目。茲逐一說明於後。

名稱

要輸入變數名稱, 只須於『名稱』欄之空白文字方塊內直接輸入即可。但變數名稱必須符合下列規則：

☑ 每一個變數名稱都必須是唯一的；不可重複。

☑ 第一個字元必須是中文或英文字母, 接下來的字元可以是任一中文或英文字母、數字、句號 (.) 和底線 (_)、$、#、@ 等符號字元。

☑ 變數名稱可使用 64 個半形字元或 32 個全形字元。

☑ 不可以#字元作爲起始字元, 它專屬於暫存變數使用。

☑ 不可以 $ 字元作爲起始字元, 它專屬於系統變數使用。

☑ 不可使用空格。

☑ 不可以點號 (.) 作爲結束字元。

☑ 不可使用 SPSS 的保留字：ALL 、 AND 、 BY 、 EQ 、 GE 、 GT 、 LE 、 LT 、 NE 、 NOT 、 OR 、 TO 、 WITH

☑ 變數名稱允許使用任意之大小寫

雖然新版 SPSS 已將變數名稱, 由原來舊版之 8 個字元延長到 64 個字元, 但我們還是較常以簡短之縮寫字來命名。因爲, 一份問卷通常有很多題目, 爲方便分析時容易辨認且也爲了節省命名時間。所以, 分析者經常只以題號爲變數欄之名稱。如, 第一題命名爲 q1、第二題命名爲 q2、……。

類型

命安變數之名稱後, SPSS 會自動將此變數之類型, 預設爲「**數字的**」:

	名稱	類型
1	所得	數字的

大部份情況也不須重新設定, 因爲我們通常會將問卷之答題結果, 轉爲數字, 以進行輸入。

SPSS 可用之資料類型有三大類：數字、日期 (含時間) 與字串。其中, 數字隨其外觀之格式又細分爲：逗點 (1, 234.5)、科學記號 (1.8E2)、貨幣 ($1, 234)、……等幾種變型。實務上, 還眞的很少去改變其顯示的格式, 因爲那不是統計分析的重點。若眞的要變更其類型, 可點按『類型』欄下「**數字的**」處, 其右側將有一 ▦ 按鈕:

	名稱	類型
1	所得	數字的 ▦

按 ⋯ 鈕,將轉入
『變數類型』對話方
塊,去安排資料類型,
同時也可以一併設
定其寬度與小數位
數:

其中,若安排為日
期,並不用設定寬度
與小數,但得選擇其
格式應為日期、時
間或兩者:

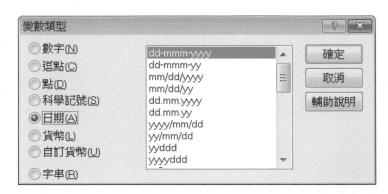

若安排為字串,則可用來輸入所指定長度 (上限 **32767** 個字元) 之文字內容,如:
男、女。此類型之資料是無法用來計算均數、標準差、變異數、極大、極小、⋯⋯
等數值性之統計量:

寬度與小數

數字性之資料預設寬度為 8；小數位數預設為 2。要修改時, 可直接鍵入新值或按其右側之箭頭進行調整：

	名稱	類型	寬度	小數
1	所得	數字的	8	2

問卷上的資料, 若為選擇題, 通常是用不到小數的, 故可將小數設定為 0。若要同時定義寬度與小數位, 應注意寬度至少要比小數位數多 1。如, 總寬度為 2, 其小數位最多只能為 1 (因為還得保留 1 位寬度來安置點號)。否則, 會出現錯誤：

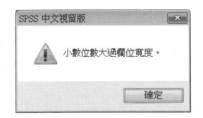

標記

標記即變數於輸出報表上的文字標籤, 若未曾設定『標記』, SPSS 之預設狀況為使用變數名稱當報表上的文字標籤。如, 下表之 Sex：(請開啟『SPSS 範例 \ Ch02 \ 標記.sav』進行練習, 執行「**分析 (A) / 描述性統計 (E) / 次數分配表(F) …**」, 仿前章『執行一簡單分析』之操作步驟, 取得次數分配表)

有時, 由於問卷之題目太多, 各題之變數名稱經常是縮寫的內容。例如, 僅使用題號：q1、q2、q3……。如不對照原問卷, 就更不易看懂其標題為何？故可於『標記』處, 加入較詳細之中英文, 當作輸出報表上的文字標籤, 以提高閱讀上的便利性。如, 將 Sex 之『標記』改為『受訪者之性別』：

	名稱	類型	寬度	小數	標記
1	Sex	數字的	1	0	受訪者之性別

再執行一次, 同樣的次數分配表輸出, 其標題將由『Sex』改為『受訪者之性別』:

數值

　　同樣以上一個輸出為例, 最左邊一欄, 僅出現 1、2 而已。沒人知道 1、2 分別代表何種性別？除非拿問卷出來對照。特別是問卷上的選項較多時, 即便拿問卷來對照, 於撰寫報告時, 還是會經常出錯！

　　此時, 就可於『數值』欄處, 分別對此變數之所有數字所代表的意義, 加以設定。亦即, 要設定答案內容的數值註解。設定時, 先以滑鼠點按『數值』欄下之「**無**」處, 其右側將有一 按鈕： (請開啟『SPSS 範例＼Ch02＼數值.sav』進行練習)

	名稱	類型	寬度	小數	標記	數值
1	Sex	數字的	1	0	受訪者之性別	無

　　按 鈕, 可轉入 『數值標記』對話方塊：

於 『數值(U)』後之文字方塊, 輸入:1;續於『標記(L)』後之文字方塊, 輸入:男。表示答案爲1即爲男性:

接著,按 新增(A) 鈕,將前述之設定,移到下方之方塊:

然後, 再以相同之定義方式。將2設定爲女:

最後, 按 確定 鈕, 完成數值標記之設定。於『數值』欄可看到一部份之設定內容:

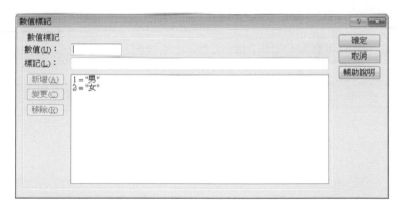

	名稱	類型	寬度	小數	標記	數值
1	Sex	數字的	1	0	受訪者之性別	{1, 男}...

同樣的次數分配表, 原僅出現 1、2 而已, 並無法分辨何者爲男? 再執行一次, 將可改爲男 / 女字串, 比較容易閱讀報表內容:

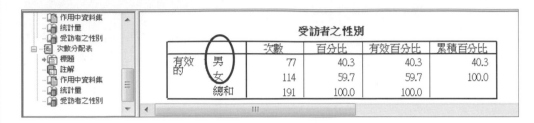

受訪者之性別		次數	百分比	有效百分比	累積百分比
有效的	男	77	40.3	40.3	40.3
	女	114	59.7	59.7	100.0
	總和	191	100.0	100.0	

由於, 問卷題目及其可選之項目通常很多。若不加上適當之變數名稱、標記及答案內容的數值標題, 幾乎是無法避免誤讀的! 所以, 再怎麼辛苦, 也要把這幾個部份, 定義得清清楚楚。否則, 一時的偷懶, 導致分析錯誤, 會使整個問卷調查之努力, 完全泡湯, 那將是得不償失!

遺漏

所謂「**遺漏**」(missing value), 是指問卷上未填答之內容, 由於無資料, 當然也無法進行電腦分析; 或是, 雖輸入有資料, 但其內容是錯誤的, 我們亦不想將其納入到分析中。

由於, 問卷調查之資料得來不易。得經由設計問卷, 多次的試訪與修改, 才將問卷定稿。然後, 還得辛苦的進行訪查 (電話訪查、實地訪查、……), 才可得到一份調查結果。所以, 對問卷內的每一題, 均應詳細勾填其訪問結果, 勿使其有未填答之空白情況。且將其資料輸入到電腦中時, 也應輸入正確之答案, 不可錯打 (如, 答 2 卻打成 3) 或誤打 (將第 4 題之答案輸入到第 3 題之欄位)。

若於輸入資料或分析時, 發現有空白未填或打錯之資料, 均應儘可能找出原始問卷, 將其資料補上或更正。但若真的無法補上或更正 (如: 找不到原始問卷), 也只好忍痛將其放棄了!

但這些空白或錯誤的資料, 會影響我們的分析結果。如: (請開啟 『 SPSS 範例 \ Ch02 \ 遺漏值.sav 』進行練習)

8：性別		5
	編號	性別
1	1	1
2	2	1
3	3	0
4	4	1
5	5	2
6	6	2
7	7	2
8	8	5
9	9	2

『 性別 』欄中第 3 與 10 筆並無資料。輸入時, 將其輸入為 0。而第 8 筆則錯打為 5。其次數分配表的結果為:

統計量

性別

個數	有效的	15
	遺漏值	0

性別

		次數	百分比	有效百分比	累積百分比
有效的	0	2	13.3	13.3	13.3
	男	5	33.3	33.3	46.7
	女	7	46.7	46.7	93.3
	5	1	6.7	6.7	100.0
	總和	15	100.0	100.0	

『 統計量 』處顯示, 15 筆觀察值均為有效; 並無遺漏值。但於上圖『 次數分配表 』上, 卻可看到答案有 0 與 5, 兩個不合理之數字。其後之次數結果與百分比, 當然也就不對了!

所以, 應將答案 0 與 5, 定義為遺漏值, 將其排除掉。設定時, 先以滑鼠點按『 遺漏 』欄下之「 **無** 」處, 其右側將有一 ▦ 鈕:

	名稱	類型	寬度	小數	標記	數值	遺漏
1	編號	數字的	4	0		無	無
2	性別	數字的	1	0		{1, 男}...	無 ▦

按 ⋯ 鈕, 可轉入『遺漏值』對話方塊:

遺漏值

- ◉ 無遺漏值(N)
- ○ 離散遺漏值(D)
- ○ 範圍加上一個選擇性的離散遺漏值(R)
  - 低(L): ___ 高(H): ___
  - 離散值(S): ___

確定 / 取消 / 輔助說明

由於, 我們不想要的資料為 0 與 5, 並非連續性之數字。故選「**離散遺漏值(D)**」, 續於其下輸入 0 與 5:

遺漏值

- ○ 無遺漏值(N)
- ◉ 離散遺漏值(D)
  - 0 5 ___
- ○ 範圍加上一個選擇性的離散遺漏值(R)
  - 低(L): ___ 高(H): ___
  - 離散值(S): ___

確定 / 取消 / 輔助說明

最後, 按 確定 鈕, 完成遺漏值之設定。於『遺漏』欄可看到設定內容:

	名稱	類型	寬度	小數	標記	數值	遺漏
1	編號	數字的	4	0		無	無
2	性別	數字的	1	0		{1, 男}...	0, 5 ⋯

再執行一次 『次數分配』, 可將答案為 0 與 5 者, 排除於分析之外:

統計量

性別

個數	有效的	12
	遺漏值	3

性別

		次數	百分比	有效百分比	累積百分比
有效的	男	5	33.3	41.7	41.7
	女	7	46.7	58.3	100.0
	總和	12	80.0	100.0	
遺漏值	0	2	13.3		
	5	1	6.7		
	總和	3	20.0		
總和		15	100.0		

『統計量』處顯示,有效觀察值為 12 筆;另有 3 筆為遺漏值。底下之『性別』次數分配表的上半部,為這 12 筆有效觀察值的分析結果:5 男 7 女。答案為 0 與 5 者,則納入到『遺漏值』。

『百分比』欄下之數字,仍以包括『遺漏值』的總筆數 15 為分母,所計算之結果,這當然不是我們所要的正確結果!再右邊一欄之『有效百分比』欄下之數字,才是以將『遺漏值』排除後之總筆數 12 為分母,所計算之正確結果:男性佔 41.7% (5 / 12);女性佔 58.3% (7 / 12)。

除了使用者所定義之『遺漏值』外;還有一種是系統預設之『遺漏值』。如:數字欄內之空白,其外觀將為一個點號。茲將原第 2 筆之內容,以 Delete 鍵將其刪除,它就是系統預設之『遺漏值』:(請開啟『SPSS 範例 \ Ch02 \ 系統遺漏值.sav』進行練習)

2:性別

	編號	性別
1	1	1
2	2	.
3	3	0
4	4	1
5	5	2
6	6	2
7	7	2
8	8	5

再執行一次『次數分配』,可將答案為 0、5 及『系統遺漏值』之空白,均排除於分析之外:

統計量

性別

個數	有效的	11
	遺漏值	4

性別

		次數	百分比	有效百分比	累積百分比
有效的	男	4	26.7	36.4	36.4
	女	7	46.7	63.6	100.0
	總和	11	73.3	100.0	
遺漏值	0	2	13.3		
	5	1	6.7		
	系統界定的遺漏	1	6.7		
	總和	4	26.7		
總和		15	100.0		

『統計量』處顯示,有效的觀察值為 11 筆;另有 4 筆為遺漏值(答案為 0、5 與『系統界定的遺漏』之空白,均納入到『遺漏值』)。

欄

前述之『寬度』, 係用以定義資料可存放之最大位數；而此處之『欄』則是在定義此欄於資料表顯示時的欄寬。如, 將其定義為 20：

	名稱	類型	寬度	小數	標記	數值	遺漏	欄
1	所得	數字的	6	0		無	無	20

將以下示之寬度等待輸入資料：

1 : 所得	
	所得
1	
2	

但是, 其允許輸入之資料最大位數, 仍然是『寬度』所定義之 5 位數字而已。

不過, 不管目前之欄寬多少？我們還是可以滑鼠拖曳欄名標題之右側框邊 (滑鼠指標將轉為 ↔ 雙向箭頭), 來調整其欄寬。而『變數檢視』處,『欄』的寬度亦將隨之自動調整。

對齊

『對齊』欄是在定義資料的對齊方式, 應為左靠、置中或右靠：

測量

『測量』欄是在定義資料的屬性：

其屬性種類及其作用分別為：

尺度	連續變數, 如：成績、年齡、所得、長度、距離、體重、身高、智力、溫度、……等。其間有大小及倍數之關係, 如：95>90, 150 為 50 之 3 倍。
次序的	偏好順序或等級, 如：於甲、乙、丙三種品牌中, 以 1~3 來填答其偏好順序（1 表最偏好）；其間只有順序關係, 但無大小或倍數之關係。假定, 其答案為甲 1、乙 3、丙 2。只可以説, 此位受訪者偏好之品牌依序為：甲、丙、乙。並無法説偏好甲的程度為乙的幾倍？或超過多少？
名義的	間斷變數、類別變數或質變數, 如：性別、手機品牌、班級、政黨別、宗教信仰、社團、喜好之運動、最常飲用之飲料類別、……等。例如, 男或女, 只是描述性別的現象。將男性標示為 1；或將女性標示 2。僅是為了方便電腦處理, 並無任何大小或倍數之關係。

不過, 現階段, 這些定義並不會影響 SPSS 的執行或分析結果。定了也不起任何作用！所以, 我們通常就不理他, 讓其維持於原預設之「**尺度**」。

2-2 | 增 / 刪變數

若要於資料檔的最後, 增加新的變數, 則於『變數檢視』最下方之空白列, 輸入有關新變數之定義內容即可。若是要於某變數之前插入一新變數, 可以下示步驟進行：(請開啓『SPSS 範例 \ Ch02 \ 增刪變數.sav』進行練習)

① 轉入『變數檢視』, 點選要插入新變數之位置的列號按鈕 (滑鼠指標將轉為 ➡ 向右箭頭), 將該列選取

	名稱	類型	寬度	小數	標記	數值
1	編號	數字的	4	0		無
2	性別	數字的	1	0	學生性別	{1, 男}...
3	成績	數字的	4	0	學生成績	無
4						

② 執行「**編輯(E) / 插入變數(V)**」(或按 ▦『插入新變數』鈕), 可插入一新列, 預設之變數名稱爲 var00001

		名稱	類型	寬度	小數	標記	數值
	1	編號	數字的	4	0		無
	2	VAR00001	數字的	8	2		無
	3	性別	數字的	1	0	學生性別	{1, 男}...
	4	成績	數字的	4	0	學生成績	無

◀▶ \ 資料檢視 \ **變數檢視** /

③ 更改新列之名稱及其餘相關設定 (本例將其名稱改爲『班級』)

		名稱	類型	寬度	小數	標記	數值
	1	編號	數字的	4	0		無
	2	班級	數字的	8	2		無
	3	性別	數字的	1	0	學生性別	{1, 男}...
	4	成績	數字的	4	0	學生成績	無

◀▶ \ 資料檢視 \ **變數檢視** /

若是要刪除某變數, 可以下示步驟進行：

① 轉入『變數檢視』, 點選要刪除之變數的列號按鈕, 將該列選取

		名稱	類型	寬度	小數	標記	數值
	1	編號	數字的	4	0		無
	2	班級	數字的	8	2		無
	3	性別	數字的	1	0	學生性別	{1, 男}...
	4	成績	數字的	4	0	學生成績	無

◀▶ \ 資料檢視 \ **變數檢視** /

② 執行「**編輯 (E) / 清除(E)**」(或按 Delete 鍵), 即可刪除該變數之定義

		名稱	類型	寬度	小數	標記	數值
	1	編號	數字的	4	0		無
	2	性別	數字的	1	0	學生性別	{1, 男}...
	3	成績	數字的	4	0	學生成績	無
	4						

◀▶ \ 資料檢視 \ **變數檢視** /

於『資料檢視』, 也可以下示步驟進行插入變數：

① 轉入『資料檢視』, 點選要
插入新變數之位置的名稱按
鈕 (滑鼠指標將轉為 ↓ 向下
箭頭), 將該欄選取

1：性別			1	
	編號	性別	成績	
1	1	1	72
2	2	1	68
3	3	2	81

◀ ▶ \ **資料檢視** \ 變數檢視 /

② 執行「**編輯 (E) / 插入變數 (V)**」(或按 ⊞ 『插入新變數』鈕), 可插入一新
欄, 預設之變數名稱為 var00001

1：性別			1	
	編號	VAR00001	性別	
1	1	.	1	
2	2	.	1	
3	3	.	2	

◀ ▶ \ **資料檢視** \ 變數檢視 /

若要變更名稱及其關定義, 得
雙按其欄名, 轉到『變數檢視』
去處理。 (本例將其改為『系
別』)

1：系別				
	編號	系別	性別	
1	1	.	1	
2	2	.	1	
3	3	.	2	

◀ ▶ \ **資料檢視** \ 變數檢視 /

於『資料檢視』, 也可以下示步驟進行刪除變數：

① 轉入『資料檢視』, 點選要刪除之變數的名稱按鈕, 將該欄選取

1：系別				
	編號	系別	性別	成績
1	1	.	1	72
2	2	.	1	68
3	3	.	2	81

◀ ▶ \ **資料檢視** \ 變數檢視 /

② 執行「**編輯 (E)** ／ **清除(E)**」(或按 Delete 鍵), 即可刪除該欄變數

1：性別		1	
	編號	性別	成績
1	1	1	72
2	2	1	68
3	3	2	81

◀ ▶ \ 資料檢視 \ 變數檢視 /

2-3 │ 搬移變數

　　若是要移動某變數所在之位置, 可以下示步驟進行： (請開啟『SPSS 範例 \ Ch02 \ 移動變數.sav』進行練習)

① 轉入『變數檢視』, 點選要搬移之變數的列號按鈕, 將該列選取

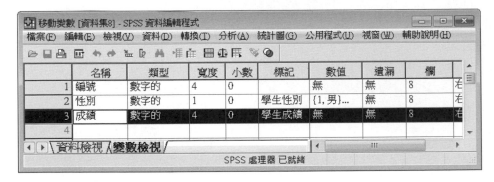

② 按住其列號按鈕進行拖曳, 拖曳中, 可看到一紅線, 表示其位置。移妥後, 鬆開 滑鼠, 即可將其移往新位置 (本例將『成績』移到『性別』之前)

	名稱	類型	寬度	小數	標記	數值	遺漏	欄	
1	編號	數字的	4	0		無	無	8	右
2	成績	數字的	4	0	學生成績	無	無	8	右
3	性別	數字的	1	0	學生性別	{1, 男}...	無	8	右
4									

◀ ▶ \ 資料檢視 \ **變數檢視** /
　　　　　　　　　　SPSS 處理器 已就緒

③ 轉回『資料檢視』，可發現『成績』欄已移到『性別』之前

2：成績		68	
	編號	成績	性別
1	1	72	1
2	2	68	1
3	3	81	2

◄ ► \ **資料檢視** \ 變數檢視 /

於『資料檢視』，也可以下示步驟進行搬移變數欄：

① 轉入『資料檢視』，點選要移動位置之變數的名稱按鈕，將該欄選取

1：成績		72	
	編號	成績	性別
1	1	72	1
2	2	68	1
3	3	81	2

◄ ► \ **資料檢視** / 變數檢視 /

② 按住其名稱按鈕進行拖曳，拖曳中，可看到一紅線，表示其位置。移妥後，鬆開滑鼠，即可將其移往新位置 (本例將『成績』移到『性別』之後)

1：性別		1	
	編號	性別	成績
1	1	1	72
2	2	1	68
3	3	2	81

◄ ► \ **資料檢視** \ 變數檢視 /

2-4 | 輸入資料

　　定義妥各欄變數後, 即可執行「**檢視 (V) / 資料**」(或按左下角之 ⟍資料檢視⟍ 標籤) 切換回『資料檢視』畫面, 以進行輸入資料。 (常用的控制鍵詳表 2-1)

表 2-1　資料檢視常用的控制鍵

鍵盤	作用
← →	左右移動一欄
↑ ↓	上下移動一列
Home	移往目前列之左端
End	移往目前列之右端
Ctrl + ←	向左移到資料區域的邊緣
Ctrl + →	向右移動到資料區域的邊緣
Ctrl + ↑	向上移動到資料區域的邊緣
Ctrl + ↓	向下移動到資料區域的邊緣
Ctrl + Home	移往 A1 儲存格
Ctrl + End	移至資料區域的最右下角位置
Page Up　Page Down	上 / 下移動一個螢幕

2-5 | 查變數資訊

　　要查看某一變數的相關定義, 固可切換到『變數檢視』去查閱。但其內容有時還無法全部顯示： (請開啟『SPSS 範例 ＼ Ch02 ＼ 學生成績.sav』進行練習)

	名稱	類型	寬度	小數	標記	數值
1	編號	數字的	4	0		無
2	性別	數字的	1	0	學生性別	{1, 男}...
3	成績	數字的	3	0	學生成績	無

　　也可以執行「**公用程式 (U) / 變數(R)···**」(或按 🔢 『變數』鈕), 轉入『變數』方塊進行查閱。於其左邊方塊選取要查閱之變數名稱, 即可於右邊之『變數資訊』方塊內查得其相關定義：

　　『類型：』處之 F1, 表示其為 1 位數之浮點數字 (Floating Point Number)；若出現 F8.2, 表示其為 8 位寬、內含 2 位小數之浮點數字。

2-6 查檔案資訊

　　前法, 一個畫面僅能查得一個變數之定義內容。但執行「**檔案 (F) / 顯示資料檔資訊 (I) / 工作檔 (W)**」, 則可將所有變數之定義內容, 輸出到『SPSS 瀏覽器』視窗, 以便查閱、存檔或列印：(請開啟『SPSS 範例 \ Ch02 \ 學生成績.sav』進行練習)

➡ **檔案資訊**

[資料集2] E:\Text-Home\SPSS\SPSS範例\Ch02\學生成績.sav

變數資訊

變數	位置	標記	測量水準	行寬度	準線	列印格式	寫入格式
編號	1	<無>	「尺度」	8	右	F4	F4
性別	2	學生性別	「尺度」	8	右	F1	F1
成績	3	學生成績	「尺度」	8	右	F3	F3

工作檔中的變數

變數值

數值		標記
性別	1	男
	2	女

2-7 | 顯示數值標記

由於, 我們經常是將原爲字串之資料 (如：男 / 女), 轉換成數字 (男 1、女 2), 才輸入到資料表中。此時, 於『資料檢視』畫面查看資料時, 當然是僅顯示 1 或 2 等資料而已。若要讓其轉爲顯示所定義之數值標籤 (1=男、2=女), 可執行「**檢視(V) / 數值標記(V)**」: (請開啓『SPSS 範例 \ Ch02 \ 學生成績.sav』進行練習)

1：性別		1	
	編號	性別	成績
1	1	男 ▾	72
2	2	男	68
3	3	女	81
4	4	男	75

除將數字改爲所定義之數值標籤外；還提供下拉式選單, 方便使用者編輯此欄資料, 只須按其右側之向下箭頭, 即可利用選擇之方式來更新或輸入本欄之資料:

2：性別		1
	編號	性別
1	1	男
2	2	男 ▾
3	3	男
4	4	女

(再執行一次「**檢視(V)/數值標記(V)**」, 即可將其還原成數字)

2-8 | 排序

有時, 爲了檢查資料是否正確？或擬將同類之資料擺在一起, 方便整理、修改、核對或複製、……, 得將資料依某一鍵值內容進行排序。

假定, 擬將『SPSS 範例 \ Ch02 \ 學生成績-排序.sav』, 依其性別進行遞增排序。執行前, 係按編號遞增排序, 故其性別欄呈亂序排列：

1:性別		1	
	編號	性別	成績
1	1	1	72
2	2	1	68
3	3	2	81
4	4	1	75
5	5	2	86

若擬按性別遞增排序, 其處理方法為：

① 執行「**資料(D) / 觀察值排序(O)…**」

② 於左側選取排序依據 (性別), 按 ▶ 鈕, 將其送往『排序依據(S)』處

③ 於『排序順序』處, 選擇要遞增或遞減排序 (本例選「**遞增(A)**」)

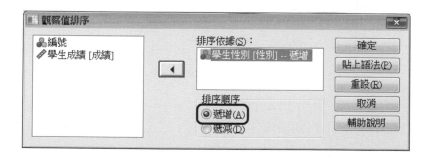

④ 按 ▭確定▭ 鈕, 可依其性別進行遞增排序

1:性別			1
	編號	性別	成績
1	1	1	72
2	2	1	68
3	4	1	75
4	10	1	67
5	12	1	70
6	15	1	85
7	3	2	81
8	5	2	86

2-9 | 多重鍵排序

　　SPSS 也可以進行多重鍵排序, 僅須於選擇排序依據時, 依鍵值順序多選幾個, 進行排序即可。

　　假定, 擬將『SPSS 範例 \ Ch02 \ 多重排序.sav』, 依其:『有手機』遞增、『原因 1』遞減、『原因 2』遞減、『原因 3』遞減排序。執行前, 係按編號遞增排序:

1:問卷編號					229	
	問卷編號	有手機	原因1	原因2	原因3	平均月費
1	229	2	0	0	0	0
2	230	2	0	0	0	0
3	231	1	1	2	8	200
4	232	2	0	0	0	0
5	301	1	2	3	7	400

其處理方法為:

① 執行「**資料 (D) / 觀察值排序(O)…**」

② 於左側依序分別選取:『有手機』、『原因 1』、『原因 2』、『原因 3』等
欄,每一個依據均可於『排序順序』處,選擇要遞增或遞減排序 (本例僅『有
手機』選「**遞增(A)**」;其餘均選「**遞減(D)**」)。逐一按 ▶ 鈕,將其等送往
『排序依據 (S)』處 (一次一個)

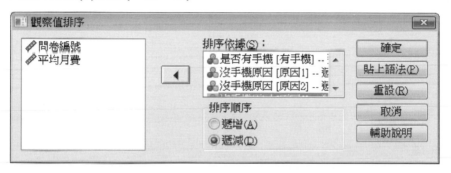

③ 按 確定 鈕,可依其『有手機』遞增、『原因 1』遞減、『原因 2』遞減、
『原因 3』遞減排序

1:問卷編號		315				
	問卷編號	有手機	原因1	原因2	原因3	平均月費
1	315	1	10	0	0	700
2	306	1	2	7	8	800
3	303	1	2	5	0	800
4	404	1	2	4	5	300
5	301	1	2	3	7	400
6	304	1	2	0	0	900
7	310	1	2	0	0	2000

2-10 增 / 刪觀察值

於 SPSS 中, 我們通常不會在乎, 是否要將某一筆問卷資料 (觀察值), 插入於某一特定位置。通常, 輸入時, 並不用管其是否依問卷編號之順序進行輸入。僅須往下一列一筆, 逐筆進行輸入即可, 每打完一筆, 於問卷上作一記號, 以免重複輸入。等輸入完畢後, 再以問卷編號爲依據, 進行遞增排序即可。

若一定要將某一筆觀察值, 插入於某列之前。可以下示步驟進行: (請開啓『SPSS 範例 \ Ch02 \ 學生成績-插入觀察值.sav』進行練習)

① 停於要插入新觀察值的列上 (本例停於第 3 列)

3：編號		3	
	編號	性別	成績
1	1	1	72
2	2	1	68
3	3	2	81
4	4	1	75

② 執行「**編輯(E) / 插入觀察值(I)**」(或按 ▉ 『插入觀察值』鈕), 即可插入一空白列, 等待輸入資料

4：編號		3	
	編號	性別	成績
1	1	1	72
2	2	1	68
3	.	.	.
4	3	2	81
5	4	1	75

③ 於空白列, 輸入新資料

3：成績		80	
	編號	性別	成績
1	1	1	72
2	2	1	68
3	16	2	80
4	3	2	81

刪除某一列 (觀察值) 之情況, 就可能比較常見。例如, 某一觀察值的內容爲重複輸入; 或其資料錯誤, 無法拿來進行分析, 均會考慮要將其刪除。其處理步驟爲:

(請開啟『SPSS 範例 \ Ch02 \ 學生成績-刪除觀察值.sav』進行練習)

① 點選要刪除觀察值的列號按鈕, 選
取該列 (本例選第 2 列, 其『編號』
為 2)

2：編號			2
	編號	性別	成績
1	1	1	72
2	2	1	68
3	16	2	80
4	3	2	81

② 執行「**編輯(E) / 清除(E)**」(或按
Delete 鍵), 刪除該列之觀察值

2：編號			16
	編號	性別	成績
1	1	1	72
2	16	2	80
3	3	2	81
4	4	1	75

2-11 複製變數

複製某欄 (或某幾欄) 變數內容的情況, 其目的地可以是本身之資料檔；或是別
的資料檔 (抑或是別的軟體)。

假定, 要將『SPSS 範例 \ Ch02 \ 複製學生成績.sav』內的『成績』欄內容, 複
製到最右側之空白欄。其處理步驟為：

① 轉入『資料檢視』, 點選來源之變數欄的名稱按鈕, 選取該欄 (若為多欄, 可
往右拖曳滑鼠進行多欄選取)

1：成績			72	
	編號	性別	成績	var
1	1	1	72	
2	2	1	68	
3	3	2	81	
4	4	1	75	

② 執行「**編輯(E) / 複製 (C)**」(或按 Ctrl + C 鍵), 記下所選取之內容

③ 點選最右邊空白欄的名稱按鈕, 選取該欄 (若複製來源為多欄, 此處應選與來源相同之欄數)

1:				
	編號	性別	成績	var
1	1	1	72	
2	2	1	68	
3	3	2	81	
4	4	1	75	

④ 執行「**編輯 (E) / 貼上 (P)**」(或按 Ctrl + V 鍵), 將所記下之內容抄過來。但由於同一資料檔, 並無法擁有兩個完全一樣之變數名稱, 故自動將其命名為 var00001 (而非複製成『成績』)

1 : VAR00001		72		
	編號	性別	成績	VAR00001
1	1	1	72	72
2	2	1	68	68
3	3	2	81	81
4	4	1	75	75

以此方式所複製之內容, 包括其原於『變數檢視』所作之設定 (欄名除外)。

假定, 要將『SPSS 範例 \ Ch02 \ 學生成績.sav』內, 『性別』與『成績』欄的所有內容, 複製到另一個空白資料檔。其處理步驟為:

① 轉入『資料檢視』, 於滑鼠指標轉為 ↓ 向下箭頭時, 以拖曳方式選取『性別』與『成績』欄

1 : 性別		1	
	編號	性別	成績
1	1	1	72
2	2	1	68
3	3	2	81
4	4	1	75

② 執行「**編輯 (E) / 複製(C)**」(或按 Ctrl + C 鍵), 記下所選取之內容

③ 執行「**檔案 (F) ／ 新增 (N) ／ 資料 (A)**」, 開啟另一個空白資料檔。以拖曳方式選取前面兩欄 (欄數須與來源一致)

④ 執行「**編輯 (E) ／ 貼上 (P)**」(或按 Ctrl + V 鍵), 將所記下之內容抄過來。由於並非同一資料檔, 變數名稱並無衝突, 故除資料外；尚可複製到原來之變數名稱 (『性別』與『成績』)

以此方式所複製之內容, 包括其原於『變數檢視』所作之所有設定。

2-12 複製觀察值

複製某列 (或某幾列) 觀察值內容的情況, 其目的地大多是本身之資料檔 (因為, 不同檔案之變數並非一一對應, 且順序亦不同)。

假定, 要將『SPSS 範例 \ Ch02 \ 複製學生記錄.sav』的第 1 列內容, 複製到最底下之空白列。其處理步驟為：

① 轉入『資料檢視』, 點選
來源之列號按鈕, 選取該
列 (若為多列, 可往下拖曳
滑鼠, 選取多列)

1 : 編號			1
	編號	性別	成績
1	1	1	72
2	2	1	68

② 執行「**編輯 (E) / 複製 (C)**」(或按 Ctrl + C 鍵), 記下所選取之內容

③ 點選最底下空白列之列號
按鈕, 選取該列 (若複製來
源為多列, 則應選取與來
源相同之列數)

16 : 編號			
	編號	性別	成績
14	14	2	81
15	15	1	85
16			
17			

④ 執行「**編輯(E) / 貼上(P)**」(或按 Ctrl + V 鍵), 將所記下之內容抄過來

16 : 編號			1
	編號	性別	成績
14	14	2	81
15	15	1	85
16	1	1	72
17			

已將『編號』為 1 之第 1 列內容, 複製到第 16 列

2-13 搬移觀察值

移某列 (或某幾列) 觀察值內容的情況, 其目的地亦大多是本身之資料檔。不過,
因為資料表內之每一列觀察值內容的排列順序, 隨時會隨排序之鍵值而改變。故我
們真的不會很在乎, 一定得將那一列內容, 搬移到某一特定列上!

假定, 要將『SPSS 範例 \ Ch02 \ 搬移學生記錄.sav』內的第 2 列內容, 搬移到第
4 列位置。其處理步驟為:

① 轉入 『資料檢視』, 點選
第 2 列號按鈕, 選取該列
(來源亦允許多列)

2:編號		2	
	編號	性別	成績
1	1	1	72
2	2	1	68
3	3	2	81
4	4	1	75
5	5	2	86

目前編號順序為 1-2-3-4-5

② 按住列號按鈕拖曳, 拖曳中, 會以紅線標示其移動位置

③ 將其移往新位置後, 鬆開滑
鼠。即可將第 2 列內容, 搬
移到第 4 列位置

2:編號		3	
	編號	性別	成績
1	1	1	72
2	3	2	81
3	4	1	75
4	2	1	68
5	5	2	86

目前編號順序為 1-3-4-2-5

(若搬移之距離較遠, 也可利用「**編輯(E) / 剪下(T)**」與「**編輯(E) / 貼上(P)**」
來處理。不過, 得先插入一列空白, 才進行貼上, 以免蓋掉舊內容)

2-14 尋找

若不慎, 將某筆觀察值之『性別』資料打錯。若問卷份數較多, 要單憑眼睛於該
欄中, 逐列找尋, 以找出錯誤資料來修改, 實也不容易。最好, 還是利用電腦來找!

假定, 進行『次數分配』分析後, 發現有一筆『性別』錯打為 3。但我們並不
知是那一筆? 可以下示步驟將其找出: (請開啟『SPSS 範例 \ Ch02 \ 找尋錯誤
性別資料.sav』進行練習)

① 停於『性別』欄之第 1 列

	編號	性別	成績
1	1	1	72
2	2	1	68
3	3	2	81
4	4	1	75

② 執行「**編輯 (E) / 尋找 (F)**…」(或按 `Ctrl` + `F` 鍵)

③ 於『尋找內容』處, 輸入要找尋之內容 (3)

④ 按 `找下一筆(F)` 鈕, 向下找出第一筆『性別』欄為 3 之觀察值

	編號	性別	成績
9 : 性別		3	
5	5	2	86
6	6	2	88
7	7	2	91
8	8	2	74
9	9	3	75

資料檢視 / 變數檢視 /

　　可看到其編號為 9, 故得去找出編號 9 之問卷, 看其性別資料為何? 並更正目前之錯誤。 (不用關閉先前之找尋對話方塊, 即可進行修改) 這就是為何每一個資料檔上都得安排有一欄編號之作用。 否則, 如何於一大堆問卷中, 找出被錯打資料之問卷? 當然, 所有原始問卷也應有其唯一之編號, 且於輸妥資料後, 將其一編號順序排好。 要不然, 就可能得浪費很多時間才可找出原問卷!

⑤ 不用關閉先前之找尋對話方塊, 繼續按 `找下一筆(F)` 鈕找尋, 直至出現右示訊息才停止

2-15 | 直接跳到某觀察值

編輯中, 要直接跳到某一特定之列號。可執行 「**資料 (D) ／ 直接跳到觀察值 (S)…**」(或按 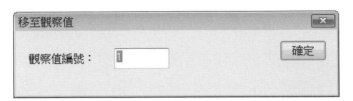 『直接跳到觀察值』鈕)

輸入要前往之列號, 按 確定 鈕, 即可直接跳到該列號之觀察值上。

2-16 | 修改

SPSS 的資料通常是數字居多, 且位數不會很長。若發現資料錯誤, 大半也是找到該儲存格, 重新鍵入正確值即可。

若欲放棄對目前儲存格的輸入, 可按 Esc 鍵, 將資料還原成其原始內容。亦可執行「**編輯 (E) ／ 復原 (U)**」(或按 ↩ 『復原』鈕), 使資料還原成前一階段之內容。

若欲取消所作之復原, 可執行「**編輯 (E) ／ 重做 (R)**」(或按 ➡ 『取消復原』鈕)。(復原或取消復原, 均允許多次進行)

2-17 | 儲存

輸入中, 隨時記得執行下列之任一個動作進行存檔:

☑ 執行「**檔案(F) ／ 儲存檔案(S)**」 : ☑ 按 Ctrl + S 鍵

☑ 按工具列上之 🖫 『儲存檔案』鈕 : 以免稍有閃失、操作不當、當機或斷電導致前功盡棄。

習 題

1. SPSS 的變數的命名規則為何？

2. 如何定義變數之『註解』與『數值』？其作用為何？

3. 何謂『遺漏值』？對分析有何影響？如何將其排除於分析之外？

4. 於『資料檢視』編輯資料，有那些常用的控制鍵？

5. 如何查變數資訊？

6. 如何查檔案資訊？

7. 如何對資料進行排序？

8. 如何將某幾欄之變數內容複製到新的資料檔？

9. 如何搬移觀察值？其使用機會為何不多？

10. 資料打錯或執行錯誤了，應如何復原？

設計問卷與
取得資料

3-1 │幾個專有名詞

母體

　　母體 (Population) 是我們想要研究調查之所有對象, 它是由一群具有某種共同性的基本單位所組成。若母體個數有限, 其個數一般以大寫之 N 表示。

　　母體可以是一群人, 如：想調查全省之 18 歲以上女性消費者的化妝品消費行為, 其母體將為全省 18 歲以上之全體女性。母體也可以是一群事物, 如：汽車製造廠商, 想瞭解其所生產之某一型汽車之引擎的故障情況, 其母體即為該型汽車之所有引擎。

普查

　　普查 (census) 是對整個母體進行全面調查或研究。若母體數很大, 得花費之時間、金錢以及動員之人員均非常龐大。如：行政院主計處所進行之全國人口普查 (每十年一次)、戶口及住宅普查、工商及服務業普查、農林漁牧業普查、⋯⋯。

🔑 小秘訣

近代行政統計, 著重國勢調查, 如：土地、人口、農業、工業等普查, 尤其以人口普查為最重要；美國自 1790 年即開始人口普查, 而我國一直到宣統三年(1911 年)才舉行第一次全國戶口調查。

　　這幾類大型普查, 通常除了國家或各級政府單位外；其他私人機構或組織, 是不太可能會實施普查的！就算是國家, 也不可能經常進行此類大型之普查, 以戶口普查言, 依戶口普查法第三條規定, 戶口普查每十年舉辦一次。

　　但若母體數並不大, 則普查將是最能探討出母體現象的一種調查方式。如, 只想知道某班 50 名學生此次旅遊要到何處去玩？進行一次普查將不是甚麼難事！

抽查

　　相對於普查的全面調查, 抽查 (sampling survey) 僅在某一母體中, 抽出一小部份個體進行調查而已。

抽查之目的,在省時、省力及省錢。普查之結果雖較抽查精確,但往往費錢、費時與費力,除了極為特殊重要之調查外,大多數調查甚少使用普查之方式進行。

樣本

樣本是母體的一個部份,一個樣本是由數個數值所組成,此數目通常以小寫 n 表示,稱為樣本數或樣本大小。

想知道整個母體之最正確的狀況,當然是進行全面普查。但通常無法對母體進行全面普查,其主要原因為:

▶ 經濟

研究整個母體可能太花金錢,若母體很大,光印刷及郵寄問卷,其花費就很可觀;更不用說以人員來進行面訪。同時,想獲得整個母體百分之一百的回卷,也幾乎是不可能。

▶ 時效

無論對研究者或決策者,時效是非常重要的考慮因素。若一個研究因為要取得整個母體之資料而曠日廢時,等研究結果出爐,其結論可能已不合時宜。對企業的決策者,將無法提供任何幫助。

▶ 難以接觸

實務上,可能根本無法找出整個母體之全體成員。如:要針對全國 20 歲以上之所有人,調查是否贊成某一政策?談何容易!這些人東跑西跑的分散在各地,有的在高山或離島,有的人還不在國內,怎麼可能將其全部找出來?理論上,雖還是可以接觸到,但其成本與時間將難以估計!

▶ 母體過大

很多研究對象的母體,確實很大。像一些暢銷全球的汽車、電器、日用品、……,消費者數以萬計或千萬計,且散居全球各地,根本就不可能進行普查。

▶ 毀壞性

若研究整個母體, 我們也可能會沒有剩下的東西可以賣。如：要測試輪胎的耐磨程度, 將所生產的每一個輪胎, 均拿來進行路面實際駕駛或以機器來磨, 以檢查其是否合乎品管要求？磨完或駕駛過後的輪胎, 就無法再送回到市面上去賣了！

▶ 正確性

普查費時費力費錢, 到最後往往會草率為之, 所獲得之資料, 其正確性就不是很可靠。還不如針對較少數之抽樣, 進行更仔細的蒐集資料。

所以, 我們通常只能對母體進行抽樣, 抽取出較少數的幾個樣本進行分析。

不過, 我們真正想瞭解和研究的是母體, 樣本只是達到目的之手段。藉由瞭解和研究樣本, 來描述或推論母體狀況。雖然, 樣本所提供之資訊量並不完整, 但若經過妥善的抽樣安排, 其誤差並不會太大。

統計學之目的即在：利用樣本中所獲得之訊息, 以推測母體之結果。故而我們可以說, 它就是研究如何以最低成本之抽樣調查 (或實驗設計), 蒐集一定數量之訊息, 並將這些訊息, 應用於推測母體。

影響樣本數大小之因素：

1. **母體大小**：母體越大, 所需樣本越大。

2. **可用資源**：可用資源越大 (金錢、時間、人力、……), 可收集之樣本就越大。

3. **可容忍之誤差**：可容忍之誤差越小, 所需樣本要越大, 以縮小誤差。

4. **誤差的代價**：誤差的代價 (產生誤差的損失) 越大, 所需樣本要越大, 以減少損失。

5. **母體變異量**：母體變異量越大, 所需樣本越大。母體的成員彼此間相似度很高, 樣本數就可以小一點；反之, 母體的成員彼此間相似度很小, 樣本數就得大一點。

觀察值

觀測一個實驗或統計問題之結果，所記錄下來的結果，我們稱之為觀察值 (observation)，通常以小寫 x 來表示。如，為找出大學生每月零用錢之平均數，由每位受訪者 (受測樣本) 所蒐集到之每月零用錢數值，就是一個觀察？。

參數

參數 (parameters, 又稱母數)，是母體的數值性敘述值，即用來描述母體某一特性之數字。如，代表母體某一屬性之數值：*母體均數、母體變異、母體標準差、……。*

對於參數，我們通常以希臘字母來表示。如：μ 表母體均數、σ 表母體標準差、……，表其所處理的資料是母體。

我們通常對母體訊息知道的不多，所以才需藉由樣本所獲得之資料 (統計值)，來推論母體之參數值。

統計量

相對於參數，統計量 (statistic) 又稱估計值 (estimate)，是樣本的數值性敘述值，也就是用來描述樣本某一特性之數字。如，代表樣本某一屬性之數值：樣本均數、樣本標準差、……。這些值係根據樣本所求得，準備用來估計母體之參數值。

對於統計量，我們通常以英文字母來表示。如：以 $\bar{x}$ 或 $\bar{X}$ 表樣本均數、以 s^2 或 S^2 表樣本標準差、……，表示其所處理的資料是樣本而非母體。

抽樣誤差

抽樣誤差 (sampling error) 是指母體與樣本之間的差異，由於樣本並非母體，其間自然存有某些差異。其大小決定於兩個因數：

1. **樣本大小**：樣本越大，抽樣誤差將越小。除非普查，否則無法消除抽樣誤差。

2. **變異量大小**：變異量是母體中各成員,針對某一變數上(如：年齡、所得、……) 彼此間的差異,當變異量越大,抽樣誤差將越大。

造成抽樣誤差的主要原因是**抽樣偏差** (sampling bias),如僅於白天以電話抽樣調查選民對各總統候選人之支持率,將漏掉白天不在家或家中無電話之人員的意見,這就是一種抽樣偏差,當然也會導致抽樣誤差。

變數

變數 (variables) 是用來描述母體中成員的某一特性。

在蒐集資料的過程中,我們得蒐集各類的變數。如：性別、年齡、職業、教育程度、所得、……等人口統計變數。又如,為了預測明年度之銷售額,而所蒐集到之歷年：廣告費、人事費、銷售人員數、……等, 也是一種變數。

在現實生活上或自然界的一些現象,通常都不是單一變數即可加以描述得很清楚。如：要描述某一個人,僅使用性別變數,說他/她是男性或女性,肯定是無法說明白。但隨著增加變數,如：年齡、膚色、頭髮、身高、體重、種族、……, 將可以逐漸描述得更清楚一點。

3-2 | 變數的分類

間斷變數

間斷變數(discrete variable) 或稱不連續變數、名義變數、類別變數或質變數,如：性別、使用之手機品牌、就讀之班級、政黨別、宗教信仰、參加之社團、喜好之運動、最常飲用之飲料類別、最喜歡之歌手、最喜歡之影星、……等,均屬間斷變數。

性別為男或女,只是描述性別的現象。將男性標示為 1；或將女性標示 2。僅是為了方便電腦處理,並無任何大小或倍數之關係。直覺上,我們可能認為 2>1, 2 為 1 的兩倍。但若轉為口語化,將變為：女大於男,女為男之兩倍。任誰都不可能同意！

且若其均數爲 1.69, 也不具任何意義。了不起, 也只可以知道, 此次調查之女性樣本較男性來得多些而已！

又如, 政黨傾向之政黨別, 仍只是描述政黨之類別。將民進黨、國民黨、親民黨、台聯、新黨, 分別標示爲 1, 2, 3, 4, 5, 也僅是爲了方便電腦處理而已, 並無任何大小或倍數之關係。如, 3 表其政黨傾向爲親民黨, 1 表其政黨傾向爲民進黨, 並未表示傾向親民黨者爲傾向民進黨的三倍, 也無任何支持群衆誰比誰多之大小關係。

連續變數

連續變數(continuous variable) 或稱尺度變數、量變數。如：成績、年齡、所得、長度、距離、體重、身高、智力、溫度、……等, 均屬連續變數。

這類變數, 在理論上, 任兩個值之間都可能存在第三個值。因爲這些變數的任一特定值, 均可看成是夾在某兩個數值之間。不過, 卻又不能非常正確地指出它到底爲多少？如：某人的體重爲 56.5 公斤, 其眞正體重, 可能爲 56.45～56.54 公斤之間的某一值, 由於度量工具的限制, 只得將其視爲四捨五入後之結果。但如果您的度量工具可再更精密的測量出某人的體重爲 56.55 中公斤, 他仍可能爲 56.545～56.554 公斤之間的某一值, 依然是一種四捨五入後之結果。

連續變數, 其間有大小及倍數之關係。如：300>100, 300 爲 100 之 3 倍。

3-3 | 設計問卷的步驟

設計問卷的步驟爲：

1.列舉所要收集之資訊

一方面, 收集各種有關的次級資料, 並與相關人員溝通討論出可能之問題；另一方面, 訪問外部對此問題有豐富經驗或學識的人士, 取得其對此問題之看法與可能解決方案。如此, 才有可能將所要收集之資訊完全納入。若是學生, 則找幾份相關研究之論文參考, 並與同組同學及老師討論, 擬出要收集之資訊。

2.決定訪問之型態

訪問之型態有：**結構-直接、結構-非直接、非結構-直接**與**非結構-非直接**等四類。看是否要使用結構問卷？是否使用直接訪問？如：人員訪問為直接訪問, 但仍可能使用結構式問卷或非結構式問卷。

3.決定訪問之方式

訪問型態確定後, 續決定要使用何種訪問方式：人員訪問、電話訪問或郵寄問卷 (普通郵件或電子郵件) ？

不同的訪問方式, 其訪問之對象、經費與回收時間均不太相同。如：以人員訪問時, 訪員與受訪者之間, 可相互交談, 其題目可深入一點, 但其成本較高；以郵寄問卷訪問時, 成本雖低, 但題目不可太難, 也不可能太多, 且要有詳細之填答說明, 否則受訪者可能不會填答。

4.決定問題之內容

於開始進行設計問卷前, 最好能參考相關的論文或研究報告, 以其問卷為藍本, 將可省下很多設計的時間。

然後, 針對研究目的, 將所有要收集之資訊一一列舉出來, 除了有關要調查之產品本身的問題外, 如：品牌知名度、品牌佔有率、購買原因、購買頻率、購買考慮因素、……；也要調查受訪者的詳細基本資料, 如：性別、年齡、教育程度、職業、所得、……。

在決定問題內容時, 得考慮下列幾點：

☑ **此一問題是否必要？**儘量避免與研究目的無關之題目, 以免增加訪員/受訪者的負擔, 且同時也增加了資料處理時間與費用。

☑ **受訪者能否答覆？**如：受訪者本身就沒有答案、忘了、或沒有使用經驗, 要如何答？

☑ **受訪者願不願意答？** 不應問那些令人難堪、困窘或牽涉個人隱私之問題。不過，有時仍可以設計上的一些技巧，來加以彌補。如：直接要受訪者答其每月所得，可能會有困難。但若改為勾填某一區間範圍，就比較能被接受。

☑ **受訪者是否要費時費力才能回答？** 避免讓受訪者要去翻箱倒櫃找出資料，或是得經過複雜運算，才能回答問卷上的問題。

5.決定訪問之型式

選擇題或開放題。選擇題還可分單選題或多選題(複選題)，多選題最好於題目上標明最多可選擇幾項，以方便編碼。開放題則是要受訪者自己填入答案。

選擇題可能會有提示效果，如：以開放題直接問受訪者知道那些汽車廠牌？他可能一個也答不出來；但若以選擇題來問，可能看了那些廠牌答案後，每一個都好像聽過，一選就選了一大堆。

開放題因不提供答案，雖不會有提示效果，但答案常常是五花八門，反而不易整理，得投入較大量的人工。特別是利用電腦來分析時，還得先以人工加以列出、整理歸類並編碼。

6.決定訪問之用語

問卷上每一問題的用語，不僅要讓訪員與受訪者看得懂；且看到後所認定的意思也要一致。可參考下列幾個原則：

☑ 使用簡單的字，使用的字彙要符合受訪者的程度，不要使用只有專家才看得懂的專有名詞。

☑ 使用意義明確的字，無論誰來看，其意義均只能有一個，不會有兩種不同的解釋。

☑ 避免引導性的問題，如：「目前政府在經濟上的良好成就，是否已造成您收入增加？」，可能會讓人誤以為是政府調查，訪員很可能是政府派來的人，往後的問題，會因訪員在場，而儘可能挑好的回答。若改為：「目前政府在經濟上的表現，會造成您收入增加或減少？」，就比較中性。

避免使用者計算或估計, 如：「您一年的零用金有多少？」還不如：「您一個月的零用金有多少？」。

7.決定問題之順序

問題先後, 需有一合理安排。還不知道是否曾擁有手機, 就問其手機之電信公司或每月平均月費, 是不正確的順序。又如, 回答未曾擁有手機後, 就不必再續問其對手機產品之評價。所以, 應有跳答或續答某題之情況。最好, 將其問卷的流程, 繪製成流程圖, 以免順序安排錯誤。

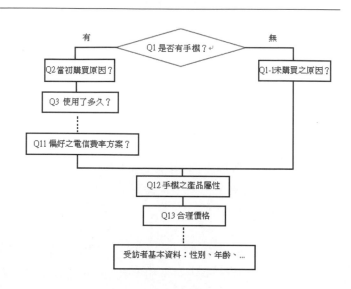

8.試訪及修訂

初次設計好的問卷, 得經過至少一次的試訪及修訂。於試訪中, 經由與受訪者的接觸, 可發覺出許多問卷中未考慮到的問題、未列入的選項、或設計上錯誤、……。

試訪的份數, 不用太多, 但也不可太少, 20 份左右即可。試訪前, 先將問卷打字並印出, 然後影印所需之份數。接受試訪之對象, 也不必經過認真抽樣, 找幾位較願意與訪員進行討論的合格受訪者即可。至於訪員, 當然也得挑選經驗豐富者。如此, 可經由雙方討論, 進行更理想的修正。

試訪後, 將每份試訪問卷, 所發現之問題一一匯集, 並加以修正。最後, 才將問卷定稿。

試訪的次數, 一次即夠了, 但若修改的部份很多且變動很大, 當然可再次試訪。

9.決定問卷之外觀

問卷定稿後, 續決定問卷紙質、顏色、是否加封面、是否雙面印刷、問卷前是否加入開場白之信函、……。一個印刷精美的問卷, 會讓人覺得其有價值感、覺得訪問單位很慎重其事, 而更願意回答其問題。

3-4 編碼與鍵入

編碼就是將問卷回答結果, 轉為適當之數字 (或文字, 但絕大多數是轉為數字)。鍵入則是將該數字, 輸入到電腦中, 以利進行後續之統計分析。

大部分的人, 係事先將編碼填入於問卷之題目前, 然後才開始輸入；也有人跳過此書寫編碼的過程, 一邊看問卷就一邊由鍵盤輸入資料。(這當然較易出錯) 我也看過很多學生採分工合作之方式, 一位同學看問卷, 將答案唸給另一位同學輸入。同時, 還幫輸入之同學檢查是否打錯？這也是不錯的方式！

問卷回收後, 記得加上問卷編號, 以方便於編碼/鍵入發生錯誤時, 仍可找到該問卷來進行檢查, 以修改編碼。

注意, 並不用依問卷編號之順序來輸入, 允許隨機拿一份就輸入一份, 將來若要排序, 只需執行「**資料(D)/觀察值排序(O)…**」, 依問卷編號來遞增排序即可。

3-5 幾種典型的問卷題目

於問卷中, 常見之題目類型有下列幾種：

☑ **單選**：只有一個答案之題目

☑ **複選**：允許有多個答案

☑ **填充/開放**：讓受訪者自行填答之開放題

☑ **量表**：衡量態度的尺度量表

☑ **權數**：取得衡量態度之量表的重要程度

☑ **等級/順序**：以偏好程度、品質或服務水準排列其等級或名次

☑ **子題**：附屬於某一題目之下, 必須答了某一特定答案後, 才可以問的問題

　　茲將其等之問卷題目設計上、應注意事項、常見之問題、編輯時之技巧與如何進行編碼, 分別詳述于后。

3-6 | 單選題

這是最常見的問卷題目類型, 使用選擇題, 且其答案只有一個。如：

Q1. 請問您現在是否擁有手機？

　　☐ ① 有　　　　　☐ ② 沒有 (跳答 Q12 題)

Q2. 請問您的手機是那一家電信公司？

　　☐ ① 中華電信　　☐ ② 遠傳　☐ ③ 台灣大哥大　☐ ④ 和信

　　☐ ⑤ 泛亞　　　　☐ ⑥ 其他

確定取得單一答案

　　有時, 為了避免受訪者勾填了不只一個答案。還得於題目上以非常肯定的語氣, 讓受訪者只能填答一個答案。如：

　　請問您目前使用何種廠牌的洗髮精？

其答案可能不只一個。若改為：

　　請問您最常使用何種廠牌的洗髮精？

其答案就只有一個。

儘可能使用單選題

您可能會有疑問, 既然其真實答案不只一個, 為何不乾脆設計成允許多選之複選題 (多選題) 呢?

因為, 複選題雖可多獲得幾個答案, 但往後分析時, 卻多了許多限制。因為 SPSS 對複選題也只能進行次數分配與交叉分析而已, 且還無法進行卡方檢定。若無法檢定, 將會使我們寫報告時, 寫得非常沒有信心。所以, 應儘量避免將問題設計成複選題!

單選題如何編碼/鍵入

對於單選題, 由於其答案只有一個, 只需將答案編號, 直接鍵入於同一列之對應欄位內即可。(請開啟 『SPSS 範例\Ch03\問卷編號與單選題編碼.sav 』進行 練習)

1:有手機		2
	問卷編號	有手機
1	201	2
2	202	1
3	203	2
4	204	1

3-7 | 複選題

雖然, 前面建議讀者, 應儘量避免將問題設計成複選題。但事實上, 很多情況的答案就是不只一個, 要勉強設計成單選也不容易。於仔細斟酌後, 若問題牽涉之後續分析不多, 當然還是可以使用複選題。

設計複選題時, 為了方便編碼/鍵入。應該於題目上限制, 最多可選擇幾項:

請問您當初購買手機的原因為何? (可複選, 最多三項)

☐ 1. 方便與家人聯絡　☐ 2. 方便與朋友同學聯絡　☐ 3. 追求流行

☐ 4. 工作需要　　　　☐ 5. 親人提供　　　　　　☐ 6. 同儕間比較的心理

☐ 7. 手機價格下降　　☐ 8.業者推出的促銷方案　☐ 9.網內互打較便宜
☐ 10.其他

若未限制最多可選擇幾項, 此題之答案最多可能有 10 個, 於編碼時就得留下 10 個儲存格來輸入。然而, 絕大多數人是不可能填答到 10 個答案, 將使得很多儲存格之內容為空白或 0。設定最多可選擇之項目數, 並無一定限制, 較常見的是:最多三項或最多五項。

複選題如何編碼 / 鍵入

對於複選題, 由於其答案為多個, 編碼/鍵入時, 須依該題限制之答案數上限, 保留欄數。如:最多三項, 應保留三欄。

欄名可使用中文, 如:原因 1、原因 2、原因 3。或依題號再加上底線及順序編號, 如:Q2_1、Q2_2、Q2_3 分別表示第二題之第 1、第 2、第 3 個答案;Q1S1_1、Q1S1_2、Q1S1_3 分別表示第一大題第一小題之第 1、第 2、第 3 個答案。

由於, 受訪者未必會均填滿三個答案。若只答一個, 僅需輸入於第一欄, 而其餘兩欄則輸入 0 (如編號 304 之記錄);若只答兩個, 僅需輸入於第一、二欄, 而將第三欄輸入成 0 (如編號 307 之記錄)。有的受訪者因答題流程之關係, 該題免答, 故一個答案也不用填, 則於三欄均輸入 0 (如編號 229、230 之記錄)︰(請開啟『SPSS 範例\Ch03\複選題編碼.sav』進行練習)

	問卷編號	Q1	Q2_1	Q2_2	Q2_3
1	229	2	0	0	0
2	230	2	0	0	0
3	231	1	1	2	8
4	232	2	0	0	0
5	301	1	2	3	7
6	302	1	1	0	0
7	303	1	2	5	0
8	304	1	2	0	0
9	305	1	1	2	8
10	306	1	2	7	8
11	307	1	1	2	0

3-8 | 填充 / 開放題

填充題就是開放題, 不提示任何答案, 要求使用者直接填答。如:

請問您目前使用的手機廠牌為何? _____

請問您的手機目前使用那一家電信公司? _____

請問您政府應該如何做, 才可提高就業率?

_____

_____

_____

有時, 對數值性之資料, 為了取得其真正之數字 (650); 而非僅取得間斷之區間 (600~800)。會採用填充題之方式取得資料:

請問您每月手機的平均電話費約_____元

這種方式, 雖較麻煩。但其獲得的是真正之數字, 為連續性資料。可不經任何轉換, 即可進行求算各種統計量:均數、標準差、變異數、極大、極小、……等;且也可以直接進行均數檢定;甚或作為迴歸分析之因變數或自變數。

若為了取得資料之方便, 而只設計成選擇題:

請問您每月手機的平均電話費約多少錢?

　　☐ 1. 200 元及以下　　　☐ 2. 201~400 元　　　☐ 3. 401~600 元
　　☐ 4. 601~800 元　　　☐ 5. 801~1000 元　　☐ 6. 1000 元以上

將取得非連續之區間代碼, 其性質是非常接近類別變數。往後, 若只是進行次數分配或交叉分析, 確實是非常方便。但若要求算各種統計量:均數、標準差、變異數、極大、極小、……等;或進行均數檢定。就得再將其由區間轉為組中點。如:將 201~400 轉為 300、將 401~600 轉為 500、……, 才可進行計算或檢定。但此一轉換, 所取得者, 已不是真正的電話費, 只是種不得已情況下的替代值, 其結果當然不是很正確!

填充 / 開放題如何編碼 / 鍵入

若僅是要求填入數字之填充/開放題, 如:

請問您每月手機的平均電話費約_____元

鍵入時, 直接將該數值輸入於適
當欄位即可；若受訪者未填任何
數字, 則輸入 0：(請開啟『SPSS
範例\Ch03\開放題-月費.sav 』進
行練習)

	問卷編號	Q1	Q2_1	Q2_2	Q2_3	平均月費
1	229	2	0	0	0	0
2	230	2	0	0	0	0
3	231	1	1	2	8	200
4	232	2	0	0	0	0
5	301	1	2	3	7	400

若是像問答題之開放題：

請問您政府應該如何做, 才可提高就業率？ _____

_____

其答案常常是五花八門, 得先將答案一一詳列, 等所有問卷均回收後, 再將這些答案
以人工歸類成少數幾類, 並賦予數字編號。再回到原問卷上, 寫上受訪者所答之答
案的代碼。然後, 才可開始輸入。

此時, 它的輸入方式就變成是單選或複選題了。若每人均只發表一個解決方案時,
那就是單選題。反之, 如果有人發表數個解決方案時, 那就是複選題。

3-9 | 量表

問卷上, 也常出現衡量態度的量表, 或稱評價尺度 (rating scale)。如：

請先就下列有關手機之產品屬性勾選其重要程度。

	非常重要	重要	普通	不重要	非常不重要
1)大小適中	☐	☐	☐	☐	☐
2)重量輕巧	☐	☐	☐	☐	☐
3)顏色炫麗	☐	☐	☐	☐	☐
4)外型大方	☐	☐	☐	☐	☐
5)符合人體工學	☐	☐	☐	☐	☐
6)附屬功能多	☐	☐	☐	☐	☐

量表其實是一種順序尺度, 只有大小先後之關係；但無倍數之關係。如：『非常重要』若以 5 表示, 『非常不重要』若以 1 表示, 只能說 5 比 1 重要而已；無法說『非常重要』是『非常不重要』的 5 倍。但為了方便, 研究上, 經常將其視為連續之數值資料, 而直接求其均數、標準差、……等統計量。雖不是很合理, 但也是不得已的應變措施！

量表如何編碼 / 鍵入

量表之數值可安排成兩種方式：

評價	編碼 1	編碼 2
非常重要	5	2
重要	4	1
普通	3	0
不重要	2	-1
非常不重要	1	-2

直接將數字輸入於欄位內即可, 本書對所有量表均採用第一種方式編碼, 對未填答者則將其安排為 0。(請開啟『SPSS 範例\Ch03\量表.sav』進行練習)

	大小適中	重量輕巧	顏色炫麗	外型大方	符合人體	附屬功能
1	2	2	3	2	1	1
2	3	3	5	2	2	3
3	1	3	2	1	1	3
4	2	2	2	1	1	2
5	4	4	4	4	4	4

1：大小適中　　2

以這兩種方式編碼, 將來平均數較高者, 就代表該項目之重要性較高。如：『大小適中』與『重量輕巧』之均數, 若分別為 4.16 與 3.03, 就表示消費者較注重『大小適中』屬性。

3-10 權數

量表 (評價尺度) 的另一項缺點為：每一個變數均視為同等重要。如：受訪者對『大小適中』與『重量輕巧』兩個屬性，均勾填『非常重要』。於分析資料時，均以 5 來表示並進行計算，這就已經認定這兩個屬性是同等重要。

但是，這樣仍有點不合理！雖然兩個屬性均勾填『非常重要』；但若僅以這兩個屬性來互相衡量時，受訪者可能會認為『大小適中』的重要性還是超過『重量輕巧』。因此，將每一個變數均視為同等重要，有其不合理的地方。

為彌補前述之缺點，有人認為應該對每一個變數進行加權，依其重要程度給予不同的權數：

請依據您購買手機時，各產品屬性的相對重要程度，將 100% 分配給下列屬性。(請核對一下，注意合計應為 100%)

1)大小適中　　　_____％
2)重量輕巧　　　_____％
3)顏色炫麗　　　_____％
4)外型大方　　　_____％
5)符合人體工學　_____％
6)附屬功能多　　_____％
　合計　　　　**100**　％

於問卷上，要取得前述之重要程度與權數。有如前文般，分兩次問的。也有將其設計成對偶題，於一個表中取得兩項資料：

請於左側先就下列有關手機之產品屬性勾選其重要程度。續於右側『權數』下方填入其相對重要性，請注意合計應為 100%。

	非常重要	重要	普通	不重要	非常不重要	權數
1)大小適中	☐	☐	☐	☐	☐	_____ %
2)重量輕巧	☐	☐	☐	☐	☐	_____ %
3)顏色炫麗	☐	☐	☐	☐	☐	_____ %
4)外型大方	☐	☐	☐	☐	☐	_____ %
5)符合人體工學	☐	☐	☐	☐	☐	_____ %
6)附屬功能多	☐	☐	☐	☐	☐	_____ %
合計						**100** %

這種題目, 看起來是簡潔多了! 但若受訪者的程度不高, 肯定會問不出所以然!

　無論是何種方法? 加權的觀念雖然正確, 因為權數加總後, 得恰為 100%。雖是一個很簡單的算術, 可是, 受訪者往往不願意去費心計算, 故經常是問不出一個理想的結果!

　若僅只是權數加總不是 100% 這個問題, 還可加以調整。如, 某份問卷之填答結果為:

1)大小適中	**20** %
2)重量輕巧	**10** %
3)顏色炫麗	**10** %
4)外型大方	**50** %
5)符合人體工學	**30** %
6)附屬功能多	**10** %
合計	**100** %

仍可將所有權數加總後當為分母 (140%), 再將個別屬性之權數分別除以權數總和, 仍可調整出權數加總為 100% 之結果:

1)大小適中	**14**	%
2)重量輕巧	**7**	%
3)顏色炫麗	**14**	%
4)外型大方	**35**	%
5)符合人體工學	**21**	%
6)附屬功能多	**7**	%
合計	**100**	%

　　若權數之加總未滿 100%, 其調整方法也是相同：可將所有權數加總後當爲分母, 再將個別屬性之權數分別除以權數總和, 仍可調整出權數加總爲 100% 之結果。

應注意之問題

　　加權之題目個數不宜太多, 五、六個受訪者還可接受；多了, 肯定分不清何種重要？即使填答了, 其準確性也實在值得懷疑！

　　此外, 受訪者往往不是將所有衡量變項均加以考慮後, 才去填答權數；而是由上而下逐一填入數字, 等填到底下才發現總計可能會超過 100%！然後就開始減低後面選項的權數, 以免總計會超過 100%。如此的作法, 往往使得排在前面之幾個變項的權數, 普遍高於排在後面之幾個變項。這也是一種偏差, 若發現這種偏差非常明顯時, 恐怕就得放棄這些權數了！

　　當然, 過去也有人曾針對加權與不加權之結果進行比較。大部分的結論均是：**加權與不加權之結果無顯著差異。故而, 大可不用大費周章去取得權數資料！**

權數如何編碼 / 鍵入

　　權數也是一種數值, 其輸入方式同於填充/開放題。鍵入時, 直接將該權數輸入於適當欄位即可。如：20% 就直接輸 0.2；若受訪者未填任何數字, 則輸入 0。(請開啓『SPSS 範例\Ch03\權數.sav』進行練習)

1 : 大小w			0.2					
	符合人體	附屬功能	大小w	重量w	顏色w	外型w	人體w	附屬w
1	1	1	.20	.15	.30	.10	.15	.10
2	2	3	.10	.20	.20	.15	.20	.15
3	1	3	.20	.30	.10	.10	.10	.20
4	1	2	.10	.10	.20	.30	.10	.20

3-11 | 等級 / 順序

排等級 (ranking) 也是一種衡量的方式。如, 將幾個品牌、廠牌、商店或屬性, 依其品質、服務水準、偏好程度、……排等級:

右列幾個手機的電信公司中, 請問您認為那一家的收費最便宜?請依排名順序, 填入 1、2、3、4、5:	中華電信 _____ 遠傳 _____ 台灣大哥大 _____ 和信 _____ 泛亞 _____

這類資料是一種順序尺度, 只有先後之順序關係;但無倍數關係。譬如:甲公司排名為 1, 乙公司排名為 5;只能說受訪者認為甲公司之收費比乙公司便宜而已;無法說甲公司之收費比乙公司便宜 5 倍。故而, 通常也不會直接求其均數、標準差、……等統計量。

此種類型之問卷, 作為被排等級/順序之對象也不宜太多。否則, 受訪者也是無法排列得很好。排個五、六項大概就是上限了!

等級 / 順序如何編碼 / 鍵入

假定, 要處理前面之資料, 由於有五個電信公司, 故需安排 5 個欄位分別來輸入各公司所得到之排名, 第一欄輸入『中華電信』之排名、第二欄輸入『遠傳』之排名、……、第五欄輸入『泛亞』之排名。

此種排等級/順序, 最常見之問題是:受訪者無法依序填完所有的排名。可能只填個一、兩項而已!此時, 不可將未填答之項目視為 0, 因為這樣反而會使得無答案之項目, 變成排名於第一名 (1) 之前面。替代方法為:將未填答之項目視為相同等級。假定有五項, 只填答 3 項, 則其餘兩項均以 4 替代;若只填答 1 項, 則其餘四項均以 2 替代;……。

假定,某位受訪者之問卷填答結果爲:

右列幾個手機的電信公司中,	中華電信	**3**
請問您認為那一家的收費最	遠傳	**1**
便宜?請依排名順序, 填入	台灣大哥大	
1、2、3、4、5:	和信	
	泛亞	**2**

其五欄之資料, 應依序輸入成:3、1、4、4、2。(請開啓『SPSS 範例\Ch03\排等級.sav』進行練習)

	問卷編號	中華電信	遠傳	台灣大哥大	和信	泛亞
1	229	1	4	3	2	4
2	230	2	3	1	4	5
3	231	5	4	3	2	1
4	232	1	2	2	2	2
5	301	3	2	1	3	3

1:中華電信   1

可將等級 / 順序改爲單選題

實務上, 雖常見到此種排等級之問卷方式。但建議讀者, **儘可能不要使用這類問法, 因爲將來分析時, 無論是交叉分析或次數分配表, 均不太容易處理**。最多, 只能求個中位數, 比較各項目的排名順序而已!

替代的作法是將題目修改成:

下列幾個手機的電信公司中, 請問您認為那一家的收費最便宜?

    ☐1.中華電信   ☐2.遠傳   ☐3.台灣大哥大

    ☐4.和信   ☐5.泛亞

直接將其改爲單選題, 將來以出現次數之多寡來排名即可。譬如:認爲甲公司最便宜者有 125 位, 而認爲乙公司最便宜者有 70 位。我們就可以說:消費者認爲甲公司之收費比乙公司便宜。

直接將前述之等級改為單選題, 最大的好處是可順利地進行交叉分析或檢定。如: 認為甲公司最便宜者之受訪者, 其基本資料為何? 是否就真的使用該電信公司? 或檢定其平均月費是否真的低於其他電信公司?

可將等級/順序改為權數

由於, 要取得權數之資料有其困難度與缺點。如: 必須加總成 100%, 且受訪者往往不是將所有衡量變項均加以考慮後, 才去填答權數, 往往使得排在前面之幾個變項的權數, 普遍高於排在後面之幾個變項。故也可以將等級/順序改為權數。如:

請依據您購買手機時, 各產品屬性的相對重要程度, 對下列屬性進行排名。(請依序填入 1、2、3、4、5、6)

1)大小適中 ＿＿＿＿＿＿

2)重量輕巧 ＿＿＿＿＿＿

3)顏色炫麗 ＿＿＿＿＿＿

4)外型大方 ＿＿＿＿＿＿

5)符合人體工學 ＿＿＿＿＿＿

6)附屬功能多 ＿＿＿＿＿＿

於收到資料後, 再將其轉為權數。權數可由研究者主觀判定, 或將排名 1 轉為 6、排名 2 轉為 5、……。如:

排名	權數 1	權數 2
1	30%	6
2	25%	5
3	20%	4
4	15%	3
5	7%	2
6	3%	1

3-12 | 子題

問卷上, 常有填答某題後, 續問甲題；否則, 跳問乙題之情況。如：

Q1. 請問您現在是否擁有手機？

　　☐ ① 有(跳答 Q3) ☐ ② 沒有。

Q2. 請問您未購買手機的原因：(可複選, 最多 3 項, 答後請跳答 Q12)

　　☐① 價格太高　　☐② 欲保留自我空間　　☐③ 不喜追隨流行

　　☐④ 沒有需要　　☐⑤ 電磁波有害人體　　☐⑥ 已有 call 機

　　☐⑦ 避免被騷擾　☐⑧ 其他_____

Q3. 請問您當初購買手機的原因為何？ (可複選, 最多三項)

　　☐① 方便與家人聯絡 ☐② 方便與朋友同學聯絡 ☐③ 追求流行

　　☐④ 工作需要　　　 ☐⑤ 同儕間比較的心理　☐⑥ 親人提供

　　☐⑦ 手機價格下降　 ☐⑧ 業者推出的促銷方案 ☐⑨ 網內互打較便宜

　　☐⑩ 其他_____

　　這類題目, 跳過來跳過去, 無論怎麼跳, 感覺還是會打結, 受訪者很容易出錯。較理想的編排方式, 是**儘可能使跳答的情況變為最少**。如, 將其修改後, 可少掉原第一題處之『跳答 Q3』：

Q1. 請問您現在是否擁有手機？

　　☐① 有

　　☐② 沒有, 請問您未購買手機的原因：(可複選, 最多 3 項, 答後請跳答 Q12)

　　　　☐ 1. 價格太高　　☐ 2.欲保留自我空間　☐ 3.不喜追隨流行

　　　　☐ 4.沒有需要　　☐ 5.電磁波有害人體　☐ 6.已有 call 機

　　　　☐ 7.避免被騷擾　☐ 8.其他_____

Q2. 請問您當初購買手機的原因為何？(可複選, 最多三項)

☐ ① 方便與家人聯絡　☐ ② 方便與朋友同學聯絡　☐ ③ 追求流行

☐ ④ 工作需要　☐ ⑤ 同儕間比較的心理　☐ ⑥ 親人提供

☐ ⑦ 手機價格下降　☐ ⑧ 業者推出的促銷方案　☐ ⑨ 網內互打較便宜

☐ ⑩ 其他＿＿＿＿＿＿

至於子題的編碼, 其處理方式同於單選題與複選題。故就不再贅述。

3-13 核對資料

學過電腦的人, 應該都聽過一句話『GIGO, Garbage In Garbage Out』(垃圾進垃圾出)。若輸入之資料錯誤, 其分析結果當然也是錯的。所以, 鍵入資料時, 應隨時核對其資料是否正確？

於所有資料均打完後, 可對每一欄變數均進行一次『次數分配』分析。並不是要進行撰寫報告之用, 目的在檢查答案是否合理？如, 性別欄應只有 1, 2 兩個答案; 若出現有其他答案, 就表示輸入錯誤。可以「**編輯(E)/尋找(F)**…」將其找出來進行修改。(詳前章『尋找』處之說明)

找到錯誤後, 就應該透過編號, 找出原問卷, 檢查看問題出在哪裡？並加以更正。這就是爲何要記得爲每份問卷加上編號之原因。

對問卷編號欄言, 應該是每一個編號均只出現一次。若有某個編號出現不只一次, 若不是輸入錯誤, 那就是有問卷被重覆輸入了。

不過,『次數分配』分析也只能檢查出其資料是否合理而已。比如, 第 1 題的答案爲單選題 1~5, 若檢查到 1~5 以外之資料, 是不合理的錯誤, 這很容易就可被抓出來。但若資料全部在 1~5 之內, 仍不代表它就百分之百正確。仍有可能將打錯！(如：3 錯打爲 2) 但這種錯誤, 以『次數分配』分析進行檢查, 是無法找出來的。所以, 於輸入時, 打慢一點, 求正確重於求速度。最好, 輸入中有人在旁邊幫忙檢查是否打錯？要不, 每打完一筆, 自己再檢查一次總是不能免的。

有時, 善用『觀察值排序』之功能, 將同類資料集中在一起, 也可以找出一些關聯題的錯誤。例如, 如果受訪者未曾購買手機, 那他就不應該會回答到每月平均月費之問題。所以, 下表『有手機』處若為 2, 表其無手機;那『平均月費』就應該是 0。否則, 就表示資料錯誤, 不是『有手機』欄錯, 就是『平均月費』欄錯!應找出原問卷來檢查看問題何在?

『SPSS 範例\Ch03\關聯題.sav』, 第 2 列就是無手機而有月費之錯誤例子:(其它部份也可能有相同之錯誤)

	問卷編號	q1	q2_1	q2_2	q2_3	平均月費
1	229	2	0	0	0	0
2	230	2	0	0	0	100
3	231	1	1	2	8	200
4	232	2	0	0	0	0
5	301	1	2	3	7	400

2:平均月費　　　100

可利用下示步驟來找出此類錯誤:

① 執行「**資料(D)/觀察值排序(O)…**」

② 於左側選取排序依據 (是否有手機[q1]), 按 ▶ 鈕, 將其送往『排序依據(S)』處

③ 於『排序順序』處, 選擇要遞增或遞減排序 (本例選「**遞減(D)**」)

④ 按 [確定] 鈕, 可依『是否有手機[q1]』進行遞減排序。

1 : q1			2			
	問卷編號	q1	q2_1	q2_2	q2_3	平均月費
1	229	2	0	0	0	0
2	230	2	0	0	0	100
3	232	2	0	0	0	0
4	316	2	0	0	0	0
5	317	2	0	0	0	250
6	403	2	0	0	0	0

此時, 僅須檢查『有手機』為 2 之部份, 若其『平均月費』不為 0, 就表示其資料有錯。如, 問卷編號 230 與 317 兩筆。

反之, 若有手機之受訪者, 若其平均月費為 0。也是一種錯誤, 我們也應該找得出來：(問卷編號 301)

10 : 平均月費			0			
	問卷編號	q1	q2_1	q2_2	q2_3	平均月費
8	707	2	0	0	0	0
9	231	1	1	2	8	200
10	301	1	2	3	7	0
11	302	1	1	0	0	400

習題

1. 複選題應如何編碼？

2. 開放題應如何編碼？

3. 取得權數資料應注意那些問題？

4. 等級/順序之資料如何編碼/鍵入？假定有五項, 只填答 3 項, 應如何編碼？

5. 如何將等級/順序改為單選題？

6. 範例光碟『SPSS 習題\Ex03\找出性別錯誤.sav』內, 性別資料只能接受 1 與 2 之資料。試以『次數分配』找出計有幾筆錯誤？並找出其記錄編號。

	問卷編號	性別
1	201	2
2	202	2
3	203	3
4	204	1

7. 將上題, 以『觀察值排序』進行處理。假定, 將全部之錯誤均改為 2。

8. 範例光碟『SPSS 習題\Ex03\每月平均簽帳金額.sav』內, 其『有信用卡』欄若為 2, 表無信用卡, 則『金額』欄就不應有每月平均簽帳金額。試以『觀察值排序』找出計有幾筆錯誤？並找出其記錄編號。

	問卷編號	有信用卡	金額
1	229	2	300
2	230	2	0
3	231	1	200
4	232	2	0

資料轉換

4-1 ｜自別的檔案取得資料

有很多情況, 我們得自不是 SPSS 所產生之資料檔取得資料, 轉入 SPSS 以進行統計分析。

例如, 過去研究所蒐集之資料, 在 DOS 時代, 可能是以 PE2 或 PE3 文字編輯程式, 以本文型式, 存於.txt 或.dat 檔。也可能是以 dBASE 資料庫程式所儲存之.dbf 資料檔。在 Windows 下, 大部份是存於 Excel 的.xls 活頁簿；或是以『記事本』文字編輯程式所編輯之.txt 或.dat 本文檔。

若想再度取得這些資料來進行分析, 當然不可能要於 SPSS 重打一次。這樣, 不僅費時費事且還可能會有打錯資料之情況！(每多一次人工參與, 就會有多一次錯誤的顧慮)

即便是目前很多學校均已經提供有 SPSS, 很多學生還是不會考慮在學校以 SPSS 來輸入資料。因為, 學校教室有時會有人在上課, 要使用 SPSS 也不是那麼方便。且到學校的時間還有別的課要上, 可用時間都是一些零星的片斷時刻, 要輸入大量問卷資料, 也不是很適合。更主要的原因是, 回家後, 家裏並無 SPSS, 也無法進行資料輸入。所以, 絕大部份之學生, 以 Excel 進行資料輸入, 再帶到學校, 轉成 SPSS 的資料檔, 進行 SPSS 的統計分析。

以 Excel 輸入資料, 除了其軟體取得容易外；另外一個明顯的好處是：Excel 也有很多統計分析工具。除非是碰上 Excel 無法解決的複雜分析, 才帶到學校以 SPSS 分析。否則, 大部份的分析, 還可在家中, 以 Excel 直接進行分析。

此外, 使用 Excel, 於輸入中, 還可以利用『**資料**』索引標籤,『**資料工具**』群組『**資料驗證**』鈕 資料驗證 控制所輸入之資料必須介於那個範圍內？於輸入後, 也可以『**資料**』索引標籤,『**排序與篩選**』群組之『**篩選**』鈕 篩選 進行事後篩選, 以過濾出不合理之錯誤資料。(有關以 Excel 進行統計分析之技巧, 請參見拙作『Excel 在統計上的應用-第二版』, 旗標 2007 出版』)

直接開啟 Excel 檔案

由於, Excel 是目前相當普及的軟體。也是現階段, 最有可能會被用來輸入問卷調查資料的工具。故底下就舉一個將 Excel 檔案轉為 SPSS 資料檔的實例。(注意新版 SPSS 還無法處理 Excel 2007 之*.xlsx 檔案類型, 若有該類型之檔案, 請將其轉存為『Excel 97-2003 活頁簿』之*.xls 檔案類型)

有一點要特別提一下, 於 Excel 進行資料鍵入工作時, 第一列之內容即是將來欄變數之名稱。故其命名規則, 應符合 SPSS 之要求 (參見第二章『定義變數』處之說明)。

假定, 已以 Excel 完成一問卷資料之輸入：(存於『SPSS 範例\Ch04\購買原因.xls』)

	A	B	C	D	E
1	問卷編號	有手機	原因1	原因2	原因3
2	229	2	0	0	0
3	230	2	0	0	0
4	231	1	1	2	8
5	232	2	0	0	0

可以下示步驟, 將其轉入 SPSS：

1 先將『購買原因.xls』關閉

💡 注意事項

注意, 應事先將要轉入 SPSS 之 Excel 檔關閉！才不會導致錯誤：

② 於 SPSS, 執行 「**檔案(F)/開啟舊檔(O)/資料(A)…**」(或按 🖿 鈕))

③ 按『檔案類型(T)』右側之向下箭頭, 選擇要開啟之檔案類型 (Excel(*.xls))

④ 轉入適當磁碟資料匣 (『SPSS 範例\Ch04』)

⑤ 雙按要開啟之檔名 (『購買原因. xls』)， 或選取該檔名後按 開啟舊檔(<u>O</u>) 鈕

若所要取用之資料, 並非該檔案之 第一個工作表, 可於『工作單』處, 按其右側向下箭頭, 進行選擇。

```
開啟 Excel 資料來源                                    [×]

E:\Text-Home\SPSS\SPSS範例\Ch04\購買原因.xls

☑ 從資料第一列開始讀取變數名稱

工作單:    購買原因 [A1:E13]          ▼

範圍:

字串欄最大寬度:                      32767

     確定        取消        輔助說明
```

⑥ 確定已選擇「**從資料第一列開始讀取變數名稱**」, 可將工作表第一列之內容, 當成 SPSS 資料檔的變數名稱

⑦ 按 **確定** 鈕, 即可將 Excel 之內容轉入 SPSS

1:問卷編號		229		
	問卷編號	有手機	原因1	原因2	原因3
1	229	2	0	0	0
2	230	2	0	0	0
3	231	1	1	2	8
4	232	2	0	0	0

⑧ 將其以『購買手機之原因.sav』存檔

💡 注意事項

注意, 以複製 / 貼上之技巧, 雖也可以將於 Excel 所選之範圍內容, 轉貼到 SPSS 之資料表。但是並無法複製其欄名部份! 若要取得者為全部內容, 還得定義所有欄名, 並不會較省事。但若只是要複製其中之幾筆記錄資料, 倒是蠻理想的!

『馬上練習!』

將『SPSS 範例\Ch04\手機考慮因素.xls』工作表內容:

	F	G	H	I	J
1	平均月費	大小適中	重量輕巧	顏色炫麗	外型大方
2	0	2	2	3	2
3	0	3	3	5	2
4	200	1	3	2	1
5	0	2	2	2	1

接下頁

轉換至 SPSS, 存為『手機考慮因素.sav』:

1：平均月費		0		
	平均月費	大小適中	重量輕巧	顏色炫麗	外型大方
1	0	2	2	3	2
2	0	3	3	5	2
3	200	1	3	2	1
4	0	2	2	2	1

〔 馬上練習！〕

將『SPSS 範例\Ch04\手機月費.xls』的第二個工作表『月費』內容, 轉入 SPSS。

	A	B	C	D	E	F
1	問卷編號	有手機	原因1	原因2	原因3	平均月費
2	229	2	0	0	0	0
3	230	2	0	0	0	0
4	231	1	1	2	8	200
5	232	2	0	0	0	0

由於是第二個工作表, 其名稱為『月費』, 故要於『工作單』處, 按其右側向下箭頭, 進行選擇：

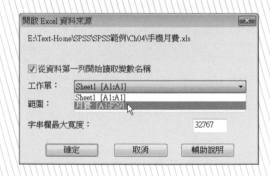

才可順利取得資料：

1：問卷編號		229			
	問卷編號	有手機	原因1	原因2	原因3	平均月費
1	229	2	0	0	0	0
2	230	2	0	0	0	0
3	231	1	1	2	8	200
4	232	2	0	0	0	0

以拖曳方式取得外部檔案

前文之作法, 係以指令進行操作的標準作法。但是, 最便捷之方式, 是將外部之 Excel 檔案, 以拖曳方式將其圖示, 直接拉入 SPSS『資料檢視』或『變數檢示』的任意位置。

當將 Excel 檔案之拖曳到 SPSS 之視窗範圍內時, 滑鼠指標將轉為:

其下有一加號, 表其為複製性質。鬆開滑鼠後, 將顯示:

往後之操作步驟, 就與前文相同。

> **🔑 小秘訣**
>
> 以滑鼠拖曳檔案圖示進行開啟, 亦可用於開啟 **SPSS** 之資料檔或輸出檔; 以及下文之『直接開啟本文檔案』。

直接開啟本文檔案

若欲取得者, 係本文型式之 .txt 文字檔:(存於『SPSS 範例\Ch04\便宜之排名.txt』)

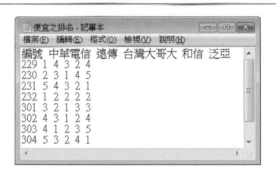

其內各欄內容, 係以空格當間隔符號。可以下示步驟, 將其轉入 SPSS:

① 先將『便宜之排名.txt』關閉

② 於 SPSS, 執行「**檔案(F)/讀取文字資料(R)**」, 轉入適當磁碟資料匣『SPSS 範例\Ch04』

③ 雙按要開啟之檔名(『便宜之排名.txt』); 或選取該檔名後, 按 開啟舊檔(O) 鈕

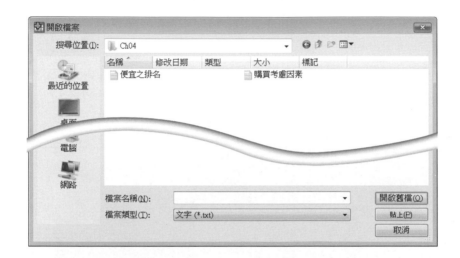

④ 於『您的文字檔符合預先定義的格式嗎?』處, 選「**否(O)**」, 按 下一步(N) > 鈕

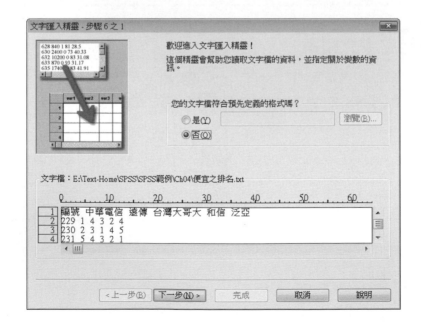

⑤ 於『您的變數如何排列？』處，選「**分隔(D)**」(本例係以空格當分隔符號)；於『變數名稱包含在檔案的最上層嗎？』處，選「**是(Y)**」

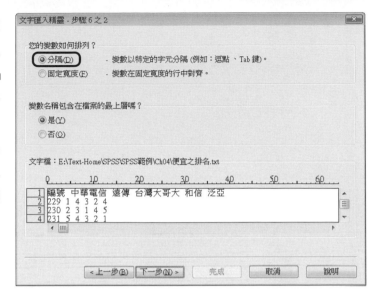

⑥ 續按 下一步(N) > 鈕

⑦ 維持目前預設之設定：由第 2 筆開始、每筆一個觀察值、全部匯入，續按 下一步(N) > 鈕

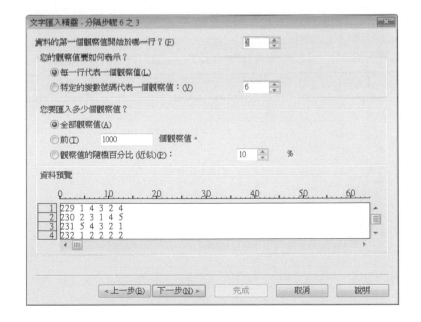

⑧ 選取所使用之分隔符號 (本例爲「**空格(S)**」), 按 下一步(N) > 鈕

文字匯入精靈 - 分隔步驟 6 之 4

變數間要顯示何種分隔符號？

- ☐ Tab(T)
- ☑ 空格(S)
- ☐ 逗點(C)
- ☐ 分號(E)
- ☐ 其他(O):

文字修飾詞爲何？

- ⦿ 沒有框線(N)
- ○ 單一報價(Q)
- ○ 雙重報價(D)
- ○ 其他(H):

資料預覽

編號	中華電信	遠傳	台灣大哥大	和信	泛亞
229	1	4	3	2	4
230	2	3	1	4	5
231	5	4	3	2	1
232	1	2	2	2	2
301	3	2	1	3	3

< 上一步(B) | 下一步(N) > | 完成 | 取消 | 說明

⑨ 以捲動軸捲動內容, 查一下轉換結果, 看是否正確？若無誤, 按 下一步(N) > 鈕

文字匯入精靈 - 步驟 6 之 5

資料預覽中所選的變數規格

變數名稱(V)：
編號

原始名稱：
編號

資料格式(D)：
數字

資料預覽

編號	中華電信	遠傳	台灣大哥大	和信	泛亞
229	1	4	3	2	4
230	2	3	1	4	5
231	5	4	3	2	1
232	1	2	2	2	2
301	3	2	1	3	3

< 上一步(B) | 下一步(N) > | 完成 | 取消 | 說明

⑩ 其上之設定均維持 於「**否(O)**」即可， 按 〔 完成 〕 鈕， 將文字檔內容轉到 SPSS 之資料檔

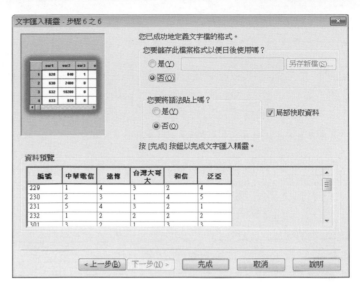

(僅『編號』欄需要 將小數取消而已， 其餘之內容均無問 題)

取用表格之內容

 〖 馬上練習！ 〗

將『SPSS 範 例\Ch04\購買 考慮因素.txt』 文字檔內容， 轉入 SPSS。

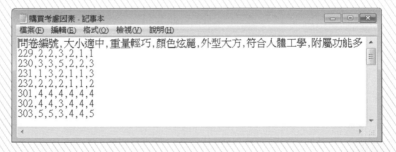

接下頁

此文字檔係以逗號爲間
隔符號,轉換結果爲:

1:問卷編號		229			
	問卷編號	大小適中	重量輕巧	顏色炫麗	外型大方
1	229.00	2	2	3	2
2	230.00	3	3	5	2
3	231.00	1	3	2	1
4	232.00	2	2	2	1

假定, 要分析之資料是公佈在網路 (或 Word 文件) 上的表格, 您會考慮以何種方式將其轉入到 SPSS ?

直接開啓, 不可能, 它不是檔案。即便是, 還夾雜別的內容, 也無法進行。更何況 SPSS 也未必認得其檔案類型!

以複製/貼上之技巧進行, 是可以將表格轉貼到 SPSS 之資料表。但是並無法複製其欄名部份!還得定義所有欄名, 並不會較省事。

較理想的作法是, 以複製/貼上之技巧進行, 將表格轉貼到 Excel;將其存檔並關閉。然後, 再以 SPSS 直接開啓 Excel 檔。

相反的情況, 原爲 SPSS 之資料檔, 也可以轉存爲其他軟體可用之資料。如:

[馬上練習!]

將『SPSS 範例\Ch04\表格資料.docx』之 Word 表格內容, 轉入 SPSS。

問卷編號	Q1	Q2_1	Q2_2	Q2_3	平均月費
229	2	0	0	0	0
230	2	0	0	0	0
231	1	1	2	8	200
232	2	0	0	0	0
301	1	2	3	7	400
302	1	1	0	0	400
303	1	2	5	0	800

中文 (台灣)　插入

轉換結果:

	問卷編號	Q1	Q2_1	Q2_2	Q2_3	平均月費
1	229	2	0	0	0	0
2	230	2	0	0	0	0
3	231	1	1	2	8	200
4	232	2	0	0	0	0

4-2 轉存為其他軟體可用之資料

Excel、dBASE、Lotus、……；或文字型態的本文檔。由於, 還是以轉存為 Excel 活頁簿檔的情況最多。為節省篇幅, 本書僅介紹轉為 Excel 活頁簿檔的操作步驟：

① 開啓 SPSS 的資料檔 (請開啓『SPSS 範例\Ch04\手機.sav』進行練習)

	問卷編號	有手機	原因1	原因2	原因3	平均月費
1	229	2	0	0	0	0
2	230	2	0	0	0	0
3	231	1	1	2	8	200
4	232	2	0	0	0	0
5	301	1	2	3	7	400

② 執行「**檔案(F)/另存新檔(A)…**」

③ 按『存檔類型(T)』右側向下按鈕，選擇要將檔案轉存為那種類型？(本例選「**Excel 97 以上版本(*.xls)**」，筆者使用的『SPSS 14.0 中文視窗版』尚無法處理 Excel 2007 之.xlsx 檔案)

④ 於『檔案名稱(N)』處, 輸入檔名 (『手機』)

⑤ 點選「**將變數名稱寫至試算表(W)**」

⑥ 按 存檔(S) 鈕, 即可將其轉存成 Excel 活頁簿檔

⑦ 轉入適當之磁碟資料匣, 開啟所經轉換過之 Excel 活頁簿檔 (因為 『SPSS 14.0 中文視窗版』尚無法處理 Excel 2007 之.xlsx 檔案, 若您是使用 Excel 2007, 於開啟時可能會出現錯誤訊息, 不理它, 選按『確定』或『是』鈕, 即可自動修復)

	A	B	C	D	E	F
1	問卷編號	有手機	原因1	原因2	原因3	平均月費
2	229	2	0	0	0	0
3	230	2	0	0	0	0
4	231	1	1	2	8	200
5	232	2	0	0	0	0

手機　　就緒

💡 注意事項

以複製/貼上之技巧, 雖也可以將 SPSS 之資料表, 轉貼到 Excel。但是並無法複製其欄名部份！

【馬上練習！】

將『SPSS 範例\Ch04\等
級.sav』SPSS 資料檔：

1：中華電信			1			
	問卷編號	中華電信	遠傳	大哥大	和信	泛亞
1	229	1	4	3	2	4
2	230	2	3	1	4	5
3	231	5	4	3	2	1
4	232	1	2	2	2	2

轉入成Excel之活頁簿檔
『等級.xls』：

	A	B	C	D	E	F
1	問卷編號	中華電信	遠傳	大哥大	和信	泛亞
2	229	1	4	3	2	4
3	230	2	3	1	4	5
4	231	5	4	3	2	1
5	232	1	2	2	2	2

等級

就緒

4-3 │ 僅轉存部份變數

　　有些情況, 可能只想擷取目前檔案內之部份欄位內容, 轉存到另一個資料資料檔。我們固然可以土法煉鋼之方式, 逐次分別選取所要之欄位, 再以複製/貼上之技巧, 一個一個將其抄到新資料檔。但是, 這樣的處理步驟較多。目前, 新版的『SPSS中文視窗版』, 已經可以於另存新檔時, 選取所要之變數, 將部份變數轉存到新資料檔。

　　如, 目前『SPSS 範例\Ch04\手機問卷.sav』內有右示之六個欄變數：

*手機問卷 [資料集21] - SPSS 資料編輯程式

檔案(F)　編輯(E)　檢視(V)　資料(D)　轉換(T)　分析(A)　統計圖(G)

1：編號　　　229

	編號	有手機	原因1	原因2	原因3	平均月費
1	229	2	0	0	0	0
2	230	2	0	0	0	0
3	231	1	1	2	8	200
4	232	2	0	0	0	0

　　若只想選擇性擷取『編號』、『有手機』與『平均月費』等三個欄位, 轉存到『手機平均月費.sav』。其處理步驟為：

① 於『手機問卷.sav』視窗，執行「檔案(F)/另存新檔(A)…」

② 於『檔案名稱(N)』處, 輸入檔名 (『手機平均月費.sav』), 其上之『保留 6 變數的 6』,表示 6 個變數會被儲存

③ 按 [變數(V)...] 鈕, 轉入

④ 預設狀況爲儲存所有變數, 故『保留』項下之所有變數均已被選取, 以點按方式, 將不要之『原因1』~『原因3』變數取消, 僅保留『編號』、『有手機』與『平均月費』等三個欄位

⑤ 按 <u>繼續</u> 鈕, 回上一層對話方塊, 中央之訊息已改爲『保留3 變數的6』, 表示將只存六個變數中之三個變數

⑥ 按 <u>存檔(S)</u> 鈕, 即可將其『編號』、『有手機』與『平均月費』等三個欄位, 轉存到『手機平均月費.sav』

⑦ 開啓『手機平均月費.sav』, 其內僅含先前選取之三個欄位而已

4-4 | 合併 - 觀察值

利用指令

　　為縮短輸入資料時間, 常將問卷分由幾個不同人進行輸入, 於輸入結束後, 再將其內容合併於一個檔案。假定, 有如下兩資料檔, 其變數名稱之定義、順序及個數完全相同。(可由一人建妥後, 再分抄給其他幫忙輸入資料者, 以確保每個人能拿到相同之定義)：

(存於『SPSS 範例\Ch04\資料 - 甲.sav』, 其內有編號 229~232 等四筆問卷資料)

(存於『SPSS 範例\Ch04\資料 - 乙.sav』, 其內有編號 306~309 等四筆問卷資料)

　　擬將兩檔資料合併成一個檔, 假定要彙集於『資料-甲.sav』內, 其操作步驟為：

① 同時開啟『SPSS 範例\Ch04\資料-甲.sav』與『SPSS 範例\Ch04\資料-乙.sav』

② 切換到『資料 - 甲.sav』視窗

③ 執行「**資料(D)/合併檔案(G)/新增觀察值(C)…**」, 點選「**開啟的資料集(O)**」內之『資料 - 乙.sav』

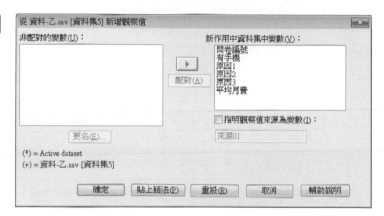

④ 按 　繼續(C)　 鈕, 轉入

右側所顯示者為『資料 - 乙.sav』之欄名內容, 由於, 與『資料 - 甲.sav』完全相同。故左側並無任何無法配對之變數。

⑤ 按 　確定　 鈕, 即可將『資料 - 乙.sav』之所有觀察值, 增添到『資料 - 甲.sav』之尾部 (於編號 232 後, 加入了四筆新觀察值)

	問卷編號	有手機	原因1	原因2	原因3	平均月費
1	229	2	0	0	0	0
2	230	2	0	0	0	0
3	231	1	1	2	8	200
4	232	2	0	0	0	0
5	306	1	2	7	8	800
6	307	1	1	2	0	800
7	308	1	1	2	10	500
8	309	1	1	2	0	30

〔馬上練習！〕

將『SPSS 範例\Ch04』資料匣『A 資料.sav』與『B 資料.sav』資料檔的所有觀察值

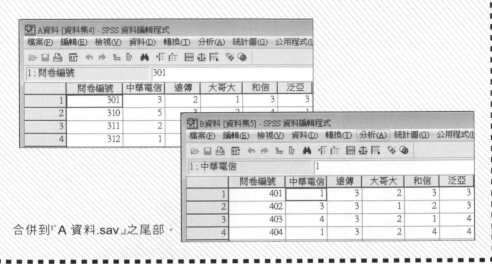

合併到『A 資料.sav』之尾部。

利用複製/貼上之技巧

其實, 亦可以分別開啟兩檔, 利用複製/貼上之技巧, 將乙檔案之全部觀察值貼到甲檔案之尾部。

① 同時開啟『SPSS 範例\Ch04\資料-甲.sav』與『資料-乙.sav』

② 按住『資料-乙.sav』之列號, 以拖曳方式, 將其觀察值全部選取

	問卷編號	有手機	原因1	原因2	原因3	平均月費
1	306	1	2	7	8	800
2	307	1	1	2	0	800
3	308	1	1	2	10	500
4	309	1	1	2	0	30

③ 執行「**編輯(E)/複製(C)**」(或按 Ctrl + C 鍵), 記下所選取之內容

④ 轉到『資料-甲.sav』, 點選最底下空白列的列號按鈕, 選取該列。以拖曳方式, 選取與『資料-乙.sav』之筆數相同之列數 (若不知道幾列？寧可多選幾列, 等貼入後, 再將多出之空白列刪除)

	問卷編號	有手機	原因1	原因2	原因3	平均月費
4	232	2	0	0	0	0
5						
6						
7						
8						

⑤ 執行「**編輯(E)/貼上(P)**」(或按 `Ctrl` + `V` 鍵), 將記下之內容抄過來

	問卷編號	有手機	原因1	原因2	原因3	平均月費
4	232	2	0	0	0	0
5	306	1	2	7	8	800
6	307	1	1	2	0	800
7	308	1	1	2	10	500
8	309	1	1	2	0	30

〖馬上練習！〗

以複製/貼上之技巧, 將『SPSS 範例\Ch04\A 資料.sav』與『B 資料.sav』的所有觀察值, 合併到『A 資料.sav』之尾部。

4-5 │ 合併 - 變數

利用指令

前例, 所合併者為觀察值 (向下增添記錄); 若情況剛好相反, 要合併之對象為變數欄 (向右增加欄位內容, 並非定義而已), 可以「**資料(D)/合併檔案(G)/新增變數(V)…**」來處理。

如『SPSS 範例\Ch04\手機 1.sav 』, 其內有『問卷編號』、『有手機』與『平均月費』等欄:

	問卷編號	有手機	平均月費
1	229	2	0
2	230	2	0
3	231	1	200
4	232	2	0

而『手機 2.sav』,其內有『問卷編號』、『大小適中』、『重量輕巧』與『顏色炫麗』等欄:

	問卷編號	大小適中	重量輕巧	顏色炫麗
1	229	2	2	3
2	230	3	3	5
3	231	1	3	2
4	232	2	2	2

兩檔之觀察值筆數一致,且依『問卷編號』排妥順序。

擬將兩檔之欄位內容,合併成一個檔。假定,要彙集於『手機 1.sav』內,其操作步驟為:

① 同時開啓『SPSS 範例\Ch04\手機 1.sav』與『手機 2.sav』

② 轉到『手機 1.sav』視窗,執行「**資料(D)/合併檔案(G)/新增變數(V)…**」,轉入

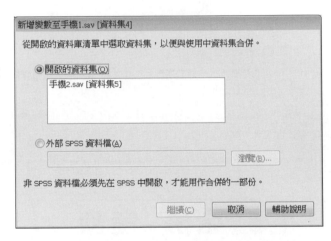

③ 於「**開啓的資料集(O)**」處,點選取『手機 2.sav』

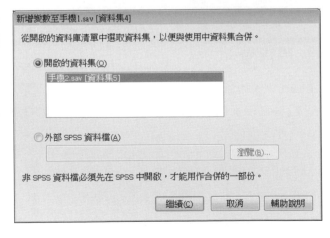

④ 按 [繼續(C)] 鈕, 轉入

從 手機2.sav [資料集5] 新增變數	☒

被排除的變數(E):

問卷編號 (+)

[更名(A)...]

☐ 匹配已排序檔案關鍵變數的觀察值

　◉ 兩檔皆提供觀察值(B)

　◯ 非作用中資料集是索引表(K)

　◯ 作用中資料集是索引表(A)

☐ 指明觀察值來源為變數(I):

　[來源01]

(*) = Active dataset

(+) = 手機2.sav [資料集5]

新作用中資料集(N):

問卷編號 (*)
有手機 (*)
平均月費 (*)
大小適中 (+)
重量輕巧 (+)
顏色炫麗 (+)

關鍵變數(V):

[確定] [貼上語法(P)] [重設(R)] [取消] [輔助說明]

右側為『手機 1.sav』增加了『手機 2.sav』變數後的結果;由於兩檔均有『問卷編號』, 故將『手機 2.sav』之『問卷編號』排除, 並顯示於左側之方塊內。

⑤ 按 [確定] 鈕, 即可將『手機 2.sav』內『大小適中』、『重量輕巧』與『顏色炫麗』等欄變數, 合併到『手機 1.sav』

	問卷編號	有手機	平均月費	大小適中	重量輕巧	顏色炫麗
1	229	2	0	2	2	3
2	230	2	0	3	3	5
3	231	1	200	1	3	2
4	232	2	0	2	2	2

『 [馬上練習!]

將 『SPSS 範例 \Ch04』 資料匣 『上網 1.sav』與『上網 2.sav』資料檔的所有欄位:

	編號	零用金	可支配	時數
1	1	1	5	2
2	2	1	2	3
3	3	2	1	3
4	4	1	3	4

變數檢視

SPSS 處理器 已就緒

	編號	性別	年級	居住狀況
1	1	2	2	2
2	2	2	2	1
3	3	2	2	2
4	4	2	2	2

接下頁

合併到『上網 1.sav』：

	編號	性別	年級	居住狀況	零用金	可支配	時數
1	1	2	2	2	1	5	2
2	2	2	2	1	1	2	3
3	3	2	2	2	2	1	3
4	4	2	2	2	1	3	4

資料檢視 / 變數檢視 /

SPSS 處理器 已就緒

利用剪貼技巧

其實, 亦可分別開啓兩檔, 利用複製/貼上之技巧, 將乙檔案之某些欄位內容複製到甲檔案之尾部：

① 同時開啓『SPSS 範例\Ch04\手機 1.sav』與『SPSS 範例\Ch04\手機 2.sav』

② 按住『手機 2.sav』之欄名標題, 以拖曳方式, 將『大小適中』、『重量輕巧』與『顏色炫麗』等三欄選取

	問卷編號	大小適中	重量輕巧	顏色炫麗
1	229	2	2	3
2	230	3	2	5
3	231	1	3	2
4	232	2	2	2

③ 執行「**編輯(E)/複製(C)**」(或按 Ctrl + C 鍵), 記下所選取之內容

④ 轉到『手機 1.sav』, 點選其最右側空白欄的欄名按鈕, 以拖曳方式, 選取同於先前所選之欄數 (3 欄)

	問卷編號	有手機	平均月費	var	var	var
1	229	2	0			
2	230	2	0			
3	231	1	200			
4	232	2	0			

⑤ 執行「**編輯(E)/貼上(P)**」(或按 Ctrl + V 鍵), 將所記下之內容抄過來。亦可將『手機 2.sav』內『大小適中』、『重量輕巧』與『顏色炫麗』等欄變數, 合併到『手機 1.sav』

	問卷編號	有手機	平均月費	大小適中	重量輕巧	顏色炫麗
1	229	2	0	2	2	3
2	230	2	0	3	3	5
3	231	1	200	1	3	2
4	232	2	0	2	2	2

『馬上練習！』

利用剪貼技巧, 將『SPSS 範例\Ch04\上網 1.sav』與『上網 2.sav』資料檔的所有欄位, 合併到『上網 2.sav』。

4-6 重新編碼

『重新編碼』係將某欄變數, 依其內容進行合併, 以縮減答案數。如, 受訪者之月所得數字, 分佈得相當凌亂, 可將其縮減為『~20, 000』、『20, 001~40, 000』、『40, 001~60, 000』與『60, 001~』等幾組。又如, 使用 A 品牌者佔 50%、B 品牌者佔 35%、C 品牌者佔 5%、D 品牌者佔 3%、E 品牌者佔 2%、⋯⋯、K 品牌者佔 1%。若要將 A～K 品牌之次數分配全部列出, 恐也太多！故可將其縮減為『A 品牌』(50%)、『B 品牌』(35%) 與『其他品牌』(15%) 三組而已。

SPSS 計提供有兩種『重新編碼』:

1. 將結果安排於同一變數

2. 將結果安排於不同變數 (本部份之實例, 請參見第五章『次數分配』之說明)

前者, 較為危險, 萬一操作錯誤, 會將原資料蓋成錯誤之結果！故通常是選擇後者, 將轉換結果安排成另一個新變數；若做錯了, 了不起將其刪除就是, 原始資料則仍維持不變。

　　另一個不願將重新編碼的結果安排於同一變數之理由是, 像原始所得資料係連續數值, 可用來計算平均數、標準差、……等統計量。若將原數字直接轉換成分組結果, 就變成是類別 (組別) 變數, 僅能求次數, 並無法計算平均數、標準差、……等統計量; 且也無法拿來進行更進一步之均數檢定, 那將是一大損失!

　　SPSS 之「編輯(E)」指令, 並無「取代」之功能項。若要執行該動作, 就得利用「**轉換(T)／重新編碼(R)／成相同變數(S)…**」。假定, 『SPSS 範例\Ch04\手機廠牌.sav』之資料, 當『有手機』欄為 2 時, 表該受訪者並無手機, 其『手機廠牌』欄內之答案就應該為 0, 但目前該欄內存有部份資料是錯誤的。如, 第 2, 5 列, 其『手機廠牌』欄就非 0:

	編號	有手機	手機廠牌
1	201	2	0
2	202	2	1
3	203	2	0
4	204	1	4
5	205	2	2

　　可以下示步驟, 找出當『有手機』欄為 2 時, 即將其『手機廠牌』欄內之答案全數替換成 0:

① 執行「**轉換(T)／重新編碼(R)／成相同變數(S)…**」

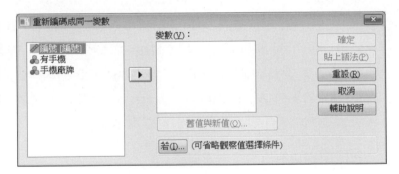

② 選『手機廠牌』, 按 ▶ 鈕, 將其送到右側之『數值變數(V)』方塊

③ 按 上 圖 的
　 若(I)... 鈕, 轉
　 入

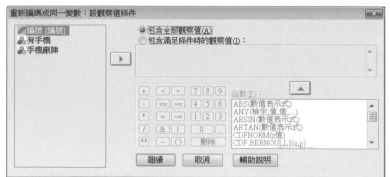

④ 選「包含滿足條件時的觀察值(I):」, 續選『 有手機 』, 按 ▶ 鈕, 將其送到右側

⑤ 按 = 鈕及 2 鈕, 將其條件安排為『 有手機=2 』, 表無手機時才要進行後續
　 之重新編碼 (條件式亦可以鍵盤進行輸入)

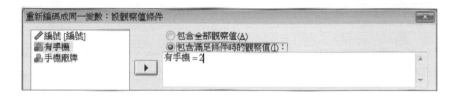

⑥ 按 繼續(C) 鈕, 回上層對話方塊, 可發現已顯示有過濾條件: 若『 有手機=2 』

⑦ 按 `舊值與新值(O)...` 鈕, 左下選「**全部其他值(O)**」, 並於右上『新值為』之「**數值(L):**」處輸入 0, 表示將全部資料改為 0 (當其符合『有手機=2』之條件時)

(若選「**系統或使用者遺漏值(U)**」, 可將遺漏值改為某特定值；若選「**範圍(N)**」, 可將介於某兩數之間的值改為某特定值)

⑧ 按 `新增(A)` 鈕, 將此一設定搬到『舊值 --> 新值(D)』方塊, 顯示「**ELSE--> 0**」

⑨ 按 `繼續` 鈕, 回上層對話方塊

⑩ 按 `確定` 鈕結束, 可找出所有符合『有手機=2』條件的觀察值, 並將其『手機廠牌』資料均改為 0

	編號	有手機	手機廠牌
1	201	2	0
2	202	2	0
3	203	2	0
4	204	1	4
5	205	2	0

原第 2, 5 列, 其『手機廠牌』欄已改為 0。

4-7 | 計算

『重新編碼』只是將某值轉換成簡單之新值, 並無法進行計算。若碰上得經過使用某些欄位內容進行計算, 才可獲得之新內容, 就得利用「**轉換(T)/計算(C)…**」。以『SPSS 範例\Ch04\總平均.sav』為例:

	學號	國文	英文	數學	var
1	101	95	87	91	
2	102	80	83	77	
3	103	83	48	79	
4	104	75	79	66	

擬依『國文』4 學分、『英文』3 學分、『數學』3 學分之權數, 計算其加權平均, 置入另一新『平均』欄。其處理步驟為:

① 執行「**轉換(T)/計算(C)…**」

② 於上圖『目標變數(T)』處, 輸入欲存放運算結果之新變數名稱『平均』

③ 點按『數值運算式(E)』下之文字方塊, 將顯示出游標。即可輸入運算式。變數名稱、運算符號或數字均可以鍵盤進行輸入, 當然也可按其上所提供之按鈕來輸入。要輸入變數名稱, 也可於左側選妥名稱, 續按 ▶ 鈕, 將其送到右側。本例輸入: (國文*4+英文*3+數學*3)/10

以計算加權平均:

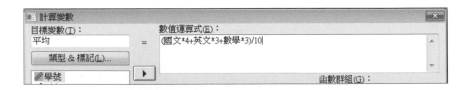

④ 若有過濾條件, 尚可按 若(I)... 鈕進行設定 (本例無過濾條件)

⑤ 最後, 按 確定 鈕, 計算出平均成績, 置入新變數『平均』欄

	學號	國文	英文	數學	平均
1	101	95	87	91	91.40
2	102	80	83	77	80.00
3	103	83	48	79	71.30
4	104	75	79	66	73.50

[馬上練習！]

『SPSS 範例\Ch04\減肥前後.sav』資料檔, 記錄受訪者接受某項減肥法前後之體重:

	編號	減肥前	減肥後	var
1	1	102	85	
2	2	96	78	
3	3	80	81	
4	4	64	55	

試計算減肥前後體重增減幾公斤？將其置入『增減』之新欄位內:

	編號	減肥前	減肥後	增減
1	1	102	85	-17.00
2	2	96	78	-18.00
3	3	80	81	1.00
4	4	64	55	-9.00

🔍 小秘訣

若碰上較複雜之運算, 亦可將資料轉到 Excel 進行運算。算妥後, 將其存檔, 再以 SPSS 將其開啟, 即可將運算結果轉回 SPSS。

4-8 置換遺漏值

欄位若存有遺漏值, 將被排除於所使用分析之外, 對某些分析言, 將使得分析結果失真。所以, 有時會將其等全數替換成較中間之替代值。如, 原為 1~5 之評價量表, 若為未填任何資料之系統遺漏值, 可就將其全改為 1~5 之中間值 3。此一替換, 以前述之「**轉換(T)／重新編碼(R)／成相同變數(S)…**」來處理即可, 不難！

但若是要將其替換成該欄變數之平均值、中位數或插補法的值, 就得事先計算出這些資料才可進行替換。所以, SPSS 另提供一『**置換遺漏值**』之功能項, 讓我們來進行此類之替換動作。

假定, 『SPSS 範例\Ch04\置換遺漏值.sav』內, 有幾筆『平均月費』為未輸入任何資料之系統遺漏值 (僅顯示點號, 如：第 31, 32 列之內容)：

	問卷編號	平均月費
30	204	1500
31	211	.
32	212	.
33	213	600

若將其視為系統遺漏值, 對求算平均月費之統計量 (均數、標準差、……) 可能沒多大影響。但往後進行其它分析 (如：交叉表分析、T 檢定、……), 將直接減少其可用筆數, 還真有點捨不得！(因為, 受牽連之分析會很多, 這邊捨棄幾筆、那邊捨棄幾筆、……, 最後可用的筆數就越來越少了！)

可以下示步驟, 將其替換成某一特殊值：

① 執行「**轉換(T)／置換遺漏值(V)…**」

② 按『方法(M)』處向下箭頭, 選擇要替換成何種 新值? (本例選「**數列平均數**」)

③ 左側選『平均月費』, 按 ▶ 鈕, 將其送到右 側『新變數(N)』下

『名稱(A)』處, 自動補上之『平均月費_1』即 SPSS 自動安排之新變數名稱。 (但仍允許我們自行修改, 改後按 變更(H) 鈕即可進行改名稱)

④ 按 確定 鈕, 產生新變數『平均月費_1』, 將原系統遺漏值, 均改為平均值 475 (第 31, 32, 36 列)

	問卷編號	平均月費	平均月費_1
30	204	1500	1500
31	211	.	475
32	212	.	475
33	213	600	600

〔馬上練習!〕

『SPSS 範例\Ch04\量表遺漏值.sav』資料檔, 其 內之兩個量表變數均有幾個系統遺漏值:

	編號	大小適中	重量輕巧
1	229	2	2
2	230	3	3
3	231	1	.
4	232	.	2

請將其更改為各該變數欄之均數, 並將結果安排到『大小』與『重量』兩個新欄位。

接下頁

替換時, 允許一次進行處理多個變數：

其替換結果為：

	編號	大小適中	重量輕巧	大小	重量
1	229	2	2	2.0	2.0
2	230	3	3	3.0	3.0
3	231	1	.	1.0	4.0
4	232	.	2	4.2	2.0

4-9 | 置換成中位數

若資料並非系統遺漏值 (如：0), 並無法直接以「**轉換(T)/重新編碼(R)/成不同變數(D)…**」或「**轉換(T)/計算(C)…**」, 將它改爲該欄之平均數或中位數。此時, 得先將 0 改爲遺漏值 (或轉入『變數檢視』, 將該變數之遺漏值設定爲 0), 再以「**轉換(T)/置換遺漏值(V)…**」將其遺漏值改爲平均數或中位數。

『SPSS 範例\Ch04\最便宜之排名.sav』內, 爲一等級性資料：

	問卷編號	中華	遠傳	大哥大	和信	泛亞
1	229	1	4	3	2	4
2	230	2	3	1	4	0
3	231	5	4	0	2	1
4	232	1	.	2	2	2

其內有些資料爲 0；有些則爲系統遺漏值 (僅顯示點號)。擬將這些資料全數替換爲各該欄之中位數,其處理步驟爲:

① 先執行「**轉換(T)/重新編碼(R)/成同一變數(S)…**」,轉入『重新編碼成同一變數』對話方塊

② 以拖曳方式,選取『中華』~『泛亞』等五個變數,按 ▶ 鈕,將其等送到右側之『數值變數(V)』方塊

③ 按上圖中的 舊值與新值(Q)... 鈕,於左上『舊值』之「數值(V):」處輸入 0,並於右上『新值爲』處,點選「**系統遺漏值(Y)**」

④ 按 [新增(A)] 鈕, 將此一設定搬到『舊值 --> 新值(D)』方塊, 顯示「**0 -->**
SYSMIS」

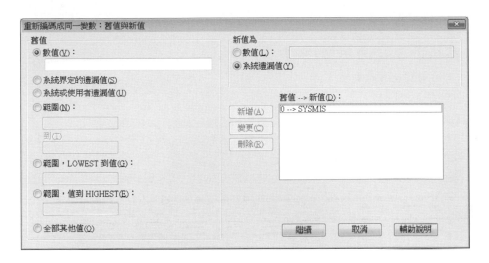

⑤ 按 [繼續] 鈕, 回上一層『重新編碼成同一變數』對話方塊

⑥ 按 [確定] 鈕, 將其內之 0
全部替換成系統遺漏值

	問卷編號	中華	遠傳	大哥大	和信	泛亞
1	229	1	4	3	2	4
2	230	2	3	1	4	.
3	231	5	4	.	2	1
4	232	1	.	2	2	2

⑦ 接著, 執行「**轉換(T)/置換遺漏值(V)…**」, 轉入『置換遺漏值』對話方塊

⑧ 按上圖『方法(M)』處向下箭頭, 選擇要替換
成「**附近點的中位數**」

⑨ 於其下『鄰近點的範圍』處, 點選「**全部(L)**」,
才可計算出整欄的中位數

方法(M): 附近點的中位數
鄰近點的範圍:
◯ 數目(U): 2   ◉ 全部(L)

⑩ 以拖曳方式, 於左側多重選取『中華』~『泛亞』等五個變數, 按 ▶ 鈕, 將
其等送到右側『新變數(N)』下

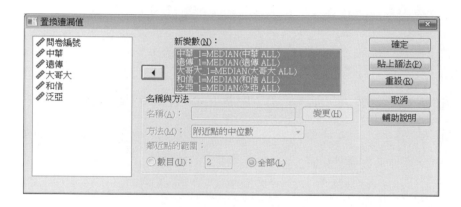

⑪ 按 確定 鈕, 可產生『中華_1』~『泛亞_1』等五個新變數, 其內已將
原系統遺漏值, 均改為該欄之中位數

	問卷編號	中華	遠傳	大哥大	和信	泛亞	中華_1	遠傳_1	大哥大_1	和信_1	泛亞_1
1	229	1	4	3	2	4	1	4	3	2	4
2	230	2	3	1	4	.	2	3	1	4	3
3	231	5	4	.	2	1	5	4	2	2	1
4	232	1	.	2	2	2	1	3	2	2	2

📖 習 題 ▬▬▬▬▬▬▬▬▬▬▬▬▬▬▬▬▬▬▬▬

1. 將『SPSS 習題\Ex04\數位相機.xls』之 Excel 資料：

	A	B	C	D	E
1	編號	Q23_1	Q23_2	Q23_3	Q23_4
2	101	4	4	4	4
3	102	4	4	4	4
4	103	4	4	4	3
5	104	5	5	5	5

◀ ◀ ▶ ▶ 數位相機問卷

就緒

轉到 SPSS, 命名為『數位相機.sav』：

	編號	Q23_1	Q23_2	Q23_3	Q23_4
1	101	4	4	4	4
2	102	4	4	4	4
3	103	4	4	4	3
4	104	5	5	5	5

並依『購買數位相機考慮因素.doc』之問卷題目, 為各題安排『標記』：

	名稱	類型	寬度	小數	標記
1	編號	數字的	11	0	
2	Q23_1	數字的	11	0	價格
3	Q23_2	數字的	11	0	與電腦配合執行
4	Q23_3	數字的	11	0	操控性(穩定度、
5	Q23_4	數字的	11	0	售後服務及維修

2. 將『SPSS 習題\Ex04\信用卡.txt』之本文資料 (以定位字元為間隔)：

信用卡 - 記事本

檔案(F) 編輯(E) 格式(O) 檢視(V) 說明(H)

編號	有卡	原因1	原因2	原因3
1	2	9	0	0
2	2	4	7	9
3	2	2	0	0
6	2	3	4	5
8	2	11	0	0
9	2	4	9	10
10	2	6	9	0

9

10

11

12

13

14

15

16

轉到 SPSS 命名爲 『信用
卡.sav』：

	編號	有卡	原因1	原因2	原因3
1	1	2	9	0	0
2	2	2	4	7	9
3	3	2	2	0	0
4	6	2	3	4	5

3. 將『SPSS 習題\Ex04\資料文件.doc』內之表格資料：

問卷編號	性別	第一題	第二題	所得
1001	1	3	1	36000
1002	2	2	2	52000
1003	1	1	4	64000
1004	2	2	3	18000
1005	1	3	2	22000

頁面:1 / 1　字數:84　中文 (台灣)　插入

轉入 SPSS 之『表格資
料.sav』資料檔：

	問卷編號	性別	第一題	第二題	所得
1	1001	1	3	1	36000
2	1002	2	2	2	52000
3	1003	1	1	4	64000
4	1004	2	2	3	18000

4. 將『SPSS 習題\Ex04\減肥
前後.sav』資料檔, 轉爲 Excel
活頁簿檔, 命名爲 『減肥前
後.xls』。

	編號	減肥前	減肥後	增減
1	1	102	85	-17.00
2	2	96	78	-18.00
3	3	80	81	1.00
4	4	64	55	-9.00

	A	B	C	D
1	編號	減肥前	減肥後	增減
2	1	102	85	-17.00
3	2	96	78	-18.00
4	3	80	81	1.00
5	4	64	55	-9.00

減肥前後

就緒

5. 將『SPSS 習題\Ex04\百貨公司 2.sav』內之系統遺漏值, 全部改為 0。

	編號	是否逛	服務人員	有認識的	有與眾不
67	157	1	4	1	5
68	158	2	.	.	.
69	159	2	.	.	.
70	160	2	.	.	.
71	161	1	3	3	3

	編號	是否逛	服務人員	有認識的	有與眾不
67	157	1	4	1	5
68	158	2	0	0	0
69	159	2	0	0	0
70	160	2	0	0	0
71	161	1	3	3	3

6. 續上題, 將其與『SPSS 習題\Ex04\百貨公司 1.sav』, 進行兩個檔案之觀察值合併, 將結果存入『百貨公司 - 全部.sav』。

7. 『SPSS 習題\Ex04\購買考慮因素.sav』為一量表資料

	編號	功能	收訊	震動
1	201	0	1	1
2	202	3	1	3
3	203	0	1	1
4	204	3	0	2

將其內之 0, 替換為各該欄之平均數:

	編號	功能	收訊	震動	功能_1	收訊_1	震動_1
1	201	.	1	1	3.5	1.0	1.0
2	202	3	1	3	3.0	1.0	3.0
3	203	.	1	1	3.5	1.0	1.0
4	204	3	.	2	3.0	4.1	2.0

8. 將『SPSS 習題\Ex04\業績獎金.sav』資料:

	編號	業績	獎金比例
1	101	1250000	.03
2	102	850000	.02
3	103	762000	.02
4	104	350000	.01

依其業績與獎金比例, 計算業績獎金:

	編號	業績	獎金比例	業績獎金
1	101	1250000	.03	37500
2	102	850000	.02	17000
3	103	762000	.02	15240
4	104	350000	.01	3500

9.『SPSS 習題\Ex04\飲料.sav』資料內有一些系統遺漏值及 0：

	編號	熱量	營養	解渴	口味	品質
1	1	4	4	4	4	4
2	2	3	.	4	2	4
3	3	3	3	.	0	4
4	4	3	2	4	5	5

將這些遺漏值與 0, 改為該欄之平均數：

	編號	熱量	營養	解渴	口味	品質	熱量_1	營養_1	解渴_1
1	1	4	4	4	4	4	4.0	4.0	4.0
2	2	3	.	4	2	4	3.0	2.8	4.0
3	3	3	3	.	0	4	3.0	3.0	4.3
4	4	3	2	4	5	5	3.0	2.0	4.0

次數分配

次數分配表是所有問卷調查中, 最廣泛使用之分析技巧。因為它的建表方式最簡單, 判讀也最容易; 且也是一般大眾最能接受的分析結果。

普通報章雜誌上, 對調查結果, 通常也只是止於建立次數分配表而已。因為, 若使用其他分析方法, 閱讀者也不見得看得懂, 如何引起共鳴?

5-1 │ 類別變數－單選題次數分配

對類別性的資料, 如:性別、宗教別、是否有手機、手機品牌、……等資料。於進行『次數分配表』分析時, 通常並不會求算其平均數、標準差、……等統計量; 僅須求得其次數分配即可。

『SPSS 範例\Ch05\拍賣網站.sav』資料:

	編號	用過否
1	1	2
2	2	1
3	3	2
4	4	1
5	5	1
6	6	1

為針對大學生所進行之調查。其『用過否』欄為 1, 表示受訪者曾使用過拍賣網站;為 2, 則否。且也已經為其數值安排妥數值標記:

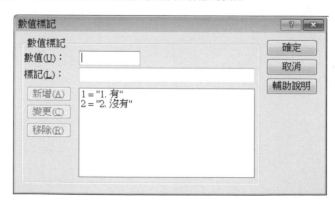

可以下示步驟進行『次數分配表』分析:

① 執行「**分析 (A)／敘述統計 (E)／次數分配表 (F)**…」

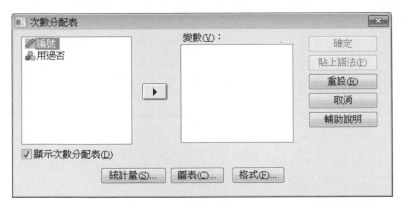

② 選『**用過否**』, 按 ▶ 鈕, 將其送到右側之『**變數 (V)**』方塊

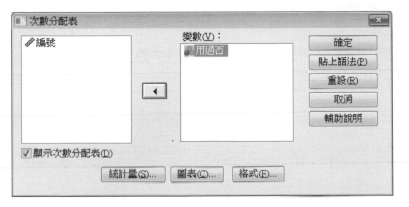

③ 確定左下角已選取「**顯示次數分配表 (D)**」

④ 按 確定 鈕, 獲致

用過否		次數	百分比	有效百分比	累積百分比
有效的	1.有	70	44.6	44.6	44.6
	2.沒有	87	55.4	55.4	100.0
	總和	157	100.0	100.0	

SPSS 處理器 已就緒

可看出大學生曾使用過拍賣網站者佔44.6%；未曾使用過拍賣網站者佔55.4%。可見，即使是目前最常使用網路的大學生，未曾使用過拍賣網站者還是略高於使用過者。

5-2 | 將分析結果轉入 Word

以 SPSS 雖可求得次數分配表，但 SPSS 畢竟不適合用來撰寫報告。通常，還是以 Word 來處理。故而，得學會如何自 SPSS 取得分析結果，並將其轉換成 Word 文件之內容。

假定，要將先前拍賣網站『用過否』之次數分配表，轉到 Word 文件。其處理步驟為：

① 以滑鼠右鍵單按輸出結果次數分配表，將出現一選單，選取「**複製 (C)**」，記下次數分配表內容

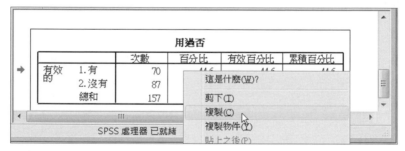

② 轉到 Word 文件，停於要插入次數分配表之位置。切換到『**常用**』索引標籤，按『**剪貼簿**』群組之 📋 『**貼上**』鈕，將選取內容複製過來

表 1-1 是否使用過拍賣網站

用過否

		次數	百分比	有效百分比	累積百分比
有效的	1. 有	70	44.6	44.6	44.6
	2. 沒有	87	55.4	55.4	100.0
	總和	157	100.0	100.0	

③ 若您無法看到表格內之細格線, 點選表格之任意位置, 續切換到『**表格工具/格式**』索引標籤, 按『**表格**』群組之 ▥ 檢視格線 『**檢視格線**』鈕

④ 將指標移往表格之上, 靠近『有效百分比』欄位上緣邊線之位置, 指標將轉為向下箭頭 **↓**, 按住滑鼠往右拖曳, 可選取『有效百分比』與『累計百分比』兩欄

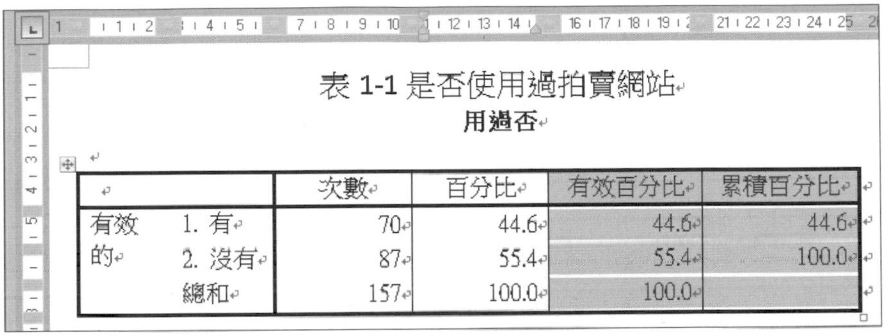

表 1-1 是否使用過拍賣網站
用過否

		次數	百分比	有效百分比	累積百分比
有效的	1. 有	70	44.6	44.6	44.6
	2. 沒有	87	55.4	55.4	100.0
	總和	157	100.0	100.0	

⑤ 切換到『**表格工具/格式**』索引標籤, 按『**列與欄**』群組之 刪除 『**刪除**』鈕, 續選「**刪除欄 (C)**」, 將所選取之兩欄刪除

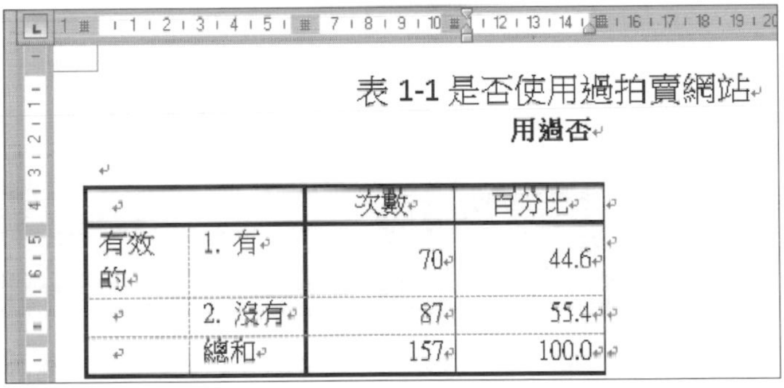

表 1-1 是否使用過拍賣網站
用過否

		次數	百分比
有效的	1. 有	70	44.6
	2. 沒有	87	55.4
	總和	157	100.0

⑥ 將指標移往表格之上, 其左上角將出現一個 ✛ 四向箭頭, 點按該處, 選取整個表格。切換到『**常用**』索引標籤, 按『**段落**』群組之 ≡ 『**置中**』鈕, 可將表格安排成置中格式

⑦ 切換到『**版面配置**』索引標籤, 按『**頁面背景**』群組之 ▢ 頁面框線 『**頁面框線**』鈕, 轉入其『**框線 (B)**』標籤, 選「**格線 (D)**」、雙線樣式

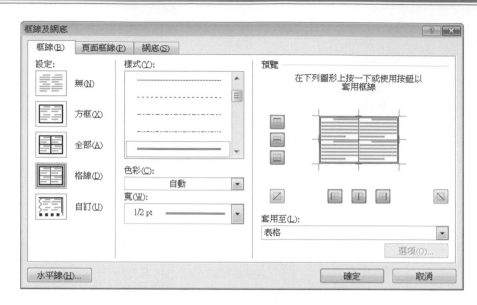

⑧ 按 確定 鈕, 將其外框安排為雙線, 內框為單線之表格

⑨ 刪除表格上方之『用過否』與第一欄之『有效的』字串, 以拖曳方式選取第二列之 1、2 兩儲存格

⑩ 切換到『**表格工具/格式**』索引標籤, 按『**合併**』群組之 合併儲存格 『**合併儲存格**』鈕, 將所選取之兩儲存格, 合併成單一儲存格

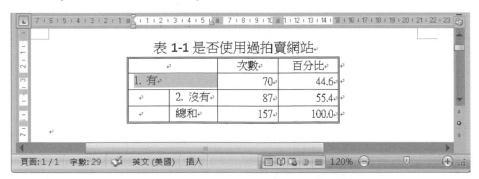

⑪ 仿前步驟, 將第二、三兩列之 1、2 兩儲存格, 加以合併

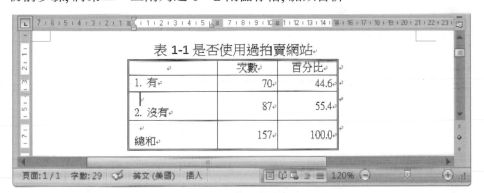

⑫ 以 Delete , 刪除第一欄內多餘之空格及『 ↵ 』段落標記符號 (該符號表按下 Enter)

⑬ 選取整個表格, 雙按表格之任意垂直欄線, 將各欄調整為最適欄寬

表 1-1 是否使用過拍賣網站

	次數	百分比
1. 有	70	44.6
2. 沒有	87	55.4
總和	157	100.0

⑭ 於『百分比』欄, 補上百分號 (%)

表 1-1 是否使用過拍賣網站

	次數	百分比
1. 有	70	44.6%
2. 沒有	87	55.4%
總和	157	100.0%

往後, 即可於表格下, 輸入分析結果的文字內容。如: (詳『SPSS 範例 \ Ch05-執行後 \ 取得 SPSS 之次數分配表.docx 』)

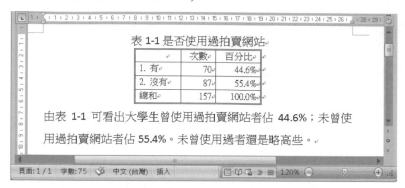

表 1-1 是否使用過拍賣網站

	次數	百分比
1. 有	70	44.6%
2. 沒有	87	55.4%
總和	157	100.0%

由表 1-1 可看出大學生曾使用過拍賣網站者佔 44.6%；未曾使用過拍賣網站者佔 55.4%。未曾使用過者還是略高些。

頁面:1/1　字數:75　中文 (台灣)　插入　120%

💡 **注意事項**

於步驟 1 若選 「**複製物件 (Y)**」, 其內容為一圖片物件, 並無法修改其文字內容。

📓 〔**馬上練習！**〕

針對『SPSS 範例\Ch05\數位相機.sav』資料：

	編號	有數位相機
1	101	2
2	102	2
3	103	2
4	104	1
5	105	1

其『有數位相機』欄若為 1, 表受訪者擁有數位相機。試為其數值加上適當標記, 並求得其次數分配表：

是否擁有數位相機

		次數	百分比	有效百分比	累積百分比
有效的	有	33	33.7	33.7	33.7
	無	65	66.3	66.3	100.0
	總和	98	100.0	100.0	

並將其結果轉入 Word 文件：

是否擁有數位相機

	次數	百分比
有	33	33.7%
無	65	66.3%
總和	98	100.0%

5-3 連續變數之次數分配

於第一章, 我們曾以「**分析 (A)/敘述統計 (E)/次數分配表 (F)…**」, 求算學生成績之次數分配: (請開啓『SPSS 範例 \ Ch05 \ 學生成績.sav』進行練習)

學生成績

		次數	百分比	有效百分比	累積百分比
有效的	67	1	6.7	6.7	6.7
	68	1	6.7	6.7	13.3
	70	1	6.7	6.7	20.0
	72	1	6.7	6.7	26.7
	74	1	6.7	6.7	33.3
	75	2	13.3	13.3	46.7
	76	1	6.7	6.7	53.3
	81	2	13.3	13.3	66.7

9

於『次數』欄, 可看到成績資料相同的並不多, 僅 75 與 81 有 2 人；其餘每個分數均只有 1 人而已。由於, 成績分配如此分散, 故求其次數分配表已無多大意義！

10

所以, 擬將其分組爲：『~70』、『71~80』與『81~』等三組, 再進行求算分組後之次數分配表。此部份之分組動作, 就是『重新編碼』, 其處理步驟爲：

11

① 開啓『SPSS 範例\Ch05\學生成績.sav』

執行前, 原『成績』爲數值資料, 並未進行分組。

	編號	性別	成績
1	1	1	72
2	2	1	68
3	3	2	81
4	4	1	75

12

② 執行「**轉換 (T)/重新編碼 (R)/成不同變數 (D)…**」, 於左側選『學生成績 [成績]』, 按 ▶ 鈕, 將其送到『輸入變數 (V)->輸出變數』方塊 (出現『成績 --> ?』, 表還沒進行眞的變更動作)

13

14

15

16

③ 於『輸出之新變數』的『名稱 (N)』處, 輸入要將輸出結果安排到那一個新變數 (本例將其命名為『成績分組』)

④ 若覺得名稱過短, 可於『標記 (L)』處, 輸入此新變數的標記文字 (本例輸入『依成績等組距分組』)

⑤ 按 [舊值與新值(Q)...] 鈕, 選「**範圍, LOWEST 到值 (G)**」, 於其下輸入 70, 續於『新值為』之「**數值 (L)**」處輸入 1, 表示由最低分到 70 分將被歸到新值 1, 存入新變數『成績分組』內

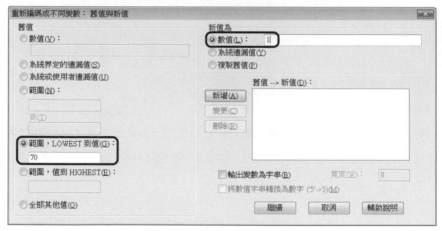

⑥ 按 [新增(A)] 鈕, 將此一設定搬到『舊值-->新值 (D)』方塊, 顯示「**Lowest thru 70 --> 1**」, 表示最低分到 70 分將被歸到新值 1

⑦ 選「**範圍 (N)**」, 定義 71~80 將被歸到新值 2

⑧ 按 新增(A) 鈕, 將此一設定搬到『舊值-->新值 (D)』方塊, 顯示「**71 thru 80 --> 2**」, 表示 71~80 分將被歸到新值 2

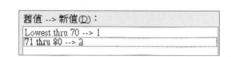

⑨ 選「**範圍, 值到 HIGHEST (E)**」, 定義 81 分以上, 將被歸到新值 3

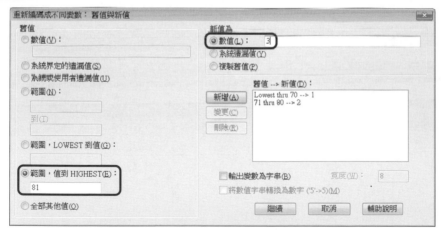

⑩ 按 新增(A) 鈕, 將此一設定搬到『舊值-->新值 (D)』方塊, 顯示「**81 thru Highest --> 3**」, 表示 81 分以上, 將被歸到新值 3

⑪ 按 ┌繼續┐ 鈕, 回上一層對話方塊 (仍出現『成績 --> ?』, 表還沒進行真的變更動作)

⑫ 在上圖按 ┌變更(C)┐ 鈕

出現『成績 --> 成績分組』, 才表示已進行了真的變更動作, 將新值置入『成績分組』欄。

⑬ 按 ┌確定┐ 鈕結束, 可發現已根據定義, 產生一『成績分組』之新欄, 將『~70』者變為 1 、 『71~80』 者變為 2 、 『81~』者變為 3

	編號	性別	成績	成績分組
1	1	1	72	2.00
2	2	1	68	1.00
3	3	2	81	3.00
4	4	1	75	2.00

⑭ 轉入『變數檢視』, 取消其小數, 並設定其數值標記為: 1=『~70』 、 2=『71~80』與 3=『81~』

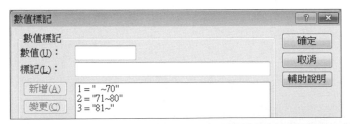

	名稱	類型	寬度	小數	標記	數值
1	編號	數字的	4	0		無
2	性別	數字的	1	0	學生性別	{1, 男}...
3	成績	數字的	4	0	學生成績	無
4	成績分組	數字的	3	0	依成績等組距分組	{1, ~70}...

⑮ 再執行一次「**分析 (A)/敘述統計 (E)/ 次數分配表 (F)…**」，以新產生之分組結果 (『成績分組』)，求算其『次數分配』

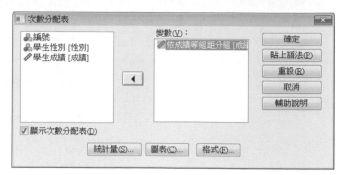

可將成績分為：『~70』、『71~80』與『80~』等三組而已，報表變得簡潔多了：

依成績等組距分組

		次數	百分比	有效百分比	累積百分比
有效的	~70	3	20.0	20.0	20.0
	71~80	5	33.3	33.3	53.3
	81~	7	46.7	46.7	100.0
	總和	15	100.0	100.0	

💡 **注意事項**

若此例係以 「轉換 (T)/ 重新編碼 (R)/ 成同一變數 (S)…」，其分組結果將蓋掉原為連續性數值資料之成績，將其轉為組別而已，將無法用來求算其均數、標準差、……等統計數量！

 〖**馬上練習！**〗

『SPSS 範例\Ch05\所得資料.sav』之原始內容為：

	編號	性別	所得
1	1001	1	36000
2	1002	2	52000
3	1003	1	64000
4	1004	2	18000

將其『所得』欄分為：『~30,000』、『30,001~50,000』、『50,001~70,000』與 『70,001~』等四組，存入『所得分組』新欄位：

	編號	性別	所得	所得分組
1	1001	1	36000	2
2	1002	2	52000	3
3	1003	1	64000	3
4	1004	2	18000	1

5-4 | 以視覺化聚集器進行分組

　　『SPSS 14.0 中文視窗版』新增之「**轉換 (T)/視覺化聚集器 (Z)…**」, 可將資料進行分組, 其方式分別為:

1. 依指定之分割點、寬度 (組距) 及組數進行分組, 同於前例之處理觀念, 只是處理步驟不同而已, 這是使用頻率最高的分組方式;

2. 依指定之組數進行分組, 每組之觀察值約有相同筆數;

3. 以均數加減幾個標準差為分割點進行分組, 這是較進階之資料分析時, 常用的分組方式。

且於操作中, 可加入各組之標記文字, 茲將其操作方法分別說明於後。

等組距分組

　　先前, 我們以「**轉換 (T)/重新編碼 (R)/成同一變數 (S)…**」, 將成績、所得或月費等數值資料進行分組時, 其組界是由我們自行輸入的, 如『~70』、『71~80』、……。這種操作方式, 是較傳統的作法。若使用『SPSS 14.0 中文視窗版』新增之「**轉換 (T)/視覺化聚集器 (Z)…**」進行分組, 將較為便捷。

　　假定, 欲將『SPSS 範例\Ch05\每次運動平均時間.sav』之資料:

	編號	運動時間
3	3	0
4	4	120
5	5	120
6	6	15

分為~30、31~60、61~90、91~120 與 120~等五組, 置入『時間分組』新變數。其處理步驟為:

① 執 行 「**轉 換 (T)／視覺化聚 集器 (Z)…**」

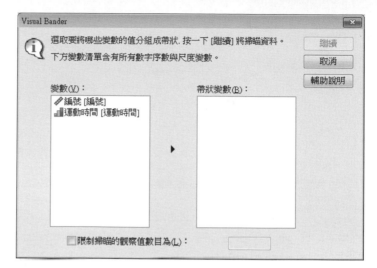

② 左側選『運動時間』, 按 ▶ 鈕, 將其送到右側『帶狀變數 (B)』下

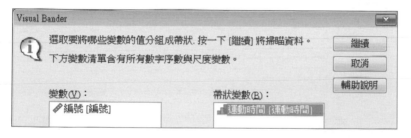

③ 按 繼續 鈕

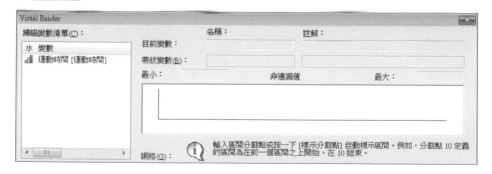

④ 於左側『掃描變數清單』下, 選『運動時間』, 續於中央『帶狀變數 (B)』右 側, 輸入分組後之新名稱:時間分組

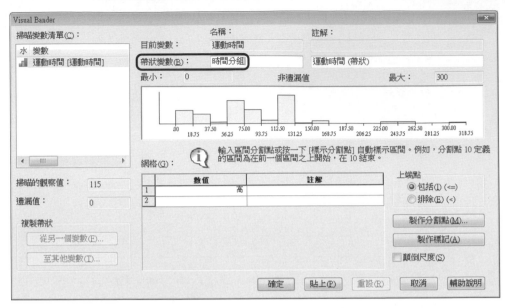

⑤ 於上圖按 製作分割點(M)... 鈕

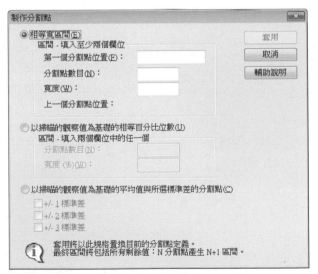

於此處, 可利用自行輸入之數字, 作為分割點進行分組 (詳本例後文步驟) ; 或

以所指定之分割點數目 n, 將其分割為 n+1 組 (詳下例步驟) ; 或以均數加減

幾個標準差, 為分割點進行分組, 固

定分為四組。如:

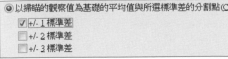

其分割點分別爲：均數 - 標準差、均數、均數 + 標準差。

⑥ 選「**相等寬區間 (E)**」, 並將其相關數字安排成 (自行輸入即可)：

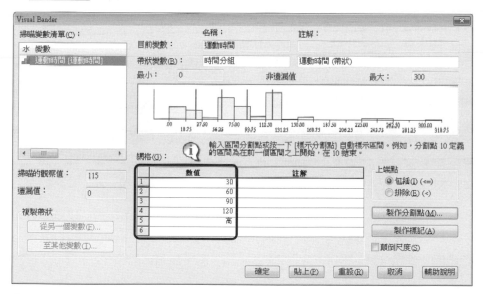

表以 30 爲第一個分割點, 每組寬度 30, 插入 4 個分割點, 其分割點分別爲 30、60、90、120, 可將資料分爲~30、31-60、61~90、91~120、120~等五組。(『上一個分割點位置』應該是指最後一個分割點位置)

⑦ 按 ▭ 套用 ▭ 鈕, 回上一層

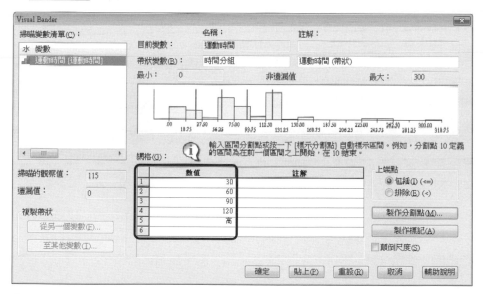

於中央之分配圖上, 已插入四條藍色分割線, 『網格 (G)』處之：30、60、90、120, 即各分割點之數字。

⑧ 若想加入各組之註解文字, 可直接於其後之『註解』欄進行輸入；或按 ▭ 製作標記(A) ▭ 鈕, 由 SPSS 自動補上註解文字。本例選後者, 獲致：

⑨ 按 確定 鈕, 獲致將產生一個新變數之訊息 (即先前輸入之：時間分組)

SPSS 中文視窗版

⚠ 帶狀規格將建立 1 變數。

確定　　取消

⑩ 按 確定 鈕, 可依所設定之分割點, 將運動時間分成五組, 並將分組結果置入『時間分組』新變數欄

	編號	運動時間	時間分組
76	76	120	4
77	77	10	1
78	78	300	5
79	79	120	4
80	80	60	2
81	81	90	3

以『時間分組』重新執行一次『次數分配表』, 可將資料縮減為五組, 且各組均有其註解標記 (如： <=30、31 － 60、……) :

運動時間 (帶狀)

		次數	百分比	有效百分比	累積百分比
有效的	<= 30	26	22.6	22.6	22.6
	31 - 60	27	23.5	23.5	46.1
	61 - 90	17	14.8	14.8	60.9
	91 - 120	35	30.4	30.4	91.3
	121+	10	8.7	8.7	100.0
	總和	115	100.0	100.0	

等分爲幾組

以等組距所安排之分割點進行分組, 各組的筆數, 不太可能會相同。若想將某數值欄內容, 等分成所指定之組數, 亦可利用「**轉換 (T)/視覺化聚集器 (Z)**…」。假定, 欲將 SPSS 範例\Ch05\成績等分成四組.sav』:

	編號	性別	成績
1	1	1	72
2	2	1	68
3	3	2	81
4	4	1	75

依其成績高低, 等分成四組。其處理步驟為:

① 執行「**轉換 (T)/視覺化聚集器 (Z)…**」, 左側選『成績』, 按 ▶ 鈕, 將其送到右側『 帶狀變數 』下

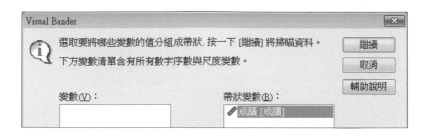

② 按 繼續 鈕, 於左側『掃描變數清單 (C)』下, 選『成績』, 續於中央『帶狀變數 (B)』右側, 輸入分組後之新名稱:成績分組

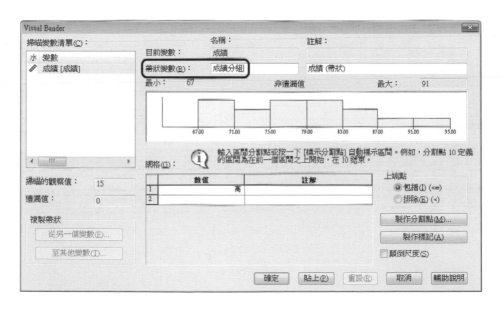

③ 按 製作分割點(M)... 鈕, 本例擬等分為四組, 在下圖中點選「**以掃描的觀察值為基礎的相等百分比位數 (U)**」, 續於『分割點數目 (N)』處, 輸入 3, 表插入 3 個分割點, 可將資料分為 4 組。其下之 『寬度 % (W)』 處, 將自動出現 25.00, 表每組分別占 25%

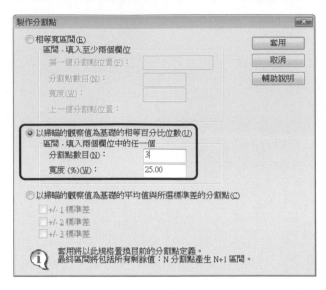

④ 按 套用 鈕, 回上一層

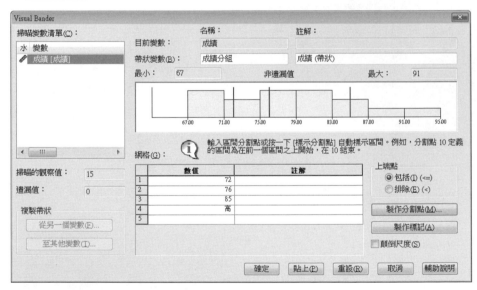

於中央之分配圖上, 已插入三條藍色分割線, 『網格 (G)』處之: 72、76、85, 即各分割點之數字。

⑤ 按 製作標記(A) 鈕, 由 SPSS 自動補上註解標記

網格(G)：

	數值	註解
1	72	<= 72
2	76	73 - 76
3	85	77 - 85
4	高	86+
5		

ⓘ 輸入區間分割點或按一下 [標示分割點] 自動標示區間。例如，分割點 10 定義的區間為在前一個區間之上開始，在 10 結束。

上端點
- ⦿ 包括(I) (<=)
- ⦾ 排除(E) (<)

製作分割點(M)...

製作標記(A)

⑥ 按 ▭確定▭ 鈕, 獲致將產生一個新變數 (成績分組) 之訊息

⑦ 按 ▭確定▭ 鈕, 可依其成績高低, 等分成四組。並將分組結果置入『成績分組』新變數欄

	編號	性別	成績	成績分組
1	1	1	72	1
2	2	1	68	1
3	3	2	81	3
4	4	1	75	2
5	5	2	86	4

以『成績分組』重新執行一次『次數分配表』, 可發現由於總筆數為 15, 四等分後, 各組所出現之次數約為 4 (僅第 4 組, 86+之次數為 3), 且可看到先前所指定之註解標記 (如：<=72、73 − 76、……)：

成績 (帶狀)

		次數	百分比	有效百分比	累積百分比
有效的	<= 72	4	26.7	26.7	26.7
	73 - 76	4	26.7	26.7	53.3
	77 - 85	4	26.7	26.7	80.0
	86+	3	20.0	20.0	100.0
	總和	15	100.0	100.0	

5-5 縮減類別再求次數分配

「**轉換 (T)/視覺化聚集器 (Z)**…」僅適用於連續性之數字資料的分組, 如：成績、所得、業績、產量、……。但並不適用於類別變數 (名目變數, 如：廠牌、政黨別、宗教別、購買原因、……) , 因為這類資料之分組, 常無數字上的規則可循, 如：將代碼 1 國民黨與代碼 3 新黨併成『泛藍』、將代碼 2 民進黨與代碼 4 台聯黨併成『泛綠』。其數字間並無大小、分割點或標準差存在。當然無法以「**轉換 (T)/視覺化聚集器 (Z)**…」進行分組。

『SPSS 範例\Ch05\啤酒廠牌.sav』之資料為：

	編號	是否飲用	啤酒廠牌
1	1	1	6
2	2	1	1
3	3	1	5
4	4	1	1

於『啤酒廠牌』欄未分組前, 對其進行次數分配分析後, 其結果為：

啤酒廠牌

		次數	百分比	有效百分比	累積百分比
有效的	0.未飲用	46	23.0	23.0	23.0
	1.台灣啤酒	75	37.5	37.5	60.5
	2.百威	5	2.5	2.5	63.0
	3.美樂	5	2.5	2.5	65.5
	4.海尼根	28	14.0	14.0	79.5
	5.麒麟	22	11.0	11.0	90.5
	6.可樂娜	5	2.5	2.5	93.0
	8.青島	11	5.5	5.5	98.5
	10.老虎	1	.5	.5	99.0
	12.其它	2	1.0	1.0	100.0
	總和	200	100.0	100.0	

目前之百分比資料, 將『0. 未飲用』啤酒者均納入分析, 故資料並不正確；且有一些廠牌的出現次數並不高。

擬將答案為 0 者排除掉, 續將答案為 2, 3, 6, 10~合併為『12. 其它』, 存入另一新變數『廠牌分組』, 以縮減其組數。其處理方式為：

① 執行「**轉換 (T)/重新編碼 (R)/成不同變數 (D)…**」, 設定要將『啤酒廠牌』重新編碼成『廠牌分組』(輸出之新變數)

② 按 ┌ 舊值與新值(O)... ┐ 鈕, 將『舊值』「**範圍 (N)**」2~3, 改為『新值為』

「**數值 (L)**」12

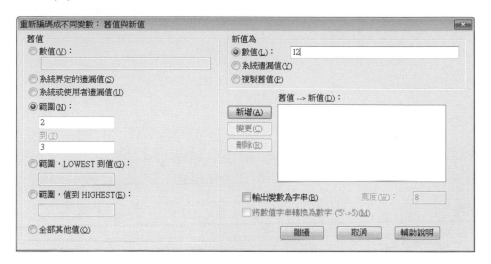

③ 按 ┌ 新增(A) ┐ 鈕, 將此一設定搬到『舊值-->新值 (D)』方塊, 顯示「**2 thru 3 -->**

12」

④ 續將『舊值』「**數值 (V)**」6, 改為『新值為』「**數值 (L)**」12

⑤ 按 ┌ 新增(A) ┐ 鈕, 將此一設定搬到『舊值-->新值 (D)』方塊, 顯示「**6 --> 12**」

⑥ 續將『舊值』「**範圍, 值到 HIGHEST (E)**」10~, 改為『新值為』「**數值 (L)**」

12

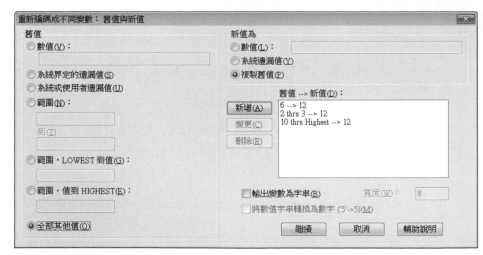

⑦ 按 新增(A) 鈕, 將此一設定搬到『舊值-->新值 (D)』方塊, 顯示「**10 thru Highest --> 12**」

⑧ 續將『舊值』「**全部其他值 (O)**」改為「**複製舊值 (P)**」, 即 2, 3, 6, 10~以外之答案, 原值照抄

⑨ 按 新增(A) 鈕, 將此一設定搬到『舊值-->新值 (D)』方塊, 顯示「**ELSE --> Copy**」

⑩ 按 ⌈繼續⌋ 鈕, 回上層對話方塊

⑪ 按 ⌈變更(C)⌋ 鈕, 進行重新編碼, 產生新變數『廠牌分組』

⑫ 按 ⌈確定⌋ 鈕結束, 將答案為 2, 3, 6, 10~合併為『12.其它』, 存入另一新變數『廠牌分組』

	編號	是否飲用	啤酒廠牌	廠牌分組
1	1	1	6	12.00
2	2	1	1	1.00
3	3	1	5	5.00
4	4	1	1	1.00
5	5	2	0	.00

⑬ 轉入『變數檢視』, 取消其小數, 將『廠牌分組』之『遺漏值』設定為 0

⑭ 按 ⌈確定⌋ 鈕, 結束『遺漏值』之設定

⑮ 將原『啤酒廠牌』之『數值』定義抄給『廠牌分組』, 使新變數亦能有數值標記

	名稱	類型	寬度	小數	標記	數值	遺漏	欄
1	編號	數字的	8	0		無	無	4
2	是否飲用	數字的	2	0		{1, 有}...	無	6
3	啤酒廠牌	數字的	3	0		{0, 0. 未飲用}...	無	7
4	廠牌分組	數字的	8	0		{0, 0. 未飲用}.	0	7

◀ ▶ \ 資料檢視 ∖**變數檢視** /

再執行一次「**分析 (A) / 敘述統計 (E) / 次數分配表 (F)**…」, 以新產生之『廠牌分組』求算次數分配, 可將其由 12 組改分為六組而已 (答案為 2, 3, 6, 10~合併為『12.其它』), 且也將 0 值排除於分析之外:

廠牌分組

		次數	百分比	有效百分比	累積百分比
有效的	1. 台灣啤酒	75	37.5	48.7	48.7
	4. 海尼根	28	14.0	18.2	66.9
	5. 麒麟	22	11.0	14.3	81.2
	8. 青島	11	5.5	7.1	88.3
	12. 其它	18	9.0	11.7	100.0
	總和	154	77.0	100.0	
遺漏值	0. 未飲用	46	23.0		
總和		200	100.0		

可看出受訪者所飲用之啤酒廠牌, 主要以國產之『台灣啤酒』居多, 佔 48.7%; 然後才是進口啤酒, 其廠牌及佔有率依序為:『海尼根』18.2%、『麒麟』14.3%、『青島』7.1%。

5-6 | 僅取得有效百分比轉到 Word

先前, 我們曾介紹過如何將 SPSS 所分析之次數分配表, 直接轉入到 Word 文件中。其內之操作技巧, 多偏在 Word 之表格部份, 且步驟仍嫌太多。底下, 將其轉到 Excel, 進行簡單處理後, 再轉貼到 Word, 應該是較簡單一點。

若要將這個縮減組數後之『廠牌分組』次數分配表, 轉到 Word。可以下示步驟進行:

① 於其上單按右鍵, 選「**複製 (C)**」, 記下其內容,

② 轉到 Excel, 切換到『**常用**』索引標籤, 按『**剪貼簿**』群組之 📋 『**貼上**』鈕, 將內容貼到 Excel

	A	B	C	D	E	F
1	廠牌分組					
2			次數	百分比	有效百分	累積百分比
3	有效的	1. 台灣啤	75	37.5	48.7013	48.7013
4		4. 海尼根	28	14	18.18182	66.88312
5		5. 麒麟	22	11	14.28571	81.16883
6		8. 青島	11	5.5	7.142857	88.31169
7		12. 其它	18	9	11.68831	100
8		總和	154	77	100	
9	遺漏值	0. 未飲用	46	23		
10	總和		200	100		
11						

Sheet1　Sheet2　Sheet3

就緒　　　　　　　　　　　　平均值: 52.44684945　項目個數:

③ 先選取 B2:C8, 續按住 Ctrl 再選 E2:E8, 選取不連續之範圍

④ 按『剪貼簿』群組之 📋『複製』鈕, 記下此不連續範圍之內容

⑤ 找一空白位置, 按『剪貼簿』群組之 📋『貼上』鈕, 將不連續範圍轉為連續

	A	B	C	D
1		次數	有效百分比	
2	1. 台灣啤	75	48.7013	
3	4. 海尼根	28	18.18182	
4	5. 麒麟	22	14.28571	
5	8. 青島	11	7.142857	
6	12. 其它	18	11.68831	
7	總和	154	100	
8				

⑥ 逐欄雙按各欄標題之右側框邊, 將各欄調整為最適欄寬, 選取 C2:C7, 按『數值』群組之 →.0 『減少小數位數』鈕, 將 C 欄小數調整為 1 位, 續選取 A1:C7

	A	B	C
1		次數	有效百分比
2	1. 台灣啤酒	75	48.7
3	4. 海尼根	28	18.2
4	5. 麒麟	22	14.3
5	8. 青島	11	7.1
6	12. 其它	18	11.7
7	總和	154	100.0

⑦ 再次按 📇『**複製**』鈕，記下此連續之範圍。

⑧ 續轉到 Word 文件，停於要
插入次數分配表之位置。切
換到『**常用**』索引標籤，按
『**剪貼簿**』群組之 📋『**貼
上**』鈕，將選取內容複製過
來。即可取得不含遺漏值之
有效百分比的次數分配表

	次數	有效百分比
1.·台灣啤酒	75	48.7
4.·海尼根	28	18.2
5.·麒麟	22	14.3
8.·青島	11	7.1
12.·其它	18	11.7
總和	154	100.0

頁面:1/1　字數:39　中文(台灣)　插入

往後之操作步驟，同於前文『將分析結果轉入 Word 』，於此不另贅述。

〔馬上練習！〕

『SPSS 範例\Ch05\手機月費.sav』資料檔：

	問卷編號	有手機	平均月費
1	201	2	0
2	202	2	400
3	203	2	200
4	204	1	1500

當『有手機』欄為 2 時，表該受訪者並無手機，其『平均月費』欄內之答案就應該為 0，但目前該欄內存有部份資料是錯誤的。如，第 2,3 列，其『平均月費』欄就有非 0 之資料。

將這類錯誤全改回成 0；續將
其等分為 『~200』、
『201~400』、『401~600』與
『601~』等四組，存入『月費
分組』之新欄位

	問卷編號	有手機	平均月費	月費分組
9	209	2	0	0
10	210	2	0	0
11	211	1	200	1
12	212	1	300	2

加上適當之數值標籤。並將 0 排除於其『次數分配』分析之外：

接下頁

月費分組

		次數	百分比	有效百分比	累積百分比
有效的	~200	30	15.7	25.2	25.2
	201~400	38	19.9	31.9	57.1
	401~600	31	16.2	26.1	83.2
	601~	20	10.5	16.8	100.0
	總和	119	62.3	100.0	
遺漏值	0	72	37.7		
總和		191	100.0		

並將其有效百分比轉到 Word 文件：

月費分組	次數	有效百分比
~200	30	25.21%
201~400	38	31.93%
401~600	31	26.05%
601~	20	16.81%
總和	119	100.00%

5-7 | 統計量

對於原爲連續性之數值, 如：成績、月費、所得、……等。可於執行『次數分配』分析之中, 一併要求計算出相關之統計量。不過, 此時之次數分配, 將因組數過於分散, 就顯得不具意義了！

假定, 欲求『SPSS 範例\Ch05\手機平均月費.sav』之『平均月費』(非『月費分組』) 的均數、標準差、極大與極小, 可以下示步驟進行：

① 開啓『SPSS 範例\Ch05\手機平均月費.sav』

	問卷編號	有手機	平均月費	月費分組
10	210	2	0	0
11	211	1	200	1
12	212	1	300	2
13	213	1	600	3

② 轉入『變數檢視』, 將『平均月費』爲 0 設定爲遺漏值 (因這些人並無手機, 所以無平均月費)

	名稱	類型	寬度	小數	標記	數值	遺漏
1	問卷編號	數字的	4	0		無	無
2	有手機	數字的	3	0		{1, 有手機}..	無
3	平均月費	數字的	6	0		無	0
4	月費分組	數字的	3	0		{1, ~200}...	0

③ 執行「**分析 (A)／敘述統計 (E)／次數分配表 (F)…**」, 以『平均月費』 來求算其『次數分配』

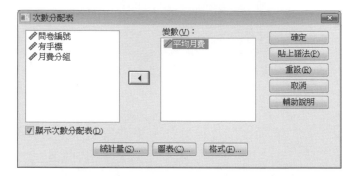

④ 於上圖按 統計量(S)... 鈕, 選擇要取得那些統計量 (本例選擇要求得：平均數、標準差、最小值與最大值)

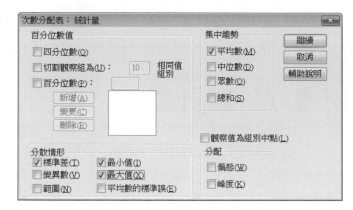

⑤ 按 繼續 鈕, 結束選擇, 回上一層對話方塊

⑥ 按 確定 鈕, 即可進行『次數分配表』統計分析, 獲致

統計量

平均月費

個數	有效的	119
	遺漏值	72
平均數		467.56
標準差		332.390
最小值		30
最大值		2000

可看出受訪者每月平均月費為467.56、標準差332.39、最小值30、最大值2000。至於,其次數分配表,因組數過於分散,所以不具多大意義:

平均月費

		次數	百分比	有效百分比	累積百分比
有效的	30	1	.5	.8	.8
	80	1	.5	.8	1.7
	100	3	1.6	2.5	4.2
	150	1	.5	.8	5.0
	180	1	.5	.8	5.9
	200	23	12.0	19.3	25.2
	250	5	2.6	4.2	29.4
	300	20	10.5	16.8	46.2

[馬上練習!]

針對『SPSS 範例\Ch05\學生成績.sav』資料,求成績之均數、標準差、中位數、極大與極小:

統計量

學生成績

個數	有效的	15
	遺漏值	0
平均數		78.07
中位數		76.00
標準差		7.440
最小值		67
最大值		91

5-8 統計圖表

於執行『次數分配表』畫面: (以『SPSS 範例\Ch05\啤酒廠牌.sav』重新編碼後之『廠牌分組』為例)

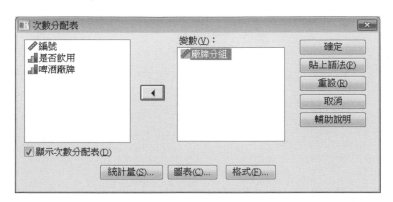

若選按 圖表(C)... 鈕, 可轉入

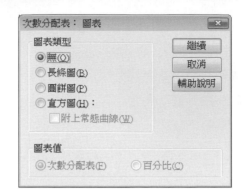

選擇要將『次數分配表』或其百分比之結果, 繪製成何種類型之統計圖表? 以本例言, 各圖表外觀分別為:

☑ **長條圖 (B)** (次數分配表)

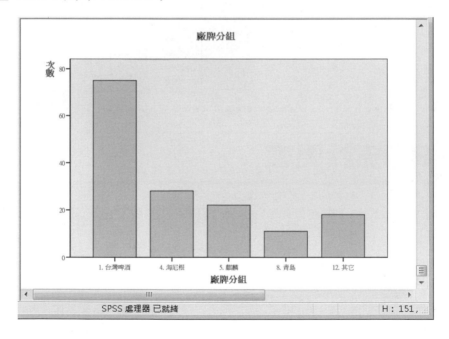

☑ **圓餅圖 (P)** (百分比)

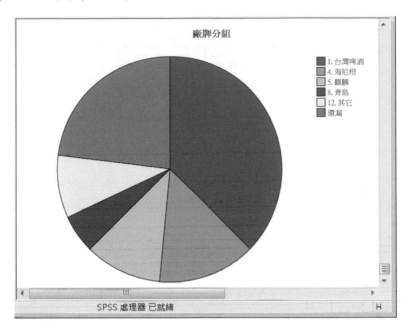

☑ **直方圖 (H)**

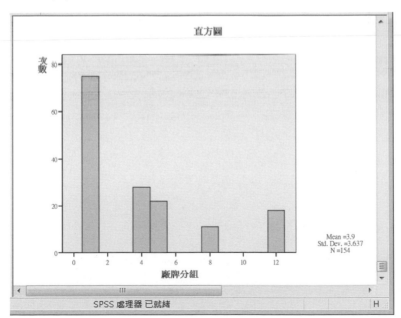

〔馬上練習！〕

針對『SPSS 範例\Ch05\學生成績.sav』之『成績分組』結果 (『~70』、『71~80』與『81~』), 繪製其次數分配之長條圖:

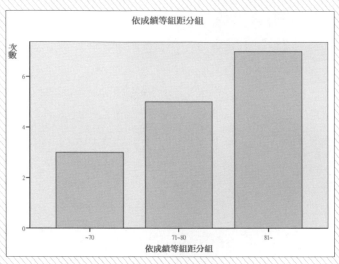

習題

1. 『SPSS 習題\Ex05\染髮.sav』內,『是否染髮』欄
   若非 0 值, 表受訪者目前有染髮; 為 0 則否:

   請將非 0 之數字全改為 1:

	編號	是否染髮
34	1	5
35	1	1
36	1	3
37	2	0

	編號	是否染髮
34	1	1
35	1	1
36	1	1
37	2	0

續求其『次數分配表』及其百
分比之長條圖:

是否染髮

		次數	百分比	有效百分比	累積百分比
有效的	無染髮	41	34.2	34.2	34.2
	有染髮	79	65.8	65.8	100.0
	總和	120	100.0	100.0	

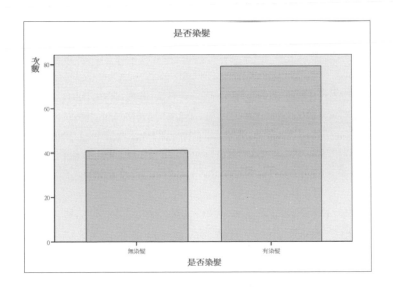

並將『次數分配表』結果轉到 Word 文件:

是否染髮	次數	百分比
無染髮	41	34.2
有染髮	79	65.8
總和	120	100.0

2. 『SPSS 習題\Ex05\洗髮精.sav』內,『固定否』欄若爲 2, 表示該受訪者並無固定使用之洗髮精品牌, 其『品牌』欄之資料應爲 0。但目前該欄有一些是錯誤之資料, 請將其全改爲 0。

	編號	固定否	品牌
1	1	1	10
2	2	2	0
3	3	2	4
4	4	1	5

3. 續上題, 將其『品牌』欄的答案組數, 依次數分配高低縮減組數 (次數分配未達 10 者併入『其他』), 並求其重新分組後之『次數分配』。(記得將 0 排除於分析之外, 並加上數值標籤)

品牌分組

		次數	百分比	有效百分比	累積百分比
有效的	1.海倫仙度絲	22	7.3	17.7	17.7
	2.飛柔	14	4.7	11.3	29.0
	3.mod's hair	22	7.3	17.7	46.8
	5.麗仕	10	3.3	8.1	54.8
	7.多芬	20	6.6	16.1	71.0
	10.其他	36	12.0	29.0	100.0
	總和	124	41.2	100.0	
遺漏值	0	177	58.8		
總和		301	100.0		

4. 『SPSS 習題\Ex05\飲料.sav』:

	編號	飲用否	費用
1	1	0	.
2	2	0	220
3	3	1	100
4	4	1	240
5	5	2	.

『飲用否』欄若爲 0 或 2 均表示最近一個月未飲用過軟性飲料, 請將其答案統一爲 2;若答案非 0 或 2, 均表示最近一個月曾飲用過軟性飲料, 請將其答案統一爲 1。若未飲用過軟性飲料, 其『費用』欄應全改爲 0。若『費用』欄爲 0, 表示其最近一個未飲用過軟性飲料, 但『飲用否』卻非 0 或 2, 亦請將其更正爲 2。

	編號	飲用否	費用
1	1	2	0
2	2	2	0
3	3	1	100
4	4	1	240
5	5	2	0

5. 續上題, 將其『費用』欄分爲『~50』、『51~100』、『101~』等幾組置入『費用分組』, 並求其重新分組後之『次數分配』。(記得將 0 排除於分析之外, 並加上數值標籤)。

	編號	飲用否	費用	費用分組
16	16	1	80	2
17	17	1	0	0
18	18	1	30	1
19	19	1	0	0
20	20	1	150	3

所花費用 (帶狀)

		次數	百分比	有效百分比	累積百分比
有效的	<= 50	76	24.0	25.9	25.9
	51 - 100	109	34.4	37.1	62.9
	101+	109	34.4	37.1	100.0
	總和	294	92.7	100.0	
遺漏值	0	23	7.3		
總和		317	100.0		

6. 針對『SPSS 習題\Ex05\刷卡金額.sav』:

求其均數、標準差、最大值與最小值:

	編號	刷卡金額
1	21	2000
2	22	3000
3	24	30000
4	26	3000

統計量

每月平均刷卡金額

個數	有效的	35
	遺漏值	0
平均數		4462.86
標準差		6540.871
最小值		500
最大值		30000

然後, 依其金額高低等分爲三組:

	編號	刷卡金額	等分爲三組
1	21	2000	1
2	22	3000	2
3	24	30000	3
4	26	3000	2

7. 『SPSS 習題\Ex05\運動鞋合理價格.sav』:

	編號	合理價格
1	1	2500
2	2	3000
3	3	1000
4	4	4000

爲對大學生進行調查其認爲運動鞋合理價格之資料, 先求其均數、中位數、標準差、最大值與最小值:

統計量

合理價格

個數	有效的	287
	遺漏值	0
平均數		1689.79
中位數		1500.00
標準差		787.000
最小值		300
最大值		5000

續將其分為~1000、1001~2000、2001~3000 與 3001~等四組, 置入『價格分組』, 並求分組後之次數分配表及百分比:

	編號	合理價格	價格分組
10	10	3200	4
11	11	2500	3
12	12	500	1
13	13	2000	2

合理價格 (帶狀)

		次數	百分比	有效百分比	累積百分比
有效的	<= 1000	82	28.6	28.6	28.6
	1001 - 2000	152	53.0	53.0	81.5
	2001 - 3000	44	15.3	15.3	96.9
	3001+	9	3.1	3.1	100.0
	總和	287	100.0	100.0	

8. 『SPSS 習題\Ex05\網路業者.sav』, 為對大學生進行調查所獲得之資料, 『網路業者』欄為其使用之網路提供業者: (0 為遺漏值)

	編號	網路業者
6	6	3
7	7	2
8	8	1
9	9	6
10	10	0

各答案之內容為:

答案	使用的網路業者
1	Hinet 中華電信
2	Sina 新浪
3	東森寬頻
4	GIGA
5	和信
6	其他

試為各數值加上適當之文字標籤, 先求一次『次數分配』, 然後將次數分配未達 10 者, 併到『其他』, 再求一次『次數分配』:

業者

		次數	百分比	有效百分比	累積百分比
有效的	Hinet中華電信	44	41.1	42.3	42.3
	Sina新浪	18	16.8	17.3	59.6
	東森寬頻	13	12.1	12.5	72.1
	和信	20	18.7	19.2	91.3
	其他	9	8.4	8.7	100.0
	總和	104	97.2	100.0	
遺漏值	0	3	2.8		
總和		107	100.0		

敘述統計

對於數值性之資料, 使用前章之『次數分配分析』, 可求得其全體之均數、衆數、中位數、四分位數、百分位數、標準差、全距、……等描述性統計資料。

事實上, SPSS 還提供很多分析方法, 不僅可求得前述之整體描述性統計資料；亦可以將其依某變數 (如：性別) 內容進行分組, 再求算各組之描述性統計資料。

6-1 │ 均數

均數或稱算術均數, 是指將總和除以個數。如果描述之資料是母體, 我們通常以希臘字母來表示, 如：μ 表母體均數。如果描述之資料是樣本, 我們通常以英文字母來表示, 如：以 $\bar{x}$ 或 $\bar{X}$ 表樣本均數。

以平均數代表一群數字之集中趨勢的優點為：

☑ 代表性容易被接受。

☑ 平均數永遠存在且只有一個；不像衆數, 可能會有好幾個衆數或根本沒有衆數。

☑ 所有數值均被使用到, 對代表性均有貢獻。不像衆數或中位數, 忽略兩端之數字。

但它的缺點就是會受兩端之極端值影響, 而減弱了代表性。如：

6, 8, 10, 7, 6, 7, 5, 2000

未將最高之極端值排除, 其均數為 256.125, 實在有點高；若將最高之極端值 2000 排除, 其均數為 7, 似乎更能代表實際之情況。

6-2 │ 中位數

中位數 (Median) 是指將所有數字依大小順序排列後, 排列在最中間之數字, 其上與其下的數字個數各佔總數的二分之一。也就是說, 將所有次數當 100%, 累積之次數達 50%的位置, 其觀測值就是中位數 (用 M_e 來表示)。

若這些數字為偶數個數, 將計算中間兩個數字的平均值。其算法很簡單, 當 n 為奇數, 按大小排列後, 第(n+1)/2 個觀測值, 就是中位數。當 n 為偶數, 則取第 n/2 與 (n+2)/2 個觀測值之平均數為中位數。如：

　　　10, 3, 4, 5, 8, 7, 12

等 7 個數字資料, n 為 7 是個奇數, 依大小排列後為：

　　　3, 4, 5, 7, 8, 10, 12

第(7+1)/2=4 個觀測值 7, 就是中位數。而

　　　3, 4, 5, 8, 12, 7

等 6 個數字資料, n 為 6 是個偶數, 依大小排列後為：

　　　3, 4, 5, 7, 8, 12

則取第 6/2=3 與(6+2)/2=4 個觀測值之平均數(5+7)/2=6 為中位數。

　　中位數與平均數, 均是用來衡量母體的集中趨勢。但中位數不會受極端值影響。如：

　　　3, 4, 5, 7, 8, 10, 90

之平均數為 18.43 比六個數字中之五個數字都大, 以它來代表這組數字；反不如使用中位數 7, 來得恰當一點！

　　中位數不會受極端值影響, 且無論極端值如何變化, 中位數均不變。如：

　　　3, 4, 5, 7, 8, 10, 500

或

　　　-200, 4, 5, 7, 8, 10, 90

之中位數均還是 7。

通常, 對於排順位 (次序) 之等級資料 (如:1 表最喜歡、2 次之、…, 那只表示 1 將排於 2 之前的一種順序而已, 並無 2 是 1 的兩倍之數字關係), 我們係以中位數來 當其代表值。

以中位數代表一群數字之集中趨勢的優點為:

☑ 不受極端值的影響

☑ 恆為所有資料的中間分界, 它是存在且易瞭解

對於分配不對稱之資料, 中位數比平均數更適合當集中趨勢的代表值。這就是為 何政府機關所公佈之國民所得, 常以中位數為代表值的理由。但對於分配並不是非 常不對稱之資料, 平均數還是比中位數更適合當集中趨勢的代表值。

但其缺點為:

☑ 僅注重中央之數字, 忽略了兩端之所有數字

☑ 不靈敏, 當資料發生變動, 中位數並不一定會變動

6-3 | 眾數

眾數 (Mode, 以 M_o 表示) 係指在一群體中出現次數最多的那個數值, 如:

$$3, 2, 1, 3, 1, 3, 3, 2, 3$$

之眾數為 3。

眾數、中位數與平均數, 均是用來衡量母體的集中趨勢。眾數與中位數是較不會 受極端值。不過, 眾數並非衡量集中趨勢的好方法, 因為當分配不規則或無顯著之 集中趨勢, 眾數就無意義 (可能會同時有好幾個眾數)。如:

$$3, 2, 1, 3, 1, 3, 2, 2$$

之眾數為 3 與 2。

同時, 如果資料組中不包含重複的資料點, 也可能會沒有眾數！如：

　　3, 2, 1, 4, 5, 6, 7, 8

就沒有眾數。

　眾數之優點為：

☑ 簡單易瞭解　　　　　　　　　　　　☑ 不受兩端極端值影響

但其缺點為：

☑ 可能會同時有好幾個眾數的情況發生　☑ 也可能會沒有眾數

☑ 不靈敏, 當資料發生變動眾數並不一定會變動

6-4 | 偏態

　偏態係數 (skewness) 用以指出一個分配以其平均值為中心的不對稱程度。偏態係數有下列三種情況：

=0	此分配為對稱分配		
>0	此分配為右偏或正偏分配，（右）延伸	分配集中在低數值方面，	不對稱的尾端向較大值方向
<0	此分配為左偏或負偏分配，（左）延伸	分配集中在高數值方面，	不對稱的尾端向較小值方向

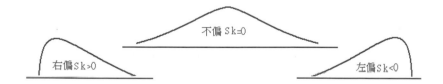

6-5 | 峰度

峰度係數 (kurtosis) 係顯示與常態分配相較時, 尖峰集中或平坦分佈的程度。其情況有三:

=3　此分配為常態峰

>3　此分配為高狹峰，　分佈較為尖峰集中

<3　此分配為低闊峰，　分佈較為平坦

6-6 | 全距

最大值減最小值就是全距 (range):

全距＝最大值－最小值

全距表示一群體全部數值的變動範圍, 是一種離中量數, 可用來表示群體中各數字之分散情形, 數字大表母體中之數值高的很高, 但低的卻很低。(注意, SPSS 中文版將『range』譯為『範圍』, 但我們看到該值, 應該知道所指為何？)

6-7 | 四分位數

四分位數係將所有數字依大小順序排列後, 排列在 0% (最小值)、25% (下四分位數, Q_1)、50% (中位數, Q_2)、75% (上四分位數, Q_3) 與 100% (最大值) 之數字。如果該位置介於兩數之間, 將計算該點左右兩個數字的平均值。

最大值減最小值就是前述之全距。第三個四分位數 Q_3 減去第一個四分位數 Q_1 後的一半:

$$\frac{1}{2}\left(Q_3 - Q_1\right)$$

即四分位差 (Q. D.), 因其為 Q_3 與 Q_1 間距之半, 故又稱半內距。其意義為：以母群體居中百分之五十的數值 (中位數), 所分散之距離的一半為差量, 數字小表分配情況的集中程度高。

6-8 | 變異數與標準差

SPSS 計算母體變異數的公式為：

$$S^2 = \frac{\sum_{i=1}^{n}\left(x_i - \bar{x}\right)^2}{n}$$

即取每一觀測值與其均數間之差異的平方和的算術平均。取其平方就是因為無論正差或負差, 經平方後均為正值, 就不會產生正負相抵銷之情況, 以代替取絕對值之麻煩。

變異數是用來衡量觀測值與平均值間的離散程度, 其值越小表母體的離散程度越小, 齊質性越高。

樣本變異數的計算公式為：

$$S^2 = \frac{\sum_{i=1}^{n}\left(x_i - \bar{x}\right)^2}{n-1}$$

其與母體變異數的計算公式, 只差在後者之分母為 n；而前者為 n-1。當樣本個數 n 愈大時, 樣本變異數與母體變異數會愈趨近於相等。

將母體變異數開根號, 即可求得母體標準差。SPSS 所使用之公式為：

$$S = \sqrt{\frac{\sum_{i=1}^{n}\left(x_i - \bar{x}\right)^2}{n}}$$

變異數取其平方是因為要避免正差或負差, 產生正負相抵銷之情況。而標準差將其開根號, 即是將平方還原, 以代替原須取絕對值之麻煩。

標準差主要是用來衡量觀測值與平均值間的離散程度, 其值越小表母體的齊質性越高。如兩班平均成績同為 75, 但甲班之標準差為 7.8；而乙班為 12.4。這表示甲班之程度較為一致 (齊質)；而乙班之程度則變化較大, 好的很好, 差的很差。

樣本標準差的計算公式為：

$$S = \sqrt{\frac{\sum_{i=1}^{n}\left(x_i - \bar{x}\right)^2}{n-1}}$$

與母體標準差的計算公式, 只差在後者之分母為 n；而前者為 n-1。當樣本個數 n 愈大時, 樣本標準差與母體標準差會愈趨近於相等。

變異數與標準差是最常被用來衡量離散程度的方法, 其優點為：

☑ 感應靈敏   ☑ 嚴密精確   ☑ 適於代數處理

☑ 受抽樣變動之影響甚小

但其缺點為：

☑ 不是簡明易解   ☑ 計算困難   ☑ 受極端值影響較大

6-9 整體摘要

要求得某變數之全體：均數、衆數、中位數、標準差、全距、……等描述性統計資料。除可使用前章之『次數分配分析』外, 亦可利用「**分析(A)／敘述統計(E)／描述性統計量(D)…**」。

茲以『SPSS 範例 \Ch06\ 一週飲料花費.sav』為例：

	編號	飲料花費	性別	居住狀況
1	1	100	1	1
2	2	60	1	1
3	3	200	2	1
4	4	30	1	1
5	5	200	2	2

其『飲料花費』欄, 為大學生一週的飲料花費。可以下示步驟求其描述性統計量：

① 執行「**分析(A)／敘述統計(E)／描述性統計量(D)…**」

② 選『飲料花費』, 按 ▶ 鈕, 將其送到右側之『**變數(V)**』方塊

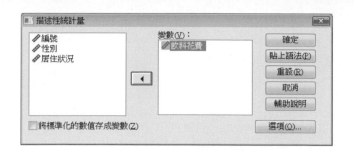

③ 按 選項(O)... 鈕, 轉入『選項』對話方塊

④ 選取欲取得之描述性統計量, 本例選取：均數、標準差、最大值、最小值、範圍(全距)、峰度與偏態

⑤ 按 繼續 鈕, 回步驟2之對話方塊

⑥ 按 確定 鈕, 獲致

敘述統計

	個數	範圍	最小值	最大值	平均數
	統計量	統計量	統計量	統計量	統計量
飲料花費	200	500	0	500	83.23
有效的N(完全排除)	200				

平均數	標準差	偏態		峰度	
統計量	統計量	統計量	標準誤	統計量	標準誤
83.23	82.210	2.931	.172	11.629	.342

可知大學生每週的飲料花費均數為 83.23、標準差 82.21、最大值 500、最小值 0、範圍(全距) 500。此一結果顯示其離散程度很大, 齊質性並不高。另由其峰度 11.629>3 可知此分配為高狹峰, 分佈為尖峰集中；而其偏態 2.931>0, 可知此分配為右偏或正偏分配, 分配集中在低數值方面, 不對稱的尾端向較大值方向(右)延伸。

要取得其分配之圖形, 可執行「**分析(A)/敘述統計(E)/次數分配表(F)…**」, 挑妥要處理之變數：

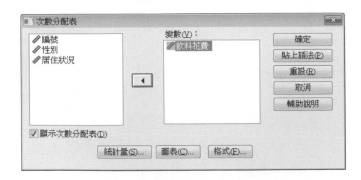

於上圖選按 圖表(C)... 鈕, 要求繪製其次數

分配之長條圖：

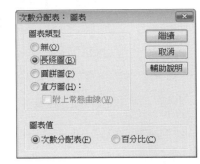

所繪製之長條圖為：

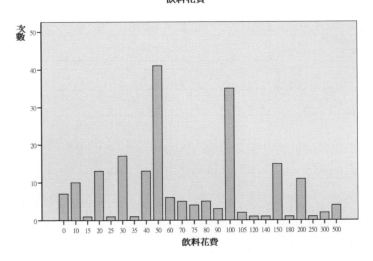

(峰度 11.629>3 可知此分配為高狹峰；而其偏態 2.931>0, 可知此分配為右偏分配)

〖馬上練習！〗

針對『SPSS 範例\Ch06\運動
時間.sav』資料：(單位：分)

	編號	性別	運動時間
4	4	2	120
5	5	1	120
6	6	1	15
7	7	1	150

以「**分析(A)/敘述統計
(E)/描述性統計量
(D)…**」求其均數、標
準差、最大值、最小
值、範圍(全距)、峰
度與偏態：

敘述統計

	個數	範圍	最小值	最大值	平均數
	統計量	統計量	統計量	統計量	統計量
運動時間	115	300	0	300	83.87
有效的 N (完全排除)	115				

標準差	偏態		峰度	
統計量	統計量	標準誤	統計量	標準誤
56.504	1.059	.226	2.499	.447

並以「**分析(A)/敘述統計(E)/次數分配表(F)…**」繪製其次數分配之長條圖。

6-10 | 分組摘要

　　『次數分配表』與『描述性統計量』所求得者均為全體受訪者之資料, 若欲將其分
組 (如, 以性別分組), 進行求算各組之均數、眾數、中位數、標準差、全距、……
等描述性統計資料。則可使用：

☑ 預檢資料　　　　☑ 平均數　　　　☑ 觀察值摘要

預檢資料

　　執行「**分析(A)/敘述統計(E)/預檢資料(E)…**」, 不僅可求得分組描述性統計資料,
並可同時分組繪製統計圖表。

　　茲仍以『SPSS 範例\Ch06\一週飲料花費.sav』之『飲料花費』欄為例：

	編號	飲料花費	性別	居住狀況
1	1	100	1	1
2	2	60	1	1
3	3	200	2	1
4	4	30	1	1

擬以『性別』欄進行分組 (1 男、2 女), 求不同性別一週飲料花費的描述性統計量,
並繪製統計圖表。其處理步驟為:

① 執行「**分析 (A)／敘述統計 (E)／預檢資料(E)…**」

② 選『飲料花費』, 按 ▶ 鈕, 將其送到右側之『依變數清單(D)』方塊

③ 選『性別』, 按 ▶ 鈕, 將其送到右側之『因子清單(F)』方塊

④ 於『顯示』處, 選「**兩者(B)**」, 可同時取得統計量並繪製統計圖表

⑤ 按 統計量(S)... 鈕, 選擇統計量 (本例選「**描述性統計量(D)**」)

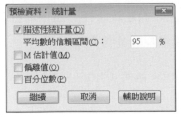

⑥ 按 ▢繼續▢ 鈕,回步驟4對話方塊

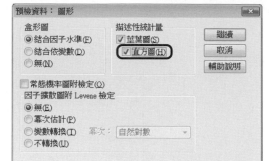

⑦ 按 ▢圖形(L)...▢ 鈕,選擇統計圖表
(本例選「**直方圖(H)**」)

⑧ 按 ▢繼續▢ 鈕,回步驟4對話方塊

⑨ 按 ▢確定▢ 鈕,獲致

敘述統計

	性別			統計量	標準誤
飲料花費	男	平均數		110.41	13.030
		平均數的95%信賴區間	下限	84.44	
			上限	136.39	
		刪除兩極端各5%觀察值之平均數		94.70	
		中位數		80.00	
		變異數		12394.273	
		標準差		111.330	
		最小值		0	
		最大值		500	
		範圍		500	
		四分位全距		100	
		偏態		2.441	.281
		峰度		6.234	.555
	女	平均數		67.60	4.793
		平均數的95%信賴區間	下限	58.11	
			上限	77.08	
		刪除兩極端各5%觀察值之平均數		62.92	
		中位數		50.00	
		變異數		2917.401	
		標準差		54.013	
		最小值		0	
		最大值		300	
		範圍		300	
		四分位全距		70	
		偏態		1.457	.215
		峰度		2.541	.427

從上圖可得知男/女每週平均飲料花費分別為:110.41與67.60,顯示男性平均
飲料花費比女性來得高些。其分配之直方圖分別為:

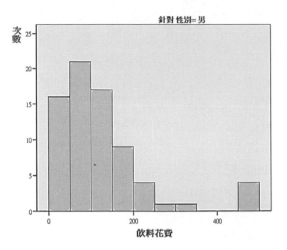

直方圖

針對 性別=男

Mean =110.41
Std. Dev. =111.33
N =73

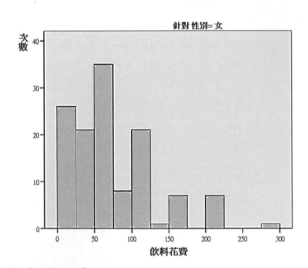

直方圖

針對 性別=女

Mean =67.6
Std. Dev. =54.013
N =127

〔馬上練習！〕

針對『SPSS 範例\Ch06\運動時間.sav』資料：(單位：分)

以「分析(A)/敘述統計(E)/預檢資料(E)…」求以性別分組之描述統計量,並繪製次數分配之直方圖。(男/女均數分別為 91.95 與 75.36)

	編號	性別	運動時間
1	1	1	120
2	2	1	10
3	3	2	0
4	4	2	120

平均數

執行「**分析(A)/比較平均數法(M)/平均數(M)…**」, 亦可求得分組描述性統計資料, 但卻無法同時繪製統計圖表。

茲仍以『SPSS 範例\Ch06\ 一週飲料花費.sav』之『飲料花費』欄為例:

	編號	飲料花費	性別	居住狀況
1	1	100	1	1
2	2	60	1	1
3	3	200	2	1
4	4	30	1	1
5	5	200	2	2

擬以『居住狀況』欄進行分組 (1.家裡、2.學校宿舍、3.校外), 求不同居住狀況之學生, 一週飲料花費的描述性統計量。其處理步驟為:

① 執行「**分析(A)/比較平均數法(M)/平均數(M)…**」

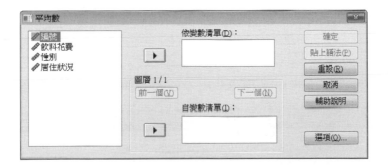

② 選『飲料花費』, 按 ▶ 鈕, 將其送到右側之『依變數清單(D)』方塊

③ 選『居住狀況』, 按 ▶ 鈕, 將其送到右側之『自變數清單(I)』方塊

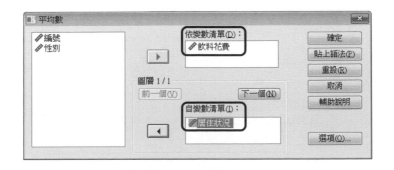

9
10
11
12
13
14
15
16

④ 按 [選項(O)...] 鈕, 選擇統計量, 於
『統計量(S)』處選擇所要之內容, 按
[▶] 鈕, 將其送到右側之『格統計量
(C)』方塊

⑤ 按 [繼續] 鈕, 回步驟 3 對話方塊

⑥ 按 [確定] 鈕, 獲致

報表

飲料花費

居住狀況	平均數	個數	標準差	最小值	最大值	總 N 的百分比
家裡	83.68	144	89.800	0	500	72.0%
學校宿舍	81.29	35	58.200	0	200	17.5%
校外	83.33	21	61.833	0	200	10.5%
總和	83.23	200	82.210	0	500	100.0%

可知居住在『家裡』有 144 人, 佔全體受訪者之 72.0%, 其每週平均飲料花費為
83.68、居住在『學校宿舍』有 35 人, 佔全體受訪者之 17.5%, 其每週平均飲料
花費為 81.29、居住在『校外』有 21 人, 佔全體受訪者之 10.5%, 其每週平均飲
料花費為 83.33。看起來, 無論居住狀況為何 ? 其每週平均飲料花費並無多大
差別 !

〔馬上練習!〕

針對『SPSS 範例\Ch06\運動時間.sav』資料 : (單位 :
分)

	編號	性別	運動時間
10	10	2	0
11	11	1	60
12	12	1	30
13	13	1	120

以『分析(A)/比較平均數法(M)/平均數(M)…』求以性
別分組之描述統計量 :

報表

運動時間

性別	平均數	個數	標準差	最小值	最大值	總 N 的百分比
男	91.95	59	53.363	0	300	51.3%
女	75.36	56	58.913	0	260	48.7%
總和	83.87	115	56.504	0	300	100.0%

觀察值摘要

執行「**分析(A)/報表(P)/觀察值摘要(M)**…」, 亦可求得分組描述性統計資料。
茲以『SPSS 範例\Ch06\手機月費.sav』之『月費』欄為例:

	編號	有手機	月費	性別
10	210	2	0	2
11	211	1	200	1
12	212	1	300	1
13	213	1	600	2

擬以『性別』欄進行分組 (1.男、 2.女), 求不同性別之學生, 每月手機月費的各
描述性統計量。(注意,『月費』欄為 0 者, 表其無手機, 應將其排除於分析之外)

其處理步驟為:

① 開啟『SPSS 範例\Ch06\手機月費.sav』,
轉入『變數檢視』, 將『月費』欄為 0
者, 設定為遺漏值

② 於上圖按 [確定] 鈕, 獲致:

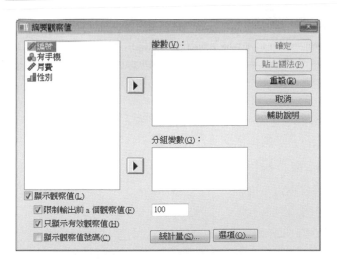

③ 執行「**分析(A)／報表 (P)/觀察值摘要(M)**…」

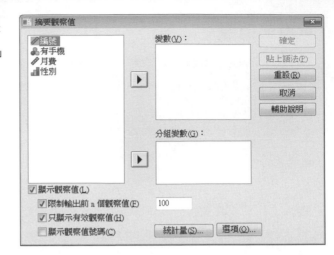

④ 選『月費』, 按 ▶ 鈕, 將其送到右上之『變數 (V)』方塊

⑤ 選『性別』, 按 ▶ 鈕, 將其送到右下之『分組 變數(G)』方塊

⑥ 取消「**顯示觀察值(L)**」, 不擬逐筆顯示觀察值

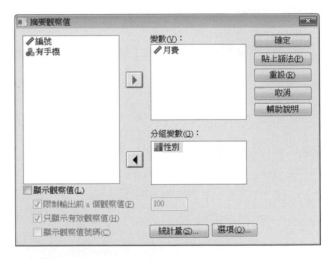

⑦ 按 統計量(S)... 鈕, 於 『統計量(S)』處選擇所 要之內容, 按 ▶ 鈕, 將其送到右側之『格統 計(C)』方塊

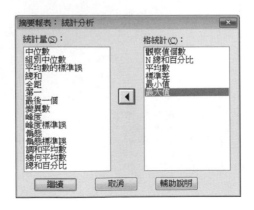

⑧ 按 [繼續] 鈕, 回步驟 6 之對話方塊。按 [選項(O)...] 鈕

⑨ 選「**排除含有遺漏值的觀察值(X)**」, 將『月費』欄為遺漏值 (0) 者, 排除於分析之外

⑩ 按 [繼續] 鈕, 回步驟 6 之對話方塊

⑪ 按 [確定] 鈕, 獲致

觀察值處理摘要

	觀察值					
	包括		排除		總和	
	個數	百分比	個數	百分比	個數	百分比
月費 * 性別	119	62.3%	72	37.7%	191	100.0%

可知原有 191 個樣本, 排除 72 個『月費』欄為遺漏值 (0) 者, 總計僅取用 119 個樣本進行分析。其觀察值摘要為:

觀察值摘要

月費

性別	個數	總 N 的百分比	平均數	標準差	最小值	最大值
男	51	42.9%	505.49	364.414	80	1500
女	68	57.1%	439.12	305.881	30	2000
總和	119	100.0%	467.56	332.390	30	2000

男性 51 人, 佔全體受訪者之 42.9%, 手機平均月費為 505.49; 女性 68 人, 佔全體受訪者之 57.1%, 手機平均月費為 439.12。看來, 男性的手機月費似乎高於女性!

〖馬上練習！〗

針對『SPSS 範例\Ch06\運動時間.sav』資料：(單位：分)

	編號	性別	運動時間
4	4	2	120
5	5	1	120
6	6	1	15
7	7	1	150

以「**分析(A)/報表(P)/觀察值摘要(M)…**」求依性別分組之描述統計量：

觀察值摘要

運動時間

性別	個數	總 N 的百分比	平均數	最小值	最大值	標準差
男	59	51.3%	91.95	0	300	53.363
女	56	48.7%	75.36	0	260	58.913
總和	115	100.0%	83.87	0	300	56.504

〖馬上練習！〗

針對『SPSS 範例\Ch06\一週飲料花費.sav』之『飲料花費』欄：

	編號	飲料花費	性別	居住狀況
1	1	100	1	1
2	2	60	1	1
3	3	200	2	1
4	4	30		1

以「**分析(A)/報表(P)/觀察值摘要(M)…**」求依『居住狀況』欄進行分組(1.家裡、2.學校宿舍、3.校外)之描述統計量：

觀察值摘要

飲料花費

居住狀況	個數	總 N 的百分比	平均數	標準差	最小值	最大值
家裡	144	72.0%	83.68	89.800	0	500
學校宿舍	35	17.5%	81.29	58.200	0	200
校外	21	10.5%	83.33	61.833	0	200
總和	200	100.0%	83.23	82.210	0	500

6-11 | 類別轉數值求統計量

問卷上很多有關所得、花費等數值, 會因為牽涉個人隱私或為了方便受訪者填答, 並不會要求受訪者直接填寫其數值, 而改採勾填某一區間。如『SPSS 範例\Ch06\每月所得.sav 』之『月所得』資料：

	編號	月所得
1	1	2
2	2	2
3	3	3
4	6	2
5	8	1

當初係以：

請問您整個家庭月所得狀況：

☐ 1. 5 萬元以下　　☐ 2. 5 至 10 萬元　　☐ 3. 10 至 15 萬元

☐ 4. 15 至 20 萬元　☐ 5. 20 萬元以上

來取得資料。因所勾填之數字, 並非連續資料之數值, 只是一種類別, 故並不能直接用來進行數值運算。當要計算其相關統計量時, 只好將其轉為組中點。這種替代方式, 當然與原數值會有所差異, 但這也是沒辦法的事！

其組中點之算法為：　　　　$\dfrac{(上界 + 下界)}{2}$

以勾填 ☐ 2. 5 至 10 萬元而言, 其組中點之算法為 $\dfrac{(50000 + 100000)}{2}$ 為 7.5 萬元：

上題整個家庭月所得狀況的各答案, 可轉為下示之組中點：

請問您整個家庭月所得狀況：

☐ 1. 25000　　☐ 2. 75000　　　☐ 3. 125000　　　☐ 4. 175000

☐ 5. 225000

然後, 以「**轉換(T)/重新編碼(R)/成不同變數(D)…**」, 將其代入到問卷資料中, 產生另一個新欄位, 續求算其統計量。

其執行步驟為：

①　開啟『SPSS 範例\Ch06\每月所得.sav』, 執行「**轉換(T)/重新編碼(R)/成不同變數(D)…**」

②　選『月所得』, 按 ▶ 鈕, 將其送到右側方塊。於『名稱(N)』處輸入『所得數值』, 設定要將『月所得』轉為新的『所得數值』

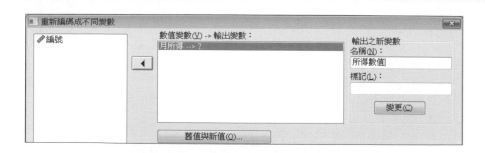

③ 於上圖按 [　　舊值與新值(Q)...　　] 鈕, 設定要將舊值 1, 轉爲新值 25000

④ 按 [新增(A)] 鈕, 將設定內容安排
到『舊值-->新值』方

⑤ 仿前二步驟, 設定將舊值 2 轉爲新值 75000、將舊值 3 轉爲新值 125000、將
舊值 4 轉爲新值 175000、將舊值 5 轉爲新值 225000

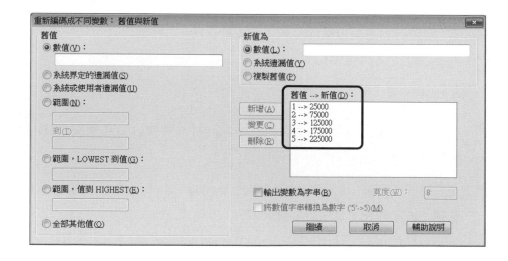

⑥ 按 │ 繼續 │ 鈕, 回上層對話方塊

⑦ 按 │ 變更(C) │ 鈕, 將『月所得』轉為新的『所得數值』

⑧ 按 │ 確定 │ 鈕, 獲致

	編號	月所得	所得數值
1	1	2	75000.00
2	2	2	75000.00
3	3	3	125000.0
4	6	2	75000.00

⑨ 執行「**分析(A)/報表(P)/觀察值摘要(M)…**」, 針對『所得數值』之數字資料進行處理 (無分組變數, 即表示要求全體之統計量), 並取消「**顯示觀察值(L)**」

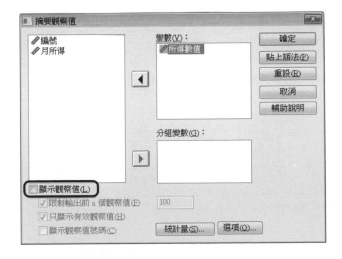

依前節操作步驟, 續按 [統計量(S)...] 鈕,
選擇所要之統計量:

即可獲致其觀察值摘要:

觀察值摘要

所得數值

個數	平均數	標準差
92	87500.0000	54281.0148

〔 馬上練習！ 〕

依『SPSS 範例\Ch06\零用金.sav』:

	編號	零用金	性別	居住狀況
1	1	3	2	1
2	2	2	2	1
3	3	4	2	1
4	6	1	2	1

計算不同居住狀況之學生 (1.家裡、2.學校宿舍、3.校外), 每月零用金之均數及標準差。

原問卷之內容為:

請問您每月可支配零用金額大約多少:

☐ 1. 2000 元以下　　☐ 2. 2000~4000 元　　☐ 3. 4000~6000 元

☐ 4. 6000~8000 元　　☐ 5. 8000~10000 元　　☐ 6. 10000 元以上

觀察值摘要

可支配零

居住狀況	個數	平均數	標準差
家裡	57	4368.42	2807.08
學校宿舍	25	7160.00	3647.83
校外	10	9600.00	2503.33
總和	92	5695.65	3513.68

資料顯示, 每月可支配之零用金以居住在校外者最高 (96000)、其次為居住在學校宿舍者 (7160)、最低為居住在家裡者 (4368)。

習題

1. 『SPSS 習題\Ex06\信用卡.sav』：

	編號	刷卡金額
17	20	0
18	21	2000
19	22	3000
20	24	30000

為對大學生進行調查之資料。將『刷卡金額』0 者, 設定為遺漏值。以「**分析 (A)／敘述統計(E)／描述性統計量(D)…**」求其『刷卡金額』之均數、標準差、最大值與最小值：

敘述統計

	個數	最小值	最大值	平均數	標準差
刷卡金額	35	500	30000	4462.86	6540.871
有效的 N (完全排除)	35				

2. 『SPSS 習題\Ex06\運動鞋合理價格.sav』：

	編號	合理價格	性別	選名牌
1	1	2500	1	1
2	2	3000	1	1
3	3	1000	1	2
4	4	4000	1	2

為大學生認為運動鞋合理價格之資料, 以性別分組求其『合理價格』之均數、標準差、中位數、最大值、最小值、偏態與峰度：

觀察值摘要

合理價格

性別	個數	平均數	標準差	中位數	最大值	最小值	偏態	峰度
男	137	2009.85	858.304	2000.00	5000	500	.797	1.045
女	150	1397.47	579.852	1500.00	3000	300	.124	-.761
總和	287	1689.79	787.000	1500.00	5000	300	.897	1.620

並以「**分析(A)／敘述統計(E)／預檢資料(E)…**」繪製各組分配之直方圖。

3. 續上題, 其『選名牌』欄內容, 為 1 表會選名牌、為 2 表不會。以『選名牌』分組求『合理價格』之均數、標準差、最大值與最小值：

觀察值摘要

合理價格

選名牌	個數	平均數	標準差	最大值	最小值
會選名牌	184	1958.91	744.613	5000	500
不會	103	1209.03	614.709	4000	300
總和	287	1689.79	787.000	5000	300

並將其結果轉為 Word 表格：

選名牌	會選名牌	不會	全體
平均數	1958.91	1209.03	1689.79
標準差	744.613	614.709	787.000
最大值	5000	4000	5000
最小值	500	300	300
樣本數	184	103	287

4. 『SPSS 習題\Ex06\購買運動鞋頻率.sav』：

	編號	性別	會選名牌	期間
1	1	1	1	1
2	2	1	1	1
3	3	1	2	2
4	4	1	2	1
5	5	2	2	3

為對大學生進行調查所獲得之資料。相關問卷題目為：

請問您多久時間會購買一雙運動鞋？

☐ 1.~4 個月　☐ 2.4⁺~8 個月　　☐ 3.8⁺~12 個月　　☐ 4.1 年以上

『性別』欄為 1 表男性；2 表女性。試將原分組資料轉組中點

☐ 1. 2 個月　　☐ 2. 6 個月　　☐ 3. 10 個月　　☐ 4. 14 個月

置入新變數欄『購買期間』：

	編號	性別	會選名牌	期間	購買期間
1	1	1	1	1	2
2	2	1	1	1	2
3	3	1	2	2	6
4	4	1	2	1	2
5	5	2	2	3	10

續以「**分析(A)/比較平均數法(M)/
平均數(M)…**」求男/女學生平均多
久買一次運動鞋？其標準差為多
少？

報表

多久買一次運動鞋

性別	平均數	個數	標準差
男	2.49	137	1.085
女	2.92	150	.945
總和	2.71	287	1.035

5. 續上題, 其『會選名牌』欄內容, 為
1 表會選名牌、為 2 表不會。依
『會選名牌』分組, 以「**分析(A)/比
較平均數法(M)/平均數(M)…**」求
『購買期間』之均數與標準差：

報表

多久買一次運動鞋

會選名牌	平均數	個數	標準差
會選名牌	2.61	184	1.071
不會	2.90	103	.945
總和	2.71	287	1.035

6. 『SPSS 習題\Ex06\衛生棉.sav』：

	編號	理想價格	職業	婚姻狀況	居住地
1	1	1	2	2	2
2	2	2	3	2	1
3	3	2	2	1	2
4	4	4	2	2	2

相關問卷題目為：

請問您認為日用型衛生棉一包的價格何者較恰當？(一包以 20 片計)

☐ 1. 50 元以下　　　☐ 2. 51 元到 60 元　　　☐ 3. 61 元到 70 元

☐ 4. 71 元到 80 元　　　☐ 5. 81 元以上

職業：　　　☐ 1. 家庭主婦　　☐ 2. 上班族　☐ 3. 學生　☐ 4. 其他

婚姻狀況：　☐ 1. 已婚　　☐ 2. 未婚

居住地：　　☐ 1. 北市　　☐ 2. 北縣　☐ 3. 非台北縣市

試將原類別型態之價格資料, 轉為適當之組中點數值, 置入新變數欄『價格』：

	編號	理想價格	職業	婚姻狀況	居住地	價格
1	1	1	2	2	2	45
2	2	2	3	2	1	55
3	3	2	2	1	2	55
4	4	4	2	2	2	75

分別依『職業』、『婚姻狀況』與『居住地』分組,以「**分析(A)∕比較平均數法(M)∕平均數(M)…**」求『價格』之均數與標準差。分析時,『**自變數清單(I)**』允許一次安排多個分組依據:

其結果為:

價格 ＊職業

價格

職業	平均數	個數	標準差
家庭主婦	50.00	6	8.367
上班族	56.11	27	8.916
學生	58.21	78	9.044
其他	55.00	2	14.142
總和	57.21	113	9.135

價格 ＊婚姻狀況

價格

婚姻狀況	平均數	個數	標準差
已婚	52.69	13	7.250
未婚	57.93	99	9.175
總和	57.32	112	9.102

價格 ＊居住地

價格

居住地	平均數	個數	標準差
北市	55.51	39	9.162
北縣	58.08	52	9.190
非台北縣市	58.81	21	8.646
總和	57.32	112	9.102

交叉分析表

市場調查或民意調查, 常利用交叉分析表來探討兩個類別變數間之關聯性 (如: 地區別與某政策之贊成與否、性別與偏好政黨、教育程度與使用品牌、品牌與購買原因、所得層與是否有數位相機、……)。

7-1 | 建立交叉分析表

茲以『SPSS 範例\Ch07\政黨傾向.sav』為例

	編號	政黨傾向	居住地區	性別
1	101	2	1	2
2	102	5	2	1
3	103	1	1	2
4	104	2	4	1
5	105	1	3	1

進行說明建立交叉分析表之過程, 該表有 1005 筆受訪者之資料,『政黨傾向』變數欄內之代碼的數值標記為: (執行「**公用程式 (U)／變數 (R)**…」即可查得)

『居住地區』變數欄內之代碼的數值標記為:

擬建立『政黨傾向』對『居住地區』之交叉分析表, 其處理步驟為:

① 執行「**分析 (A) ／ 敘述統計 (E) ／ 交叉表 (C)** …」

② 選『政黨傾向』,按 ▶ 鈕,將其送到右側之『列 (O)』方塊

③ 選『居住地區』,按 ▶ 鈕,將其送到右側之『欄 (C)』方塊

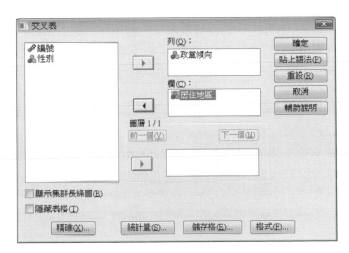

④ 於上圖按 儲存格(E)… 鈕,設定要顯示「**觀察值 (O)**」及「**行 (C)**」之百分比 (縱向總計為分母之百分比)

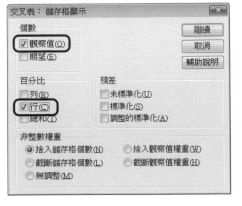

9

10

11

12

13

14

15

16

⑤ 按 ▢繼續 鈕, 回步驟 3 對話方塊

⑥ 按 ▢確定 鈕, 獲致

政黨傾向 * 居住地區 交叉表

			居住地區				總和
			北區	中區	南區	東區	
政黨傾向	1.民進黨	個數	83	43	113	8	247
		居住地區內的 %	18.2%	21.2%	37.9%	16.3%	24.6%
	2.國民黨	個數	203	87	92	25	407
		居住地區內的 %	44.6%	42.9%	30.9%	51.0%	40.5%
	3.新黨	個數	11	9	8	2	30
		居住地區內的 %	2.4%	4.4%	2.7%	4.1%	3.0%
	4.台聯	個數	11	7	6	3	27
		居住地區內的 %	2.4%	3.4%	2.0%	6.1%	2.7%
	5.無	個數	147	57	79	11	294
		居住地區內的 %	32.3%	28.1%	26.5%	22.4%	29.3%
總和		個數	455	203	298	49	1005
		居住地區內的 %	100.0%	100.0%	100.0%	100.0%	100.0%

　　由表上之資料可看出：整體言, 有政黨傾向者, 以國民黨者居最多 40.5%, 其次為民進黨 24.6%；至於新黨與台聯均不是很高, 僅分別佔了 3.0% 與 2.7% 而已。而無政黨傾向者還是相當高, 佔了 29.3%。

　　經由與地區別交叉分析後, 可發現：北區、中區與東區主要是傾向支持國民黨 (44.6%、42.9% 與 51.0%)；南區則是傾向支持民進黨 (37.9%)。不過, 由於未進行獨立性檢定, 我們還不能斷下結論。(有關獨立性檢定之作法, 詳本章下文『卡方檢定』之說明。)

〔**馬上練習！**〕

針對『SPSS 範例\Ch07\政黨傾向.sav』, 求『政黨傾向』對『性別』之交叉分析表, 同時顯示人數及縱向之直行百分比, 並解釋其結果。

政黨傾向 * 性別 交叉表

			性別		總和
			男	女	
政黨傾向	1.民進黨	個數	142	105	247
		性別內的 %	29.2%	20.2%	24.6%
	2.國民黨	個數	168	239	407
		性別內的 %	34.6%	46.1%	40.5%
	3.新黨	個數	16	14	30
		性別內的 %	3.3%	2.7%	3.0%
	4.台聯	個數	14	13	27
		性別內的 %	2.9%	2.5%	2.7%
	5.無	個數	146	148	294
		性別內的 %	30.0%	28.5%	29.3%
總和		個數	486	519	1005
		性別內的 %	100.0%	100.0%	100.0%

接下頁

可約略看出, 無論男女, 均以傾向『國民黨』居最多數(34.6%與 46.1%), 支持度第二者, 在男性為『民進黨』(29.2%); 在女性則為『無』(29.3%)。此外, 就相對程度來看, 支持民進黨者中, 男性比例明顯超過女性(29.2%對 20.2%); 支持國民黨者中, 女性之比例明顯超過男性(46.1%對 34.6%)。不過, 由於未進行獨立性檢定, 我們還不能斷下結論。

〖馬上練習！〗

針對『SPSS 範例\Ch07\品牌偏好原因.sav』

	編號	性別	品牌	偏好原因
1	1001	1	1	1
2	1002	2	2	2
3	1003	1	1	1
4	1004	2	2	2

求『品牌』對『偏好原因』之交叉分析表 (數值標記已標示於檔案內)。於表中同時顯示人數及縱向之直行百分比, 並解釋其結果。

偏好原因 * 品牌 交叉表

			品牌			總和
			A牌	B牌	C牌	
偏好原因	1. 價格便宜	個數	11	1	6	18
		品牌內的 %	64.7%	9.1%	27.3%	36.0%
	2. 品質優良	個數	2	8	5	15
		品牌內的 %	11.8%	72.7%	22.7%	30.0%
	3. 外型美觀	個數	4	2	11	17
		品牌內的 %	23.5%	18.2%	50.0%	34.0%
總和		個數	17	11	22	50
		品牌內的 %	100.0%	100.0%	100.0%	100.0%

　　由表上之資料可看出：整體上消費者偏好其使用品牌的主要原因, 依序為『價格便宜』(36.0%)、『外型美觀』(34.0%) 與『品質優良』(30.0%)。另由交叉分析, 可看出：A牌之使用者, 主要是因『價格便宜』(64.7%) 而使用 A 牌產品。B 牌之使用者, 主要是因『品質優良』(72.7%) 而使用 B 牌產品。C 牌之使用者, 主要是因『外型美觀』(50.0%) 而使用 C 牌產品。

7-2 將分析結果轉入 Word

　　以 SPSS 雖可求得交叉表, 但 SPSS 畢竟不適合用來撰寫報告, 通常, 還是以 Word 來處理。故而, 得學會如何自 SPSS 取得交叉分析表結果, 並將其轉換成 Word 文件之內容。這方面的技巧, 可全部於 Word 中進行, 但其步驟較多；還是以先將其轉入 Excel 進行簡單處理, 再轉貼到 Word 來得簡單一點！

　　假定, 要將先前『馬上練習』中『偏好原因*品牌 交叉表』, 轉到 Word 文件。其處理步驟為：

① 以滑鼠右鍵點選輸出結果之交叉表, 將出現一選單, 選取「**複製 (C)**」, 記下交叉表內容

② 偏好原因 * 品牌 交叉表

			品牌			總和
			A牌	B牌	C牌	
偏好原因	1.價格便宜	個數	11		6	18
		品牌內的 %	64.7%	這是什麼(W)?		
	2.品質優良	個數	2	剪下(T)		
		品牌內的 %	11.8%	複製(C)		
	3.外型美觀	個數	4	複製物件(Y)		
		品牌內的 %	23.5%	貼上之後(P)		
總和		個數	17	建立/編輯自動執行程式檔(A)		
		品牌內的 %	100.0%	輸出(E)...		

② 轉到 Excel 之空白工作表, 切換到『**常用**』索引標籤, 按『**剪貼簿**』群組之　　　『**貼上**』鈕, 將內容貼到 Excel

	A	B	C	D	E	F	G
1	偏好原因 * 品牌 交叉表						
2				品牌			總和
3				A牌	B牌	C牌	
4	偏好原因	1. 價格便	個數	11	1	6	18
5			品牌內的	64.70588	9.090909	27.27273	36
6		2. 品質優	個數	2	8	5	15
7			品牌內的	11.76471	72.72727	22.72727	30
8		3. 外型美	個數	4	2	11	17
9			品牌內的	23.52941	18.18182	50	34
10	總和		個數	17	11	22	50
11			品牌內的	100	100	100	100

Sheet1　Sheet2　Sheet3

③ 雙按 B 欄之標題按鈕右側, 將其調整為最適欄寬, 以便顯示完整文字

④ 於 G3 輸入『合計』字串

⑤ 將 C5、C7、C9 與 C11 之『品牌內的 %』改為『%』

⑥ 將 C10 之『個數』改為『樣本數』

	A	B	C	D	E	F	G
1	偏好原因 * 品牌 交叉表						
2				品牌			總和
3				A牌	B牌	C牌	合計
4	偏好原因	1. 價格便宜	個數	11	1	6	18
5			%	64.70588	9.090909	27.27273	36
6		2. 品質優良	個數	2	8	5	15
7			%	11.76471	72.72727	22.72727	30
8		3. 外型美觀	個數	4	2	11	17
9			%	23.52941	18.18182	50	34
10	總和		樣本數	17	11	22	50
11			%	100	100	100	100

⑦ 按住 Ctrl 鍵,以拖曳方式,分別選取 D5:G5、D7:G7、D9:G9 與 D11:G11 等不連續之範圍

⑧ 先按『數值』群組之 「增加小數位數」鈕 (有時得按 「減少小數位數」鈕),將小數調整為 1 位

	A	B	C	D	E	F	G
1	偏好原因 * 品牌 交叉表						
2				品牌			總和
3				A牌	B牌	C牌	合計
4	偏好原因	1. 價格便宜	個數	11	1	6	18
5			%	64.7	9.1	27.3	36.0
6		2. 品質優良	個數	2	8	5	15
7			%	11.8	72.7	22.7	30.0
8		3. 外型美觀	個數	4	2	11	17
9			%	23.5	18.2	50.0	34.0
10	總和		樣本數	17	11	22	50
11			%	100.0	100.0	100.0	100.0

⑨ 選取 B3:G11 之內容

	A	B	C	D	E	F	G
1	偏好原因 * 品牌 交叉表						
2				品牌			總和
3				A牌	B牌	C牌	合計
4	偏好原因	1. 價格便宜	個數	11	1	6	18
5			%	64.7	9.1	27.3	36.0
6		2. 品質優良	個數	2	8	5	15
7			%	11.8	72.7	22.7	30.0
8		3. 外型美觀	個數	4	2	11	17
9			%	23.5	18.2	50.0	34.0
10	總和		樣本數	17	11	22	50
11			%	100.0	100.0	100.0	100.0

⑩ 按『**剪貼簿**』群組之 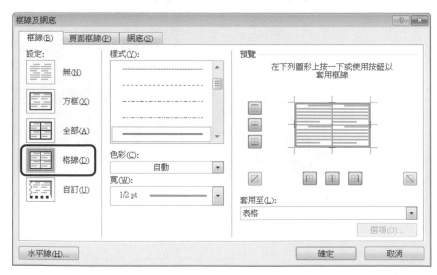 『**複製**』鈕, 記下所選取之內容

⑪ 再轉到 Word 文件, 停於要插入交叉表之位置。切換到『**常用**』索引標籤, 按『**剪貼簿**』群組之 『**貼上**』鈕, 將選取內容複製過來

		A 牌	B 牌	C 牌	合計
1. 價格便宜	個數	11	1	6	18
	%	64.7	9.1	27.3	36.0
2. 品質優良	個數	2	8	5	15
	%	11.8	72.7	22.7	30.0
3. 外型美觀	個數	4	2	11	17
	%	23.5	18.2	50.0	34.0
	樣本數	17	11	22	50
	%	100.0	100.0	100.0	100.0

⑫ 將指標移往表格之上, 其左上角將出現一個 ⊞ 四向箭頭, 點按該處, 選取整個表格。切換到『**常用**』索引標籤, 按『**段落**』群組之 ≡ 『**置中**』鈕, 可將表格安排成置中格式

⑬ 切換到『**版面配置**』索引標籤, 按『**頁面背景**』群組之 ▢ 頁面框線 『**頁面框線**』鈕, 轉入其『**框線 (B)**』標籤, 選「**格線 (D)**」、雙線樣式

⑭ 按 ［ 確定 ］ 鈕, 將其外框安排為雙線, 內框為單線之表格, 輸入『偏好原因』
當標題, 並修飾一下表格之對齊方式

偏好原因		A 牌	B 牌	C 牌	合計
1. 價格便宜	個數	11	1	6	18
	%	64.7	9.1	27.3	36.0
2. 品質優良	個數	2	8	5	15
	%	11.8	72.7	22.7	30.0
3. 外型美觀	個數	4	2	11	17
	%	23.5	18.2	50.0	34.0
	樣本數	17	11	22	50
	%	100.0	100.0	100.0	100.0

往後, 即可於表格之下, 輸入分析結果的文字內容 :

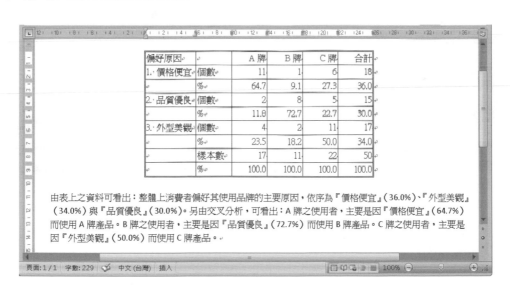

由表上之資料可看出:整體上消費者偏好其使用品牌的主要原因,依序為『價格便宜』(36.0%)、『外型美觀』(34.0%)與『品質優良』(30.0%)。另由交叉分析,可看出:A 牌之使用者,主要是因『價格便宜』(64.7%)而使用 A 牌產品。B 牌之使用者,主要是因『品質優良』(72.7%)而使用 B 牌產品。C 牌之使用者,主要是因『外型美觀』(50.0%)而使用 C 牌產品。

7-3 │ 百分比

交叉表的百分比有三種：

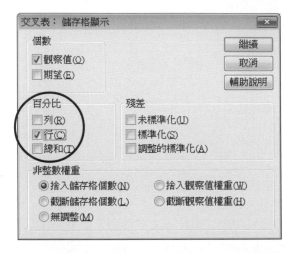

☑ **列 (R)**   求以橫向總計為
分母之百分比

政黨傾向 * 性別 交叉表

			性別		總和
			男	女	
政黨傾向	1. 民進黨	個數	142	105	247
		政黨傾向內的 %	57.5%	42.5%	100.0%
	2. 國民黨	個數	168	239	407
		政黨傾向內的 %	41.3%	58.7%	100.0%
	3. 新黨	個數	16	14	30
		政黨傾向內的 %	53.3%	46.7%	100.0%
	4. 台聯	個數	14	13	27
		政黨傾向內的 %	51.9%	48.1%	100.0%
	5. 無	個數	146	148	294
		政黨傾向內的 %	49.7%	50.3%	100.0%
總和		個數	486	519	1005
		政黨傾向內的 %	48.4%	51.6%	100.0%

☑ **行 (C)**   求以縱向總計為
分母之百分比

政黨傾向 * 性別 交叉表

			性別		總和
			男	女	
政黨傾向	1. 民進黨	個數	142	105	247
		性別內的 %	29.2%	20.2%	24.6%
	2. 國民黨	個數	168	239	407
		性別內的 %	34.6%	46.1%	40.5%
	3. 新黨	個數	16	14	30
		性別內的 %	3.3%	2.7%	3.0%
	4. 台聯	個數	14	13	27
		性別內的 %	2.9%	2.5%	2.7%
	5. 無	個數	146	148	294
		性別內的 %	30.0%	28.5%	29.3%
總和		個數	486	519	1005
		性別內的 %	100.0%	100.0%	100.0%

☑ **總和 (T)**　　求以總樣本數爲
　　　　　　　　　分母之百分比

政黨傾向 * 性別 交叉表

			性別		總和
			男	女	
政黨傾向	1.民進黨	個數	142	105	247
		總和的 %	14.1%	10.4%	24.6%
	2.國民黨	個數	168	239	407
		總和的 %	16.7%	23.8%	40.5%
	3.新黨	個數	16	14	30
		總和的 %	1.6%	1.4%	3.0%
	4.台聯	個數	14	13	27
		總和的 %	1.4%	1.3%	2.7%
	5.無	個數	146	148	294
		總和的 %	14.5%	14.7%	29.3%
總和		個數	486	519	1005
		總和的 %	48.4%	51.6%	100.0%

此三種選擇, 甚至可同時並存:

政黨傾向 * 性別 交叉表

			性別		總和
			男	女	
政黨傾向	1.民進黨	個數	142	105	247
		政黨傾向內的 %	57.5%	42.5%	100.0%
		性別內的 %	29.2%	20.2%	24.6%
		總和的 %	14.1%	10.4%	24.6%
	2.國民黨	個數	168	239	407
		政黨傾向內的 %	41.3%	58.7%	100.0%
		性別內的 %	34.6%	46.1%	40.5%
		總和的 %	16.7%	23.8%	40.5%

(部分內容而已)

不過, 爲方便撰寫報告, 通常僅選取所要之一種即可。有時, 由於解釋時, 通常以百分比進行說明, 故也經常省略其「**觀察值 (O)**」, 只顯示某一百分比而已。如:

政黨傾向 * 性別 交叉表

性別內的 %

		性別		總和
		男	女	
政黨傾向	1.民進黨	29.2%	20.2%	24.6%
	2.國民黨	34.6%	46.1%	40.5%
	3.新黨	3.3%	2.7%	3.0%
	4.台聯	2.9%	2.5%	2.7%
	5.無	30.0%	28.5%	29.3%
總和		100.0%	100.0%	100.0%

以前文所述之操作步驟, 將其轉到 Word, 於撰寫報告時, 再配合上最底下所加入之該欄總樣本數, 也可約略判讀出各儲存格內之樣本數:

政黨傾向	男	女	合計
1. 民進黨	29.2	20.2	24.6
2. 國民黨	34.6	46.1	40.5
3. 新黨	3.3	2.7	3.0
4. 台聯	2.9	2.5	2.7
5. 無	30.0	28.5	29.3
總百分比	100.0	100.0	100.0
樣本數	486	519	1005

7-4 | 卡方檢定

傳統作法

對於單選題之交叉表, 通常得進行卡方獨立性檢定。以前文政黨傾向交叉地區別資料為例, 其虛無假設 (H_0) 與對立假設 (H_1) 為:

H_0 : 政黨傾向與地區別無關

H_1 : 兩者有關

$\alpha = 0.05$

傳統之作法為, 先計算卡方值, 其運算公式為: $\chi^2 = \sum_{allcell} \dfrac{(O-E)^2}{E}$

即讓每一格觀察值減去其期望值, 求平方, 再除以其期望值, 將這些值逐一加總, 即為卡方值:

$$\chi^2 = \frac{\left(O_{1,1} - E_{1,1}\right)^2}{E_{1,1}} + \frac{\left(O_{1,2} - E_{1,2}\right)^2}{E_{1,2}} + ... + \frac{\left(O_{r,c} - E_{r,c}\right)^2}{E_{r,c}}$$

其內之每一格期望值的算法為:

欄% ×列% × 總樣本數

以第一列第一欄爲例, 其期望值爲 :

$45.3\% \times 24.6\% \times 1005 = 111.8$

政黨傾向		北區	中區	南區	東區	合計	列百分比
1. 民進黨	個數	83	43	113	8	247	24.6%
	期望數	111.8	49.9	73.2	12.0		
2. 國民黨	個數	203	87	92	25	407	40.5%
	期望數	184.3	82.2	120.7	19.8		
3. 新黨	個數	11	9	8	2	30	3.0%
	期望數	13.6	6.1	8.9	1.5		
4. 台聯	個數	11	7	6	3	27	2.7%
	期望數	12.2	5.5	8.0	1.3		
5. 無	個數	147	57	79	11	294	29.3%
	期望數	133.1	59.4	87.2	14.3		
合計	個數	455	203	298	49	1005	100.0%
欄百分比		45.3%	20.2%	29.7%	4.9%		

以前述卡方值之公式計算出卡方值爲 50.18 後, 再計算自由度 :

(r-1) * (c-1)

r 爲列數、 c 爲欄數。本例之自由度爲 $3 \times 4 = 12$。

　　最後, 依自由度查『附錄一 卡方分配的臨界值』, 比較所計算之卡方值, 是否超過所指定顯著水準 ($\alpha=0.05$) 的臨界值 ? 若超過, 則應棄卻欄變數與列變數並無關聯之虛無假設。反之, 則否。

　　查『附錄一 卡方分配的臨界值』, 於自由度 12、 $\alpha=0.05$, 其臨界值爲 21.03。而我們所求算出之卡方值 50.18 > 21.03, 故應棄卻政黨傾向與地區別無關之虛無假設。也就是說, 政黨支持率會隨地區別不同而有顯著差異。

利用 **SPSS**

　　利用 SPSS 則不必那麼辛苦, 不僅會算出卡方值, 還顯示出此卡方值之顯著性, 不用經過查表即可判斷出檢定結果。只須於建立過程之『交叉表』對話方塊 :

按 統計量(S)... 鈕, 選擇要
求得「**卡方統計量 (H)**」

按 繼續 鈕, 回上一層對話方塊。再按 確定 鈕, 則除了顯示原交叉表外

政黨傾向 * 居住地區 交叉表

居住地區內的 %

		居住地區				總和
		北區	中區	南區	東區	
政黨傾向	1. 民進黨	18.2%	21.2%	37.9%	16.3%	24.6%
	2. 國民黨	44.6%	42.9%	30.9%	51.0%	40.5%
	3. 新黨	2.4%	4.4%	2.7%	4.1%	3.0%
	4. 台聯	2.4%	3.4%	2.0%	6.1%	2.7%
	5. 無	32.3%	28.1%	26.5%	22.4%	29.3%
總和		100.0%	100.0%	100.0%	100.0%	100.0%

還可獲致卡方檢定之結果, 其卡方值為
50.176, 顯著性 (雙尾) 為 0.000：

卡方檢定

	數值	自由度	漸近顯著性 (雙尾)
Pearson 卡方	50.176ª	12	.000
概似比	47.803	12	.000
線性對線性的關連	8.127	1	.004
有效觀察值的個數	1005		

a. 2格 (10.0%) 的預期個數少於 5。最小的預期個數
為 1.32。

判斷檢定結果時很簡單,只須看此顯著性是否小於所指定顯著水準之 α 值。若是,即表示交叉表兩個變項間存有顯著關聯,可省去查表之麻煩。

本例,由於其顯著性 0.000< α =0.05,所以應棄卻政黨傾向與地區別無關之虛無假設。故而,我們判定政黨支持率與居住地區存有顯著關聯。

判讀並解釋

判讀表內那一個百分比較值得注意並解釋,於求縱向百分比之表內,應以橫向進行觀察。可拿一把尺來一橫,找出該列幾個較高之百分比即可。若該列之總百分比太低,也可以不予分析:

政黨傾向 * 居住地區 交叉表

居住地區內的 %

政黨傾向		北區	中區	南區	東區	總和
	1. 民進黨	18.2%	21.2%	37.9%	16.3%	24.6%
	2. 國民黨	44.6%	42.9%	30.9%	51.0%	40.5%
	3. 新黨	2.4%	4.4%	2.7%	4.1%	3.0%
	4. 台聯	2.4%	3.4%	2.0%	6.1%	2.7%
	5. 無	32.3%	28.1%	26.5%	22.4%	29.3%
總和		100.0%	100.0%	100.0%	100.0%	100.0%

分析時,先就最右側之總百分比,做一概述:

整體言,受訪者中,有政黨傾向者,以國民黨者居最多 40.5%,其次為民進黨 24.6%;至於新黨與台聯均不是很高,僅分別佔了 3.0% 與 2.7% 而已。而無政黨傾向者還是相當高,佔了 29.3%。

然後,對各欄之數字高低,依序說明一下:

經由卡方檢定,其顯著性 0.000< α =0.05,應棄卻政黨傾向與地區別無關之虛無假設。亦即,政黨支持率與居住地區存有顯著關聯。以地區別來看,北區、中區與東區主要是傾向支持國民黨 (44.6%、42.9% 與 51.0%),與支持度第二之民進黨的差距非常明顯;南區則是傾向支持民進黨 (37.9%),但該區對之國民黨支持率也有 30.9%,差距並不是大,非常值得注意!

最後,才對以橫向進行觀察,對所標出之各該列的幾個較高之百分比進行說明:

以所支持之政黨別來看, 民進黨之支持者主要集中於南區; 國民黨之支持者主要集中於北區、中區與東區。而值得注意的是: 無政黨傾向者, 也是以北區、中區多於與南區與東區, 這些人才是將來各黨要爭取之主要對象。

7-5 卡方檢定的注意事項

使用卡方檢定進行分析時, 應注意下列事項:

1. 卡方檢定僅適用於類別資料 (名目變數, 如: 性別、地區、政黨傾向、宗教信仰、是否有手機、……)。

2. 各儲存格之期望次數不應少於 5。通常要有 80% 以上的儲存格期望次數 ≥ 5, 否則會影響其卡方檢定的效果。若有期望次數小於 5 時, 可將其合併。如: 原所得以

~20000	15 人
20001~40000	80 人
40001~60000	150 人
60001~80000	40 人
80001~	5 人

分成五組, 於卡方檢定時, 發現有太多儲存格之期望次數小於 5, 可將其合併成:

~40000	95 人
40001~60000	150 人
60001~	45 人

縮減成三組, 使每組人數變大後, 可望消除部份期望次數小於 5 之情況。

由於, 各儲存格之期望次數不應少於 5。通常要有 80 ％以上的儲存格期望次數 ≧5, 否則會影響其卡方檢定的效果。故而, SPSS 之卡方檢定結果, 會於最底下計算期望值＜5 之儲存格比例:

卡方檢定

	數值	自由度	漸近顯著性 (雙尾)
Pearson卡方	50.176ª	12	.000
概似比	47.803	12	.000
線性對線性的關連	8.127	1	.004
有效觀察值的個數	1095		

a. 2格 (10.0%) 的預期個數少於 5。最小的預期個數為 1.32。

本例, 期望值 (個數) ＜5 之儲存格有 2 格, 其比例僅 10.0%而已, 故並無需進行任何調整。

萬一, 本例發生有期望值＜5 之儲存格比例達 20%以上之情形, 要進行合併時, 也應將政黨性質相近者進行合併。如, 將台聯併入民進黨組成一新的集合: 泛綠; 而將國民黨與新黨組成一新的集合: 泛藍。

另外一種, 避免期望值＜5 之儲存格比例達 20%以上的處理方法為: 將樣本數比較少之『台聯』與『新黨』排除於分析之外。但這樣的作法較受爭議, 因為無法表示出這兩黨之支持者的現象!

7-6 | 縮減組數

組距分組

無論是文字或數字, 於交叉表中, 均是將不重複出現之內容視為一個類別, 去求算交叉表之相關統計數字。當碰上重複性較低之數字, 很可能每一個數值均是唯一, 而產生幾乎無法縮減其類別之情況。

如,『SPSS 範例\Ch07\運動時間.sav』資料:

	編號	性別	運動時間
1	1	1	120
2	2	1	10
3	3	2	0
4	4	2	120

以「**分析 (A) /敘述統計 (E) /交叉表 (C) …**」求性別對運動時間之交叉表：

其結果, 有很多種運動時間係獨立存在, 產生一列內容。由於組數太多, 於資料分析時並無多大作用：

運動時間 * 性別 交叉表

			性別		總和
			男	女	
運動時間	0	個數	3	7	10
		性別內的 %	5.1%	12.5%	8.7%
	10	個數	1	1	2
		性別內的 %	1.7%	1.8%	1.7%
	15	個數	1	2	3
		性別內的 %	1.7%	3.6%	2.6%
	30	個數	2	9	11
		性別內的 %	3.4%	16.1%	9.6%
	40	個數	0	1	1
		性別內的 %	.0%	1.8%	.9%
	45	個數	1	0	1
		性別內的 %	1.7%	.0%	.9%

(部份表格而已)

較理想之方式為：將每次運動時間分組, 以縮減其組數。若以「**轉換 (T) /重新編碼 (R) /成不同變數 (D) …**」, 將每次運動時間分為 0~30、31~60、61~90、91~120 與 121~五組：(此部份之分組動作, 也可以「**轉換 (T) /視覺化聚集器 (Z) …**」來處理, 參見第五章『以視覺化聚集器進行分組』『等組距分組』內之說明)

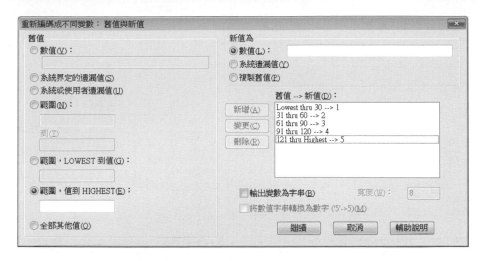

將重新編碼結果輸出到『時間分組』新變數：

續以『時間分組』與『性別』重建一次交叉表：

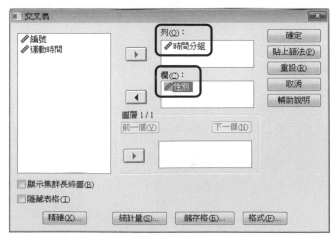

即可得到經縮減組數後之交叉表:

時間分組 * 性別 交叉表

			性別		總和
			男	女	
時間分組	~30	個數	7	19	26
		性別內的 %	11.9%	33.9%	22.6%
	31~60	個數	18	9	27
		性別內的 %	30.5%	16.1%	23.5%
	61~90	個數	7	10	17
		性別內的 %	11.9%	17.9%	14.8%
	91~120	個數	20	15	35
		性別內的 %	33.9%	26.8%	30.4%
	120~	個數	7	3	10
		性別內的 %	11.9%	5.4%	8.7%
總和		個數	59	56	115
		性別內的 %	100.0%	100.0%	100.0%

卡方檢定

	數值	自由度	漸近顯著性 (雙尾)
Pearson卡方	11.312[a]	4	.023
概似比	11.629	4	.020
線性對線性的關連	4.044	1	.044
有效觀察值的個數	115		

a. 1格 (10.0%) 的預期個數少於 5。最小的預期個數為 4.87。

期望值個數<5 之儲存格比例為 10%, 並未超過 20%。表格無須再行合併以縮減組別。

卡方值為 11.312, 自由度為 4, 其顯著水準 0.023<α=0.05。所以, 應棄卻運動時間長短與性別無關之虛無假設。

由表可知, 全體受訪者運動時間主要以 91~120 分鐘居多 30.4%。交叉分析後, 可發現男性之運動時間主要以 91~120 分鐘居多 (33.9%);而女性之運動時間主要以 0~30 分鐘居多 (33.9%)。

就相對比例言, 在較長之運動時間部份 (31~60、91~120 分鐘與 120 分鐘~) 的比例, 男性明顯高過女性;而女性則在較短之運動時間部份 (0~31 與 61~90 分鐘) 的比例, 明顯高過男性。可見男性之運動時間普遍較女性來得長一點!

〖 馬上練習! 〗

針對『SPSS 範例\Ch07\手機月費.sav』:

	編號	有手機	月費	性別
9	209	2	0	2
10	210	2	0	2
11	211	1	200	1
12	212	1	300	1
13	213	1	600	2

接下頁

注意,『有手機』欄若為 2, 即表示未使用手機, 其『月費』當然為 0, 並不必將其納入交叉表。以「**轉換 (T) /重新編碼 (R) /成不同變數 (D) …**」或「**轉換 (T) /視覺化聚集器 (Z) …**」, 將月費分為 0~200 、 201~400 、 401~600 、 601~四組。

製作分割點		
◉ 相等寬區間(E)		套用
區間 - 填入至少兩個欄位		取消
第一個分割點位置(F):	200	輔助說明
分割點數目(N):	3	
寬度(W):	200	
上一個分割點位置:	600	

求手機月費對性別交叉表, 並以卡方檢定兩者是否存有顯著關聯?

月費分組 * 性別 交叉表

			性別		
			男	女	總和
月費分組	<= 200	個數	14	16	30
		性別內的 %	27.5%	23.5%	25.2%
	201 - 400	個數	15	23	38
		性別內的 %	29.4%	33.8%	31.9%
	401 - 600	個數	10	21	31
		性別內的 %	19.6%	30.9%	26.1%
	601+	個數	12	8	20
		性別內的 %	23.5%	11.8%	16.8%
總和		個數	51	68	119
		性別內的 %	100.0%	100.0%	100.0%

卡方檢定

	數值	自由度	漸近顯著性 (雙尾)
Pearson卡方	4.177[a]	3	.243
概似比	4.188	3	.242
線對線性的關連	.188	1	.664
有效觀察值的個數	119		
a. 0格 (.0%) 的預期個數少於 5。最小的預期個數為 8.57。			

由於其顯著水準 0.243> α =0.05, 所以無法棄卻手機平均月費多寡與性別無關之虛無假設, 可見手機平均月費不會隨性別不同而有顯著差異!

縮減類別

進行交叉分析表時, 通常要有 80 % 以上的儲存格期望次數 $\geq$ 5, 否則會影響卡方檢定的效果。若有期望次數小於 5 時, 可將其合併。如,『 SPSS 範例\Ch07\啤酒廠牌.sav 』之資料:

	編號	是否飲用	廠牌	性別
1	1	1	6	1
2	2	1	1	1
3	3	1	5	1
4	4	1	1	2

以 『 廠牌 』交叉 『 性別 』後, 其結果為:

廠牌 * 性別 交叉表

			性別		總和
			男	女	
廠牌	0. 未飲用	個數	24	22	46
		性別內的 %	19.0%	29.7%	23.0%
	1. 台灣啤酒	個數	49	26	75
		性別內的 %	38.9%	35.1%	37.5%
	2. 百威	個數	5	0	5
		性別內的 %	4.0%	.0%	2.5%
	3. 美禄	個數	4	1	5
		性別內的 %	3.2%	1.4%	2.5%
	4. 海尼根	個數	18	10	28
		性別內的 %	14.3%	13.5%	14.0%
	5. 麒麟	個數	14	8	22
		性別內的 %	11.1%	10.8%	11.0%
	6. 可樂娜	個數	2	3	5
		性別內的 %	1.6%	4.1%	2.5%
	8. 青島	個數	8	3	11
		性別內的 %	6.3%	4.1%	5.5%
	10. 老虎	個數	1	0	1
		性別內的 %	.8%	.0%	.5%
	12. 其它	個數	1	1	2
		性別內的 %	.8%	1.4%	1.0%
總和		個數	126	74	200
		性別內的 %	100.0%	100.0%	100.0%

目前之結果, 將 『0. 未飲用』啤酒者亦納入分析, 故資料並不正確; 且一些廠牌的出現次數並不高。

此外, 其卡方檢定之結果為:

卡方檢定

	數值	自由度	漸近顯著性 (雙尾)
Pearson卡方	8.382[a]	9	.496
概似比	10.359	9	.322
線性對線性的關連	.508	1	.476
有效觀察值的個數	200		

a. 11格 (55.0%)的預期個數少於 5。 最小的預期個數為 .37。

顯示期望次數<5 者有 55%, 超過 20%, 故得將組數進行縮減。

首先, 執行「**轉換 (T) /重新編碼 (R) /成不同變數 (D) …**」, 將答案為 2, 3, 6, 10~合併為『**12. 其它**』, 存入另一新變數『**廠牌分組**』: (詳細步驟參見第五章『縮減類別再求次數分配』)

以縮減其組數, 並將『廠牌分組』答案為 0 設定為遺漏值, 將其排除掉：

將原『啤酒廠牌』之『數值』定義抄給『廠牌分組』, 使新變數亦能有數值標記：

	名稱	類型	寬度	小數	標記	數值	遺漏
1	編號	數字的	4	0		無	無
2	是否飲用	數字的	4	0		{1,有}...	無
3	廠牌	數字的	4	0		{0,0.未飲用}...	0
4	性別	數字的	4	0		{1,男}...	無
5	廠牌分組	數字的	4	0		{0,0.未飲用}.[...]	0

續以『廠牌分組』與『性別』重建一次交叉表：

即可得到經縮減組數後之交叉表：

廠牌分組 * 性別 交叉表

			性別		
			男	女	總和
廠牌分組	1. 台灣啤酒	個數	49	26	75
		性別內的 %	48.0%	50.0%	48.7%
	4. 海尼根	個數	18	10	28
		性別內的 %	17.6%	19.2%	18.2%
	5. 麒麟	個數	14	8	22
		性別內的 %	13.7%	15.4%	14.3%
	8. 青島	個數	8	3	11
		性別內的 %	7.8%	5.8%	7.1%
	12. 其它	個數	13	5	18
		性別內的 %	12.7%	9.6%	11.7%
總和		個數	102	52	154
		性別內的 %	100.0%	100.0%	100.0%

卡方檢定

	數值	自由度	漸近顯著性 (雙尾)
Pearson卡方	.637[a]	4	.959
概似比	.653	4	.957
線性對線性的關連	.367	1	.544
有效觀察值的個數	154		

a. 1格 (10.0%) 的預期個數少於 5。最小的預期個數為 3.71。

期望值個數<5 之儲存格比例由原來之 55%降為 10.0%, 表格無須再行合併以縮減組別。

本例之卡方值為 0.637, 自由度為 4, 其顯著水準 0.959>α=0.05。所以, 無法棄卻飲用之啤酒廠牌與性別無關之虛無假設。

撰寫報告時, 對於卡方檢定結果顯示兩變數間無關之交叉分析表, 僅須就其最右側之欄百分比進行解釋即可：

整體言, 可看出受訪者所飲用之啤酒廠牌, 主要以國產之『台灣啤酒』居多, 佔 48.7%；然後才是進口啤酒, 其廠牌及佔有率依序為：『海尼根』18.2%、『麒麟』14.3%、『青島』7.1%。

由於兩者無關, 就不必再對交叉結果進行說明了！(通常, 於報告中也會將此交叉表省略, 以縮減篇幅。僅敘述一下其檢定結果並不顯著即可)

7-7 | 長條圖

於執行交叉表分析之同時, 亦可繪製長條圖。只須於建立過程之『交叉表』對話方塊, 選擇「**顯示集群長條圖 (B)**」：

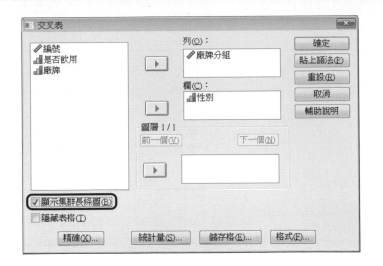

則可另顯示一長條圖, 以方便判讀分析結果:

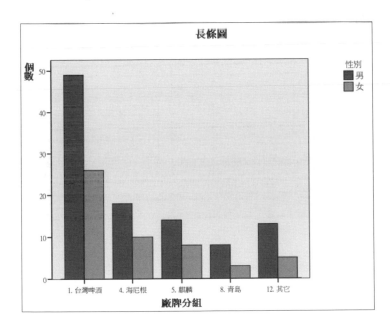

習題

1. 『SPSS 習題\Ex07\唱片.sav』：

	編號	頻率	性別	所得
1	1	2	1	3
2	2	2	2	6
3	3	2	2	2
4	4	1	2	2

為對大學生進行調查所獲得之資料。逛唱片行『頻率』之問卷題目為：

請問您在最近逛唱片行的頻率 (次數) 為何？

□①每週一次 □②每個月二~三次 □③每月一次 □④一個月以上一次

『性別』欄為 1 表男性；2 表女性。求逛唱片行『頻率』對『性別』之交叉表及直行百分比, 並以卡方檢定判斷兩者是否存有顯著之關聯性 ($\alpha=0.05$)。

頻率 * 性別 交叉表

			性別 男	性別 女	總和
頻率	每週一次	個數	6	9	15
		性別內的 %	10.9%	13.8%	12.5%
	每個月二~三次	個數	16	9	25
		性別內的 %	29.1%	13.8%	20.8%
	每月一次	個數	6	18	24
		性別內的 %	10.9%	27.7%	20.0%
	一個月以上一次	個數	27	29	56
		性別內的 %	49.1%	44.6%	46.7%
總和		個數	55	65	120
		性別內的 %	100.0%	100.0%	100.0%

卡方檢定

	數值	自由度	漸近顯著性 (雙尾)
Pearson卡方	7.853[a]	3	.049
概似比	8.107	3	.044
線性對線性的關連	.060	1	.806
有效觀察值的個數	120		

a. 0格 (.0%) 的預期個數少於 5。最小的預期個數為6.88。

2. 將上題結果轉到 Word, 並進行解釋。

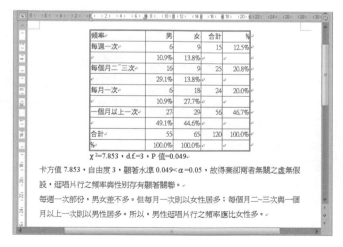

頻率	男	女	合計	%
每週一次	6	9	15	12.5%
	10.9%	13.8%		
每個月二~三次	16	9	25	20.8%
	29.1%	13.8%		
每月一次	6	18	24	20.0%
	10.9%	27.7%		
一個月以上一次	27	29	56	46.7%
	49.1%	44.6%		
合計	55	65	120	100.0%
%	100.0%	100.0%		

$\chi^2=7.853$, d.f=3, P 值=0.049。

卡方值 7.853, 自由度 3, 顯著水準 0.049<α=0.05, 故得棄卻兩者無關之虛無假設, 逛唱片行之頻率與性別存有顯著關聯。

每週一次部份, 男女差不多。但每月一次則以女性居多；每個月二~三次與一個月以上一次則以男性居多。所以, 男性逛唱片行之頻率應比女性多。

3. 續第 1 題, 可支配『所得』之問卷題目為：

請問, 您的每月平均可支配所得為：

☐ ① 3,000 元以下　　☐ ② 3,001~5,000 元　　☐ ③ 5,001~10,000 元

☐ ④ 10,001~20,000 元　　☐ ⑤ 20,001~30,000 元　　☐ ⑥ 30,001~0,000 元

☐ ⑦ 40,001~50,000 元　　☐ ⑧ 50,001~60,000 元　　☐ ⑨ 60,001 元以上

由於組數太多, 故擬將其重新合併為~10000 與 10001~兩組。求逛唱片行『頻率』對可支配『所得分組』之交叉表及其直行百分比, 以卡方檢定判斷兩者是否存有顯著之關聯性 (α=0.05), 並繪製其長條圖。

頻率 * 所得分組 交叉表

			所得分組		總和
			~10000	100001~	
頻率	每週一次	個數	9	6	15
		所得分組內的 %	12.9%	12.0%	12.5%
	每個月二~三次	個數	17	8	25
		所得分組內的 %	24.3%	16.0%	20.8%
	每月一次	個數	16	8	24
		所得分組內的 %	22.9%	16.0%	20.0%
	一個月以上一次	個數	28	28	56
		所得分組內的 %	40.0%	56.0%	46.7%
總和		個數	70	50	120
		所得分組內的 %	100.0%	100.0%	100.0%

卡方檢定

	數值	自由度	漸近顯著性 (雙尾)
Pearson卡方	3.264[a]	3	.353
概似比	3.287	3	.349
線性對線性的關連	1.664	1	.197
有效觀察值的個數	120		

a. 0格 (.0%) 的預期個數少於 5。最小的預期個數為 6.25。

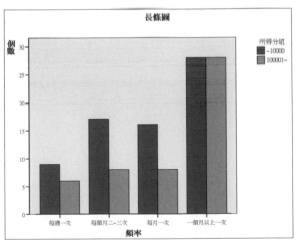

4. 『SPSS 習題\Ex07\一週飲料花費.sav』,『性別』欄為 1 表男性；2 表女性：

編號	一週花費	性別	零用金
1	100	1	3
2	60	1	2
3	200	2	6
4	30	1	1

將一週花費分爲『～50』、『51~100』、『101~150』、『151~』四組。續求飲料『花費分組』對性別之交叉表及其直行百分比,並以卡方檢定判斷兩者是否存有顯著之關聯性 (α=0.05)。

花費分組 * 性別 交叉表

			性別		總和
			男	女	
花費分組	~50	個數	30	74	104
		性別內的 %	41.1%	58.3%	52.0%
	51~100	個數	28	30	58
		性別內的 %	38.4%	23.6%	29.0%
	101~150	個數	7	12	19
		性別內的 %	9.6%	9.4%	9.5%
	151~	個數	8	11	19
		性別內的 %	11.0%	8.7%	9.5%
總和		個數	73	127	200
		性別內的 %	100.0%	100.0%	100.0%

卡方檢定

	數值	自由度	漸近顯著性 (雙尾)
Pearson卡方	6.357[a]	3	.095
概似比	6.328	3	.097
線性對線性的關連	2.355	1	.125
有效觀察值的個數	200		

a. 0格 (.0%) 的預期個數少於 5。最小的預期個數為6.94。

顯著水準 0.095>α=0.05 無法棄卻兩者無關之虛無假設。

5. 續前題,其零用金問卷題目爲:

每月可支配零用金額大約多少:

☐ ① 2000 元以下　　☐ ② 2000~4000 元　　☐ ③ 4000~6000 元

☐ ④ 6000~8000 元　　☐ ⑤ 8000~10000 元　　☐ ⑥ 10000 元以上

將零用金分爲『～4000』、『4001~8000』與『8001~』三組,續求一週『花費分組』對『零用分組』之交叉表及其直行百分比,並以卡方檢定判斷兩者是否存有顯著之關聯性 (α=0.05)。

花費分組 * 零用分組 交叉表

			零用分組			總和
			~4000	4001~8000	8001~	
花費分組	~50	個數	41	47	16	104
		零用分組內的 %	62.1%	47.0%	47.1%	52.0%
	51~100	個數	14	32	12	58
		零用分組內的 %	21.2%	32.0%	35.3%	29.0%
	101~150	個數	9	9	1	19
		零用分組內的 %	13.6%	9.0%	2.9%	9.5%
	151~	個數	2	12	5	19
		零用分組內的 %	3.0%	12.0%	14.7%	9.5%
總和		個數	66	100	34	200
		零用分組內的 %	100.0%	100.0%	100.0%	100.0%

卡方檢定

	數值	自由度	漸近顯著性 (雙尾)
Pearson卡方	11.386[a]	6	.077
概似比	12.737	6	.047
線性對線性的關連	2.674	1	.102
有效觀察值的個數	200		

a. 2格 (16.7%) 的預期個數少於 5。最小的預期個數為3.23。

顯著水準 0.077>α=0.05 無法棄卻兩者無關之虛無假設。(但若顯著水準放寬到α=0.10,就可以棄卻兩者無關之虛無假設。可約略看出:可支配之零用金較多者,其飲料花費會較高。本例若將一週花費分爲『~50』、『51~100』、『101~』三組,此一現象更明顯)

6. 『SPSS 習題\Ex07\月費與所得.sav』：

	編號	有手機	電信公司	月費	性別	家庭所得
9	209	2	0	0	2	2
10	210	2	0	0	2	2
11	211	1	3	200	1	2
12	212	1	3	300	1	2
13	213	1	2	600	2	2

『性別』欄為 1 表男性；2 表女性；『電信公司』之問卷題目為：

請問您的手機是使用那一家電信公司？

☐ ① 中華電信　　☐ ② 遠傳　　☐ ③ 台灣大哥大　　☐ ④ 和信

☐ ⑤ 泛亞　　☐ ⑥ 東榮　　☐ ⑦ 其他

縮減『電信公司』之組數, 續求『公司分組』對『性別』之交叉表及其直行百分比, 並以卡方檢定判斷兩者是否存有顯著之關聯性 (α =0.05)。

公司分組 * 性別 交叉表

			性別		總和
			男	女	
公司分組	1.中華	個數	13	13	26
		性別內的 %	25.5%	19.1%	21.8%
	2.遠傳	個數	13	21	34
		性別內的 %	25.5%	30.9%	28.6%
	3.台灣大哥大	個數	23	28	51
		性別內的 %	45.1%	41.2%	42.9%
	7.其他	個數	2	6	8
		性別內的 %	3.9%	8.8%	6.7%
總和		個數	51	68	119
		性別內的 %	100.0%	100.0%	100.0%

卡方檢定

	數值	自由度	漸近顯著性 (雙尾)
Pearson卡方	1.984[a]	3	.576
概似比	2.047	3	.563
線性對線性的關連	1.035	1	.309
有效觀察值的個數	119		

a. 2格 (25.0%) 的預期個數少於 5。最小的預期個數為 3.43。

7. 續前題, 將月費分為『~200』、『201~400』、『401~600』、『601~』四組。續求『月費分組』對『公司分組』之交叉表及其直行百分比, 並以卡方檢定判斷兩者是否存有顯著之關聯性 (α =0.05)。

月費分組 * 公司分組 交叉表

			公司分組				總和
			1.中華	2.遠傳	3.台灣大哥大	7.其他	
月費分組	~200	個數	4	8	15	3	30
		公司分組內的 %	15.4%	23.5%	29.4%	37.5%	25.2%
	201~400	個數	9	10	15	4	38
		公司分組內的 %	34.6%	29.4%	29.4%	50.0%	31.9%
	401~600	個數	6	10	14	1	31
		公司分組內的 %	23.1%	29.4%	27.5%	12.5%	26.1%
	601~	個數	7	6	7		20
		公司分組內的 %	26.9%	17.6%	13.7%		16.8%
總和		個數	26	34	51	8	119
		公司分組內的 %	100.0%	100.0%	100.0%	100.0%	100.0%

卡方檢定

	數值	自由度	漸近顯著性 (雙尾)
Pearson卡方	6.984[a]	9	.639
概似比	8.197	9	.514
線性對線性的關連	4.825	1	.028
有效觀察值的個數	119		

a. 5格 (31.3%) 的預期個數少於 5。最小的預期個數為 1.34。

8. 續前題, 其『家庭所得』之問卷題目為:

整個家庭月所得狀況:

☐ ① 5 萬元以下　　☐ ② 5 至 10 萬元　　☐ ③ 10 至 15 萬元

☐ ④ 15 至 20 萬元　☐ ⑤ 20 萬元以上

將『家庭所得』合併為『所得分組』:

☐ ① 10 萬元以下　　☐ ② 10 至 15 萬元　　☐ ③ 15 萬元以上

三組。續求『月費分組』對『所得分組』之交叉表及其直行百分比, 並以卡方檢定判斷兩者是否存有顯著之關聯性 (α=0.05)。

所得分組 * 公司分組 交叉表

			公司分組				總和
			1.中華	2.遠傳	3.台灣大哥大	7.其他	
所得分組	10萬元以下	個數	13	19	34	4	70
		公司分組內的 %	50.0%	55.9%	66.7%	50.0%	58.8%
	10至15萬元	個數	9	8	10	3	30
		公司分組內的 %	34.6%	23.5%	19.6%	37.5%	25.2%
	15萬元以上	個數	4	7	7	1	19
		公司分組內的 %	15.4%	20.6%	13.7%	12.5%	16.0%
總和		個數	26	34	51	8	119
		公司分組內的 %	100.0%	100.0%	100.0%	100.0%	100.0%

卡方檢定

	數值	自由度	漸近顯著性 (雙尾)
Pearson卡方	3.779[a]	6	.707
概似比	3.651	6	.724
線性對線性的關連	.192	1	.661
有效觀察值的個數	119		

a. 4格 (33.3%) 的預期個數少於 5。最小的預期個數為 1.28。

1
2
3
4
5
6
7
8
9
10
11
12
13
14
15
16

設計問卷時, 應儘量避免將問題設計成複選題。您可能會有疑問, 既然其真實答案不只一個, 為何不乾脆設計成允許多選之複選題呢？因為, 複選題雖可多獲得幾個答案, 但往後分析時, 卻多了許多限制。因為 SPSS 對複選題也只能進行次數分配與交叉分析而已, 且還無法進行卡方檢定。

但事實上, 很多情況的答案就是不只一個, 要勉強設計成單選也不容易。於仔細斟酌後, 若問題牽涉之後續分析不多, 當然還是可以使用複選題。

8-1 | 如何定義複選題資料

對於複選題, 由於其答案為多個, 編碼 / 鍵入時, 得依該題限制之答案數上限, 保留欄數。如, 最多可填答三項之複選題, 就得安排三個變數欄來接受所輸入之資料。

假定, 要處理

請問您現在是否持有信用卡？

☐ 1. 有

☐ 2. 沒有。未申辦原因為何？〔可複選, 最多三項〕

    ☐ ① 沒興趣, 不喜歡   ☐ ② 不需要用到   ☐ ③ 年齡資格不符

    ☐ ④ 不清楚信用卡的使用或功能   ☐ ⑤ 習慣用現金

    ☐ ⑥ 刷卡麻煩   ☐ ⑦ 怕被盜刷   ☐ ⑧ 刷卡會花錢沒節制

    ☐ ⑨ 循環利息太高   ☐ ⑩ 經濟不允許   ☐ ⑪ 其他

之問卷題目, 其資料列於『SPSS 範例\Ch08\複選題-未申辦信用卡原因.sav』：

	編號	是否有卡	未辦原因1	未辦原因2	未辦原因3
22	27	1	0	0	0
23	28	2	5	0	0
24	29	2	3	5	9
25	33	2	1	5	9
26	34	2	3	7	0

由於, 受訪者未必會均填滿三個答案。若只答一個, 僅需輸入於第一欄, 而其餘兩欄則輸入 0 (如編號 28) ;若只答兩個, 僅需輸入於第一、二欄, 而將第三欄輸入成 0 (如編號 34) 。有的受訪者因答題流程之關係, 該題免答, 故一個答案也不用填, 則於三欄均輸入 0。 (如編號 27)

以 SPSS 處理複選題, 得事先定義複選題資料, 係由那幾個變數組合而成, 才能進行後續之次數分配與交叉表分析。定義複選題資料之處理步驟為:

① 執行「**分析(A) / 複選題分析(U) / 定義集合(D)…**」

② 直接以滑鼠拖曳, 同時選取『未辦原因 1』、『未辦原因 2』與『未辦原因 3』等三個變數 (可按 Ctrl 鍵, 再逐一點選)

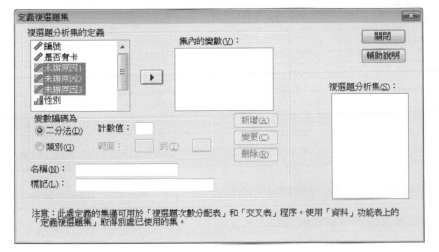

③ 按 ▶ 鈕, 將其送到右側之『集內的變數(V)』方塊

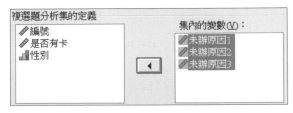

④ 於『名稱(N)』處輸入此一複選題集合的新名稱 (『未申辦信用卡原因』)

⑤ 於『變數編碼為』方塊, 選「**類別(G)**」, 續輸入其答案之數字範圍, 本例有 11 個答案, 故應輸入 1 到 11 (這樣也可以將 0 當成遺漏值排除掉)

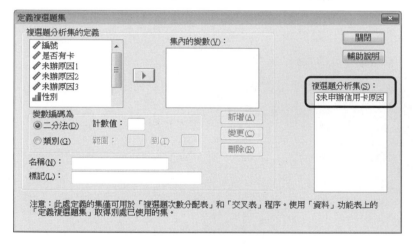

⑥ 按 <u>新增(A)</u> 鈕, 將新定義送到右側之『複選題分析集(S)』方塊, 將於我們所定義之新名稱前加一 $ 符號 (『$未申辦信用卡原因』)

⑦ 按 <u>關閉</u> 鈕, 完成定義

於未定義複選題資料集合前, 執行「**分析(A) / 複選題分析(L)**」僅有一項「**定義集合(D)…**」可供選用而已:

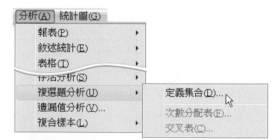

等定義過複選題資料之集合後, 才會提供「**次數分配表(F)…**」與「**交叉表(C)…**」兩選項, 讓我們進行後續之分析:

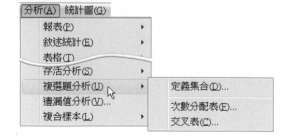

8-2 複選題次數分配

於定義過先前之『$未申辦信用卡原因』複選題資料之集合後,繼續以下示步驟, 求得未申辦信用卡原因複選題次數分配:

① 執行 「**分析(A)／複選題分析(U)／次數分配表(F)…**」,轉入:

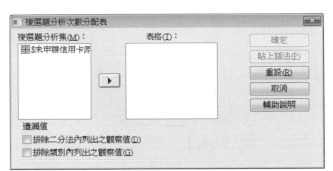

② 選『$未申辦信用卡原因』,按 ▶ 鈕,將其送到右側之 『表格(T)』方塊

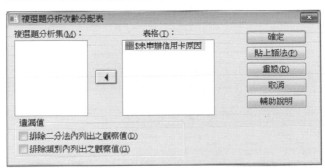

③ 按 確定 鈕,獲致右表,此處之 56 即有效樣本

觀察值摘要

	觀察值					
	有效的		遺漏值		總數	
	個數	百分比	個數	百分比	個數	百分比
$未申辦信用卡原因 [a]	56	60.9%	36	39.1%	92	100.0%

a. 群組

於右表中, 應看最右邊『觀察值百分比』欄之結果, 來進行分析。該欄係以有效樣本 56 為基礎;而『百分比』欄則以總答案數 125 為基礎。

$未申辦信用卡原因 次數

		反應值		觀察值百分比
		個數	百分比	
$未申辦信用卡原因 [a]	1.沒興趣,不喜歡	5	4.0%	8.9%
	2.不需要用到	10	8.0%	17.9%
	3.年齡資格不符	27	21.6%	48.2%
	4.不清楚信用卡的使用或功能	18	14.4%	32.1%
	5.習慣用現金	15	12.0%	26.8%
	6.刷卡麻煩	5	4.0%	8.9%
	7.怕被盜刷	10	8.0%	17.9%
	8.刷卡會花錢沒節制	2	1.6%	3.6%
	9.循環利息太高	24	19.2%	42.9%
	10.經濟不允許	7	5.6%	12.5%
	11.其他	2	1.6%	3.6%
總數		125	100.0%	223.2%

a. 群組

由此結果可看出：無信用卡之大學生, 主要未申辦原因為：年齡資格不符(48.2%)與循環利息太高 (42.9%)。其次為：不清楚信用卡的使用或功能 (32.1%) 與習慣用現金 (26.8%)。

由於是複選題的關係,『觀察值百分比』欄之加總數字為 223.2%, 已超過 100%, 表示於最多可答三項之複選題中, 每個人平均答了 2.232 個答案。

〔馬上練習！〕

『SPSS 範例\Ch08\複選題-使用電腦情況.sav』, 存有大學生使用電腦情況的資料：

	編號	工作1	工作2	工作3
1	1	2	5	6
2	2	5	6	7
3	3	2	3	7
4	4	2	3	7

原問卷之內容為：

請問您通常利用電腦從事何種工作？(至多選3項)

□1.做報告　　□2.蒐尋資料　　□3.收發email　　□4.交友聊天

□5.玩遊戲　　□6.看影片　　□7.其他＿＿＿＿＿＿

求其複選題之次數分配表, 並加以說明。

觀察值摘要

	觀察值					
	有效的		遺漏值		總數	
	個數	百分比	個數	百分比		
$電腦工作[a]	186	100.0%	0	.0%		

a. 群組

$以電腦從事工作 次數

		反應值		觀察值百分比
		個數	百分比	
$以電腦從事工作[a]	做報告	93	18.1%	50.0%
	蒐尋資料	112	21.7%	60.2%
	收發e-mail	57	11.1%	30.6%
	交友聊天	104	20.2%	55.9%
	玩遊戲	64	12.4%	34.4%
	看影片	71	13.8%	38.2%
	其他	14	2.7%	7.5%
總數		515	100.0%	276.9%

a. 群組

可發現, 大學生主要是利用電腦來從事下列工作：『蒐集資料』(60.2%)、『交友聊天』(55.9%) 與『做報告』(50.0%)。由於是複選題的關係,『觀察值百分比』欄之加總數字為 276.9%, 表示於最多可答三項之複選題中, 每個人平均答了 2.769 個答案。

〖 馬上練習！〗

假定,要處理:

請問您現在是否擁有數位相機?

☐ 1. 有

☐ 2. 沒有。未購買的原因:(可複選,最多 3 項)

☐ ① 價格太高　　☐ ② 已有普通照相機　　☐ ③ 不喜追隨流行

☐ ④ 沒有需要　　☐ ⑤ 習慣看實體相片　　☐ ⑥ 其他

之問卷題目,其資料列於『SPSS 範例\Ch08\複選題-未購買數位相機機原因.sav』:

	編號	有數位相機	未購原因1	未購原因2	未購原因3
34	134	2	1	2	4
35	135	1	0	0	0
36	136	2	1	0	0
37	137	2	1	2	4

求其複選題之次數分配表,並加以說明。

觀察值摘要

	觀察值			
	有效的		遺漏值	
	個數	百分比	個數	百分比
$未購買數位相機原因[a]	59	60.2%	39	39.8%

a. 群組

$未購買數位相機原因 次數

		反應值		觀察值百分比
		個數	百分比	
$未購買數位相機原因[a]	價格太高	42	48.3%	71.2%
	已有普通照相機	17	19.5%	28.8%
	沒有需要	18	20.7%	30.5%
	習慣看實體相片	2	2.3%	3.4%
	其他	8	9.2%	13.6%
總數		87	100.0%	147.5%

a. 群組

　　由此結果可看出, 大學生未購買數位相機之主要原因為『價格太高』(71.2%);其次為『沒有需要』(30.5%) 與『已有普通照相機』(28.8%)。由於是複選題的關係,『觀察值百分比』之加總數字為 147.5.%,表示於最多可答三項之複選題中,每個人平均答了 1.475 個答案。

8-3 將複選題次數分配結果轉入 Word

　　以 SPSS 所求得之複選題次數分配結果, 最終還是得轉到 Word 以進行撰寫報告。雖然, 我們於第五章曾學過如何將單選題之次數分配結果轉入 Word；但若要將複選題次數分配結果轉入 Word, 其處理技巧又不一樣。

　　假定, 要將前文『馬上練習』未購買數位相機原因的次數分配表轉入 Word, 其處理步驟為：

① 以滑鼠右鍵點選輸出結果之次數分配表, 續選取 「**複製(C)**」, 記下次數分配表內容

$未購買數位相機原因 次數

		反應值		觀察值百分比
		個數	百分比	
$未購買數位相機原因	價格太高	42	48.3%	71.2%
	已有普通照相機	17		
	沒有需要	18		
	習慣看實體相片	2		
	其他	8		
總數		87		

這是什麼(W)?
剪下(T)
複製(C)
複製物件(Y)
貼上之後(P)

a. 群組

② 轉入 Excel, 切換到『**常用**』索引標籤, 按 『**剪貼簿**』 群組之 『**貼上**』 鈕, 將內容貼到 Excel

	A	B	C	D	E	F
1	$未購買數位相機原因 次數					
2			反應值		觀察值百分比	
3			個數	百分比		
4	$未購買	價格太高	42	48.27586	71.18644	
5		已有普通	17	19.54023	28.81356	
6		沒有需要	18	20.68966	30.50847	
7		習慣看實	2	2.298851	3.389831	
8		其他	8	9.195402	13.55932	
9	總數		87	100	147.4576	
10	a	群組				

③ 於 B3 輸入『未購買數位相機原因』(可以複製 A1 儲存格之內容, 續將其 $ 刪除) 、C3 輸入『答案數』字串、E3 輸入『%』字串、B9 輸入『總答案數』字串、B10 輸入『樣本數』字串、C10 輸入有效樣本數 59

④ 雙按 B 欄之標題按鈕右側, 將其調整為最適欄寬, 以便顯示完整文字

⑤ 選取 E4:E9, 按『**數值**』群組之 『**減少小數位數**』鈕, 將小數調整為 1 位

	A	B	C	D	E
1	$未購買數位相機原因 次數				
2			反應值		觀察值百分比
3		未購買數位相機原因	答案數	百分比	%
4	$未購買	價格太高	42	48.27586	71.2
5		已有普通照相機	17	19.54023	28.8
6		沒有需要	18	20.68966	30.5
7		習慣看實體相片	2	2.298851	3.4
8		其他	8	9.195402	13.6
9	總數	總答案數	87	100	147.5
10	a	樣本數	59		

⑥ 按 D 欄之標題按鈕, 將其整欄選取, 續按 Ctrl + ▬ 鍵, 刪除 D 欄

⑦ 選取 B3:D10

	A	B	C	D
1	$未購買數位相機原因 次數			
2			反應值	觀察值百分
3		未購買數位相機原因	答案數	%
4	$未購買	價格太高	42	71.2
5		已有普通照相機	17	28.8
6		沒有需要	18	30.5
7		習慣看實體相片	2	3.4
8		其他	8	13.6
9	總數	總答案數	87	147.5
10	a	樣本數	59	

⑧ 按『剪貼簿』群組之 📋『複製』鈕, 記下所選取之內容

⑨ 再轉到 Word 文件, 停於要插入分配表之位置。切換到『常用』索引標籤, 按『剪貼簿』群組之 📋『貼上』鈕, 將選取內容複製過來。即可取得複選題次數分配表

未購買數位相機原因	答案數	%
價格太高	42	71.2
已有普通照相機	17	28.8
沒有需要	18	30.5
習慣看實體相片	2	3.4
其他	8	13.6
總答案數	87	147.5
樣本數	59	

頁面:1/1　字數: 57　中文 (台灣)　插入

⑩ 將指標移往表格之上, 其左上角將出現一個 ⊞ 四向箭頭, 點按該處, 選取整個表格。切換到『常用』索引標籤, 按『段落』群組之 ▤『置中』鈕, 可將表格安排成置中格式

⑪ 切換到『**版面配置**』索引標籤, 按『**頁面背景**』群組之 █ 頁面框線 『**頁面框線**』 鈕, 轉入其『**框線(B)**』標籤, 選「**格線(D)**」、雙線樣式

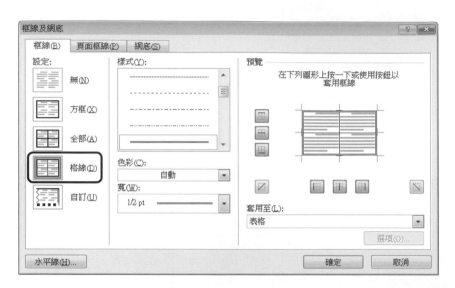

⑫ 按 [確定] 鈕, 將其外框安排為雙線, 內框為單線之表格, 修飾一下表格之對 齊方式。往後, 即可於表格之下, 輸入分析結果的文字內容

未購買數位相機原因	答案數	%
價格太高	42	71.2
已有普通照相機	17	28.8
沒有需要	18	30.5
習慣看實體相片	2	3.4
其他	8	13.6
總答案數	87	147.5
樣本數	59	

由此結果可看出, 大學生未購買數位相機之主要原因為『價格太高』(71.2%); 其次為『沒有需要』(30.5%) 與『已有普通照相機』(28.8%)。由於是複選題的 關係,『觀察值百分比』之加總數字為 147.5.%, 表示於最多可答三項之複選題 中, 每個人平均答了 1.475 個答案。

8-4 複選題交叉表 - 複對單

SPSS 複選題之交叉表分析, 可以處理複選題對單選題或複選題對複選題。所使用之複選題, 一樣得事先定義其資料集合。不過, 應注意：SPSS 對複選題之交叉分析, 並無法進行卡方檢定。

假定, 要處理：

1. 請問您現在是否常上網？

   □① 有　　□② 沒有 (請跳答第 12 題)

2. 請問您常上網原因為何？ (可複選, 最多三項)

   □① 方便與家人聯絡　□② 方便與朋友同學聯絡　□③ 追求流行

   □④ 工作(作業)需要　□⑤ 親人提供　□⑥ 同儕間比較的心理

   □⑦ 網路價格下降　□⑧ 網路業者推出的促銷方案

   □⑨ 玩線上遊戲　□⑩ 其他　　　…

請填寫您的基本資料：

   性別：□1.男　　□2.女

之問卷題目, 其資料存於『SPSS 範例\Ch08\複選題-上網原因交叉性別.sav』：

	編號	經常上網	原因1	原因2	原因3	性別
8	8	1	4	5	9	1
9	9	1	4	6	9	1
10	10	2	0	0	0	2
11	11	1	3	5	6	2

本資料是針對 107 位大學生進行調查而得, 常上網者有 104 筆資料。底下, 就以 SPSS 來處理這個複選題對單選題之交叉表：

① 執行「分析(A) / 複選題分析(U) / 定義集合(D)…」

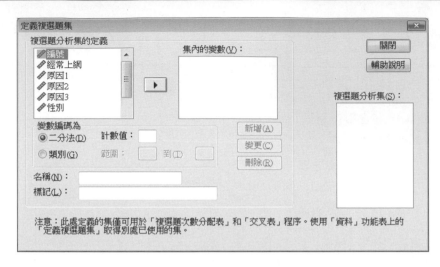

② 同時選取『原因 1』、『原因 2』與『原因 3』等三個變數, 按 ▶ 鈕, 將其送
到右側之『集內的變數(V)』方塊

③ 於『名稱(N)』處輸入此一複選題集合的新名稱 (『上網原因』)

④ 於『變數編碼為』方塊, 選「**類別(G)**」, 續輸入其答案之數字範圍, 本例有 10
個答案, 故應輸入 1 到 10 (這樣也可以將 0 當成遺漏值排除掉)

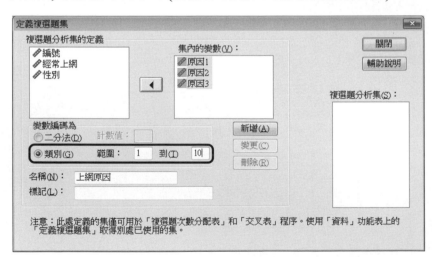

⑤ 按 新增(A) 鈕, 將新定義送到右側之『複選題分析集(S)』方塊, 將於我們所定
義之新名稱前加一$符號 (『$上網原因』)

⑥ 按 關閉 鈕, 完成定義

⑦ 執行「**分析(A) / 複
選題分析(U) / 交
叉表(C)…**」於左下
之『複選題分析集
(M)』方塊選『$上
網原因』, 按 ▶
鈕,將其送到右側之
『列(W)』方塊

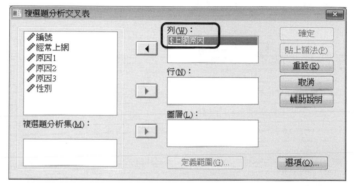

⑧ 選 『 性別 』 , 按
▶ 鈕, 將其送到
右側之 『 行(N) 』
方塊。『性別』後
之括號會出現兩個
問號, 等待定義其
資料範圍

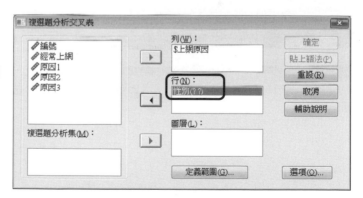

⑨ 按 定義範圍(G)... 鈕, 於
『最小值(N)』與『最大值
(X)』處, 續輸入『性別』答
案之數字範圍 (1 到 2)

⑩ 按 [繼續] 鈕, 回上一層對話方塊。『性別』後括號內兩個問號, 會改爲先前所定義之範圍 (1 到 2)

⑪ 按 [選項(O)...] 鈕, 定義交叉表內想要取得何種百分比? 本例選「**行(C)**」百分比

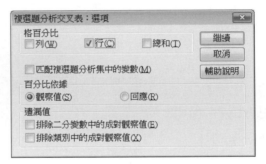

⑫ 按 [繼續] 鈕, 回上一層對話方塊

⑬ 按 [確定] 鈕, 獲致

$上網原因*性別 交叉表列

			性別		總數
			男	女	
$上網原因	方便與家人聯絡	個數	7	6	13
		性別 中的 %	12.1%	13.0%	
	方便與朋友同學聯絡	個數	22	17	39
		性別 中的 %	37.9%	37.0%	
	追求流行	個數	22	26	48
		性別 中的 %	37.9%	56.5%	
	工作(作業)需要	個數	20	18	38
		性別 中的 %	34.5%	39.1%	
	親人提供	個數	29	22	51
		性別 中的 %	50.0%	47.8%	
	同儕間比較的心理	個數	26	16	42
		性別 中的 %	44.8%	34.8%	
	網路價格下降	個數	9	5	14
		性別 中的 %	15.5%	10.9%	
	網路業者推出的促銷方案	個數	18	13	31
		性別 中的 %	31.0%	28.3%	
	玩線上遊戲	個數	18	13	31
		性別 中的 %	31.0%	28.3%	
總數		個數	58	46	104

百分比及總數是根據應答者來的。

a. 群組

⑭ 由於, 總數欄並無百分比資料, 可再仿前述方法, 執行「**分析(A) / 複選題分析(U) / 次數分配表(F)…**」, 取得

$上網原因 次數

		反應值		觀察值百分比
		個數	百分比	
$上網原因	方便與家人聯絡	13	4.2%	12.5%
	方便與朋友同學聯絡	39	12.7%	37.5%
	追求流行	48	15.6%	46.2%
	工作(作業)需要	38	12.4%	36.5%
	親人提供	51	16.6%	49.0%
	同儕間比較的心理	42	13.7%	40.4%
	網路價格下降	14	4.6%	13.5%
	網路業者推出的促銷方案	31	10.1%	29.8%
	玩線上遊戲	31	10.1%	29.8%
總數		307	100.0%	295.2%

a. 群組

可發現：整體言, 大學生常上網之主要原因為：『親人提供』(49.0%) 、『追求流行』(46.2%) 與『同儕間比較的心理』(40.4%) 。(於撰寫報告時, 可省去此一步驟, 改採利用 Excel 進行計算, 此部份之百分比, 將較為省事。其操作方式, 參見下文『將複選題次數分配結果轉入 Word』處之說明)

交叉分析後, 可看出：男同學常上網之主要原因為：『親人提供』佔 50.0%與『同儕間比較的心理』佔 44.8%。而女同學常上網之主要原因為：『追求流行』佔 56.5%與『親人提供』佔 47.8%。可見常上網原因, 除了係因為家中之親人已提供了上網的設備外, 男生是因為與同儕比較, 認為不會上網會輸給別人而去上網居多；而女生則是因為追求流行而去上網居多。

『**馬上練習！**』

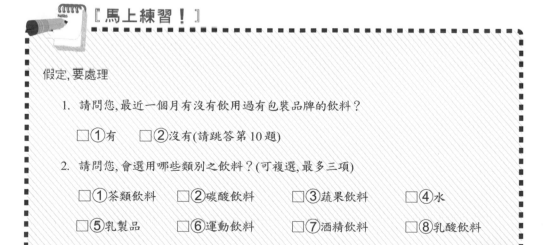

假定, 要處理

1. 請問您, 最近一個月有沒有飲用過有包裝品牌的飲料？

　□①有　　□②沒有(請跳答第 10 題)

2. 請問您, 會選用哪些類別之飲料？(可複選, 最多三項)

　□①茶類飲料　　□②碳酸飲料　　□③蔬果飲料　　□④水

　□⑤乳製品　　□⑥運動飲料　　□⑦酒精飲料　　□⑧乳酸飲料

　□⑨其他…

接下頁

請填寫您的基本資料：

　　性別：□1.男 □2.女

之問卷內容, 其資料安排於『SPSS範例\Ch08\常用飲料交叉性別.sav』:

	編號	是否飲用	飲料1	飲料2	飲料3	性別
1	1	1	1	4	5	1
2	2	1	1	4	0	1
3	3	1	1	3	6	2
4	4	1	1	3	6	1

求常用飲料類別交叉性別之複選結果, 並加以解釋:

$常飲用之飲料 次數

		反應值		觀察值百分比
		個數	百分比	
$常飲用之飲料[a]	茶類飲料	159	31.9%	82.4%
	碳酸飲料	40	8.0%	20.7%
	蔬果飲料	61	12.2%	31.6%
	水	69	13.8%	35.8%
	乳製品	47	9.4%	24.4%
	運動飲料	77	15.4%	39.9%
	酒精飲料	6	1.2%	3.1%
	乳酸飲料	35	7.0%	18.1%
	其他	5	1.0%	2.6%
總數		499	100.0%	258.5%

a. 群組

可看出: 無論男女學生均以喝『茶類飲料』為主, 比例在八成以上 (無怪乎近年茶類飲料的銷售量大幅成長)。

$常飲用之飲料 *性別 交叉表列

			性別		總數
			男	女	
$常飲用之飲料[a]	茶類飲料	個數	58	101	159
		性別 中的 %	82.9%	82.1%	
	碳酸飲料	個數	18	22	40
		性別 中的 %	25.7%	17.9%	
	蔬果飲料	個數	23	38	61
		性別 中的 %	32.9%	30.9%	
	水	個數	21	48	69
		性別 中的 %	30.0%	39.0%	
	乳製品	個數	11	36	47
		性別 中的 %	15.7%	29.3%	
	運動飲料	個數	40	37	77
		性別 中的 %	57.1%	30.1%	
	酒精飲料	個數	3	3	6
		性別 中的 %	4.3%	2.4%	
	乳酸飲料	個數	11	24	35
		性別 中的 %	15.7%	19.5%	
	其他	個數	1	4	5
		性別 中的 %	1.4%	3.3%	
總數			70	123	193

百分比及總數是根據應答者而來的。
a. 群組

經由交叉分析, 可發現: 男性學生飲用『碳酸飲料』及『運動飲料』之比例明顯高過女學生 (25.7%對17.9%與57.1%對30.1%), 尤其是『運動飲料』其差距高達27%; 女性學生飲用『水』及『乳製品』之比例則明顯高過男學生 (39.0%對30.0%與29.3%對15.7%)。這應該是男生較喜歡運動; 而女生較注重飲食健康及養生之故。

〖 馬上練習！〗

假定，要處理

請問您現在是否擁有數位相機？

□1.有

□2.沒有。未購買的原因：可複選，最多3項

　　□①價格太高　□②已有普通照相機　□③不喜追隨流行　□④沒有需要

　　□⑤習慣看實體相片　□⑥其他…

請填寫您的基本資料：　性別：□1.男 □2.女

之問卷內容，其資料安排於『SPSS 範例\Ch08\未購買數位相機原因交叉性別.sav』：

	編號	數位相機	未購1	未購2	未購3	性別
52	152	2	1	0	0	2
53	153	2	1	2	4	2
54	154	2	1	4	0	1
55	155	2	1	4	0	2

求未購買數位相機原因交叉性別之複選結果，並加以解釋：

$未購買數位相機原因 次數

		反應值		觀察值百分比
		個數	百分比	
$未購買數位相機原因	價格太高	47	47.0%	69.1%
	已有普通照相機	18	18.0%	26.5%
	沒有需要	25	25.0%	36.8%
	習慣看實體相片	2	2.0%	2.9%
	其他	8	8.0%	11.8%
總數		100	100.0%	147.1%

a. 群組

可看出：全體學生未購買數位相機之主要原因為『價格太高』(69.1%)與『沒有需要』(36.8%)。

經由交叉分析,可發現：男性學生未購買數位相機之主要原因為『價格太高』之比例明顯高過女學生, 其差距高達 18.8% (81.8%對 63.0%)；女性學生未購買數位相

$未購買數位相機原因*性別 交叉表列

			性別		總數
			男	女	
$未購買數位相機原因	價格太高	個數	18	29	47
		性別 中的 %	81.8%	63.0%	
	已有普通照相機	個數	2	16	18
		性別 中的 %	9.1%	34.8%	
	沒有需要	個數	6	19	25
		性別 中的 %	27.3%	41.3%	
	習慣看實體相片	個數	0	2	2
		性別 中的 %	.0%	4.3%	
	其他	個數	3	5	8
		性別 中的 %	13.6%	10.9%	
總數		個數	22	46	68

百分比及總數是根據應答者而來的。

a. 群組

機之主要原因為『沒有需要』與『已有普通照相機』之比例則明顯高過男學生 (41.3%對 27.3%與34.8%對9.1%)。這應該是女生已有普通照相機者較男性來得多所致。

🔍 小秘訣

若覺得交叉表之項目太多,可以「轉換(T) / 重新編碼(R) / 成相同變數(S)…」或「轉換(T) / 重新編碼(R) / 成不同變數(D)…」,將答案數較少之內容 (如, 前例之 『習慣看實體照片』), 合併到 『其他』。

8-5 將複選題對單選題交叉表結果轉入 Word

　　將複選題交叉表結果轉入 Word 的處理方式, 類似將複選題次數分配結果轉入 Word。最以理想之方式還是轉入 Excel, 進行簡單之處理與運算(總數部份), 再轉貼到 Word 即可。

　　假定, 要將前文『馬上練習』未購買數位相機原因交叉性別的交叉表轉入 Word, 其處理步驟為:

①　以滑鼠右鍵點選輸出結果之交叉表, 於出現之選單, 選取「**複製(C)**」, 記下交叉表內容

$未購買數位相機原因交叉性別*性別 交叉表列

			性別		總數
			男	女	
$未購買數位相機原因交叉性別	價格太高	個數	18	29	47
		性別 中的 %	81		
	已有普通照相機	個數			
		性別 中的 %		9	
	沒有需要	個數			
		性別 中的 %		2	

這是什麼(W)?
剪下(T)
複製(C)
複製物件(Y)
貼上之後(P)

②　轉入 Excel, 切換到 『**常用**』索引標籤, 按 『**剪貼簿**』群組之 📋 『**貼上**』鈕, 將內容貼到 Excel

	A	B	C	D	E	F
1	$未購買數位相機原因交叉性別*性別 交叉表列					
2				性別		總數
3				男	女	
4	$未購買	價格太高	個數	18	29	47
5			性別 中的	81.81818	63.04348	
6		已有普通	個數	2	16	18
7			性別 中的	9.090909	34.78261	
8		沒有需要	個數	6	19	25
9			性別 中的	27.27273	41.30435	
10		習慣看實	個數	0	2	2
11			性別 中的	0	4.347826	
12		其他	個數	3	5	8
13			性別 中的	13.63636	10.86957	
14	總數		個數	22	46	68
15	百分比及總數是根據應答者而來的。					
16	a		群組			

③ 於 B3 輸入『未購買數位相機原因』(可以複製 A4 儲存格之內容, 再進行修改)、C14 輸入『樣本數』字串、F3 輸入『合計』字串

④ 於 C4 輸入『答案數』字串、C5 輸入『%』字串

⑤ 選取 C4:C5, 以拖曳右下角複製控點之方式, 將其複製到 C6:C13

	A	B	C	D	E	F
1	$未購買數位相機原因交叉性別*性別 交叉表列					
2				性別		總數
3		未購買原因		男	女	合計
4	$未購買	價格太高	答案數	18	29	47
5			%	81.81818	63.04348	
6		已有普通	答案數	2	16	18
7			%	9.090909	34.78261	
8		沒有需要	答案數	6	19	25
9			%	27.27273	41.30435	
10		習慣看實	答案數	0	2	2
11			%	0	4.347826	
12		其他	答案數	3	5	8
13			%	13.63636	10.86957	
14	總數		樣本數	22	46	68

⑥ 雙按 B 欄之標題按鈕右側, 將其調整爲最適欄寬, 以便顯示完整文字

⑦ 按住 Ctrl 鍵, 續以滑鼠點選 F5、F7、F9、F11 等不連續之儲存格, 將其等選取

	B	C	D	E	F
1	數位相機原因交叉性別*性別 交叉表列				
2			性別		總數
3	未購買原因		男	女	合計
4	價格太高	答案數	18	29	47
5		%	81.81818	63.04348	
6	已有普通照相機	答案數	2	16	18
7		%	9.090909	34.78261	
8	沒有需要	答案數	6	19	25
9		%	27.27273	41.30435	
10	習慣看實體相片	答案數	0	2	2
11		%	0	4.347826	
12	其他	答案數	3	5	8
13		%	13.63636	10.86957	
14		樣本數	22	46	68

⑧ 輸入 =F13 / $F$14*100

計算最後一格 F13 之答案數, 除以 F14 總樣本數之比例。($F$14 表絕對位置, 乘上 100 是爲了與其左側之百分比數字一致) 最重要的是, 按 Ctrl + Enter 結束, 可以次完成多格之公式輸入。更妙的是, 其公式還會依相對位置, 轉成適當且正確之內容

	B	C	D	E	F
1	數位相機原因交叉性別*性別 交叉表列				
2			性別		總數
3	未購買原因		男	女	合計
4	價格太高	答案數	18	29	47
5		%	81.81818	63.04348	69.11765
6	已有普通照相機	答案數	2	16	18
7		%	9.090909	34.78261	26.47059
8	沒有需要	答案數	6	19	25
9		%	27.27273	41.30435	36.76471
10	習慣看實體相片	答案數	0	2	2
11		%	0	4.347826	2.941176
12	其他	答案數	3	5	8
13		%	13.63636	10.86957	11.76471
14		樣本數	22	46	68

⑨ 按住 Ctrl 鍵, 續以拖曳滑鼠D5:F5、D7:F7、D9:F9、D11:F11、D13:F13 等不連續範圍, 按『**數值**』群組之 `⁎⁰⁸⁄₋₀` 『**減少小數位數**』鈕, 將小數調整為 1 位

	B	C	D	E	F
1	數位相機原因交叉性別*性別 交叉表列				
2			性別		總數
3	未購買原因		男	女	合計
4	價格太高	答案數	18	29	47
5		%	81.8	63.0	69.1
6	已有普通照相機	答案數	2	16	18
7		%	9.1	34.8	26.5
8	沒有需要	答案數	6	19	25
9		%	27.3	41.3	36.8
10	習慣看實體相片	答案數	0	2	2
11		%	0.0	4.3	2.9
12	其他	答案數	3	5	8
13		%	13.6	10.9	11.8
14		樣本數	22	46	68

⑩ 選取B3:F14

	B	C	D	E	F
3	未購買原因		男	女	合計
4	價格太高	答案數	18	29	47
5		%	81.8	63.0	69.1
6	已有普通照相機	答案數	2	16	18
7		%	9.1	34.8	26.5
8	沒有需要	答案數	6	19	25
9		%	27.3	41.3	36.8
10	習慣看實體相片	答案數	0	2	2
11		%	0.0	4.3	2.9
12	其他	答案數	3	5	8
13		%	13.6	10.9	11.8
14		樣本數	22	46	68

⑪ 按『**剪貼簿**』群組之 [icon] 『**複製**』鈕, 記下所選取之內容

⑫ 再轉到 Word 文件, 停於要插入交叉表之位置。切換到『**常用**』索引標籤, 按 『**剪貼簿**』群組之 [icon] 『**貼上**』鈕, 將選取內容複製過來。即可取得複選題交叉表

未購買原因		男	女	合計
價格太高	答案數	18	29	47
	%	81.8	63.0	69.1
已有普通照相機	答案數	2	16	18
	%	9.1	34.8	26.5
沒有需要	答案數	6	19	25
	%	27.3	41.3	36.8
習慣看實體相片	答案數	0	2	2
	%	0.0	4.3	2.9
其他	答案數	3	5	8
	%	13.6	10.9	11.8
	樣本數	22	46	68

往後的步驟同於前文『將複選題次數分配結果轉入 Word 』, 於此不另贅述:

未購買原因		男	女	合計
價格太高	答案數	18	29	47
	%	81.8	63.0	69.1
已有普通照相機	答案數	2	16	18
	%	9.1	34.8	26.5
沒有需要	答案數	6	19	25
	%	27.3	41.3	36.8
習慣看實體相片	答案數	0	2	2
	%	0.0	4.3	2.9
其他	答案數	3	5	8
	%	13.6	10.9	11.8
	樣本數	22	46	68

可看出: 全體學生未購買數位相機之主要原因為『價格太高』(69.1%)。經由交叉分析, 可發現: 男性學生未購買數位相機之主要原因為『價格太高』之比例明顯高過女學生, 其差距高達 18.8% (81.8%對 63.0%); 女性學生未購買數位相機之主要原因為『沒有需要』與『已有普通照相機』之比例則明顯高過男學生 (41.3%對 28.4%與 34.8%對 9.3%)。這應該是女生已有普通照相機者較男性來得多所致。

8-6 | 複選題交叉表 - 複對複

除了複選題對單選題, 或單選題對複選題的交叉表外；SPSS 也可以處理複選題對複選題。其處理方式類似, 只差要分別進行兩次定義集合而已。

假定, 要處理

1. 請問您, 使用拍賣網站的原因為何？(可複選, 最多三項)

　　□①搜尋方便　　□②價格較低　　□③商品多樣　　□④較有樂趣

　　□⑤資訊豐富　　□⑥購物便利性　□⑦其他＿＿＿＿＿

2. 請問您, 較常在拍賣網站交易何種物品？(可複選, 最多三項)

　　□①電腦產品　　□②消費性電子產品　□③玩具商品　　□④視聽音樂

　　□⑤服飾　　　　□⑥化妝用品　　　　□⑦書籍雜誌　　□⑧運動休閒

　　□⑨流行精品　　□⑩其他＿＿＿＿＿

之問卷題目, 其資料列於『SPSS 範例\Ch08\使用拍賣網站原因及交易物品.sav』：

	編號	原因1	原因2	原因3	物品1	物品2	物品3
1	1	0	0	0	0	0	0
2	2	2	3	0	9	0	0
3	3	0	0	0	0	0	0
4	4	1	3	6	5	7	9

假定, 要求得交易物品對使用拍賣網站原因之交叉表。可以下示步驟處理這個複選題對複選題之交叉表：

① 執行「**分析(A) / 複選題分析(U) / 定義集合(D)…**」

② 同時選取『原因 1』、『原因 2』與『原因 3』等三個變數, 按 ▶ 鈕, 將其送到右側之『集內的變數(V)』方塊

③ 於『名稱(N)』處輸入此一複選題集合的新名稱(『原因』),於『變數編碼為』處,選『類別(G)』,續輸入其答案之數字範圍,本例原因有7個答案,故應輸入1到7(這樣也可以將0當成遺漏值排除掉)

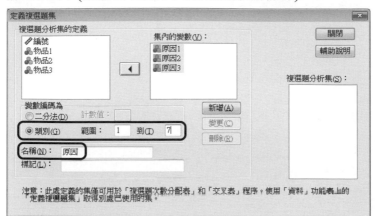

④ 按 [新增(A)] 鈕,將新定義送到右側之『複選題分析集(S)』方塊,將於我們所定義之新名稱前加一$符號(『$原因』)

複選題分析集(S):
$原因

⑤ 同時選取『物品1』、『物品2』與『物品3』等三個變數,按 [▶] 鈕,將其送到右側之『集內的變數(V)』方塊

⑥ 於『名稱(N)』處輸入此一複選題集合的新名稱(『物品』),於『變數編碼為』處,選『類別(G)』,續輸入其答案之數字範圍,本例物品有10個答案,故應輸入1到10(這樣也可以將0當成遺漏值排除掉)

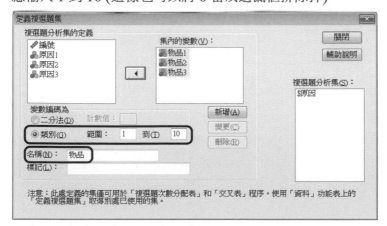

⑦ 按 新增(A) 鈕, 將新定義送到右側之
『複選題分析集(S)』方塊, 將於我們所
定義之新名稱前加一 $ 符號 (『$物
品』)

⑧ 按 關閉 鈕, 完成兩個複選題集合之定義

⑨ 執行「**分析(A) / 複選題分析(U) / 交叉表(C)…**」, 轉入:

⑩ 於左下之『複選題分析集(M)』方塊, 選『$原因』, 按 ▶ 鈕, 將其送到右側
之『列(W)』方塊

⑪ 於左下之『複選題集(M)』方塊,
選『$物品』, 按 ▶ 鈕, 將其送到
右側之『行(N)』方塊

⑫ 按 選項(Q)… 鈕, 定義交叉表內
想要取得何種百分比? 本例選
「**行(C)**」百分比

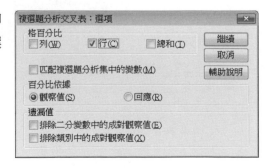

⑬ 按 ┌ 繼續 ┐ 鈕, 回上一層對話方塊

⑭ 按 ┌ 確定 ┐ 鈕, 獲致

$原因*$物品 交叉表列

			電腦產品	消費性電子產品	玩具商品	視聽音樂	服飾	化妝用品	書籍雜誌	運動休閒	流行精品	其他	總數
$原因[a]	搜尋方便	個數	11	5	6	10	19	11	18	5	15	3	48
		$物品 中的 %	84.6%	62.5%	66.7%	100.0%	70.4%	84.6%	78.3%	45.5%	65.2%	37.5%	
	價格較低	個數	7	5	5	5	12	7	12	8	13	5	39
		$物品 中的 %	53.8%	62.5%	55.6%	50.0%	44.4%	53.8%	52.2%	72.7%	56.5%	62.5%	
	商品多樣	個數	7	2	3	4	13	5	8	6	12	4	31
		$物品 中的 %	53.8%	25.0%	33.3%	40.0%	48.1%	38.5%	34.8%	54.5%	52.2%	50.0%	
	較有樂趣	個數	1	1	1	0	9	5	3	1	6	1	12
		$物品 中的 %	7.7%	12.5%	11.1%	.0%	33.3%	38.5%	13.0%	9.1%	26.1%	12.5%	
	資訊豐富	個數	5	3	7	5	8	1	9	7	4	5	24
		$物品 中的 %	38.5%	37.5%	77.8%	50.0%	29.6%	7.7%	39.1%	63.6%	17.4%	62.5%	
	購物便利性	個數	6	3	2	3	14	8	13	2	9	2	28
		$物品 中的 %	46.2%	37.5%	22.2%	30.0%	51.9%	61.5%	56.5%	18.2%	39.1%	25.0%	
	其他	個數	0	0	0	0	1	0	0	0	1	0	1
		$物品 中的 %	.0%	.0%	.0%	.0%	3.7%	.0%	.0%	.0%	4.3%	.0%	
總數		個數	13	8	9	10	27	13	23	11	23	8	70

百分比及總數是根據應答者而來的。

⑮ 由於, 總數欄與總列數並無百分比資料, 可再仿前述方法, 執行 「**分析 (A) / 複選題分析(U) / 次數分配表 (F)…**」, 針對『$原因』與『$物品』求其次數分配表

取得下列二圖：

$原因[a]		反應值		觀察值百分比
		個數	百分比	
$原因[a]	搜尋方便	48	26.2%	68.6%
	價格較低	39	21.3%	55.7%
	商品多樣	31	16.9%	44.3%
	較有樂趣	12	6.6%	17.1%
	資訊豐富	24	13.1%	34.3%
	購物便利性	28	15.3%	40.0%
	其他	1	.5%	1.4%
總數		183	100.0%	261.4%

a. 群組

$物品[a]		反應值		觀察值百分比
		個數	百分比	
$物品[a]	電腦產品	13	9.0%	18.6%
	消費性電子產品	8	5.5%	11.4%
	玩具商品	9	6.2%	12.9%
	視聽音樂	10	6.9%	14.3%
	服飾	27	18.6%	38.6%
	化妝用品	13	9.0%	18.6%
	書籍雜誌	23	15.9%	32.9%
	運動休閒	11	7.6%	15.7%
	流行精品	23	15.9%	32.9%
	其他	8	5.5%	11.4%
總數		145	100.0%	207.1%

a. 群組

可看出：受訪者上拍賣網站之主要原因依序為；『搜尋方便』(68.6%)、『價格較低』(55.7%)、『商品多樣』(44.3%) 與『購物便利性』(40.0%)。而上拍賣網站主要之交易物品依序為：『服飾』(38.6%)、『流行精品』與『書籍雜誌』(32.9%)。

經過交叉分析後, 可發現：購買『服飾』者, 主要基於拍賣網站之『搜尋方便』(70.4%)、『購物便利性』(51.9%) 與『商品多樣』(48.1%)。購買『流行精品』者, 主要基於拍賣網站之『搜尋方便』(65.2%)、『價格較低』(56.5%) 與『商品多樣』(52.2%)。購買『書籍雜誌』者, 主要基於拍賣網站之『搜尋方便』(78.3%)、『購物便利性』(56.5%) 與『價格較低』(52.2%)。

〔馬上練習！〕

假定, 要處理

您大多從哪裡得知有關於手機的資訊？(可複選, 最多三項)

☐1.電視　　☐2.報紙　　☐3.雜誌　　☐4.廣播　　☐5.網路　　☐6.親朋好友

☐7.店頭廣告　　☐8.戶外的大型看板、海報　　☐9.通訊業者　　☐10.其他

您認為誰最適合代言手機？(可複選, 最多三項)

☐1.影視明星　　☐2.專家學者　　☐3.政治人物　　☐4.上班族

☐5.學生　　☐6.家庭主婦　　☐7.普通人　　☐8.其他

接下頁

之問卷內容, 其資料安排於『SPSS 範例\Ch08\媒體交叉手機代言人.sav』:

	編號	媒體1	媒體2	媒體3	代言人1	代言人2	代言人3
1	201	1	3	6	1	4	0
2	202	1	3	0	4	0	0
3	203	1	6	8	1	7	0
4	204	1	0	0	1	0	0

求媒體對手機代言人之複選交叉表, 並加以解釋:

$媒體ᵃ 次數

		反應值		觀察值百分比
		個數	百分比	
$媒體ᵃ	電視	153	30.2%	80.1%
	報紙	104	20.5%	54.5%
	雜誌	79	15.6%	41.4%
	廣播	7	1.4%	3.7%
	網路	33	6.5%	17.3%
	親友	83	16.4%	43.5%
	店頭廣告	20	3.9%	10.5%
	看板海報	15	3.0%	7.9%
	通訊業者	13	2.6%	6.8%
總數		507	100.0%	265.4%
a. 群組				

$代言人 次數

		反應值		觀察值百分比
		個數	百分比	
$代言人	明星	142	37.3%	74.3%
	專家	19	5.0%	9.9%
	政治人物	19	5.0%	9.9%
	上班族	80	21.0%	41.9%
	學生	61	16.0%	31.9%
	家庭主婦	5	1.3%	2.6%
	普通人	48	12.6%	25.1%
	其他	7	1.8%	3.7%
總數		381	100.0%	199.5%
a. 群組				

可看出: 受訪者獲得有關手機資訊的媒體, 主要係由『電視』(80.1%) , 『報紙』次之 (54.5%) , 再其次為『親友介紹』與『雜誌』(43.5%與 41.4%)。至於, 誰最適合代言手機部份, 受訪者認為 『明星』 最適合 (74.3.0%), 其次為 『上班族』 (41.9%) 與 『學生』 (31.9%)。

$代言人*$媒體 交叉

			電視	報紙	雜誌	廣播
$代言人	明星	個數	113	83	64	5
		$媒體 中的 %	73.9%	79.8%	81.0%	71.4%
	專家	個數	15	14	10	0
		$媒體 中的 %	9.8%	13.5%	12.7%	.0%
	政治人物	個數	13	12	8	2
		$媒體 中的 %	8.5%	11.5%	10.1%	28.6%
	上班族	個數	63	43	36	4
		$媒體 中的 %	41.2%	41.3%	45.6%	57.1%
	學生	個數	49	36	30	3
		$媒體 中的 %	32.0%	34.6%	38.0%	42.9%
	家庭主婦	個數	4	3	2	0
		$媒體 中的 %	2.6%	2.9%	2.5%	.0%
	普通人	個數	40	27	20	2
		$媒體 中的 %	26.1%	26.0%	25.3%	28.6%
	其他	個數	7	3	2	0
		$媒體 中的 %	4.6%	2.9%	2.5%	.0%
總數		個數	153	104	79	7

百分比及總數是根據應答者而來的。

接下頁

叉表列

| $媒體 | | | | | |
網路	親友	店頭廣告	看板海報	通訊業者	總數
23	59	14	9	8	142
69.7%	71.1%	70.0%	60.0%	61.5%	
1	6	8	1	2	19
3.0%	7.2%	40.0%	6.7%	15.4%	
5	7	2	3	2	19
15.2%	8.4%	10.0%	20.0%	15.4%	
15	39	9	7	6	80
45.5%	47.0%	45.0%	46.7%	46.2%	
14	25	9	3	3	61
42.4%	30.1%	45.0%	20.0%	23.1%	
0	1	3	1	1	5
.0%	1.2%	15.0%	6.7%	7.7%	
10	23	2	5	7	48
30.3%	27.7%	10.0%	33.3%	53.8%	
1	5	0	1	0	7
3.0%	6.0%	.0%	6.7%	.0%	
33	83	20	15	13	191

經由交叉分析, 可看出無論以何種主要媒體進行檢視, 各類受訪者所認為之手機最適合代言人並無多大差異, 均依序是『明星』、『上班族』與『學生』; 但其比例或有一點大差異, 如: 以『明星』為代言人, 在『報紙』與『雜誌』之效果似乎略高於其他各類媒體。

> **小秘訣**
>
> 若覺得交叉表之項目太多, 可以「**轉換(T) / 重新編碼(R) / 成相同變數(S)…**」或「**轉換(T) / 重新編碼(R) / 成不同變數(D)…**」, 將答案數較少之內容合併, 如前例媒體之『廣播』與『資訊業者』可合併成『其他』); 而代言人之『專家』、『政治人物』與『家庭主婦』亦可合併成『其他』。

8-7 將複選題對複選題交叉表結果轉入 Word

將複選題對複選題交叉表結果轉入 Word 的處理方式, 類似前文『將複選題交叉表結果轉入 Word』。由於 SPSS 未計算總列數與總欄數之百分比, 於撰寫報告時, 最理想之方式還是轉入 Excel, 進行簡單之處理與運算, 再轉貼到 Word 即可。

| M5 | | fx | =M4/$M$18 | | | | | | | | |

B	C	D	E	F	G	H	I	J	K	L	M
3 原因	電腦產品	消費性電子	玩具商品	視聽音樂	服飾	化妝用品	書籍雜誌	運動休閒	流行精品	其他	總計
4 搜尋方便	11	5	6	10	19	11	18	5	15	3	48
5 %	84.6	62.5	66.7	100.0	70.4	84.6	78.3	45.5	65.2	37.5	68.6%
6 價格較低	7	5	5	5	12	7	12	8	13	5	39
7 %	53.8	62.5	55.6	50.0	44.4	53.8	52.2	72.7	56.5	62.5	55.7%
8 商品多樣	7	2	3	4	13	5	8	6	12	4	31
9 %	53.8	25.0	33.3	40.0	48.1	38.5	34.8	54.5	52.2	50.0	44.3%
10 較有樂趣	1	1	1	0	9	5	3	1	6	1	12
11 %	7.7	12.5	11.1	0.0	33.3	38.5	13.0	9.1	26.1	12.5	17.1%
12 資訊豐富	5	3	7	5	8	1	9	7	4	5	24
13 %	38.5	37.5	77.8	50.0	29.6	7.7	39.1	63.6	17.4	62.5	34.3%
14 購物便利性	6	3	2	3	14	8	13	2	9	2	28
15 %	46.2	37.5	22.2	30.0	51.9	61.5	56.5	18.2	39.1	25.0	40.0%
16 其他	0	0	0	0	1	0	0	0	1	0	1
17 %	0.0	0.0	0.0	0.0	3.7	0.0	0.0	0.0	4.3	0.0	1.4%
18 總計	13	8	9	10	27	13	23	11	23	8	70
19 %	18.6%	11.4%	12.9%	14.3%	38.6%	18.6%	32.9%	15.7%	32.9%	11.4%	100.0%

原因	電腦產品	消費性電子	玩具商品	視聽音樂	服飾	化妝用品	書籍雜誌	運動休閒	流行精品	其他	總計
搜尋方便	11	5	6	10	19	11	18	5	15	3	48
%	84.6	62.5	66.7	100.0	70.4	84.6	78.3	45.5	65.2	37.5	68.6%
價格較低	7	5	5	5	12	7	12	8	13	5	39
%	53.8	62.5	55.6	50.0	44.4	53.8	52.2	72.7	56.5	62.5	55.7%
商品多樣	7	2	3	4	13	5	8	6	12	4	31
%	53.8	25.0	33.3	40.0	48.1	38.5	34.8	54.5	52.2	50.0	44.3%
較有樂趣	1	1	1	0	9	5	3	1	6	1	12
%	7.7	12.5	11.1	0.0	33.3	38.5	13.0	9.1	26.1	12.5	17.1%
資訊豐富	5	3	7	5	8	1	9	7	4	5	24
%	38.5	37.5	77.8	50.0	29.6	7.7	39.1	63.6	17.4	62.5	34.3%
購物便利性	6	3	2	3	14	8	13	2	9	2	28
%	46.2	37.5	22.2	30.0	51.9	61.5	56.5	18.2	39.1	25.0	40.0%
其他	0	0	0	0	1	0	0	0	1	0	1
%	0.0	0.0	0.0	0.0	3.7	0.0	0.0	0.0	4.3	0.0	1.4%
總計	13	8	9	10	27	13	23	11	23	8	70
%	18.6%	11.4%	12.9%	14.3%	38.6%	18.6%	32.9%	15.7%	32.9%	11.4%	100.0%

　　若不願花時間整理, 也可以 SPSS 之複選題交叉表上單按右鍵, 續選「**複製(C)**」, 然後, 轉入 Word, 直接其貼上, 也可獲致外觀不錯之表格： (但其缺點為：無總列數與總欄數之百分比)

$代言人*$媒體 交叉表列

$代言人(a)			$媒體(a)						店
			電視	報紙	雜誌	廣播	網路	親友	
$代言人(a)	明星	個數	113	83	64	5	23	59	
		$媒體 中的%	73.9%	79.8%	81.0%	71.4%	69.7%	71.1%	
	專家	個數	15	14	10	0	1	6	
		$媒體 中的%	9.8%	13.5%	12.7%	.0%	3.0%	7.2%	
	政治人物	個數	13	12	8	2	5	7	
		$媒體 中的%	8.5%	11.5%	10.1%	28.6%	15.2%	8.4%	
	上班族	個數	63	43	36	4	15	39	
		$媒體 中的%	41.2%	41.3%	45.6%	57.1%	45.5%	47.0%	
	學生	個數	49	36	30	3	14	25	
		$媒體 中的%	32.0%	34.6%	38.0%	42.9%	42.4%	30.1%	

頁面: 2 / 2　字數: 802　中文 (台灣)　插入　100%

1. 『SPSS 習題\Ex08\包裝飲料.sav 』, 為對大學生進行調查所獲得之資料：

	編號	是否飲用	時機1	時機2	時機3	動機1	動機2	動機3	性別
1	1	1	2	3	0	1	0	0	1
2	2	1	3	5	0	1	2	0	1
3	3	1	1	2	3	1	4	0	2
4	4	1	2	3	0	1	0	0	1

相關問卷題目為：

1. 請問您, 最近一個月有沒有飲用過有包裝品牌的飲料？

　　□①有　　　□②沒有(請跳答第 10 題)

2. 請問您, 何時會購買飲料？(可複選, 最多三項)

　　□①吃飯前　　□②吃飯後　　□③運動後

　　□④打工／上課時　　□⑤逛街時　　□⑥其他

3. 請問您, 購買飲料的動機為何？(可複選, 最多三項)

　　□①解渴　　□②補充營養　□③健胃整腸　　□④嘴饞　□⑤其他…

性別：□ 1.男 □ 2.女

求包裝飲料飲用時機複選題之次數分配表,
將內容轉入 Word, 並說明其結果。

$時機 次數

		反應值		觀容值百分比
		個數	百分比	
$時機ª	吃飯前	26	6.8%	13.5%
	吃飯後	126	32.9%	65.3%
	運動後	101	26.4%	52.3%
	打工／上課時	70	18.3%	36.3%
	逛街時	51	13.3%	26.4%
	其他	9	2.3%	4.7%
總數		383	100.0%	198.4%

a. 群組

時機	答案數	%
吃飯前	26	13.5
吃飯後	126	65.3
運動後	101	52.3
打工／上課時	70	36.3
逛街時	51	26.4
其他	9	4.7
總計	383	198.4
樣本數	193	

整體言，受訪者主要飲用飲料之時機為吃飯後（65.3%）與運動後（52.3%）。

2. 續前題, 求飲用時機對性別之複選題交叉表, 將內容轉入 Word, 並說明其結果。

$時機*性別 交叉 表列

			性別		總數
			男	女	
$時機a	吃飯前	個數	11	15	26
		性別 中的 %	15.5%	12.3%	
	吃飯後	個數	43	83	126
		性別 中的 %	60.6%	68.0%	
	運動後	個數	41	60	101
		性別 中的 %	57.7%	49.2%	
	打工／上課時	個數	28	42	70
		性別 中的 %	39.4%	34.4%	
	逛街時	個數	17	34	51
		性別 中的 %	23.9%	27.9%	
	其他	個數	4	5	9
		性別 中的 %	5.6%	4.1%	
總數		個數	71	122	193

百分比及總數是根據應答者而來的。
a. 群組

時機		男	女	總計
吃飯前	答案數	11	15	26
	%	15.5	12.3	13.5
吃飯後	答案數	43	83	126
	%	60.6	68.0	65.3
運動後	答案數	41	60	101
	%	57.7	49.2	52.3
打工／上課時	答案數	28	42	70
	%	39.4	34.4	36.3
逛街時	答案數	17	34	51
	%	23.9	27.9	26.4
其他	答案數	4	5	9
	%	5.6	4.1	4.7
樣本數		71	122	193

整體言，受訪者主要飲用飲料之時機為吃飯後（65.3%）與運動後（52.3%）。男性在運動後，飲用飲料之比例明顯高於女性（57.7%對49.2%）；女性在吃飯後，飲用飲料之比例明顯高於男性（68.0%對60.6%）。這可能是男生運動比例與時間均高於女生之原因。

頁面: 2 / 4　字數: 695　中文 (台灣)　插入　100%

3. 續前題, 求包裝飲料飲用動機複選題之次數分配表, 將內容轉入 Word, 並說明其結果。

$動機 次數

		反應值		觀察值百分比
		個數	百分比	
$動機a	解渴	166	53.0%	86.0%
	補充營養	29	9.3%	15.0%
	健胃整腸	14	4.5%	7.3%
	嘴饞	102	32.6%	52.8%
	其他	2	.6%	1.0%
總數		313	100.0%	162.2%

a. 群組

動機	答案數	%
解渴	166	86.0
補充營養	29	15.0
健胃整腸	14	7.3
嘴饞	102	52.8
其他	2	1.0
總計	313	162.2
樣本數	193	

整體言，受訪者主要之飲用動機為解渴（86.0%）與嘴饞（52.8%）。

4. 續前題, 求飲用動機對性別之複選題交叉表, 將內容轉入 Word, 並說明其結果。

$動機*性別 交叉表列

			性別		總數
			男	女	
$動機	解渴	個數	64	102	166
		性別 中的 %	90.1%	83.6%	
	補充營養	個數	14	15	29
		性別 中的 %	19.7%	12.3%	
	健胃整腸	個數	5	9	14
		性別 中的 %	7.0%	7.4%	
	嘴饞	個數	35	67	102
		性別 中的 %	49.3%	54.9%	
	其他	個數	0	2	2
		性別 中的 %	.0%	1.6%	
總數		個數	71	122	193

百分比及總數是根據應答者而來的。
a. 群組

時機		男	女	總計
吃飯前	答案數	11	15	26
	%	15.5	12.3	13.5
吃飯後	答案數	43	83	126
	%	60.6	68.0	65.3
運動後	答案數	41	60	101
	%	57.7	49.2	52.3
打工／上課時	答案數	28	42	70
	%	39.4	34.4	36.3
逛街時	答案數	17	34	51
	%	23.9	27.9	26.4
其他	答案數	4	5	9
	%	5.6	4.1	4.7
樣本數		71	122	193

整體言，受訪者主要飲用飲料之時機為吃飯後（65.3%）與運動後（52.3%）。男性在運動後，飲用飲料之比例明顯高於女性（57.7%對49.2%）；女性在吃飯後，飲用飲料之比例明顯高於男性（68.0%對60.6%）。這可能是男生運動比例與時間均高於女生之原因。

5. 續前題, 求飲用時機對飲用動機之複選題對複選題交叉表, 將內容轉入 Word, 並說明其結果。

$動機*$時機 交叉表列

$動機[a]			吃飯前	吃飯後	運動後	打工/上課時	逛街時	其他	總數
	解渴	個數	24	111	94	67	45	6	166
		$時機 中的 %	92.3%	88.1%	93.1%	95.7%	88.2%	66.7%	
	補充營養	個數	7	20	17	12	6	1	29
		$時機 中的 %	26.9%	15.9%	16.8%	17.1%	11.8%	11.1%	
	健胃整腸	個數	1	12	9	7	3	0	14
		$時機 中的 %	3.8%	9.5%	8.9%	10.0%	5.9%	.0%	
	嘴饞	個數	14	71	57	42	30	6	102
		$時機 中的 %	53.8%	56.3%	56.4%	60.0%	58.8%	66.7%	
	其他	個數	0	2	1	1	0	0	2
		$時機 中的 %	.0%	1.6%	1.0%	1.4%	.0%	.0%	
總數		個數	26	126	101	70	51	9	193

百分比及總數是根據應答者而來的。

a. 群組

動機 ＼ 時機		吃飯前	吃飯後	運動後	打工/上課	逛街時	總計
解渴	答案數	24	111	94	67	45	166
	%	92.3	88.1	93.1	95.7	88.2	86.0
補充營養	答案數	7	20	17	12	6	29
	%	26.9	15.9	16.8	17.1	11.8	15.0
健胃整腸	答案數	1	12	9	7	3	14
	%	3.8	9.5	8.9	10.0	5.9	7.3
嘴饞	答案數	14	71	57	42	30	102
	%	53.8	56.3	56.4	60.0	58.8	52.8
其他	答案數	0	2	1	1	0	2
	%	.0	1.6	1.0	1.4	.0	1.0
樣本數		26	126	101	70	51	193

無論其飲用時機為何？『解渴』均為比例最高之飲用動機（88%以上）；其次才為『嘴饞』（53%~60%）。以『解渴』為動機言，打工/上課、運動後與吃飯前的比例略高於吃飯後與逛街時。

6. 『SPSS 習題\Ex08\上網動機.sav』：

	編號	動機1	動機2	動機3	性別
1	101	2	3	4	1
2	102	2	3	4	1
3	103	1	2	0	1
4	104	2	0	0	1

為對大學生進行調查所獲得之資料。上網動機之問卷題目為：

請問您最主要上網的動機為何？(複選 3 項)

　　☐ 1.e-mail 電子報　　☐ 2.休閒影音娛樂　　☐ 3.收集生活、課業等資訊

　　☐ 4.BBS、聊天、交友　　☐ 5.消費行為 (蒐集產品資訊、網路購物)

　　☐ 6.尋找工作機會 (104)　☐ 7.其他

性別：☐ 1.男　　　　　☐ 2.女

求上網動機複選題之次數分配表。將內容轉入 Word, 並說明其結果。

$上網動機 次數

		反應值		觀察值 百分比
		個數	百分比	
$上網動機	E-mail、電子報	145	26.7%	74.4%
	休閒影音娛樂	98	18.0%	50.3%
	收集生活、課業等資訊	122	22.5%	62.6%
	BBS、聊天、交友	131	24.1%	67.2%
	消費行為 (蒐集產品資訊、網路購物)	39	7.2%	20.0%
	尋找工作機會 (104)	5	.9%	2.6%
	其他	3	.6%	1.5%
總數		543	100.0%	278.5%

a. 群組

動機	答案數	%
E-mail、電子報	145	74.4
休閒影音娛樂	98	50.3
收集生活、課業等資訊	122	62.6
BBS、聊天、交友	131	67.2
消費行為（蒐集產品資訊、網路購物）	39	20
尋找工作機會（104）	5	2.6
其他	3	1.5
總計	543	278.5
樣本數	195	

7. 續上題, 求複選題上網動機交叉
   性別單選題之交叉表。將內容
   轉入 Word, 並說明其結果。

$上網動機*性別 交叉表列

$上網動機			性別 男	女	總數
$上網動機	E-mail、電子報	個數	58	87	145
		性別 中的 %	68.2%	79.1%	
	休閒影音娛樂	個數	46	52	98
		性別 中的 %	54.1%	47.3%	
	收集生活、課業等資訊	個數	48	74	122
		性別 中的 %	56.5%	67.3%	
	BBS、聊天、交友	個數	62	69	131
		性別 中的 %	72.9%	62.7%	
	消費行為 (蒐集產品資訊、網路購物)	個數	17	22	39
		性別 中的 %	20.0%	20.0%	
	尋找工作機會 (104)	個數	1	4	5
		性別 中的 %	1.2%	3.6%	
	其他。	個數	3	0	3
		性別 中的 %	3.5%	.0%	
總數		個數	85	110	195

百分比及總數是根據應答者而來的。
a. 群組

上網動機		男	女	總計
E-mail、電子報	答案數	58	87	145
	%	68.2	79.1	74.4
休閒影音娛樂	答案數	46	52	98
	%	54.1	47.3	50.3
收集生活、課業等資訊	答案數	48	74	122
	%	56.5	67.3	62.6
BBS、聊天、交友	答案數	62	69	131
	%	72.9	62.7	67.2
消費行為-蒐集產品資訊	答案數	17	22	39
	%	20.0	20.0	20.0
尋找工作機會 (104)	答案數	1	4	5
	%	1.2	3.6	2.6
其他	答案數	3	0	3
	%	3.5	.0	1.5
樣本數		85	110	195

8. 『SPSS 習題\Ex08\染髮行為.sav』, 為對大學生進行調查所獲得之資料:

	編號	染髮	原因1	原因2	原因3	未染1	未染2	未染3	性別
1	1	1	1	0	0	0	0	0	2
2	2	1	1	4	0	0	1	1	1
3	3	1	1	3	0	0	0	0	2
4	4	2	0	0	0	3	7	0	1

相關問卷題目為:

您是否曾經染髮?

□ 1. 是。為什麼會想染髮？(可複選, 至多三項)

　　□①美觀　　□②遮蓋白髮　　□③流行　　□④受朋友影響　　□⑤其他

□ 2. 否。為什麼？〔可複選, 至多三項〕

　　□①想保持原本髮色　　　□②怕麻煩　　　□③不想花錢在染髮

　　□④不想花時間在染髮　　□⑤工作 / 學習環境不准許　　□⑥沒什麼差別

　　□⑦家人反對　　　　　　□⑧其他...

性別：□ 1.男　　　□ 2.女

求『是否染髮』對『性別』單選題對單選題之交叉表, 檢定兩者是否存有關聯？續將內容轉入 Word, 並說明其結果。

是否曾經染髮 ＊性別 交叉表

			性別		總和
			男	女	
是否曾經染髮	是	個數	26	53	79
		性別內的 %	52.0%	75.7%	65.8%
	否	個數	24	17	41
		性別內的 %	48.0%	24.3%	34.2%
總和		個數	50	70	120
		性別內的 %	100.0%	100.0%	100.0%

卡方檢定

	數值	自由度	漸近顯著性 (雙尾)	精確顯著性 (雙尾)	精確顯著性 (單尾)
Pearson卡方	7.292[b]	1	.007		
連續性校正[a]	6.276	1	.012		
概似比	7.269	1	.007		
Fisher's精確檢定				.011	.006
線性對線性的關連	7.231	1	.007		
有效觀察值的個數	120				

a. 只能計算 2x2 表格
b. 0格 (.0%) 的預期個數少於 5。最小的預期個數為 17.08。

是否曾經染髮對性別之交叉表

是否曾經染髮		男	女	總計
是	個數	26	53	79
	%	52.0	75.7	65.8
否	個數	24	17	41
	%	48.0	24.3	34.2
總計	個數	50	70	120
	%	100.0	100.0	100.0

$\chi^2 = 7.29$ ‧‧ d.f = 1 ‧‧ P = 0.007

整體言, 大學生染髮的比例（65.8%）要高過未染髮者（34.2%）。幾乎有三分之二的大學生曾經染髮。

經由卡方檢定, 可發現：無論性別為何？均是染髮的比例高過未染髮者；不過, 是否曾經染髮與性別間有顯著之關聯, 女性染髮的比例（75.7%）要高過男性（52.0%）。

9. 續上題, 求複選題『為什麼會想染髮』交叉性別單選題之交叉表。將內容轉入 Word, 並說明其結果。

$染髮原因*性別 交叉表列

			性別		總數
			男	女	
$染髮原因*	美觀	個數	22	44	66
		性別 中的 %	84.6%	83.0%	
	遮蓋白髮	個數	2	3	5
		性別 中的 %	7.7%	5.7%	
	流行	個數	14	27	41
		性別 中的 %	53.8%	50.9%	
	受朋友影響	個數	6	8	14
		性別 中的 %	23.1%	15.1%	
	其他	個數	5	6	11
		性別 中的 %	19.2%	11.3%	
總數		個數	26	53	79

百分比及總數是根據應答者而來的。
a. 群組

10. 續上題, 求複選題 『為什麼未染髮』 交叉性別單選題之交叉表。將內容轉入 Word, 並說明其結果。

$未染髮原因*性別 交叉表列

			性別		總數
			男	女	
$未染髮原因	想保持原本髮色	個數	13	13	26
		性別 中的 %	59.1%	86.7%	
	怕麻煩	個數	10	4	14
		性別 中的 %	45.5%	26.7%	
	不想花錢在染髮	個數	12	7	19
		性別 中的 %	54.5%	46.7%	
	不想花時間在染髮	個數	5	2	7
		性別 中的 %	22.7%	13.3%	
	工作/學習環境不准許	個數	1	0	1
		性別 中的 %	4.5%	.0%	
	沒什麼差別	個數	7	1	8
		性別 中的 %	31.8%	6.7%	
	家人反對	個數	4	2	6
		性別 中的 %	18.2%	13.3%	
	其他	個數	1	3	4
		性別 中的 %	4.5%	20.0%	
總數		個數	22	15	37

百分比及總數是根據應答者而來的。
a. 群組

均數檢定

9-1 概說

　　由於我們對母體的不瞭解, 任何有關母體的敘述, 都只是假設而已 (統計假設) 。除非我們進行全面普查, 否則, 一個統計假設是對或錯？根本就不可能獲得正確之答案。但因為絕大多數情況, 是不允許也無法進行普查。所以, 才會透過抽樣調查, 以抽查結果所獲得的資料, 來檢定先前統計假設, 以判斷其對或錯？

　　如果, 檢定後發現抽樣結果與統計假設間之差異很大, 我們就無法接受該統計假設 (亦即, 否定或棄卻該假設) 。反之, 若檢定後發現抽樣結果與統計假設間之差異不大, 我們就無法棄卻 (否定) 該統計假設。不過, 我們會比較保守的說：無充分證據證明該假設是錯的；而不直接說接受該統計假設。

　　在進行各種統計假設檢定時, 我們通常將要否定 (棄卻) 之事實當作虛無假設 (null hypothesis, 以 H_0 代表) 。既然希望它是不對, 以將其否定, 那就表示會有一個希望它是對的對立假設 (alternative hypothesis, 以 H_1 或 H_a 代表) 。當檢定結果, 得否定該虛無假設時, 就等於接受對立假設。注意, 虛無假設與對立假設間必須是週延且互斥, 其間絕無重疊的模糊地帶；也無任何無法涵蓋的真空地帶。如：

$H_0：u_1 = u_2$

$H_1：u_1 \neq u_2$　　　　若安排成

$H_0：u_1 = u_2$

$H_1：u_1 \leqq u_2$

就有等於時, 會發生重疊, 而無法互斥。但若安排成

$H_0：u_1 < u_2$

$H_1：u_1 > u_2$

則當兩者恰好等於時, 就變成真空地帶, 沒有被任一個假設涵蓋。

9-2 | 假設檢定之類型與單/雙尾檢定

假設檢定之類型與應使用單尾或雙尾檢定有：

1. 等於與不等於之雙尾檢定

    $H_0 : u_1 = u_2$

    $H_1 : u_1 \neq u_2$

    無論檢定統計量之觀察值落在左側或右側之危險域 (或稱棄卻域、拒絕域) ，均表示 $u_1 \neq u_2$。更詳細一點, 若落在左側之危險域, 表示 $u_1 < u_2$；若落在右側之危險域, 表示 $u_1 > u_2$。

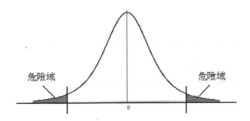

2. 等於與大於之右側單尾檢定

    $H_0 : u_1 \leqq u_2$

    $H_1 : u_1 > u_2$ 或

    $H_0 : u\,1 = u_2$

    $H_1 : u_1 > u_2$

    當檢定統計量之觀察值落右側之危險域,均表示 $u_1 > u_2$。

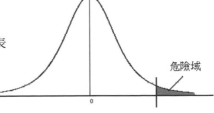

3. 等於與小於之左側單尾檢定

$H_0：u_1 \geqq u_2$

$H_1：u_1 < u_2$ 　　或

$H_0：u_1 = u_2$

$H_1：u_1 < u_2$

當檢定統計量之觀察值落左側之危險域, 均表示 $u_1 < u_2$。

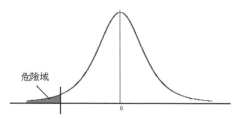

9-3 檢定的步驟

檢定的步驟為:

① 設定虛無假設 H_0

② 設定對立假設 H_1

③ 決定顯著水準 (α)

④ 選擇適當的檢定統計量 (z、t、F、…) , 以及決定危險域 (棄卻域之臨界點)

⑤ 計算所選之檢定統計量的觀察值

⑥ 結論：當檢定統計量的觀察值落入危險域, 棄卻虛無假設 H_0；反之, 無法棄卻虛無假設 H_0 (接受虛無假設)

9-4 │ 單一母體平均數檢定

單一母體, 若母體標準差 σ 已知, 其各項檢定所使用之檢定統計量為

$$Z = \frac{\overline{X} - \mu}{\sigma / \sqrt{n}}$$

若處理對象為大樣本 (n>30), 且母體標準差 σ 未知, 則可使用樣本標準差 S 來替代:

$$Z = \frac{\overline{X} - \mu}{S / \sqrt{n}}$$

於未使用電腦的情況, 我們是查附錄二之『標準常態分配表』, 若 Z 值大於查表所得之臨界值 (critical value), 則棄卻虛無假設。

若樣本為抽自常態母體之小樣本 (n≤30), 且母體 μ 與 σ 均未知。其各項檢定所使用之檢定統計量為

$$t = \frac{\overline{X} - \mu}{S / \sqrt{n}}$$

T 分配之自由度為 n-1。

於未使用電腦的情況, 我們是根據其自由度查附錄三之『t 分配的臨界值』, 若 t 值大於查表所得之臨界值 (critical value), 則棄卻虛無假設。

由於, t 分配是取決於樣本大小 (n); 當樣本數超過 30 (n>30), t-分配就頗接近常態分佈。且於同一個顯著水準下, t 值大於等於 z 值, 故其檢定結果會較為嚴格一點。所以, SPSS 就只提供一個可以大小通吃的 T 檢定, 無論是大樣本或小樣本的平均數檢定, 均以 T 檢定來處理。

雙尾檢定

如, 自全班隨機抽取幾位學生之成績:

75	85	78	70	80	80	54	78
85	88	85	85	80	85	56	82
25	85	78	75	78	82	47	83
60	80	78	70	82	78	60	75
80	88	78	83	90	90	49	82

於 α=0.05 之顯著水準, 是否可接受全班成績為 70 分之假設？其處理步驟為：

① 設定虛無假設 H_0：$\mu = 70$

② 設定對立假設 H_1：$\mu \neq 70$, 為雙尾檢定

③ 決定顯著水準 α=0.05

④ 選擇適當的檢定統計量, 以及決定危險域由於是大樣本, 以 Z 檢定統計量, 採雙尾檢定, 應查 α=0.025 之表。查附錄二之『標準常態分配表』, 累積機率為 0.475 時, 其棄卻域之臨界點為 1.96。所以, 若 Z 檢定統計量＜-1.96 或＞ 1.96, 就應該棄卻虛無假設。

⑤ 計算所選之檢定統計量的觀察值將以計算機所求算之樣本均數與樣本標準差 $\overline{X}$=75.55、S=13.54 及已知之 μ=70, 代入 Z 檢定統計量之公式

$$Z = \frac{75.55 - 70}{13.54/\sqrt{40}} = 2.592$$

⑥ 結論

檢定統計量 Z=2.592＞1.96 之臨界值, 已落入危險域, 故應棄卻虛無假設 H_0： $\mu = 70$。也就是應接受其對立假設 H_1：$\mu \neq 70$。所以, 無法接受全班成績 為 70 分之假設。

但若使用 SPSS, 先將資料輸入到『SPSS 範例\Ch09\單一 母體平均數檢定.sav』：

	成績
1	75
2	85
3	25
4	60

續以下示步驟執行檢定：

① 執行「**分析(A) ／ 比較平均數法 (M) ／單一樣本 T 檢定 (S)…**」

② 選『成績』，按 ▶ 鈕，將其送到右側之『檢定變數(T)』方塊

③ 於『檢定值(V)』處，輸入 70 (已知 μ=70)

④ 按 確定 鈕，獲致

單一樣本統計量

	個數	平均數	標準差	平均數的標準誤
成績	40	75.55	13.540	2.141

單一樣本檢定

	檢定值 = 70			
	t	自由度	顯著性(雙尾)	平均差異
成績	2.592	39	.013	5.550

可查知均數與標準差分別為 75.55 與 13.54，檢定結果之 t 值 2.592 恰等於我們先前所算之 Z 值。

判斷檢定結果時很簡單, 於雙尾檢定只須看此『顯著性 (雙尾) 』是否小於所指定之 α 值; 於單尾檢定則看此『顯著性 (雙尾) 』除以 2 是否小於所指定之 α 值。

如本例係雙尾檢定,『顯著性 (雙尾) 』為 0.013 < α = 0.05, 即表示在 α = 0.05 時, 此檢定結果要棄卻虛無假設, 接受對立假設。故應棄卻 H_0：$\mu = 70$。也就是應接受 H_1：$\mu \neq 70$。所以, 無法接受全班成績為 70 分之假設。

單尾檢定

假定, 五年前大學生每週平均運動時間為 75 分鐘,『SPSS 範例 \ Ch09 \ 運動時間.sav 』內本年度之資料：

是否可顯示本年度運動時間已經明顯增加 (α =0.05)？

	編號	運動時間
1	1	120
2	2	10
3	3	0
4	4	120

同前節之操作步驟, 執行 「**分析 (A) / 比較平均數法 (M) / 單一樣本 T 檢定 (S)…**」, 檢定『運動時間』是否超過 75：

獲致

單一樣本統計量

	個數	平均數	標準差	平均數的標準誤
運動時間	115	83.87	56.504	5.269

單一樣本檢定

	檢定值 = 75			
	t	自由度	顯著性(雙尾)	平均差異
運動時間	1.683	114	.095	8.870

解：

$H_0 : \mu \leq 75$

$H_1 : \mu > 75$, 為右尾單尾檢定

$\alpha = 0.05$, 右尾單尾檢定, 只須看此『顯著性 (雙尾)』除以 2 是否小於所指定之 α 值

『顯著性 (雙尾)』0.095 除以 2 為 0.0475 < α = 0.05 結論：棄卻虛無假設, 接受本年度每週運動時間均數超過 75 分鐘之對立假設。

 〖 馬上練習！〗

假定, 某報宣稱大學生一週平均飲料花費已 ≧ 100 元。
以問卷調查蒐集『SPSS 範例\Ch09\飲料花費.sav』
之資料：

	編號	飲料花費
1	1	100
2	2	60
3	3	200
4	4	30

是否可否定該結論 (α = 0.05)？

$H_0 : \mu \geq 100$

$H_1 : \mu < 100$, 左尾單尾檢定

α = 0.05, 左尾單尾檢定, 以『顯著性 (雙尾)』除以 2 是否小於所指定之 α 值進行判斷

單一樣本統計量

	個數	平均數	標準差	平均數的標準誤
飲料花費	200	83.23	82.210	5.813

單一樣本檢定

	檢定值 = 100			
	t	自由度	顯著性 (雙尾)	平均差異
飲料花費	-2.886	199	.004	-16.775

結論：『顯著性 (雙尾)』0.004 除以 2 為 0.002 < α = 0.05, 應棄卻虛無假設, 可以否定該結論。接受大學生一週平均飲料花費不超過 100 元之對立假設, 平均數為 83.23 元。

〔 馬上練習！〕

本校去年學生平均通學距離為 11.8 公里, 今年因遷校搬往另一校區, 以『SPSS 範例 \ Ch09 \ 通學距離.sav 』內容:

	編號	通學距離
1	1	7.5
2	2	12.4
3	3	24.8
4	4	31.2

是否可證明今年學生平均通學距離大於去年? ($\alpha = 0.05$)

$H_0 : \mu \leqq 11.8$

$H_1 : \mu > 11.8$

$\alpha = 0.05$

採右尾單尾檢定, 以『顯著性 (雙尾) 』除以 2 是否小於所指定之 α 值進行判斷

單一樣本統計量

	個數	平均數	標準差	平均數的標準誤
通學距離	11	21.045	10.9865	3.3125

單一樣本檢定

	檢定值 = 11.8			
	t	自由度	顯著性(雙尾)	平均差異
通學距離	2.791	10	.019	9.245

『顯著性 (雙尾) 』0.002 除以 2 為 0.001< α =0.05, 應棄卻虛無假設 $H_0 : \mu \leqq 11.8$；也就是接受其對立假設 $H_1 : \mu > 11.8$。所以, 今年學生平均通學距離大過去年。樣本平均數為 21.045 公里。

9-5 │ 獨立樣本 T 檢定

獨立樣本 T 檢定, 適用於對兩樣本平均數的檢定, 旨在比較變異數相同的兩個母群之間平均數的差異, 或比較來自同一母群之兩個樣本之均數的差異。其檢定方式, 隨變異數是否相同, 又可分為兩種:

☑ 兩獨立小樣本均數檢定 (變異數相同)

若兩母群體之變異數相同 ($\sigma_1^2 = \sigma_2^2$)，是採用匯總變異數 t 檢定(pooled-variance t test)。其相關公式為：

$$t = \frac{\overline{X_1} - \overline{X_2}}{\sqrt{\dfrac{S_p^2}{N_1} + \dfrac{S_p^2}{N_2}}}$$

$$S_p^2 = \frac{(N_1 - 1)S_1^2 + (N_2 - 1)S_2^2}{N_1 + N_2 - 2}$$

$$d.f. = N_1 + N_2 - 2$$

式中, S_p^2 即是匯總變異數

☑ 兩獨立小樣本均數檢定 (變異數不同)

若兩母群體之變異數不同 ($\sigma_1^2 \neq \sigma_2^2$)，則將用個別變異數的 t 統計量 (Cochran &Cox 法)。其相關公式為：

$$d.f. = \frac{\left(\dfrac{S_1^2}{N_1} + \dfrac{S_2^2}{N_2}\right)}{\dfrac{\left(\dfrac{S_1^2}{N_1}\right)^2}{(N_1 - 1)} + \dfrac{\left(\dfrac{S_2^2}{N_2}\right)^2}{(N_2 - 1)}}$$

$$t = \frac{\overline{X_1} - \overline{X_2}}{\sqrt{\dfrac{S_1^2}{N_1} + \dfrac{S_2^2}{N_2}}}$$

請注意, 其自由度已不再是兩母群體之變異數相等時簡單的 d.f. = N_1+N_2-2, 依此處公式計算之自由度可能會含小數。

不過, 這些都不重要！因為 SPSS 會自動幫我們檢定兩母群體之變異數是否不同？我們只要會讀報表結果就好了！

以『SPSS 範例 \Ch09\男女之飲料花費.sav 』為
例： (性別 1=男、2=女)

	編號	飲料花費	性別
1	1	100	1
2	2	60	1
3	3	200	2
4	4	30	1

試檢定男/女平均一週飲料花費是否存有顯著差異？ (α=0.05)

本例之虛無假設與對立假設分別為：

H_0: $\mu_1 - \mu_2 = 0$
H_1: $\mu_1 - \mu_2 \neq 0$

或簡化成

H_0: $\mu_1 = \mu_2$
H_1: $\mu_1 \neq \mu_2$

此為一雙尾檢定, 以『顯著性 (雙尾) 』是否小於所指定之 α 值進行判斷。

其處理步驟為：

① 執行「**分析 (A) /比較平均數法 (M) /獨立樣本 T 檢定(T)…**」

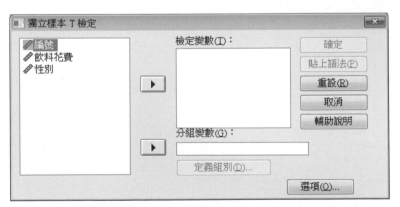

② 選『飲料花費』, 按 ▶ 鈕, 將其送到右側之『檢定變數(T) 』方塊

③ 選『性別』, 按 ▶ 鈕, 將其送到右側之『分組變數(G) 』方塊。其後括號內會

顯示兩個問號, 等待定義組別

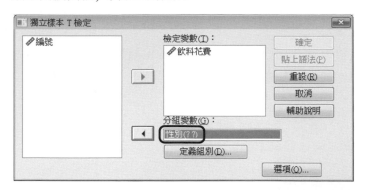

④ 按 定義組別(D)... 鈕, 獨立樣本 T 檢定, 只能處理兩組均數之檢定, 我們的性別也恰為兩組, 故於『組別 1』與『組別 2』處, 分別輸入 1、2

⑤ 於上圖按 繼續 鈕, 回上一層對話方塊。『性別』後括號內會顯示 1 與 2

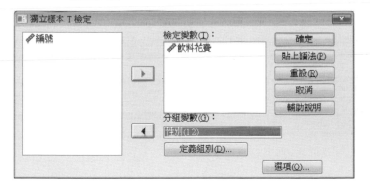

⑥ 按 確定 鈕, 獲致

組別統計量

	性別	個數	平均數	標準差	平均數的標準誤
飲料花費	男	73	93.29	88.746	10.387
	女	127	77.44	77.983	6.920

獨立樣本檢定

		變異數相等的 Levene 檢定				平均
		F 檢定	顯著性	t	自由度	顯著性 (雙尾)
飲料花費	假設變異數相等	.100	.752	1.315	198	.190
	不假設變異數相等			1.270	134.909	.206

可得知男/女樣本數分別為 73 與 127；其一週平均飲料花費分別為 93.29 與 77.44。

判讀獨立樣本檢定結果, 首先應先看左半部之 F 檢定結果, 它是用來檢定兩母群體之變異數是否相等？其虛無假設與對立假設分別為:

$$H_0: \sigma_1^2 = \sigma_2^2$$

$$H_1: \sigma_1^2 \neq \sigma_2^2$$

若 F 檢定之顯著性＜0.05, 應棄卻虛無假設, 接受兩母群體之變異數不等, 故應讀『不假設變異數相等』列之 t 檢定結果；反之, 若 F 檢定之顯著性＞0.05, 應接受兩母群體變異數相等之虛無假設, 故應讀『假設變異數相等』列之 t 檢定結果。

本例 F 檢定之顯著性為 0.752＞0.05, 應接受兩母群體變異數相等之虛無假設, 故應讀『假設變異數相等』列之 t 檢定結果。即 t=1.315、自由度 198、『顯著性(雙尾)』0.19＞=0.05。故無法棄卻虛無假設, 也就是說男/女受訪者一週飲料花費均數並無顯著差異。

〖馬上練習！〗

以『SPSS 範例\Ch09\男女運動時間.sav』內容 (單位：分, 性別 1=男、2=女)：

	編號	性別	運動時間
1	1	1	120
2	2	1	10
3	3	2	0
4	4	2	120

檢定男生平均運動時間是否大過女生？ (α=0.05)

$$H_0: \mu_1 \leq \mu_2$$

$$H_1: \mu_1 > \mu_2 \qquad \alpha=0.5$$

此為一右尾單尾檢定, 以『顯著性 (雙尾)』除以 2 是否小於所指定之 α 值進行判斷

組別統計量

	性別	個數	平均數	標準差	平均數的標準誤
運動時間	男	59	91.95	53.363	6.947
	女	56	75.36	58.913	7.873

接下頁

獨立樣本檢定

		變異數相等的 Levene 檢定				平均
		F 檢定	顯著性	t	自由度	顯著性 (雙尾)
運動時間	假設變異數相等	.938	.335	1.584	113	.116
	不假設變異數相等			1.580	110.481	.117

F 檢定顯著性為 0.335＞0.05, 應接受兩母群體變異數相等之虛無假設, 故應讀『假設變異數相等』列之 T 檢定結果。即 t=1.584、自由度 113、『顯著性 (雙尾)』0.116 除以 2 為 0.0558＞α=0.05。故無法棄卻虛無假設, 也就是說男生平均運動時間未明顯超過女生。

〖馬上練習！〗

『SPSS 範例\Ch09\地區所得』資料內容：(地區 1=甲、2=乙)

是否表示甲地區之所得明顯高過乙地區？(α=0.05)

$H_0: \mu_1 \leqq \mu_2$

$H_1: \mu_1 > \mu_2$

α=0.5

	所得	地區
8	59600	1
9	32105	1
10	40645	1
11	35700	2
12	40650	2

此為一右尾單尾檢定, 以『顯著性 (雙尾)』除以 2 是否小於所指定之 α 值進行判斷

組別統計量

	地區	個數	平均數	標準差	平均數的標準誤
所得	甲地	10	67882.00	29619.647	9366.555
	乙地	9	37290.00	9354.673	3118.224

獨立樣本檢定

		變異數相等的 Levene 檢定				平均
		F 檢定	顯著性	t	自由度	顯著性 (雙尾)
所得	假設變異數相等	7.913	.012	2.961	17	.009
	不假設變異數相等			3.099	10.954	.010

F 檢定顯著性為 0.012＜0.05, 應棄卻兩母群體變異數相等之虛無假設, 故應讀『不假設變異數相等』列之 T 檢定結果。即 t=3.099、自由度 10.954、『顯著性 (雙尾)』0.01 除以 2 為 0.005＜α=0.05。故應棄卻虛無假設, 也就是說甲地區之所得明顯高過乙地區。

9-6 | 量表檢定 - 兩組

通常, 我們問卷上的評價量表, 絕不會是少數的幾個評價項目而已。對於如:

請就下列有關洗面乳之產品屬性勾選其重要程度。

	非常重要	重要	普通	不重要	非常不重要
1)抗痘	☐	☐	☐	☐	☐
2)去油	☐	☐	☐	☐	☐
3)美白	☐	☐	☐	☐	☐
4)保濕	☐	☐	☐	☐	☐
5)去角質	☐	☐	☐	☐	☐
6)緊緻毛孔	☐	☐	☐	☐	☐
7)卸妝	☐	☐	☐	☐	☐

之評價量表 (非常重要=5、非常不重要=1), 我們也經常得以性別進行分組檢定。看對某屬性之注重程度, 是否會因性別而有顯著差異? 其資料存於『SPSS 範例\Ch09\洗面乳屬性.sav』:

	編號	抗痘	去油	美白	保濕	去角質	緊緻毛孔	卸妝	性別
1	1	5	4	4	5	4	5	4	2
2	2	5	5	5	4	5	5	5	2
3	3	5	5	5	5	5	5	5	2
4	4	3	4	3	4	4	4	4	2

由於性別僅兩組, 故也是以「**分析(A)/比較平均數法(M)/獨立樣本 T 檢定(T)…**」來進行檢定。其處理步驟為:

① 執行「**分析(A)/比較平均數法(M)/獨立樣本 T 檢定(T)…**」

② 於左側, 以拖曳滑鼠一次選取『**抗痘～卸妝**』等變數

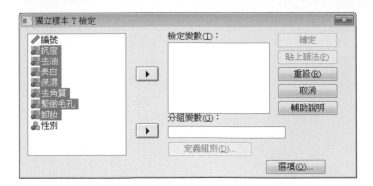

③ 按 ▶ 鈕, 將其送到右側之『**檢定變數(T)**』方塊

④ 選『性別』, 按 ▶ 鈕, 將其送到右側之『**分組變數(G)**』方塊。其後括號內會顯示兩個問號, 等待定義組別

⑤ 按 定義組別(D)... 鈕, 於『組別 1』與『組別 2』處, 分別輸入 1、2

⑥ 按 繼續 鈕, 回上一層對話方塊。『性別』後括號內會顯示 1 與 2

⑦ 按 [確定] 鈕, 獲致

組別統計量

	性別	個數	平均數	標準差	平均數的標準誤
抗痘	1	46	4.02	1.000	.147
	2	104	3.91	.936	.092
去油	1	46	4.15	.816	.120
	2	104	3.88	.938	.092
美白	1	46	3.11	1.016	.150
	2	104	4.05	.829	.081
保濕	1	46	3.28	.886	.131
	2	104	4.13	.764	.075
去角質	1	46	3.11	.994	.147
	2	104	3.46	.869	.085
緊緻毛孔	1	46	3.20	1.046	.154
	2	104	3.95	.840	.082
卸妝	1	46	2.30	1.072	.158
	2	104	3.50	1.123	.110

獨立樣本檢定

		變異數相等的 Levene 檢定				平均
		F 檢定	顯著性	t	自由度	顯著性 (雙尾)
抗痘	假設變異數相等	.062	.803	.640	148	.523
	不假設變異數相等			.624	81.310	.535
去油	假設變異數相等	1.080	.300	1.674	148	.096
	不假設變異數相等			1.767	98.343	.080
美白	假設變異數相等	.193	.661	-5.961	148	.000
	不假設變異數相等			-5.512	72.639	.000
保濕	假設變異數相等	.959	.329	-5.992	148	.000
	不假設變異數相等			-5.658	75.877	.000
去角質	假設變異數相等	.066	.797	-2.192	148	.030
	不假設變異數相等			-2.081	76.766	.041
緊緻毛孔	假設變異數相等	1.988	.161	-4.704	148	.000
	不假設變異數相等			-4.325	71.810	.000
卸妝	假設變異數相等	.292	.590	-6.093	148	.000
	不假設變異數相等			-6.205	90.034	.000

於整體分析時, 我們尚需要全體受訪者對各屬性之評價均數。故續以下示步驟求得:

① 執行「**分析 (A) / 敘述統計 (E) / 描述性統計量 (D)…**」

② 於左側, 以滑鼠拖曳一次選取『抗痘』~『卸妝』等變數, 按 [▶] 鈕, 將其送到右側之『變數(V)』方塊

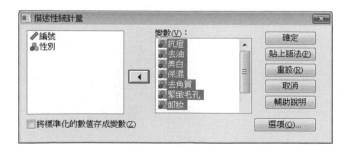

③ 按 選項(O)... 鈕, 設定僅要求
得平均數

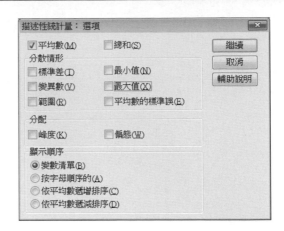

④ 按 繼續 鈕, 回上一層對話方塊

⑤ 按 確定 鈕, 獲致

敘述統計

	個數	平均數
抗痘	150	3.95
去油	150	3.97
美白	150	3.76
保濕	150	3.87
去角質	150	3.35
緊緻毛孔	150	3.72
卸妝	150	3.13
有效的 N(完全排除)	150	

9-7 | 轉入 Word 撰寫報告

前節之分析結果, 分散於幾個不同之報表, 還是得轉入 Excel, 加以整理, 將其均數、適當之 t 值、顯著性以及全體均數等, 彙總到 Word 表格, 並安排其注重程度的排名, 才比較容易撰寫報告。

取得男 / 女對各屬性之注重程度均數

首先, 先取得男/女對各屬性之注重程度均數, 其處理步驟為:

① 於『組別統計量』報表物
件上, 單按滑鼠右鍵, 續選
取「**複製(C)**」, 記下組別
統計量內容

組別統計量

	性別	個數	平均數	標準差	平均數的標準誤
抗痘	男	46	4.02	1.000	.147
	女	104			
去油	男	46			
	女	104			
美白	男	46			

這是什麼(W)?
剪下(T)
複製(C)
複製物件(Y)

② 轉入 Excel, 切換到『**常用**』索引標籤, 按『**剪貼簿**』群組之 📋『**貼上**』鈕, 將內容貼到 Excel

	A	B	C	D	E	F
1	組別統計量					
2		性別	個數	平均數	標準差	平均數的
3	抗痘	男	46	4.021739	0.999758	0.147406
4		女	104	3.913462	0.935913	0.091774
5	去油	男	46	4.152174	0.815609	0.120255
6		女	104	3.884615	0.937956	0.091974
7	美白	男	46	3.108696	1.016055	0.149809
8		女	104	4.048077	0.828847	0.081275
9	保濕	男	46	3.282609	0.886016	0.130636
10		女	104	4.134615	0.763966	0.074913
11	去角質	男	46	3.108696	0.993943	0.146549
12		女	104	3.461538	0.869361	0.085248
13	緊緻毛孔	男	46	3.195652	1.046042	0.15423
14		女	104	3.951923	0.840478	0.082416
15	卸妝	男	46	2.304348	1.072268	0.158097
16		女	104	3.5	1.123448	0.110163

③ 於 A2 輸入『屬性』字串

④ 按第一列之標題按鈕, 選取該列, 續按 Ctrl + − 鍵, 將該列刪除

⑤ 按住 Ctrl 鍵, 續按 C、E、F 欄之標題按鈕, 選取不連續之三欄, 續按 Ctrl + − 鍵, 將這幾欄刪除

	A	B	C	D	E	F
1	屬性	性別	平均數			
2	抗痘	男	4.021739			
3		女	3.913462			

⑥ 於 C1、D1 輸入『男』、『女』字串, 作爲男女均數欄之標題

	A	B	C	D
1	屬性	性別	男	女
2	抗痘	男	4.021739	

⑦ 按 A 欄之標題按鈕, 選取該欄, 續按 Ctrl + + 鍵, 插入一空白新欄

	A	B	C
1		性	性別
2		抗痘	男
3			女
4		去油	男

⑧ 於 A1 輸入『編號』字串, A2 輸入數字 1, A3 輸入數字 2

⑨ 選取 A2:A3

	A	B
1	編號	屬性
2	1	抗痘
3	2	
4		去油

⑩ 拖曳 A3 右下角之複製控點, 將其拉到 A15, 可將數字遞增填滿到 A15。這些數字是為了要記住各屬性之原排列順序

	A	B	C	D	E
1	編號	屬性	性別	男	女
2	1	抗痘	男	4.021739	
3	2		女	3.913462	
4	3	去油	男	4.152174	
5	4		女	3.884615	
6	5	美白	男	3.108696	
7	6		女	4.048077	
8	7	保濕	男	3.282609	
9	8		女	4.134615	
10	9	去角質	男	3.108696	
11	10		女	3.461538	
12	11	緊緻毛孔	男	3.195652	
13	12		女	3.951923	
14	13	卸妝	男	2.304348	
15	14		女	3.5	

⑪ 選取 D2:D15 之數字資料, 按『**數值**』群組之 $\overset{\cdot 00}{\cdot 0}$『**減少小數位數**』鈕, 將小數調整為 2 位

⑫ 選取 D3:D15 之數字資料 (D3 為女性對『抗痘』屬性注重程度的均數)

	A	B	C	D	E
1	編號	屬性	性別	男	女
2	1	抗痘	男	4.02	
3	2		女	3.91	
4	3	去油	男	4.15	
5	4		女	3.88	
6	5	美白	男	3.11	
7	6		女	4.05	
8	7	保濕	男	3.28	
9	8		女	4.13	
10	9	去角質	男	3.11	
11	10		女	3.46	
12	11	緊緻毛孔	男	3.20	
13	12		女	3.95	
14	13	卸妝	男	2.30	
15	14		女	3.50	

⑬ 按『**剪貼簿**』群組之 📋 『**複製**』鈕, 記下所選取之內容

⑭ 停於 E2, 按『**剪貼簿**』群組之 📋 『**貼上**』鈕, 將選取內容複製到 E2 以下

	A	B	C	D	E
1	編號	屬性	性別	男	女
2	1	抗痘	男	4.02	3.91
3	2		女	3.91	4.15
4	3	去油	男	4.15	3.88
5	4		女	3.88	3.11
6	5	美白	男	3.11	4.05
7	6		女	4.05	3.28
8	7	保濕	男	3.28	4.13
9	8		女	4.13	3.11
10	9	去角質	男	3.11	3.46
11	10		女	3.46	3.20
12	11	緊緻毛孔	男	3.20	3.95
13	12		女	3.95	2.30
14	13	卸妝	男	2.30	3.50
15	14		女	3.50	

對照一下, 可發現編號為奇數 (有屬性名稱者) 之各列, D 與 E 欄之內容, 恰為男/女對各該屬性注重程度的均數。如, 原男/女性對『抗痘』屬性注重程度的均數 4.02 與 3.91, 是分別擺於不同列之 D2:D3, 目前已安排於同一列之 D2:E2。

⑮ 點按 B 欄之任一格 (如: B2) , 切換到『**資料**』索引標籤, 按『**排序與篩選**』群組之 ↕️ 『**從最小到最大排序**』鈕, 可將整個表格資料依屬性遞增排序, 恰好把原空白之內容排到最底下

	A	B	C	D	E
1	編號	屬性	性別	男	女
2	9	去角質	男	3.11	3.46
3	3	去油	男	4.15	3.88
4	1	抗痘	男	4.02	3.91
5	13	卸妝	男	2.30	3.50
6	7	保濕	男	3.28	4.13
7	5	美白	男	3.11	4.05
8	11	緊緻毛孔	男	3.20	3.95
9	2		女	3.91	4.15
10	4		女	3.88	3.11
11	6		女	4.05	3.28
12	8		女	4.13	3.11
13	10		女	3.46	3.20
14	12		女	3.95	2.30
15	14		女	3.50	

⑯ 按住第 9 列之標題按鈕, 往下拖曳到第 15 列, 選取這幾列, 續按 Ctrl + − 鍵, 將其等刪除。等於刪除了所有 C 欄為女之所有內容, 別擔心, 其資料已複製到 E 欄

	A	B	C	D	E
1	編號	屬性	性別	男	女
2	9	去角質	男	3.11	3.46
3	3	去油	男	4.15	3.88
4	1	抗痘	男	4.02	3.91
5	13	卸妝	男	2.30	3.50
6	7	保濕	男	3.28	4.13
7	5	美白	男	3.11	4.05
8	11	緊緻毛孔	男	3.20	3.95
9					

目前之問題是, B 欄屬性之順序並非原問卷上排列之順序。還好, 我們有 A 欄之編號！

⑰ 點按 A 欄之任一格 (如：A2), 再按 ↓↑ 『從最小到最大排序』鈕, 可將整個表格資料依 『編號』遞增排序, 即可還原成原問卷上排列之順序, 且也分別取得男/女對各屬性注重程度的均數

	A	B	C	D	E
1	編號	屬性	性別	男	女
2	1	抗痘	男	4.02	3.91
3	3	去油	男	4.15	3.88
4	5	美白	男	3.11	4.05
5	7	保濕	男	3.28	4.13
6	9	去角質	男	3.11	3.46
7	11	緊緻毛孔	男	3.20	3.95
8	13	卸妝	男	2.30	3.50

取得對各屬性之注重程度全體均數

接著, 再來處理各屬性之注重程度之全體均數。

① 轉回 SPSS, 於『敘述統計』報表物件上, 單按滑鼠右鍵, 續選取「複製(C)」, 記下敘述統計內容

敘述統計

	個數	平均數
抗痘	150	3.95
去油	150	3.97
美白	150	3.76
保濕	150	3.87
去角質	150	3.35
緊緻毛孔	150	3.72
卸妝	150	3.13
有效的 N (完全排除)	150	

這是什麼(W)?
剪下(T)
複製(C)
複製物件(Y)
貼上之後(P)

② 轉入 Excel 之另一個空白工作表, 切換到
『**常用**』索引標籤, 按『**剪貼簿**』群組之
『**貼上**』鈕, 將內容貼到 Excel

	A	B	C
1	敘述統計		
2		個數	平均數
3	抗痘	150	3.946667
4	去油	150	3.966667
5	美白	150	3.76
6	保濕	150	3.873333
7	去角質	150	3.353333
8	緊緻毛孔	150	3.72
9	卸妝	150	3.133333
10	有效的 N	150	

③ 選取 C3:C9 之數字資料, 按『**數值**』群組
之 `.00→.0`『**減少小數位數**』鈕, 將小數調整為
2 位

	A	B	C
1	敘述統計		
2		個數	平均數
3	抗痘	150	3.95
4	去油	150	3.97
5	美白	150	3.76
6	保濕	150	3.87
7	去角質	150	3.35
8	緊緻毛孔	150	3.72
9	卸妝	150	3.13
10	有效的 N	150	

④ 按『**剪貼簿**』群組之 『**複製**』鈕, 記下所選取之內容 (各屬性注重程度之
全體均數)

⑤ 轉回上節男 / 女均數之工作表, 點選 F2, 續按『**剪貼簿**』群組之 『**貼上**』
鈕, 將各屬性注重程度全體均數, 複製到 F2 以下。 (得確定一下, 是否已正確
將資料抄到適當之屬性列)

	A	B	C	D	E	F
1	編號	屬性	性別	男	女	
2	1	抗痘	男	4.02	3.91	3.95
3	3	去油	男	4.15	3.88	3.97
4	5	美白	男	3.11	4.05	3.76
5	7	保濕	男	3.28	4.13	3.87
6	9	去角質	男	3.11	3.46	3.35
7	11	緊緻毛孔	男	3.20	3.95	3.72
8	13	卸妝	男	2.30	3.50	3.13

⑥ 刪除 C 欄, 於 E1 輸入『全體』字串。完成取得各屬性注重程度全體均數之工作

	A	B	C	D	E
1	編號	屬性	男	女	全體
2	1	抗痘	4.02	3.91	3.95
3	3	去油	4.15	3.88	3.97
4	5	美白	3.11	4.05	3.76
5	7	保濕	3.28	4.13	3.87
6	9	去角質	3.11	3.46	3.35
7	11	緊緻毛孔	3.20	3.95	3.72
8	13	卸妝	2.30	3.50	3.13

計算排名

若屬性之項目較多, 想一下判讀出較被注重的是那幾個屬性？其排名順序如何？實也不太容易！可以下示步驟, 利用 Excel 的 RANK()函數, 計算出各屬性注重程度的排名：

① 續前例, 於 F1 輸入『排名』字串, 於 F2 輸入公式

=RANK(E2, $E$2:$E$8)

F2 =RANK(E2,$E$2:$E$8)

	B	C	D	E	F
1	屬性	男	女	全體	排名
2	抗痘	4.02	3.91	3.95	2
3	去油	4.15	3.88	3.97	

② 雙按 F2 右下角之複製控點,將公式複製到F3:F8,求算出所有屬性注重程度之排名

F2 =RANK(E2,$E$2:$E$8)

	B	C	D	E	F
1	屬性	男	女	全體	排名
2	抗痘	4.02	3.91	3.95	2
3	去油	4.15	3.88	3.97	1
4	美白	3.11	4.05	3.76	4
5	保濕	3.28	4.13	3.87	3
6	去角質	3.11	3.46	3.35	6
7	緊緻毛孔	3.20	3.95	3.72	5
8	卸妝	2.30	3.50	3.13	7

③ 一般分析, 並不用排名到最後一個,僅須保留前幾名即可,故我們將排名 5 以後者刪除

	B	C	D	E	F
1	屬性	男	女	全體	排名
2	抗痘	4.02	3.91	3.95	2
3	去油	4.15	3.88	3.97	1
4	美白	3.11	4.05	3.76	4
5	保濕	3.28	4.13	3.87	3
6	去角質	3.11	3.46	3.35	
7	緊緻毛孔	3.20	3.95	3.72	5
8	卸妝	2.30	3.50	3.13	

取得 t 值與顯著水準

最後, 以下式步驟, 取得獨立樣本 T 檢定之 t 值與顯著水準:

① 轉回 SPSS, 於『獨立樣本檢定』報表物件上, 單按滑鼠右鍵, 續選「**複製(C)**」, 記下獨立樣本檢定內容

		獨立樣本檢定					
		變異數相等的 Levene 檢定					平均數
		F 檢定	顯著性	t	自由度	顯著性 (雙尾)	
抗痘	假設變異數相等	.062	.803	.640	148	.523	
	不假設變異數相等			.624	81.310	.535	
去油	假設變異數相等	1.080	.300	1.674	148	.006	
	不假設變異數相等			這是什麼(W)?			
美白	假設變異數相等	.193	.661	剪下(T)			
	不假設變異數相等			複製(C)			
保濕	假設變異數相等	.959	.329	複製物件(Y)			
	不假設變異數相等			貼上之後(P)			

② 轉入 Excel 之另一個空白工作表, 切換到『**常用**』索引標籤, 按『**剪貼簿**』群組之 📋『**貼上**』鈕, 將內容貼到 Excel

	A	B	C	D	E	F	G	H
1	獨立樣本檢定							
2			變異數相等的 Leve		平均數相等的 t 檢定			
3			F 檢定	顯著性	t	自由度	顯著性 (!	平均差異
4								
5	抗痘	假設變異	0.062301	0.803241	0.639782	148	0.523303	0.108278
6		不假設變異數相等			0.623573	81.30956	0.534654	0.108278
7	去油	假設變異	1.079761	0.300446	1.674232	148	0.096197	0.267559

③ 刪除 H 欄以後之各欄以及第 1、2 與 4 列, 雙按 B 欄標題按鈕, 顯示其完整內容

	A	B	C	D	E	F	G
1			F 檢定	顯著性	t	自由度	顯著性 (雙尾)
2	抗痘	假設變異數相等	0.062301	0.803241	0.639782	148	0.523303
3		不假設變異數相等			0.623573	81.30956	0.534654
4	去油	假設變異數相等	1.079761	0.300446	1.674232	148	0.096197
5		不假設變異數相等			1.767286	98.34259	0.080282
6	美白	假設變異數相等	0.192695	0.661323	-5.96114	148	1.76E-08
7		不假設變異數相等			-5.51164	72.63907	5.14E-07
8	保濕	假設變異數相等	0.959328	0.328955	-5.99177	148	1.51E-08
9		不假設變異數相等			-5.65775	75.87736	2.59E-07
10	去角質	假設變異數相等	0.06638	0.79704	-2.19202	148	0.029941
11		不假設變異數相等			-2.08118	76.76629	0.040752
12	緊緻毛孔	假設變異數相等	1.988465	0.1606	-4.70414	148	5.8E-06
13		不假設變異數相等			-4.32477	71.81044	4.84E-05
14	卸妝	假設變異數相等	0.291614	0.589999	-6.09342	148	9.12E-09
15		不假設變異數相等			-6.20495	90.03396	1.64E-08

④ 刪除 F 欄

⑤ 選取 C2:F15 之數字資料, 切換到『**常用**』索引標籤, 按『**數值**』群組之 ┅ 『**減少小數位數**』鈕, 將小數調整為 2 位

	A	B	C	D	E	F	G
1			F 檢定	顯著性	t	顯著性 (雙尾)	
2	抗痘	假設變異數相等	0.06	0.80	0.64	0.52	
3		不假設變異數相等			0.62	0.53	
4	去油	假設變異數相等	1.08	0.30	1.67	0.10	
5		不假設變異數相等			1.77	0.08	
6	美白	假設變異數相等	0.19	0.66	-5.96	0.00	
7		不假設變異數相等			-5.51	0.00	
8	保濕	假設變異數相等	0.96	0.33	-5.99	0.00	
9		不假設變異數相等			-5.66	0.00	
10	去角質	假設變異數相等	0.07	0.80	-2.19	0.03	
11		不假設變異數相等			-2.08	0.04	
12	緊緻毛孔	假設變異數相等	1.99	0.16	-4.70	0.00	
13		不假設變異數相等			-4.32	0.00	
14	卸妝	假設變異數相等	0.29	0.59	-6.09	0.00	
15		不假設變異數相等			-6.20	0.00	

依前述判讀獨立樣本檢定結果之方法, 先看 D 欄之 F 檢定顯著性, 若 F 檢定顯著性 < 0.05, 應棄卻虛無假設, 接受兩母群體變異數不等, 故應取『不假設變異數相等』列之 t 檢定結果；反之, 應取『假設變異數相等』列之 t 檢定結果。

⑥ 依判讀方法, 按住 Ctrl 鍵, 續以滑鼠於 E 與 F 欄, 選取適當之 t 值與其右側之顯著性。最後, 一併選取 E1:F1 之標題

	A	B	C	D	E	F	G
1			F 檢定	顯著性	t	顯著性 (雙尾)	
2	抗痘	假設變異數相等	0.06	0.80	0.64	0.52	
3		不假設變異數相等			0.62	0.53	
4	去油	假設變異數相等	1.08	0.30	1.67	0.10	
5		不假設變異數相等			1.77	0.08	
6	美白	假設變異數相等	0.19	0.66	-5.96	0.00	
7		不假設變異數相等			-5.51	0.00	
8	保濕	假設變異數相等	0.96	0.33	-5.99	0.00	
9		不假設變異數相等			-5.66	0.00	
10	去角質	假設變異數相等	0.07	0.80	-2.19	0.03	
11		不假設變異數相等			-2.08	0.04	
12	緊緻毛孔	假設變異數相等	1.99	0.16	-4.70	0.00	
13		不假設變異數相等			-4.32	0.00	
14	卸妝	假設變異數相等	0.29	0.59	-6.09	0.00	
15		不假設變異數相等			-6.20	0.00	

⑦ 按『**剪貼簿**』群組之 『**複製**』鈕, 記下所選取之不連續內容

⑧ 轉回上節處理後之工作表, 點選 G1, 續按『**剪貼簿**』群組之 📋 『**貼上**』鈕, 複製出各屬性檢定結果之 t 值、顯著性及標題。 (得確定一下, 是否已正確將資料抄到適當屬性右側)

	B	C	D	E	F	G	H	I
1	屬性	男	女	全體	排名	t	顯著性(雙尾)	
2	抗痘	4.02	3.91	3.95	2	0.62	0.53	
3	去油	4.15	3.88	3.97	1	1.77	0.08	
4	美白	3.11	4.05	3.76	4	-5.51	0.00	
5	保濕	3.28	4.13	3.87	3	-5.66	0.00	
6	去角質	3.11	3.46	3.35		-2.08	0.04	
7	緊緻毛孔	3.20	3.95	3.72	5	-4.32	0.00	
8	卸妝	2.30	3.50	3.13		-6.20	0.00	

轉成單尾並加附註

由於, 是在檢定男＞女或女＜男, 故得以下示步驟, 將先前之『顯著性(雙尾)』除以 2, 求其單尾顯著性, 並於其後加註是否小於 α=0.05：

① 於 I1 輸入『顯著性(單尾)』, 於 I2 輸入公式

=H2/2

		fx	=H2/2
	F	G	H	I	J
1	排名	t	顯著性(!	顯著性(單尾)
2	2	0.62	0.53	0.267327

② 按『**數值**』群組之 🔽 『**減少小數位數**』鈕, 將小數調整為 2 位

③ 續雙按其右下角之複製控點, 將其抄到 I3:I8

I2		fx	=H2/2
	F	G	H	I	J
1	排名	t	顯著性(!	顯著性(單尾)
2	2	0.62	0.53	0.27
3	1	1.77	0.08	0.04
4	4	-5.51	0.00	0.00
5	3	-5.66	0.00	0.00
6		-2.08	0.04	0.02
7	5	-4.32	0.00	0.00
8		-6.20	0.00	0.00

④ 按『**剪貼簿**』群組 ⬀ 『**複製**』鈕, 記下所選取之容

⑤ 按『**剪貼簿**』群組 ⬀ 『**貼上**』鈕的下拉紐, 續選「**貼上值(V)**」, 將其由公
式轉爲常數 (以免將來 H 欄被刪除時, 本欄會變爲錯誤)

I2	▼		f_x	0.267326759428509
	F	G	H	I	J
1	排名	t		顯著性 (顯著性 (單尾)
2	2	0.62	0.53	0.27
3	1	1.77	0.08	0.04

⑥ 刪除 H 欄之雙尾顯著性, 僅保留單尾顯著性

	F	G	H	I
1	排名	t	顯著性 (單尾)	
2	2	0.62	0.27	
3	1	1.77	0.04	
4	4	-5.51	0.00	
5	3	-5.66	0.00	
6		-2.08	0.02	
7	5	-4.32	0.00	
8		-6.20	0.00	

⑦ 於 I1 輸入『<α』字串, 於 I2 輸入公式

```
=IF(H2<0.05, "*", "")
```

續雙按其右下角之複製控點, 將其抄到 I3:I8 。可將檢定結果顯著者, 於其
『<α』欄加註"*" (表其<α=0.05)

I2	▼		f_x	=IF(H2<0.05,"*","")
	F	G	H	I	J
1	排名	t	顯著性 (顯	<α	
2	2	0.62	0.27		
3	1	1.77	0.04	*	
4	4	-5.51	0.00	*	
5	3	-5.66	0.00	*	
6		-2.08	0.02	*	
7	5	-4.32	0.00	*	
8		-6.20	0.00	*	

⑧ 最底下一列, B9 輸入『**樣本數**』, C9:C10 輸入男/女樣本數 46 與 104

⑨ 選取 B 欄～I 欄, 雙按任一個欄表題按鈕之右側邊框, 將其調整爲最適寬度。
續選取 B1:I8

	B	C	D	E	F	G	H	I
1	屬性	男	女	全體	排名	t	顯著性(雙尾)	<α
2	抗痘	4.02	3.91	3.95	2	0.64	0.52	
3	去油	4.15	3.88	3.97	1	1.67	0.10	
4	美白	3.11	4.05	3.76	4	-5.96	0.00	*
5	保濕	3.28	4.13	3.87	3	-5.99	0.00	*
6	去角質	3.11	3.46	3.35		-2.19	0.03	*
7	緊緻毛孔	3.20	3.95	3.72	5	-4.70	0.00	*
8	卸妝	2.30	3.50	3.13		-6.09	0.00	*
9	樣本數	46	104					

⑩ 按『**剪貼簿**』群組 🔲 『**複製**』鈕, 記下所選取內容

⑪ 再轉到 Word 文件, 停於要插入表格之位置。切換到『**常用**』索引標籤, 按『**剪貼簿**』群組 📋 『**貼上**』鈕, 將選取內容複製過來

屬性	男	女	全體	排名	t	顯著性·(雙尾)	<α
抗痘	4.02	3.91	3.95	2	0.64	0.52	
去油	4.15	3.88	3.97	1	1.67	0.10	
美白	3.11	4.05	3.76	4	-5.96	0.00	*
保濕	3.28	4.13	3.87	3	-5.99	0.00	*
去角質	3.11	3.46	3.35		-2.19	0.03	*
緊緻毛孔	3.20	3.95	3.72	5	-4.70	0.00	*
卸妝	2.30	3.50	3.13		-6.09	0.00	*
樣本數	46	104					

於撰寫報告時, 僅需就『<α』欄加註"*" (表其<α=0.05) 之部份詳加解釋；檢定結果不顯著者, 則僅解釋其重要程度之排序即可。如:

　　根據調查解果, 受訪者較注重之洗面乳屬性, 依序為:『去油』、『抗痘』、『保濕』、『美白』與『緊緻毛孔』。

　　經逐一以 T 檢定, 依性別分組對其注重程度進行檢定, 發現有『去油』、『美白』、『保濕』、『去角質』、『緊緻毛孔』與『卸妝』等屬性之注重程度, 會隨性別不同, 而有顯著差異。

這些有顯著差異之項目, 除『去油』外；著重程度均是女性較男性來得高些。其原因可能是女性一般較懂得化妝且有愛美之天性, 故較注重洗面乳之『美白』、『保濕』、『去角質』、『緊緻毛孔』與『卸妝』等屬性。而男性可能是經常在戶外運動, 且又不化妝, 故只要注重洗面乳是否能『去油』而已！

9-8 | 成對樣本

前面『獨立樣本 T 檢定』, 其兩組受測樣本間為獨立, 並無任何關聯。如：甲乙班、男女生、兩不同年度、都市與鄉村、……。

但若同組人, 受訓後的打字速度是否高於受訓前。同一部車, 左右使用不同廠牌輪胎, 經過一段時間後, 檢查其磨損程度, 看甲廠牌之輪胎是否優於乙廠牌？……。諸如此類之例子, 兩組受測樣本間為相依 (同一個人、同一部車), 就要使用配對樣本的 t 檢定。

其相關公式為：

$$t = \frac{\bar{d} - \mu_d}{s_d / \sqrt{n}}$$

$$d = x_1 - x_2$$
$$d.f. = n - 1$$

式中, d 即同一配對之兩資料相減之差。

假定, 要比較兩廠牌輪胎之壽命。抽 7 部車, 左右使用不同廠牌輪胎, 每車各由同一個人駕駛 (同一駕駛習慣), 經過一段時間後, 獲得下示輪胎磨損之配對資料 (以千分之一吋為單位)：

甲廠	乙廠
143	125
68	64
100	94
35	38
105	90
123	125
98	76

是否可證明, 在 α=0.05 之顯著水準下, 甲廠牌輪胎磨損程度較乙廠牌大?

首先, 將其資料輸入到 SPSS, 存入『SPSS 範例\Ch08\輪胎磨損.sav』:

	甲廠	乙廠
1	143	125
2	68	64
3	100	94
4	35	38

由於是配對樣本, 其虛無假設與對立假設分別為:

$$H_0: \mu_d \leqq 0$$

$$H_1: \mu_d > 0$$

故此類檢定為右側單尾檢定, 以『顯著性 (雙尾) 』除以 2 是否小於所指定之 α 值進行判定。

接著, 以下示步驟進行配對 T 檢定:

① 執行「**分析 (A) / 比較平均數法 (M) / 成對樣本 T 檢定 (P)…**」

② 選『甲廠』與『乙廠』, 左下『目前的選擇』處, 會將兩變數分別安排成『變數 1』與『變數 2』

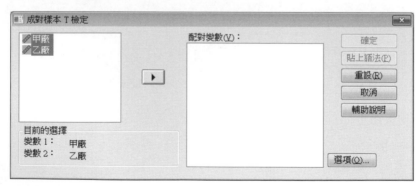

③ 按 ▶ 鈕, 將其送到右側之『配對變數(V)』方塊

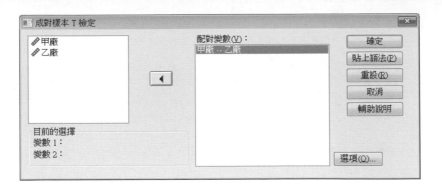

④ 按 ┌ 確定 ┐ 鈕, 獲致

成對樣本統計量

		平均數	個數	標準差	平均數的標準誤
成對 1	甲廠	96.00	7	35.459	13.402
	乙廠	87.43	7	31.611	11.948

成對樣本檢定

		成對變數差異			
		平均數	標準差	平均數的標準誤	差異的95%下界
成對 1	甲廠 - 乙廠	8.571	9.863	3.728	-.551

成對樣本檢定

成對變數差異					
平均數的標準誤	差異的 95% 信賴區間		t	自由度	顯著性 (雙尾)
	下界	上界			
3.728	-.551	17.694	2.299	6	.061

可看出甲廠及乙廠輪胎的平均磨損程度分別為 96.00 與 87.43。由於本例是在檢定甲廠牌輪胎磨損程度是否大於乙廠牌, 故為一單尾檢定。應以『顯著性 (雙尾) 』除以 2 是否小於所指定之 α 值進行判斷。依此結果: 自由度為 6, t 統計值 2.299,『顯著性 (雙尾) 』0.06 除以 2 為 0.03 < α=0.05, 故可知甲廠牌輪胎磨損程度大於乙廠牌。

〔 馬上練習！〕

假定, 要比較一套新打字教法之效果。隨機抽取 10 位未經任
何訓練之學生, 加以訓練。『SPSS 範例\Ch09\打字訓練.sav』
內：

	訓練前	訓練後
1	12	53
2	25	67
3	18	60
4	14	48

訓練前及訓練後之每分鐘打字速度 (字), 於 α =0.05 之水準下, 是否表示此套訓練可讓學
生每分鐘平均多打 40 個字： (此為單尾檢定)

本例得先以「**轉換 (T) / 計算 (C)…**」計算『訓練後』-40 之值為何？存入『訓練後減 40』

	訓練前	訓練後	訓練後減40
1	12	53	13
2	25	67	27
3	18	60	20
4	14	48	8

再取『訓練前』與『訓練後減 40』進行配對 T 檢定。其虛無假設與對立假設分別為：

$H_0: \mu_d \leqq 0$

$H_1: \mu_d > 0$

故此類檢定為右側單尾, 以『顯著性 (雙尾) 』除以 2 是否小於所指定之 α 值進行判斷

成對樣本統計量

		平均數	個數	標準差	平均數的標準誤
成對 1	訓練前	17.90	10	5.021	1.588
	訓練後減40	19.30	10	11.334	3.584

成對樣本檢定

	成對變數差異		
	平均數	標準差	平均數的標準誤	差異的95%下界
成對 1　訓練前 - 訓練後減40	-1.400	8.099	2.561	-7.194

成對樣本檢定

成對變數差異					
平均數的標準誤	差異的95% 信賴區間		t	自由度	顯著性 (雙尾)
	下界	上界			
2.561	-7.194	4.394	-.547	9	.598

本例為一單尾檢定。應以『顯著性 (雙尾) 』除以 2 是否小於所指定之 α 值進行判斷。
依此結果：自由度為 9, t 統計值 -.547, 『顯著性 (雙尾) 』0.598 除以 2 為 0.299 >
α =0.05, 無法棄卻虛無假設, 表示此套訓練並無法讓學生每分鐘多打 40 個字。

〖 馬上練習！〗

假定, 要比較一套新減肥法之效果。隨機抽取 12 位受測者進行測試一個月。『SPSS 範例 \ Ch09 \ 減肥成效.sav』內減肥前及減肥後之體重 (公斤)：

	減肥前	減肥後
1	56	50
2	51	46
3	62	56
4	64	48

於 α =0.05 之水準下, 是否表示此套新減肥法可讓受測者至少減 5 公斤？

(答案：此為單尾檢定, 於 α =0.05 之水準下, 此套新減肥法至少可讓受測者平均減 5 公斤)

9

10

11

12

13

14

15

16

---

1. 『SPSS 習題\Ex09\手機月費.sav』之資料：(『有手機』=1 表有手機)

	編號	有手機	平均月費
7	107	1	500
8	108	2	0
9	109	1	250
10	110	1	500

是否可證明大學生手機之每月平均月費超過 400 元 (α=0.05)？(須僅取有手機者進行分析)

單一樣本統計量

	個數	平均數	標準差	平均數的標準誤
平均月費	119	467.56	332.390	30.470

單一樣本檢定

	檢定值 = 400			
	t	自由度	顯著性(雙尾)	平均差異
平均月費	2.217	118	.029	67.563

(大學生手機之每月平均月費超過 400 元, 調查結果之均數為 467.56 元)

2. 『SPSS 習題\Ex09\運動鞋合理價格.sav』之資料：

是否可證明大學生認為運動鞋合理價格之母體均數為 1500 元 (α=0.05)？

	編號	合理價格
1	1	2500
2	2	3000
3	3	1000
4	4	4000

單一樣本統計量

	個數	平均數	標準差	平均數的標準誤
合理價格	287	1689.79	787.000	46.455

單一樣本檢定

	檢定值 = 1500			
	t	自由度	顯著性(雙尾)	平均差異
合理價格	4.085	286	.000	189.791

(大學生認為運動鞋合理價格不為 1500 元, 調查結果之均數為 1689.79 元)

3. 假定, 五年前行政院公佈大學生每月平均外食費用為 4000 元。『SPSS 習題\Ex09\外食費用.sav』之今年資料:

	編號	外食費用
1	1	6000
2	2	12000
3	3	7000
4	4	6000

是否可證明學生每月平均外食費用超過 4000 元? (α=0.05)

單一樣本統計量

	個數	平均數	標準差	平均數的標準誤
外食費用	15	6026.67	2879.352	743.445

單一樣本檢定

	檢定值 = 4000			
	t	自由度	顯著性(雙尾)	平均差異
外食費用	2.726	14	.016	2026.667

(大學生每月平均外食費用已超過 4000 元, 調查結果之均數為 6026.67 元)。

4. 某公司老闆對外宣稱: 全公司之員工平均通勤距離不超過 10 公里, 依『SPSS 習題\Ex09\通勤距離.sav』之資料: (單位: 公里)

是否可否定他的說法 (α=0.05)?

	編號	通勤距離
1	1	16.2
2	2	15.4
3	3	22.3
4	4	10.2

單一樣本統計量

	個數	平均數	標準差	平均數的標準誤
通勤距離	11	10.064	6.3792	1.9234

單一樣本檢定

	檢定值 = 10			
	t	自由度	顯著性(雙尾)	平均差異
通勤距離	.033	10	.974	.0636

(接受本公司員工通勤平均距離不超過 10 公里之虛無假設)

5. 依『SPSS 習題\Ex09\男女手機平均月費.sav』資料: (『有手機』=1 表有手機;『性別』=1 為男性)

	編號	有手機	平均月費	性別
7	107	1	500	2
8	108	2	0	1
9	109	1	250	1
10	110	1	500	1

檢定男女手機之平均月費是否存有顯著差異 (α=0.05)？

組別統計量

	性別	個數	平均數	標準差	平均數的標準誤
平均月費	男	51	505.49	364.414	51.028
	女	68	439.12	305.881	37.094

獨立樣本檢定

		變異數相等的 Levene 檢定				平均
		F 檢定	顯著性	t	自由度	顯著性 (雙尾)
平均月費	假設變異數相等	3.029	.084	1.079	117	.283
	不假設變異數相等			1.052	96.661	.295

(無法棄卻男女之手機月費無差異之虛無假設，須僅取有手機者進行分析)

6. 依『SPSS 習題\Ex09\有無男女朋友之手機月費.sav』資料：(『有手機』=1 表有手機；『男女朋友』=1 為有男女朋友)』

	編號	有手機	平均月費	男女朋友
6	106	2	0	2
7	107	1	500	1
8	108	2	0	2
9	109	1	250	2

是否證明有男/女朋友者之手機月費較高 (α=0.05)？

組別統計量

	男女朋友	個數	平均數	標準差	平均數的標準誤
平均月費	1	48	402.29	241.408	34.844
	2	71	511.69	377.117	44.756

獨立樣本檢定

		變異數相等的 Levene 檢定				平均
		F 檢定	顯著性	t	自由度	顯著性 (雙尾)
平均月費	假設變異數相等	3.970	.049	-1.777	117	.078
	不假設變異數相等			-1.929	116.713	.056

(有男/女朋友者之手機月費並不會較高)

7. 依『SPSS 習題\Ex09\運動鞋合理價格 x 是否會選品牌.sav』：(『會選品牌』=1, 表會選品牌)

	編號	合理價格	會選名牌
1	1	2500	1
2	2	3000	1
3	3	1000	2
4	4	4000	2

檢定會選品牌者所認定之運動鞋合理價格，是否高於不選品牌者（α=0.05）？

組別統計量

	會選名牌	個數	平均數	標準差	平均數的標準誤
合理價格	會選品牌	184	1958.91	744.613	54.894
	不會	103	1209.03	614.709	60.569

獨立樣本檢定

		變異數相等的 Levene 檢定				平均
		F 檢定	顯著性	t	自由度	顯著性(雙尾)
合理價格	假設變異數相等	1.237	.267	8.694	285	.000
	不假設變異數相等			9.174	245.905	.000

(會選名牌者所認定之價格較高)

8. 下表為對總統滿意度之調查結果：

北區	南區
66	78
70	85
75	76
81	88
40	85
50	90
75	84
76	81
	78

將資料輸入到『SPSS 習題\Ex09\對總統滿意度.sav』，並檢定南區滿意度是否高過北區？（α=0.05）

組別統計量

	地區	個數	平均數	標準差	平均數的標準誤
滿意度	北區	8	66.63	14.302	5.057
	南區	9	82.78	4.816	1.605

獨立樣本檢定

		變異數相等的 Levene 檢定				平均
		F 檢定	顯著性	t	自由度	顯著性(雙尾)
滿意度	假設變異數相等	6.017	.027	-3.201	15	.006
	不假設變異數相等			-3.045	8.407	.015

(解：對總統的滿意度南區明顯高於北區)

9. 下表爲兩個年度之國小六年級學童身高：

將資料輸入到『SPSS 習題\Ex09\學童身高.sav』並檢定 1990 度平均身高是否高過 1980 年度？（α=0.05）

1980 年	1990 年
140	161
135	152
124	142
163	157
152	155
148	164
161	171
165	151
157	138
134	170

(解：無法證明 1990 度平均身高明顯高過 1980 年度)

10. 下表爲不同性別之學生的打字速度：

男	18	36	45	52	71	25	33	38		
女	51	62	70	48	22	38	41	50	66	63

將資料輸入到『SPSS 習題\Ex09\性別 x 打字速度.sav』並檢定是否顯示女性打字速度較快？（α=0.05）(解：無法棄卻男女打字速度相同之虛無假設)

11. 下表爲不同性別之學生的購物支出：

男	女
1600	12500
5000	16000
4800	10000
2000	8000
12000	20000
18000	24000
20000	18000
7200	17500
28000	32000

將資料輸入到『SPSS 習題\Ex09\購物支出.sav』，並檢定是否顯示女性之購物支出較男性多 3000 元以上？（α=0.05）

(解：女性之購物支出較男性多 3000 元以上)

12. 下表為為同一組人，以每天跳韻律舞一小時進行減肥，減肥前與減肥一個月後之體重資料 (公斤)：

減肥前	減肥後
65	58
52	48
56	47
55	42
61	60
63	52
61	52
62	48
48	42

將資料輸入到『SPSS 習題\Ex09\跳韻律舞減肥.sav』，這些資料是否可證明每天跳韻律舞一小時，一個月後至少可減肥 5 公斤？（α=0.05）

(解：證明每天跳韻律舞一小時，一個月後至少可減肥 5 公斤)

13. 依『SPSS 習題\Ex09\運動方式減肥有效程度.sav』之資料 (非常有效=5、非常無效=1)，檢定受訪者所認為各種運動方式對減肥的有效程度，是否因性別不同而存有顯著差異（α=0.05）？

原問卷之內容為：

請問您認為下列運動方式對於減肥的有效程度：

　　　　　　非常有效　有效　普通　沒效果　非常無效

1)散步　　　□　　　□　　□　　□　　　□

2)跑步　　　□　　　□　　□　　□　　　□

接下頁

	非常有效	有效	普通	沒效果	非常無效
3)有氧舞蹈	☐	☐	☐	☐	☐
4)游泳	☐	☐	☐	☐	☐
5)球類運動	☐	☐	☐	☐	☐
6)騎腳踏車	☐	☐	☐	☐	☐
7)跳繩	☐	☐	☐	☐	☐
8)呼拉圈	☐	☐	☐	☐	☐
9)瑜珈	☐	☐	☐	☐	☐
10)爬樓梯	☐	☐	☐	☐	☐
11)重量訓練	☐	☐	☐	☐	☐

將分析結果轉入 Word, 整理成下示表格, 並進行說明：

運動方式	平均數			排名	T 值	單尾顯著性	$< \alpha$
	男	女	全體				
散步	2.15	2.13	2.14	11	0.14	0.45	
跑步	3.42	3.30	3.35	3	0.81	0.21	
有氧舞蹈	4.09	4.20	4.15	1	-0.97	0.17	
游泳	3.71	3.86	3.80	2	-1.12	0.13	
球類運動	2.98	3.09	3.05	4	-0.79	0.21	
騎腳踏車	2.84	2.32	2.55	8	3.49	0.00	*
跳繩	2.24	2.42	2.34	9	-1.42	0.08	
呼拉圈	2.02	2.57	2.33	10	-4.13	0.00	*
瑜珈	2.00	3.75	2.98	5	-15.75	0.00	*
爬樓梯	2.65	2.82	2.75	7	-1.16	0.12	
重量訓練	3.50	2.28	2.81	6	8.29	0.00	*

(較有效的運動方式依序爲：有氧舞蹈、游泳、跑步、球類運動與瑜珈。男性認爲『重量訓練』與『騎腳踏車』較有效, 明顯高過女性；女性認爲『瑜珈』與『呼拉圈』較有效, 明顯高過男性)

單因子變異數分析

10-1 多組樣本之均數檢定

單因子變異數分析 (ANOVA) 是用來檢定多組 (>2) 母群平均數是否相等？亦即，Z 與 t 檢定是用於兩組資料比較平均數差異時；而比較二組以上的平均數是否相等時，就須使用到變異數分析。其虛無假設與對立假設為：

H_0: $\mu_1 = \mu_2 = \cdots = \mu_k$ (每組之均數相等)

H_1: 至少有兩個平均數不相等

假定，調查各地區對政府施政的整體滿意程度 (滿分為 100 分)：

北區	中區	南區
45	65	75
62	52	76
25	38	67
38	62	62
42	70	65
50	67	58
60	45	55
45	60	66
45	64	
65		

試以 $\alpha = 0.05$ 之顯著水準，檢定各地區之滿意程度是否存有顯著差異？

首先，將資料轉輸入到 SPSS，一欄輸入滿意程度，另一欄輸入地區別資料。存到『SPSS 範例\Ch10\政府施政滿意程度.sav』：

	滿意度	地區
9	45	1
10	65	1
11	65	2
12	52	2

接著, 以下示步驟進行檢定:

① 執行「**分析(A)／比較平均數法(M)／單因子變異數分析(O)…**」

② 選『滿意度』, 按 ▶ 鈕, 將其送到右側之『依變數清單(E)』方塊

③ 選『地區』, 按 ▶ 鈕, 將其送到底下之『因子(F)』方塊

④ 按 選項(O)... 鈕, 選擇要取得「**描述性統計量(D)**」

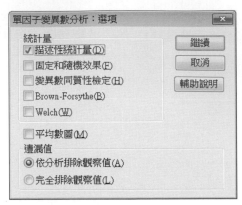

⑤ 按 繼續 鈕, 回上一層對話方塊

⑥ 按 確定 鈕結束, 即可獲致其描述性統計量及單因子變異數分析表

描述性統計量

滿意度

	個數	平均數	標準差	標準誤	平均數的 9... 下界
北區	10	47.70	12.129	3.836	39.02
中區	9	58.11	10.810	3.603	49.80
南區	8	65.50	7.387	2.612	59.32
總和	27	56.44	12.537	2.413	51.48

ANOVA

滿意度

	平方和	自由度	平均平方和	F檢定	顯著性
組間	1445.678	2	722.839	6.569	.005
組內	2640.989	24	110.041		
總和	4086.667	26			

依此結果：自由度為 (2, 24), F 值 6.569 大於 $\alpha=0.05$ 時之臨界值 3.40 (可查『附錄四 F 分配的臨界值』) , 其顯著性為 $0.005 < \alpha=0.05$。故應棄卻每組均數相等之虛無假設, 也就是說三個地區之整體滿意度存有顯著差異。南區的滿意度 65.5 要比其餘兩區 (58.11 與 47.7) 來得高。

實際分析時, 並不用每次去查表取得臨界值, 只須看變異數分析表上之『顯著性』, 是否小於所指定之 α 值即可。若『顯著性』$< \alpha$, 即應棄卻每組均數相等之虛無假設。

〔馬上練習！〕

某公司於報紙上進行廣告,下表為不同方式廣告,當天所獲得之回應人數:

全版	半版	1/4 版	小廣告
1250	1083	850	660
1324	1400	755	605
1600	1385	623	580
890	680	600	856
926	868	701	964
1051		782	
		760	

將資料輸入於『SPSS 範例\Ch10\廣告效果.sav』,以 α =0.05 之顯著水準, 檢定不同方式廣告之回應人數是否存有顯著差異?

回應人數

	個數	平均數
全版	6	1173.50
半版	5	1083.20
1/4版	7	724.43
小廣告	5	733.00
總和	23	921.43

ANOVA

回應人數

	平方和	自由度	平均平方和	F檢定	顯著性
組間	961279.638	3	320426.546	6.556	.003
組內	928580.014	19	48872.632		
總和	1889859.65	22			

解:F=6.556, d.f.=3, 19, 顯著性=0.003 < α =0.05, 不同方式廣告之回應人數間存有顯著差異。全版與半版廣告之回應人數 (1173.5 與 1083.2) 高於 1/4 版與小廣告 (724.4 與 733.0)。

〖 **馬上練習！** 〗

下表爲依隨零用金來源分類之大學生每月刷卡金額：

家中給予		打工賺取	兩者皆有
30000	5000	2000	3000
3000	4000	2000	2000
2000	3000	3000	100
3000	5000	2500	4000
2000	5000	500	600
600	5000		3000
1000	3000		30000
5000	5000		3000
1000			5000
1500			3000
2500			5000

將資料輸入於『SPSS 範例\Ch10\每月刷卡金額.sav』, 以 α =0.05 之顯著水準, 檢定大學生每月刷卡金額, 是否隨零用金來源不同而存有顯著差異？

刷卡金額

	個數	平均數
家中給予	19	4557.89
打工	5	2000.00
兩者皆有	11	5418.18
總和	35	4462.86

ANOVA

刷卡金額

	平方和	自由度	平均平方和	F檢定	顯著性
組間	40539034.9	2	20269517.430	.459	.636
組內	1.41E+009	32	44190083.732		
總和	1.45E+009	34			

解：F=0.459, d.f.=2, 32, 顯著性=0.636> α =0.05, 大學生每月刷卡金額並不會因其零用金來源不同而存有顯著差異。

〖 馬上練習！〗

『SPSS 範例\Ch10\手機平均月費.sav』：

	編號	有手機	平均月費	居住狀況
1	101	1	80	2
2	102	2	0	1
3	103	2	0	1
4	104	2	0	3

試以 α =0.05 之顯著水準, 檢定大學生手機月費是否隨其居住狀況不同而存有顯著差異？
(『有手機』=1, 表有手機；居住狀況：1=家裡、2=學校宿舍、3=校外)

平均月費

	個數	平均數	標準差
家裡	55	572.36	388.120
學校宿舍	35	319.43	166.291
校外	29	447.59	303.476
總和	119	467.56	332.390

ANOVA

平均月費

	平方和	自由度	平均平方和	F檢定	顯著性
組間	1383680.94	2	691840.472	6.887	.001
組內	11653312.3	116	100459.589		
總和	13036993.3	118			

解：F=6.887, d.f.=2, 116, 顯著性=0.001< α =0.05, 故大學生手機月費將隨其居住狀況
不同而存有顯著差異, 住家裡最高 (572.36)、其次為住校外 (447.59), 最後為住學校宿舍
(319.43)。這可能與住學校者較為節儉有關。

10-2 量表的檢定－多組

對於如,『SPSS 範例\Ch10\洗髮精購買考慮因素.sav』：

	編號	使用品牌	去頭皮屑	保濕	護髮	止癢	香味
1	1	10	4	5	3	4	3
2	2	0	3	3	3	3	3
3	3	0	3	3	3	3	3
4	4	5	3	2	2	4	4

內有受訪者使用之洗髮精品牌, 及其購買考慮因素的評價量表。原問卷內容為:

請問您最常使用的品牌為何?(單選)

☐ 1.海倫仙度絲　☐ 2.飛柔　☐ 3.mod's hair　☐ 4.沙宣　☐ 5.麗仕

☐ 6.花王　☐ 7.多芬　☐ 8.絲逸歡　☐ 9.潘婷　☐ 10.其他

請就下列的項目對您消費決定的影響勾選重要程度

	極不重要	不重要	普通	重要	極重要
去頭皮屑	☐	☐	☐	☐	☐
保濕	☐	☐	☐	☐	☐
熱油護髮	☐	☐	☐	☐	☐
止癢	☐	☐	☐	☐	☐
香味	☐	☐	☐	☐	☐
防止分岔	☐	☐	☐	☐	☐
柔順	☐	☐	☐	☐	☐
整體效果	☐	☐	☐	☐	☐

之評價量表 (極重要=5、……、極不重要=1) , 我們也經常得進行分組檢定。看對各屬性之注重程度, 是否會因組別不同而有顯著差異?

若僅分兩組, 係以前章「**分析(A)/比較平均數法(M)/獨立樣本 T 檢定(T)…**」來進行檢定。若組數為兩組以上, 則以「**分析(A)/比較平均數法(M)/單因子變異數分析(O)…**」來進行檢定。

若要以 α=0.05 之顯著水準, 檢定各洗髮精購買考慮因素的重要程度, 是否隨其使用品牌不同而存有顯著差異?可以下示步驟進行:

① 開啓『SPSS 範例\Ch10\洗髮精購買考慮因素.sav』

② 執行「**分析(A)/比較平均數法(M)/單因子變異數分析(O)…**」

③ 於左側, 以滑鼠拖曳選取『去頭皮屑』~『整體效果』, 按 ▶ 鈕, 將其送到
右側之『依變數清單(E)』方塊

④ 選『使用品牌』, 按 ▶ 鈕, 將其送到右側之『因子(F)』方塊

⑤ 於上圖按 選項(O)... 鈕, 選擇要取得「**描述性統計量(D)**」

⑥ 按 [繼續] 鈕, 回上一層對話方塊

⑦ 按 [確定] 鈕結束, 即可獲致其等之描述性統計量及單因子變異數分析表 (ANOVA)

描述性統計量

		個數	平均數	標準差	標準誤
去頭皮屑	海倫仙度絲	22	4.27	.767	.164
	飛柔	14	3.64	.842	.225
	mod's hair	22	4.00	.873	.186
	麗仕	10	3.40	.843	.267
	多芬	20	3.80	.951	.213
	其他	36	3.81	1.009	.168
	總和	124	3.87	.919	.083
保濕	海倫仙度絲	22	4.00	.690	.147
	飛柔	14	3.64	.929	.248
	mod's hair	22	4.64	.581	.124
	麗仕	10	3.40	.966	.306
	多芬	20	4.00	.795	.178
	其他	36	3.92	1.105	.184
	總和	124	4.00	.928	.083

護髮	海倫仙度絲	22	3.45
	飛柔	14	3.29
	mod's hair	22	3.77
	麗仕	10	3.10
	多芬	20	3.25
	其他	36	3.33
	總和	124	3.40
止癢	海倫仙度絲	21	4.05
	飛柔	13	3.46
	mod's hair	22	4.27
	麗仕	10	3.40
	多芬	20	3.90
	其他	36	4.03
	總和	122	3.94

香味	海倫仙度絲	22	3.77		柔順	海倫仙度絲	22	4.41
	飛柔	14	3.36			飛柔	14	3.64
	mod's hair	22	3.95			mod's hair	22	4.68
	麗仕	10	3.50			麗仕	10	3.80
	多芬	20	3.65			多芬	20	4.35
	其他	36	3.94			其他	36	4.22
	總和	124	3.77			總和	124	4.26
防止分岔	海倫仙度絲	22	4.09		整體效果	海倫仙度絲	22	4.00
	飛柔	14	3.57			飛柔	14	3.43
	mod's hair	22	4.14			mod's hair	22	4.50
	麗仕	10	3.10			麗仕	10	3.80
	多芬	20	3.95			多芬	20	4.15
	其他	36	3.89			其他	36	4.11
	總和	124	3.88			總和	124	4.06

ANOVA

		平方和	自由度	平均平方和	F檢定	顯著性
去頭皮屑	組間	7.119	5	1.424	1.735	.132
	組內	96.817	118	.820		
	總和	103.935	123			
保濕	組間	14.545	5	2.909	3.753	.003
	組內	91.455	118	.775		
	總和	106.000	123			
嶽髮	組間	4.812	5	.962	.868	.505
	組內	130.825	118	1.109		
	總和	135.637	123			
止癢	組間	8.879	5	1.776	2.025	.080
	組內	101.719	116	.877		
	總和	110.598	121			
香味	組間	5.246	5	1.049	1.024	.407
	組內	120.971	118	1.025		
	總和	126.218	123			
防止分岔	組間	9.942	5	1.988	2.464	.037
	組內	95.243	118	.807		
	總和	105.185	123			
柔順	組間	12.065	5	2.413	3.486	.006
	組內	81.677	118	.692		
	總和	93.742	123			
整體效果	組間	10.850	5	2.170	2.956	.015
	組內	86.634	118	.734		
	總和	97.484	123			

10-3│轉入 **Word** 撰寫報告

　　前節分析結果,分散於幾個不同之報表,還是得轉入 Excel,加以整理,將各品牌均數、適當之 F 值、顯著性以及全體均數,彙總到 Word 表格,並安排其注重程度的排名,才比較容易撰寫報告。

取得各品牌使用者對各屬性之注重程度均數

　　首先,先取得各品牌使用者,對各屬性注重程度均數,其處理步驟為:

① 於 『 描述性統計量 』 報表物件上, 單按滑鼠右鍵, 續選取 「 **複製 (C)** 」,記下描述性統計量內容

描述性統計量

		個數	平均數	標準差	標準誤
去頭皮屑	海倫仙度絲	22	4.27	.767	.164
	飛柔	14	3.64	.842	.225
	mod's hair				
	麗仕				
	多芬				
	其他				

這是什麼(W)?
剪下(T)
複製(C)
複製物件(Y)

② 轉入 Excel, 切換到『**常用**』索引標籤, 按『**剪貼簿**』群組 🗐 『**貼上**』鈕, 將內容貼到 Excel

	A	B	C	D	E
1	描述性統計量				
2			個數	平均數	標準差
3					
4	去頭皮屑	海倫仙度	22	4.272727	0.767297
5		飛柔	14	3.642857	0.841897
6		mod's hair	22	4	0.872872
7		麗仕	10	3.4	0.843274
8		多芬	20	3.8	0.951453
9		其他	36	3.805556	1.009086
10		總和	124	3.870968	0.919241
11	保濕	海倫仙度	22	4	0.690066
12		飛柔	14	3.642857	0.928783
13		mod's hair	22	4.636364	0.581087
14		麗仕	10	3.4	0.966092

③ 於 A2 輸入『**屬性**』字串、B2 輸入『**品牌**』字串

④ 按住 Ctrl 鍵, 按第 1、3 列之標題按鈕, 選取該列, 續按 Ctrl + − 鍵, 將這兩列刪除

⑤ 續按 E 欄之標題按鈕往右拖曳, 選取其右側各欄, 續按 Ctrl + − 鍵, 將這幾欄刪除

	A	B	C	D	E
1	屬性	品牌	個數	平均數	
2	去頭皮屑	海倫仙度	22	4.272727	
3		飛柔	14	3.642857	
4		mod's hair	22	4	
5		麗仕	10	3.4	
6		多芬	20	3.8	
7		其他	36	3.805556	
8		總和	124	3.870968	
9	保濕	海倫仙度	22	4	

⑥ 選取 B2:B8 之品牌

⑦ 按『**剪貼簿**』群組 🗐 『**複製**』鈕, 記下所選取之容

⑧ 停於 D1, 按『**剪貼簿**』群組 🗐 『**貼上**』鈕的下拉鈕, 續選「**轉置(T)**」, 將其由欄轉為列, 複製到 D1:J1

	A	B	C	D	E	F	G	H	I	J
1	屬性	品牌	個數	海倫仙度	飛柔	mod's hair	麗仕	多芬	其他	總和
2	去頭皮屑	海倫仙度	22	4.272727						
3		飛柔	14	3.642857						
4		mod's hair	22	4						
5		麗仕	10	3.4						
6		多芬	20	3.8						
7		其他	36	3.805556						
8		總和	124	3.870968						
9	保濕	海倫仙度	22	4						

⑨ 按 A 欄之標題按鈕, 選取該欄, 續按 Ctrl + + 鍵, 插入一空白新欄

⑩ 於 A1 輸入『編號』字串, A2 輸入數字 1, A3 輸入數字 2

⑪ 選取 A2:A3

	A	B	C
1	編號	屬性	品牌
2	1	去頭皮屑	海倫仙度
3	2		飛柔
4			mod's hair
5			麗仕

拖曳 A3 右下角之複製控點, 將其拉到 A57, 可將數字遞增填滿到 A57。這些數字, 是為了要記住各屬性之原排列順序

	A	B	C	D	E
53	52		mod's hair	22	4.5
54	53		麗仕	10	3.8
55	54		多芬	20	4.15
56	55		其他	36	4.111111
57	56		總和	124	4.064516

⑫ 選取 E2:E57 之數字資料, 按『**數值**』群組之 ⬚『**減少小數位數**』鈕, 將小數調整為 2 位

⑬ 選取 E3:E57 之數字資料 (E3 為『飛柔』品牌使用者, 對『去頭皮屑』屬性注重程度的均數, 選取時, 可停於 E3, 續按按 Ctrl + Shift + ↓ 鍵, 可向下直接選到連續範圍的最後一項 E57)

	A	B	C	D	E	F	G
1	編號	屬性	品牌	個數	海倫仙度	飛柔	mod's hair
2	1	去頭皮屑	海倫仙度	22	4.27		
3	2		飛柔	14	3.64		
4	3		mod's hair	22	4.00		
5	4		麗仕	10	3.40		
6	5		多芬	20	3.80		
7	6		其他	36	3.81		
8	7		總和	124	3.87		

⑭ 按『剪貼簿』群組 📋『複製』鈕, 記下所選取之內容

⑮ 停於 F2, 按『剪貼簿』群組 📋 『貼上』鈕, 將選取內容複製到 F2 以下

	A	B	C	D	E	F	G
1	編號	屬性	品牌	個數	海倫仙度	飛柔	mod's hair
2	1	去頭皮屑	海倫仙度	22	4.27	3.64	
3	2		飛柔	14	3.64	4.00	
4	3		mod's hair	22	4.00	3.40	
5	4		麗仕	10	3.40	3.80	
6	5		多芬	20	3.80	3.81	
7	6		其他	36	3.81	3.87	
8	7		總和	124	3.87	4.00	
9	8	保濕	海倫仙度	22	4.00	3.64	
10	9		飛柔	14	3.64	4.64	
11	10		mod's hair	22	4.64	3.40	

對照一下, 可將各屬性之注重程度往右上移一格, 恰好就是將『飛柔』品牌使用者, 對各屬性之注重程度均數, 移到 F 欄

⑯ 仿前三個步驟之操作方式, 將 F2: F56, 抄往 G2

	B	C	D	E	F	G	H
1	廠牌	屬性	個數	海倫仙度	飛柔	mod's hair	麗仕
2	去頭皮屑	海倫仙度	22	4.27	3.64	4.00	
3		飛柔	14	3.64	4.00	3.40	
4		mod's hair	22	4.00	3.40	3.80	
5		麗仕	10	3.40	3.80	3.81	
6		多芬	20	3.80	3.81	3.87	
7		其他	36	3.81	3.87	4.00	
8		總和	124	3.87	4.00	3.64	
9	保濕	海倫仙度	22	4.00	3.64	4.64	
10		飛柔	14	3.64	4.64	3.40	
11		mod's hair	22	4.64	3.40	4.00	
12		麗仕	10	3.40	4.00	3.92	

⑰ 仿此, 將各品牌之注重程度, 均逐一往右上移一格

	B	C	D	E	F	G	H	I	J	K
1	廠牌	屬性	個數	海倫仙度	飛柔	mod's hair	麗仕	多芬	其他	總和
2	去頭皮屑	海倫仙度	22	4.27	3.64	4.00	3.40	3.80	3.81	3.87
3		飛柔	14	3.64	4.00	3.40	3.80	3.81	3.87	4.00
4		mod's hair	22	4.00	3.40	3.80	3.81	3.87	4.00	3.64
5		麗仕	10	3.40	3.80	3.81	3.87	4.00	3.64	4.64
6		多芬	20	3.80	3.81	3.87	4.00	3.64	4.64	3.40
7		其他	36	3.81	3.87	4.00	3.64	4.64	3.40	4.00
8		總和	124	3.87	4.00	3.64	4.64	3.40	4.00	3.92

⑱ 點按 B 欄之任一格 (如：B2) , 切換到『**資料**』索引標籤, 按『**排序與篩選**』群組 『**從 A 到 Z 排序**』鈕, 可將整個表格資料, 依屬性遞增排序, 恰好把原空白之內容排到最底下

	A	B	C	D	E	F	G	H	I	J	K
1	編號	屬性	品牌	個數	海倫仙度	飛柔	mod's hair	麗仕	多芬	其他	總和
2	22	止癢	海倫仙度	21	4.05	3.46	4.27	3.40	3.90	4.03	3.94
3	1	去頭皮屑	海倫仙度	22	4.27	3.64	4.00	3.40	3.80	3.81	3.87
4	36	防止分岔	海倫仙度	22	4.09	3.57	4.14	3.10	3.95	3.89	3.88
5	8	保濕	海倫仙度	22	4.00	3.64	4.64	3.40	4.00	3.92	4.00
6	43	柔順	海倫仙度	22	4.41	3.64	4.68	3.80	4.35	4.22	4.26
7	29	香味	海倫仙度	22	3.77	3.36	3.95	3.50	3.65	3.94	3.77
8	50	整體效果	海倫仙度	22	4.00	3.43	4.50	3.80	4.15	4.11	4.06
9	15	護髮	海倫仙度	22	3.45	3.29	3.77	3.10	3.25	3.33	3.40
10	2		飛柔	14	3.64	4.00	3.40	3.80	3.81	3.87	4.00
11	3		mod's hair	22	4.00	3.40	3.80	3.81	3.87	4.00	3.64
12	4		麗仕	10	3.40	3.80	3.81	3.87	4.00	3.64	4.64

⑲ 按住第 10 列之標題按鈕, Ctrl + Shift + ↓ 鍵, 可往下選取到連續範圍的最後一列 (第 57 列) , 續按 Ctrl + − 鍵, 將其等刪除

	A	B	C	D	E	F	G	H	I	J	K
1	編號	屬性	品牌	個數	海倫仙度	飛柔	mod's hair	麗仕	多芬	其他	總和
2	22	止癢	海倫仙度	21	4.05	3.46	4.27	3.40	3.90	4.03	3.94
3	1	去頭皮屑	海倫仙度	22	4.27	3.64	4.00	3.40	3.80	3.81	3.87
4	36	防止分岔	海倫仙度	22	4.09	3.57	4.14	3.10	3.95	3.89	3.88
5	8	保濕	海倫仙度	22	4.00	3.64	4.64	3.40	4.00	3.92	4.00
6	43	柔順	海倫仙度	22	4.41	3.64	4.68	3.80	4.35	4.22	4.26
7	29	香味	海倫仙度	22	3.77	3.36	3.95	3.50	3.65	3.94	3.77
8	50	整體效果	海倫仙度	22	4.00	3.43	4.50	3.80	4.15	4.11	4.06
9	15	護髮	海倫仙度	22	3.45	3.29	3.77	3.10	3.25	3.33	3.40
10											

⑳ 刪除 C、D 兩欄

㉑　點按 A 欄之任一格 (如：A2)，再按 ↓↑『**從最小到最大排序**』鈕，可將整個表格資料依『**編號**』遞增排序，即可還原成原問卷上排列之順序，取得各品牌使用者，對不同屬性之注重程度均數

	A	B	C	D	E	F	G	H	I
1	編號	屬性	海倫仙度	飛柔	mod's hair	麗仕	多芬	其他	總和
2	1	去頭皮屑	4.27	3.64	4.00	3.40	3.80	3.81	3.87
3	8	保濕	4.00	3.64	4.64	3.40	4.00	3.92	4.00
4	15	護髮	3.45	3.29	3.77	3.10	3.25	3.33	3.40
5	22	止癢	4.05	3.46	4.27	3.40	3.90	4.03	3.94
6	29	香味	3.77	3.36	3.95	3.50	3.65	3.94	3.77
7	36	防止分岔	4.09	3.57	4.14	3.10	3.95	3.89	3.88
8	43	柔順	4.41	3.64	4.68	3.80	4.35	4.22	4.26
9	50	整體效果	4.00	3.43	4.50	3.80	4.15	4.11	4.06

㉒　於 B10 數入『**樣本數**』，C10:I10 輸入各品牌使用者之樣本數及總樣本數

	B	C	D	E	F	G	H	I
1	屬性	海倫仙度	飛柔	mod's hair	麗仕	多芬	其他	總和
2	去頭皮屑	4.27	3.64	4.00	3.40	3.80	3.81	3.87
3	保濕	4.00	3.64	4.64	3.40	4.00	3.92	4.00
4	護髮	3.45	3.29	3.77	3.10	3.25	3.33	3.40
5	止癢	4.05	3.46	4.27	3.40	3.90	4.03	3.94
6	香味	3.77	3.36	3.95	3.50	3.65	3.94	3.77
7	防止分岔	4.09	3.57	4.14	3.10	3.95	3.89	3.88
8	柔順	4.41	3.64	4.68	3.80	4.35	4.22	4.26
9	整體效果	4.00	3.43	4.50	3.80	4.15	4.11	4.06
10	樣本數	22	14	22	10	20	36	124

計算排名

接著，利用 Excel 的 RANK() 函數，計算出各屬性注重程度的排名：

①　續前例，於 J1 輸入『**排名**』字串，於 J2 輸入公式

```
=RANK(I2, $I$2:$I$9)
```

續拖曳其右下角之複製控點，將公式複製到 J3:J9，求算出所有屬性注重程度之排名

② 一般分析, 並不用排名到最後一個, 僅須保留前幾名即可, 故我們將排名 5 以後者刪除

取得 F 值與顯著水準

最後, 以下示步驟, 取得 ANOVA 表之 F 值與顯著水準:

① 轉回 SPSS, 於『ANOVA』報表物件上, 單按滑鼠右鍵, 續選「**複製(C)**」, 記下『ANOVA』報表內容

② 轉入 Excel 另一個新工作表, 切換到『**常用**』 索引標籤, 按『**剪貼簿**』群組『**貼上**』鈕, 將內容貼到 Excel

③ 刪除第 1 列與 B~E 欄

④ 於 A1 輸入『屬性』字串

	A	B	C
1	屬性	F 檢定	顯著性
2	去頭皮屑	1.735243	0.131817
3			
4			
5	保濕	3.753285	0.003443

⑤ 按 A 欄之標題按鈕, 選取該欄, 續按 Ctrl + + 鍵, 插入一空白新欄

⑥ 於 A1 輸入『編號』字串, A2 輸入數字 1, A3 輸入數字 2

⑦ 選取A2:A3

	A	B
1	編號	屬性
2	1	去頭皮屑
3	2	
4		
5		保濕

拖曳 A3 右下角之複製控點, 將其拉到 A23, 可將數字遞增填滿到 A23。這些數字, 是為了要記住各屬性之原排列順序。

	A	B	C	D
20	19	柔順	3.485941	0.005647
21	20			
22	21			
23	22	整體效果	2.955578	0.015001

⑧ 點按 B 欄之任一格 (如: B2), 切換到『**資料**』索引標籤, 按『**排序與篩選**』群組 ↓↑『**從 A 到 Z 排序**』鈕, 可將整個表格資料依屬性遞增排序, 恰好把原空白內容排到最底下

⑨ 按住第 10 列之標題按鈕, Ctrl + Shift + ↓ 鍵, 可往下選取到連續範圍的最後一列 (第 23 列), 續按 Ctrl + - 鍵, 將其等刪除

	A	B	C	D
1	編號	屬性	F 檢定	顯著性
2	10	止癢	2.025196	0.080132
3	1	去頭皮屑	1.735243	0.131817
4	16	防止分岔	2.463561	0.036709
5	4	保濕	3.753285	0.003443
6	19	柔順	3.485941	0.005647
7	13	香味	1.023504	0.40706
8	22	整體效果	2.955578	0.015001
9	7	護髮	0.868011	0.504887
10				

⑩ 選取 C2:D9 之數字資料, 按『**數值**』群組 ⊷ 『**減少小數位數**』鈕, 將小數調整為 2 位

⑪ 點按 A 欄之任一格 (如：A2), 再按 ⇅ 『**從最小到最大排序**』鈕, 可將整個表格資料依『**編號**』遞增排序, 即可還原成原問卷上排列之順序, 取得各屬性之 F 檢定值與顯著性

	A	B	C	D
1	編號	屬性	F 檢定	顯著性
2	1	去頭皮屑	1.74	0.13
3	4	保濕	3.75	0.00
4	7	護髮	0.87	0.50
5	10	止癢	2.03	0.08
6	13	香味	1.02	0.41
7	16	防止分岔	2.46	0.04
8	19	柔順	3.49	0.01
9	22	整體效果	2.96	0.02

⑫ 選取 C1:D9, 按『**剪貼簿**』群組 📄 『**複製**』鈕, 記下所選取之內容

⑬ 轉回上節處理後之工作表, 點選 K1, 續按『**剪貼簿**』群組 📋 『**貼上**』鈕, 複製出各屬性檢定結果之 F 值、顯著性及標題。 (得確定一下, 是否已正確將資料抄到適當之屬性右側)

	H	I	J	K	L
1	其他	總和	排名	F 檢定	顯著性
2	3.81	3.87		1.74	0.13
3	3.92	4.00	3	3.75	0.00
4	3.33	3.40		0.87	0.50
5	4.03	3.94	4	2.03	0.08
6	3.94	3.77		1.02	0.41
7	3.89	3.88	5	2.46	0.04
8	4.22	4.26	1	3.49	0.01
9	4.11	4.06	2	2.96	0.02
10	36	124			

加附註

接著, 以下示步驟, 於顯著性之右側, 加註是否小於 $\alpha = 0.05$：

① 於 M1 輸入『$<\alpha$』字串, 於 M2 輸入公式

```
=IF(L2<0.05, "*", "")
```

續雙按其右下角之複製控點,
將其抄到M3:M9。可將檢定
結果顯著者, 於其『＜α』欄
加註"*" (表其＜α=0.05)

	M2		▼		f_x =IF(L2<0.05,"*","")
	I	J	K	L	M
1	總和	排名	F 檢定	顯著性	＜α
2	3.87		1.74	0.13	
3	4.00	3	3.75	0.00	*
4	3.40		0.87	0.50	
5	3.94	4	2.03	0.08	
6	3.77		1.02	0.41	
7	3.88	5	2.46	0.04	*
8	4.26	1	3.49	0.01	*
9	4.06	2	2.96	0.02	*

② 選取 B 欄～M 欄, 雙按任一個欄標題按鈕之右側邊框, 將其調整為最適寬度。
續選取B1:M10

	B	C	D	E	F	G	H	I	J	K	L	M
1	屬性	海倫仙度絲	飛柔	mod's hair	麗仕	多芬	其他	總和	排名	F 檢定	顯著性	＜α
2	去頭皮屑	4.27	3.64	4.00	3.40	3.80	3.81	3.87		1.74	0.13	
3	保濕	4.00	3.64	4.64	3.40	4.00	3.92	4.00	3	3.75	0.00	*
4	護髮	3.45	3.29	3.77	3.10	3.25	3.33	3.40		0.87	0.50	
5	止癢	4.05	3.46	4.27	3.40	3.90	4.03	3.94	4	2.03	0.08	
6	香味	3.77	3.36	3.95	3.50	3.65	3.94	3.77		1.02	0.41	
7	防止分岔	4.09	3.57	4.14	3.10	3.95	3.89	3.88	5	2.46	0.04	*
8	柔順	4.41	3.64	4.68	3.80	4.35	4.22	4.26	1	3.49	0.01	*
9	整體效果	4.00	3.43	4.50	3.80	4.15	4.11	4.06	2	2.96	0.02	*
10	樣本數	22	14	22	10	20	36	124				

③ 按『剪貼簿』群組 『複製』鈕, 記下所選取內容

④ 再轉到 Word 文件, 停於要插入表格位置。切換到『常用』索引標籤, 按『剪
貼簿』群組 『貼上』鈕, 將選取內容複製過來

	A	B	C	D	E	F	G
1	ANOVA						
2			平方和	自由度	平均平方	F 檢定	顯著性
3	去頭皮屑	組間	7.118673	5	1.423735	1.735243	0.131817
4		組內	96.81681	118	0.820481		
5		總和	103.9355	123			
6	保濕	組間	14.54481	5	2.908961	3.753285	0.003443
7		組內	91.45519	118	0.775044		
8		總和	106	123			

⑤ 最後, 將表格加上框線, 修飾其寬度並將標題字加粗:

屬性	海倫仙度絲	飛柔	mod's hair	麗仕	多芬	其他	總和	排名	F檢定	顯著性	$< \alpha$
去頭皮屑	4.27	3.64	4.00	3.40	3.80	3.81	3.87		1.74	0.13	
保濕	4.00	3.64	4.64	3.40	4.00	3.92	4.00	3	3.75	0.00	*
護髮	3.45	3.29	3.77	3.10	3.25	3.33	3.40		0.87	0.50	
止癢	4.05	3.46	4.27	3.40	3.90	4.03	3.94	4	2.03	0.08	
香味	3.77	3.36	3.95	3.50	3.65	3.94	3.77		1.02	0.41	
防止分岔	4.09	3.57	4.14	3.10	3.95	3.89	3.88	5	2.46	0.04	*
柔順	4.41	3.64	4.68	3.80	4.35	4.22	4.26	1	3.49	0.01	*
整體效果	4.00	3.43	4.50	3.80	4.15	4.11	4.06	2	2.96	0.02	*
樣本數	22	14	22	10	20	36	124				

頁面:1/1 字數:142 英文(美國) 插入 100%

於報告中, 對 F 檢定結果顯著者詳加解釋；檢定結果不顯著者, 則僅解釋其重要程度之排序即可。如:

根據調查結果, 洗髮精購買考慮因素依其重要程度高低, 依序為:柔順、整體效果、保濕、止癢與防止分岔。

經逐一以 F 檢定, 以使用品牌分組, 對其注重程度進行檢定, 發現有『柔順』、『整體效果』、『保濕』與『防止分岔』等屬性之注重程度會隨使用品牌不同, 而有顯著差異 (α =0.05) 。這些項目, 均是 mod's hair、海倫仙度絲與多芬等品牌使用者的注重程度較高。

[馬上練習！]

『SPSS 範例\Ch10\拍賣網站.sav』內，為受訪者於拍賣網站上每次的平均交易金額，與選擇拍賣網站的考慮因素評價量表。原問卷內容為：

請問您使用拍賣網站, 平均一次交易金額約多少錢

☐ 1.~200　　☐ 2. 201~500　　☐ 3. 501~100　　☐ 4. 1001~

請就下列選擇拍賣網站之考慮因素勾選其重要程度：

	極不重要	不重要	普通	重要	極重要
1) 過程簡易性	☐	☐	☐	☐	☐
2) 商品多樣性	☐	☐	☐	☐	☐
3) 商品資訊	☐	☐	☐	☐	☐
4) 商品品質	☐	☐	☐	☐	☐
5) 交易安全性	☐	☐	☐	☐	☐
6) 交易便利性	☐	☐	☐	☐	☐
7) 網站知名度	☐	☐	☐	☐	☐
8) 網站信譽	☐	☐	☐	☐	☐
9) 網站賦予保證	☐	☐	☐	☐	☐
10) 網站促銷	☐	☐	☐	☐	☐
11) 收費與否	☐	☐	☐	☐	☐
12) 使用介面	☐	☐	☐	☐	☐
13) 客戶服務	☐	☐	☐	☐	☐

試以 α =0.05 之顯著水準, 檢定選擇拍賣網站考慮因素的重要程度, 是否隨其交易金額高低而存有顯著差異？

接下頁

將各組均數、F值、顯著性以及全體均數,彙總到 Word 表格,並安排其注重程度的排名:

考慮因素	1~200	201~500	501~1000	1000以上	全體	排名	F 值	顯著性	<α
過程簡易性	4.07	4.31	4.50	4.13	4.27	8	1.61	0.195	
商品多樣性	4.60	4.40	4.75	4.50	4.51	4	1.34	0.268	
商品資訊	4.47	4.51	4.58	4.63	4.53	3	0.18	0.909	
商品品質	4.47	4.63	4.67	4.50	4.59	2	0.37	0.774	
交易安全性	4.53	4.69	4.92	4.63	4.69	1	1.24	0.303	
交易便利性	3.87	4.46	4.42	4.13	4.29	7	3.18	0.030	*
網站知名度	3.47	3.54	3.75	3.63	3.57	12	0.32	0.807	
網站信譽	4.00	4.40	4.58	4.50	4.36	6	1.82	0.152	
網站賦予保證	3.93	4.40	4.75	4.50	4.37	5	2.20	0.096	
網站促銷	2.87	3.09	3.58	3.88	3.21	13	3.57	0.018	*
收費與否	3.20	3.66	3.67	3.88	3.59	11	1.20	0.316	
使用介面	3.87	4.23	4.17	4.25	4.14	9	1.00	0.399	
客戶服務	4.07	4.06	4.33	3.88	4.09	10	0.58	0.627	
樣本數	15	35	12	8	70				

頁面:1/1　字數:196　中文(台灣)　插入　110%

可看出,選擇拍賣網站的考慮因素依其重要程度高低,依序為:交易安全性、商品品質、商品資訊、商品多樣性、網站賦予保證與網站信譽。

經逐一以 F 檢定,以交易金額分組,對其注重程度進行檢定,發現有『交易便利性』與『網站促銷』等因素之注重程度會隨使平均交易金額不同,而有顯著差異 (α=0.05)。這些項目,均以交易金額200以下者比較不注重;交易金額較高者就比較著重。

習 題

1. 下表為三種品牌之顧客滿意度(5=極滿意, 1=極不滿意)：

A 牌	B 牌	C 排
5	4	4
4	3	4
5	2	4
3	4	5
5	3	4
4	5	5
3	2	3
3		5
4		

請自行將資料輸入到『SPSS習題\Ex10\顧客滿意度.sav』，檢定三種品牌之顧客滿意度是否存有顯著差異？（α=0.05）

滿意度

	個數	平均數
A牌	9	4.00
B牌	7	3.29
C牌	8	4.25
總和	24	3.88

ANOVA

滿意度

	平方和	自由度	平均平方和	F檢定	顯著性
組間	3.696	2	1.848	2.293	.126
組內	16.929	21	.806		
總和	20.625	23			

(解：無法證明三種品牌之顧客滿意度存有顯著差異)

2. 下表為不同年齡層女性購買化妝品之費用：

-25	26-35	36-45	45-
1500	3000	3500	4000
1800	2800	2000	5000
1200	2500	3600	5200
2400	3200	4200	3800
1000	2400	3000	4700
800	1500	3200	3000
3500	1000	2500	
2000	1800		
1800			

請自行將資料輸入到『SPSS習題\Ex10\化妝品費用.sav』, 檢定四個不同年齡層之女性, 每月平均花費在購買化妝品之費用是否存有顯著差異? (α=0.05)

花費

	個數	平均數
-25	9	1777.78
26-35	8	2275.00
36-45	7	3142.86
45-	6	4283.33
總和	30	2730.00

ANOVA

花費

	平方和	自由度	平均平方和	F檢定	顯著性
組間	25486968.3	3	8495656.085	13.605	.000
組內	16236031.7	26	624462.759		
總和	41723000.0	29			

(解:四個不同年齡層女性, 每月平均購買化妝品之費用存有顯著差異, 年齡愈高花費愈高!)

3. 『SPSS 習題\Ex10\刷卡金額與零用金.sav』內, 有大學生每月平均刷卡金額與其可支配零用金內容:

	編號	刷卡金額	零用金額
18	21	2000	2
19	22	3000	3
20	24	30000	6
21	26	3000	6
22	27	2000	2

可支配零用金之原問卷內容為:

可支配零用金額大約多少：

☐ 1. 2000 元以下　　☐ 2. 2000~4000 元　　☐ 3. 4000~6000 元

☐ 4. 6000~8000 元　　☐ 5. 8000~10000 元　　☐ 6. 10000 元以上

將可支配零用金分為：~4000、4001~8000與8001~三組，續檢定每月平均刷卡金額，是否隨其可支配零用金高低而有顯著差異？

刷卡金額

	個數	平均數
~4000	11	2054.55
4001~8000	11	2781.82
8001~	13	7923.08
總和	35	4462.86

ANOVA

刷卡金額

	平方和	自由度	平均平方和	F檢定	顯著性
組間	250535001	2	125267500.50	3.329	.049
組內	1.20E+009	32	37627709.790		
總和	1.45E+009	34			

(解：每月平均刷卡金額, 會隨其可支配零用金高低而有顯著差異, 可支配零用金越高, 每月平均刷卡金額越高)

4. 『SPSS 習題\Ex10\衛生棉舒適性.sav』為各品牌消費者, 對其使用品牌之舒適性費評價： (極舒適=5, 極不舒適=1)

	編號	舒適	品牌
1	1	5	2
2	2	5	3
3	3	5	4
4	4	5	1

各品牌之代碼為：

品牌	代碼	品牌	代碼
靠得住	1	嬌爽	7
蘇菲	2	依倍適	8
蕾妮亞	3	圓滿意	9
康乃馨	4	保持潔	10
摩黛絲	5	其他	11
好自在	6		

先求其次數分配, 以確定應分為幾組？然後, 檢定各品牌消費者對其舒適性評價, 是否存有顯著差異？($\alpha=0.05$)

ANOVA

舒適

	平方和	自由度	平均平方和	F檢定	顯著性
組間	3.987	5	.797	3.607	.005
組內	23.873	108	.221		
總和	27.860	113			

(解：各品牌之舒適性評價, 存有顯著差異)

5. 『SPSS 習題\Ex10\衛生棉購買考慮因素.sav』內, 有受訪者使用之衛生棉品牌及其對產品屬性的評價量表。原問卷內容為：

請問您目前使用哪一個品牌的衛生棉？（單選）

☐ 1. 靠得住　☐ 2. 蘇菲　　☐ 3. 蕾妮亞　☐ 4. 康乃馨　☐ 5. 摩黛絲
☐ 6. 好自在　☐ 7. 嬌爽　　☐ 8. 依倍適　☐ 9. 圓滿意　☐ 10. 保持潔
☐ 11. 其他

請就下列有關衛生棉之產品屬性勾選其重要程度。

	極重要	重要	普通	不重要	極不重要
1)舒適	☐	☐	☐	☐	☐
2)乾爽	☐	☐	☐	☐	☐
3)貼身	☐	☐	☐	☐	☐
4)價格	☐	☐	☐	☐	☐
5)長度	☐	☐	☐	☐	☐
6)厚薄	☐	☐	☐	☐	☐
7)不變形	☐	☐	☐	☐	☐
8)撕包裝時無聲	☐	☐	☐	☐	☐
9)吸收力	☐	☐	☐	☐	☐

接下頁

	極重要	重要	普通	不重要	極不重要
10)蝶翼	☐	☐	☐	☐	☐
11)香味	☐	☐	☐	☐	☐
12)抗菌	☐	☐	☐	☐	☐
13)透氣	☐	☐	☐	☐	☐
14)不外漏	☐	☐	☐	☐	☐
15)易撕包	☐	☐	☐	☐	☐

檢定各品牌消費者, 對產品屬性的重要性評價, 是否存有顯著差異？將各品牌均數、F 值、顯著性以及全體均數彙總到 Word 表格, 安排其注重程度的排名, 並解釋其結果。

相關

1
2
3
4
5
6
7
8
9
10
11
12
13
14
15
16

11-1 概念

　　所謂相關是指變項間相互發生之關聯, 若僅是分析兩組資料間之相關, 稱之為簡單相關, 如, 每月所得與購買力之關係。若是同時分析多組資料間之相關, 則稱之為複相關, 如：動產、不動產、每月所得等與購買力之關係。偏相關就是在其他變數固定的條件下, 而去檢定兩組變數間是否有關係, 如：將動產與不動產固定, 去求每月所得與購買力之關係。

　　要瞭解簡單相關, 通常有二種方式, 一為繪製資料散佈圖；另為計算簡單相關係數(亦即表示相關程度大小及正負之量數)。簡單相關係數之計算公式為：

$$\rho_{x,y} = \frac{\dfrac{1}{n} \displaystyle\sum_{j=1}^{n} \left(x_j - \mu_x\right)\left(y_j - \mu_y\right)}{\sigma_x \cdot \sigma_y}$$

相關係數係一介於-1 到+1 之數字

$$-1 \le \rho_{x,y} \le 1$$

其情況可有下列三種：

=0　無關

>0　正相關

<0　負相關

當相關係數之絕對值小於 0.3 時, 為低度相關；絕對值介於 0.3~0.7 時, 即為中度相關；達 0.7~0.8 時, 即為高度相關；若達 0.8 以上時, 即為非常高度相關。

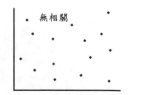
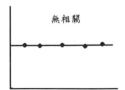
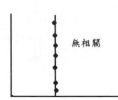

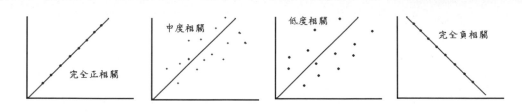

11-2 雙變數的簡單相關係數

『SPSS 範例\Ch11\廣告費與銷售量.sav』資料,為一年度每月份之廣告費與銷售量之數字:

	月份	廣告費	銷售量
1	1	250	2600
2	2	300	2950
3	3	200	1850
4	4	180	1650

可以下示步驟,求得其簡單相關係數並進行檢定,其虛無假設與對立假設為:

H_0: $\rho = 0$ (無關)

H_1: $\rho \neq 0$ (相關)

① 執行「**分析(A)／相關(C)／雙變數(B)**…」

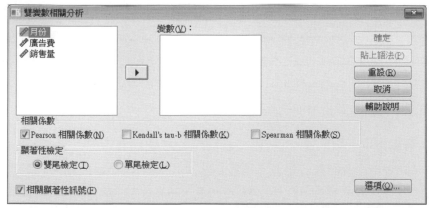

② 選『廣告費』與『銷售量』,按 ▶ 鈕,將其送到右側之『變數(V)』方塊

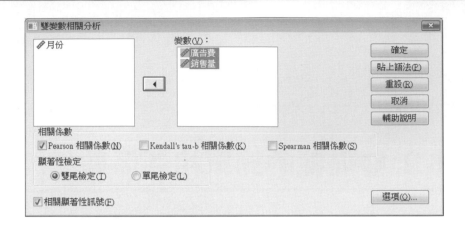

③ 『相關係數』選「**Pearson 相關係數(N)**」

④ 『顯著性檢定』選「**雙尾檢定(T)**」

⑤ 按 確定 鈕, 獲致

相關

		廣告費	銷售量
廣告費	Pearson 相關	1	.923**
	顯著性(雙尾)		.000
	個數	12	12
銷售量	Pearson 相關	.923**	1
	顯著性(雙尾)	.000	
	個數	12	12

**. 在顯著水準為0.01時(雙尾), 相關顯著。

　　可算出其相關係數為 0.923, 其後之兩個星號 (**) 表示於 $\alpha=0.01$ 之顯著水準下兩者顯著相關, 其下之顯著性為 0.000。表示銷售量與廣告費間存有極高度之正相關, 銷售量會隨廣告費遞增而明顯增加。

　　有時, 會僅出現一個星號 (*) 而已, 表於 $\alpha=0.05$ 之顯著水準下兩者顯著相關; 若無星號則表示兩者無顯著相關。不管怎樣, 其下均會顯示檢定結果之顯著性, 我們也可以看它是否小於所指定之 α 值, 來判斷兩變數間是否存有顯著相關?

11-3 繪製資料散佈圖

散佈圖通常用以探討兩數值資料之相關情況, 如：廣告費與銷售量之關係、年齡與所得之關係、所得與購買能力之關係、每月所得與信用分數之關係、……。

在 X 軸之資料稱為自變數；Y 軸之資料稱為因變數 (依變數)；利用散佈圖即可判讀出：當 X 軸資料變動後, 對 Y 軸資料之影響程度。如：隨廣告費逐漸遞增, 銷售量將如何變化？

若仍使用前文之『 SPSS 範例\Ch11\廣告費與銷售量.sav 』為例, 可以下示步驟來繪製其廣告費與銷售量散佈圖：

① 執行「**統計圖(G)/散佈圖/點狀圖(S)⋯**」

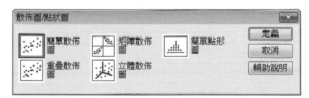

② 於上圖選「**簡單散佈圖**」, 續按 <u>定義</u> 鈕

③ 選『廣告費』, 按 ▶ 鈕, 將其送到右側之『X 軸(X)』方塊

④ 選『銷售量』, 按 ▶ 鈕, 將其送到右側之『Y 軸(Y)』方塊

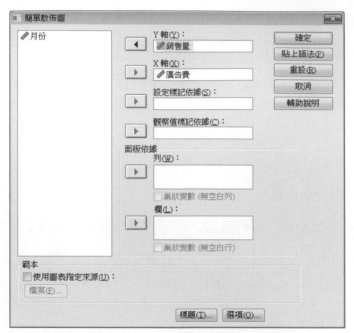

⑤ 按 標題(T)... 鈕, 於『標題』之『第 1 行(L)』輸入『廣告費與銷售量之關係圖』,
當其大標題

⑥ 按 繼續 鈕, 回上一層對話方塊

⑦ 按 確定 鈕, 獲致

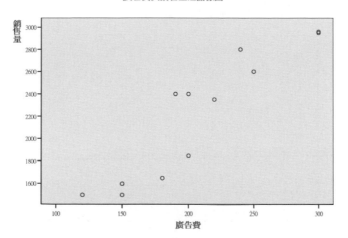

廣告費與銷售量之關係圖

可輕易看出, 銷售量會隨廣告費遞增而明顯增加。

〔馬上練習！〕

以『SPSS 範例\Ch11\成績.sav』

	編號	國文	英文
1	1	85	67
2	2	75	82
3	3	91	88
4	4	62	70

計算其簡單相關係數, 檢定兩者是否顯著相關？ (α =0.05)並繪製國文及英文成績之散佈圖。

相關

		國文	英文
國文	Pearson 相關	1	.792**
	顯著性(雙尾)		.002
	個數	12	12
英文	Pearson 相關	.792**	1
	顯著性(雙尾)	.002	
	個數	12	12

**. 在顯著水準為0.01時 (雙尾)，相關顯著

接下頁

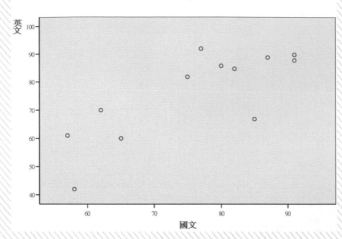

國文與英文之關係圖

相關係數 0.792, 顯著性 0.002<α=0.05, 棄卻兩者無關之需無假設, 接受兩者顯著正相關。國文成績較高者, 其英文成績也同樣會較高。

〔 馬上練習 ! 〕

以『SPSS 範例\Ch11\仰臥起坐與伏地挺身.sav』:

	編號	仰臥起坐	伏地挺身
1	1	9	12
2	2	30	40
3	3	26	32
4	4	25	30

計算其相關係數, 檢定兩者是否顯著相關? (α=0.05)並繪製散佈圖, 查看學童之仰臥起坐與伏地挺身個數之相關情況:

相關

		仰臥起坐	伏地挺身
仰臥起坐	Pearson 相關	1	.915**
	顯著性 (雙尾)		.001
	個數	9	9
伏地挺身	Pearson 相關	.915**	1
	顯著性 (雙尾)	.001	
	個數	9	9

**. 在顯著水準為0.01時 (雙尾), 相關顯著。

接下頁

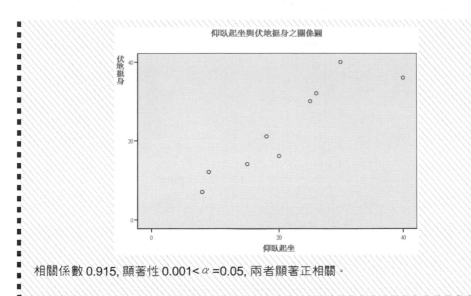

仰臥起坐與伏地挺身之關係圖

相關係數 0.915, 顯著性 0.001< α =0.05, 兩者顯著正相關。

11-4 | 多個變數之簡單相關矩陣

「**分析(A)/相關(C)/雙變數(B)⋯**」也可用於處理多個變數, 用以一舉求得所有變數之簡單相關係數矩陣。其結果同於, 逐一求算每兩個變數之簡單相關係數。

『SPSS 範例\Ch11\汽車屬性.sav』收集到有關汽車鈑金、省油與價格之滿意度資料：(5=很滿意, 1=很不滿意)

	編號	鈑金	省油	價格
1	1	4	3	2
2	2	5	2	1
3	3	4	3	3
4	4	3	4	3

可以下示步驟, 求得其簡單相關矩陣並進行檢定：

① 執行「**分析(A)/相關(C)/雙變數(B)⋯**」

② 選『鈑金』、『省油』與『價格』, 按 ▶ 鈕, 將其送到右側之『變數(V)』方塊

③ 『相關係數』選「**Pearson 相關係數(N)**」

④ 『顯著性檢定』選「**雙尾檢定(T)**」

⑤ 按 [　確定　] 鈕, 即可獲致多組資料之簡單相關係數表

相關

		鈑金	省油	價格
鈑金	Pearson 相關	1	-.939**	-.915**
	顯著性(雙尾)		.000	.000
	個數	14	14	14
省油	Pearson 相關	-.939**	1	.835**
	顯著性(雙尾)	.000		.000
	個數	14	14	14
價格	Pearson 相關	-.915**	.835**	1
	顯著性(雙尾)	.000	.000	
	個數	14	14	14

**.在顯著水準為0.01時(雙尾), 相關顯著。

　　每一個檢定之顯著性均為 $0.000 < \alpha = 0.05$, 顯示任兩個變數間, 均有高度之簡單相關。如,『鈑金與省油』及『鈑金與價格』之滿意度間均呈高度負相關 (-0.939 與 -0.915), 顯示對鈑金越滿意對其省油與價格將越不滿意。這可能是鈑金好的車身重量大, 當然較不省油, 且其售價一般也比較高。

[馬上練習！]

以『SPSS 範例\Ch11\成績相關因素.sav』
之內容：

	平均成績	出席率	選修學分	打工時數
1	82	.96	14	4
2	75	.80	16	8
3	68	.70	10	10
4	88	.82	12	0

求本班學生上學期之總平均成績、出席率、選修學分數與每週打工時數間之簡單相關係數
表：

相關

		平均成績	出席率	選修學分	打工時數
平均成績	Pearson 相關	1	.485	.560	-.714*
	顯著性 (雙尾)		.131	.073	.014
	個數	11	11	11	11
出席率	Pearson 相關	.485	1	.604*	-.214
	顯著性 (雙尾)	.131		.049	.528
	個數	11	11	11	11
選修學分	Pearson 相關	.560	.604*	1	-.158
	顯著性 (雙尾)	.073	.049		.644
	個數	11	11	11	11
打工時數	Pearson 相關	-.714*	-.214	-.158	1
	顯著性 (雙尾)	.014	.528	.644	
	個數	11	11	11	11

*. 在顯著水準為0.05 時 (雙尾)，相關顯著。

僅『平均成績與打工時數』呈高度負相關；『出席率與選修學分』呈高度正相關。其餘
變數間均無法棄卻兩者無關之虛無假設。

11-5 偏相關

　　眞實世界的很多情況, 絕不是簡單的兩個變數就能解釋清楚。且其間各變數相互
牽扯, 彼此間夾雜很多相互影響力。這樣, 會使得我們無法看清某兩個變數間的眞
正關係。偏相關就是在其他變數固定的條件下, 而去檢定兩組變數間是否有關係。
由於, 排除了其他變數之影響, 故又稱爲『淨相關』。

　　以前文之『SPSS 範例\Ch11\汽車屬性.sav 』爲例, 執行「**分析(A)/相關(C)/雙
變數(B)…**」所求得之簡單相關矩陣爲：

相關

		鈑金	省油	價格
鈑金	Pearson 相關	1	-.939**	-.915**
	顯著性（雙尾）		.000	.000
	個數	14	14	14
省油	Pearson 相關	-.939**	1	.835**
	顯著性（雙尾）	.000		.000
	個數	14	14	14
價格	Pearson 相關	-.915**	.835**	1
	顯著性（雙尾）	.000	.000	
	個數	14	14	14

**. 在顯著水準為0.01時（雙尾），相關顯著。

由『省油與價格』之滿意度間呈高度正相關 (0.835)，我們可能會獲致一結論，較滿意其價格之車種，應該較省油。

但是，事實上，省油與鈑金間之關係，較為密切；而與價格間之關係應該沒那麼明顯！其間，可能是受了鈑金與價格間之相互關係所影響。所以，我們以下示步驟，將『鈑金』固定下來，而僅求『省油』與『價格』之偏相關，並進行檢定：

① 開啟『SPSS 範例\Ch11\汽車屬性.sav』，執行「**分析(A)／相關(C)／偏相關(R)…**」

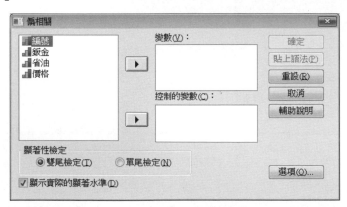

② 選『省油』與『價格』，按 ▶ 鈕，將其送到右上之『變數(V)』方塊

③ 選『鈑金』，按 ▶ 鈕，將其送到右下之『控制的變數(C)』方塊

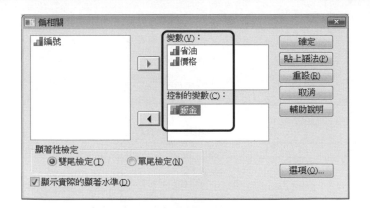

④ 在上圖在『顯著性檢定』中選「**雙尾檢定(T)**」

⑤ 按 [確定] 鈕, 即可獲致偏相關係數表

淨相關

相關

控制變數			省油	價格
鈑金	省油	相關	1.000	-.174
		顯著性(雙尾)	.	.571
		df	0	11
	價格	相關	-.174	1.000
		顯著性(雙尾)	.571	.
		df	11	0

　　可發現, 將『鈑金』變數固定後,『省油』與『價格』兩變數間, 不再是顯著相關！可見, 於多組變數時, 僅單獨以簡單相關係數進行檢定, 其結論可能是錯誤的。

〔馬上練習！〕

以上一個『馬上練習』之『SPSS 範例\Ch11\成績相關因素.sav』內容, 將平均成績與每週打工時數固定下來, 求出席率與選修學分間之偏相關 :

相關

控制變數			出席率	選修學分
平均成績 & 打工時數	出席率	相關	1.000	.416
		顯著性 (雙尾)	.	.265
		df	0	7
	選修學分	相關	.416	1.000
		顯著性 (雙尾)	.265	.
		df	7	0

前例, 直接以簡單相關獲致『出席率與選修學分』呈高度正相關之結論, 於平均成績與每週打工時數固定下來後, 求其偏相關, 可發現其實,『出席率與選修學分』兩者間之相關並不顯著。

習 題

1. 依『SPSS 習題\Ex11\國文 x 數學.sav』之資料

	國文	數學
1	85	78
2	71	75
3	62	81
4	77	82

求其相關係數, 並檢定兩者是否存有關聯？（α=0.05）

相關

		國文	數學
國文	Pearson 相關	1	.525
	顯著性（雙尾）		.146
	個數	9	9
數學	Pearson 相關	.525	1
	顯著性（雙尾）	.146	
	個數	9	9

(無法棄卻虛無假設, 兩者無顯著相關）

2. 依『SPSS 習題\Ex11\存放款.sav』之資料：
(單位：千萬）

	分行	存款餘額	放款餘額
1	1	65	52
2	2	102	85
3	3	42	37
4	4	58	48

繪製散佈圖、求其相關係數並檢定兩者是否存有關聯？（α=0.05）

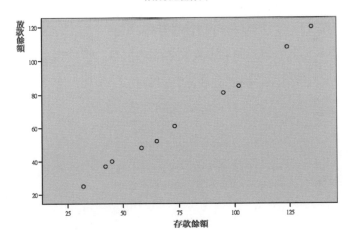

相關

		存款餘額	放款餘額
存款餘額	Pearson 相關	1	.998**
	顯著性 (雙尾)		.000
	個數	10	10
放款餘額	Pearson 相關	.998**	1
	顯著性 (雙尾)	.000	
	個數	10	10

**. 在顯著水準為0.01時 (雙尾)，相關顯著。

(棄卻虛無假設, 兩者顯著相關, 相關係數為 0.998)

3. 根據『SPSS 習題\Ex11\刷卡金額.sav』之可支配
   零用金與每月刷卡金額資料：

	零用金	刷卡金額
1	1000	1000
2	1000	2000
3	3000	600
4	3000	1000

   求其相關係數, 並檢定兩者是否存有關聯？ (α =0.05)

相關

		零用金	刷卡金額
零用金	Pearson 相關	1	.446**
	顯著性 (雙尾)		.007
	個數	35	35
刷卡金額	Pearson 相關	.446**	1
	顯著性 (雙尾)	.007	
	個數	35	35

**. 在顯著水準為0.01時 (雙尾)，相關顯著。

(棄卻虛無假設, 兩者存有顯著正相關, 相關係數為 0.446)

4. 『SPSS 習題\Ex11\手機屬性.sav』』之資料, 為消
   費者對手機『大小適中』與『重量輕巧』兩屬性
   之注重程度：(極重要=5, 極不重要=1)

	大小適中	重量輕巧
4	2	2
5	1	1
6	3	3
7	2	2

   求兩者之相關係數, 並檢定是否存有相關？ (α =0.05)

相關

		大小適中	重量輕巧
大小適中	Pearson 相關	1	.895**
	顯著性 (雙尾)		.000
	個數	191	191
重量輕巧	Pearson 相關	.895**	1
	顯著性 (雙尾)	.000	
	個數	191	191

**. 在顯著水準為0.01時 (雙尾)，相關顯著。

(棄卻虛無假設, 兩者存有顯著正相關, 相關係數為 0.895)

5. 『 SPSS 習題\Ex11\清晰 X 速度.sav 』之資料, 為消費者對數位相機『畫素色彩是否清晰』與『內建記憶體容量及速度』兩屬性之注重程度： (極重要=5, 極不重要=1)

	畫素色彩是否清晰	內建記憶體容量及速度
1	5	5
2	4	3
3	4	4
4	5	5

求兩者之相關係數, 並檢定是否存有顯著相關？ (α=0.05)

相關

		畫素色彩是否清晰	內建記憶體容量及速度
畫素色彩是否清晰	Pearson 相關	1	.619**
	顯著性 (雙尾)		.000
	個數	98	98
內建記憶體容量及速度	Pearson 相關	.619**	1
	顯著性 (雙尾)	.000	
	個數	98	98

**. 在顯著水準為0.01時 (雙尾)，相關顯著。

(棄卻虛無假設, 兩者存有顯著正相關, 相關係數為 0.619)

6. 根據『 SPSS 習題\Ex11\信用資料.sav 』之資料：

	每月所得	信用卡數	不動產	動產
1	5.2	4	5	5
2	4.8	3	8	6
3	6.5	4	12	10
4	7.6	5	21	15

以 α=0.05 檢定, 將『動產』與『不動產』固定下, 檢定『每月所得』與『信用卡數』兩變數間是否存有顯著相關？

相關

控制變數			每月所得(萬)	信用卡數(張)
不動產(百萬) & 動產(千萬)	每月所得(萬)	相關	1.000	.525
		顯著性 (雙尾)	.	.181
		df	0	6
	信用卡數(張)	相關	.525	1.000
		顯著性 (雙尾)	.181	.
		df	6	0

(無法棄卻虛無假設, 兩者未存有顯著相關)

CHAPTER

12

迴歸

1
2
3
4
5
6
7
8
9
10
11
12
13
14
15
16

迴歸分析是以一個或一組自變數 (預測變項, X_i), 來預測一個數值性的因變數 (依變數、被預測變項, Y)。若只有一個自變數稱爲簡單迴歸；若使用一組自變數則稱爲多元迴歸或複迴歸。

SPSS 的迴歸分析, 可獲致很多相關之統計數字。如：求相關係數、判定係數、以 F 檢定判斷因變數與自變數間是否有迴歸關係存在、以 t 檢定判斷各迴歸係數是否不爲 0、計算迴歸係數之信賴區間、計算殘差、……, 甚至還可繪圖。

12-1 直線迴歸

『SPSS 範例\Ch12\廣告與銷售量.sav』內有廣告費與銷售額資料：

	廣告費	銷售量
1	250	2600
2	300	2950
3	200	1850
4	150	1500

可以下示步驟進行迴歸：

① 執行「**分析 (A)/迴歸方法 (R)/線性 (L)…**」

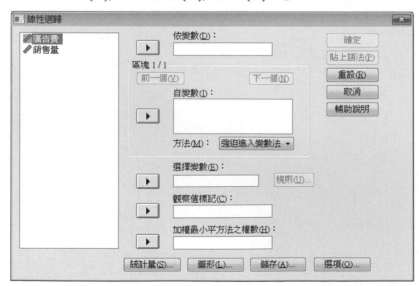

② 選『銷售量』, 按 ▶ 鈕, 將其送到右側之『依變數 (D)』方塊

③ 選『廣告費』, 按 ▶ 鈕, 將其送到右側之『自變數 (I)』方塊

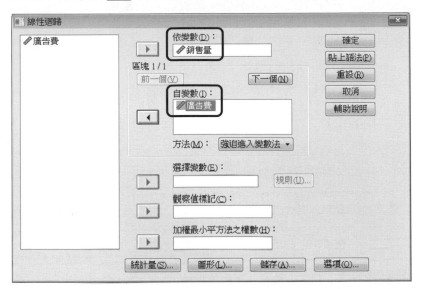

④ 於『方法 (M)』處, 選擇欲使用之迴歸方法

其內可供選用之方法有:

☑ **強迫進入變數法** 不論有幾個變數? 一次全部納入迴歸函數。

☑ **逐步迴歸分析法** 一次僅挑選一個貢獻最大之變數進入迴歸函數, 逐次挑選到剩下之變數皆無顯著貢獻為止。

☑ **刪除法** 先將所有變數全部納入迴歸函數, 再逐次刪除貢獻最小之變數, 逐次挑選到剩下之變數皆有顯著貢獻為止。

☑ **向後法** 類似刪除法, 只是判斷的統計量不同而已。

☑ **向前法** 類似逐步迴歸分析法, 只是判斷的統計量不同而已。

後面幾種均屬於逐步迴歸, 在過去電腦速度較慢的時代, 為節省處理時間, 會依某判斷規則, 僅選擇達到標準之變數進入迴歸函數。一但剩下之變數均未達進入之門檻, 即結束執行。 (本例選「**強迫進入變數法**」)

⑤ 按 統計量(S)... 鈕, 選擇:估計值、模式適合度、R 平方改變量與描述性統計量等;並選擇全部觀察值的殘差

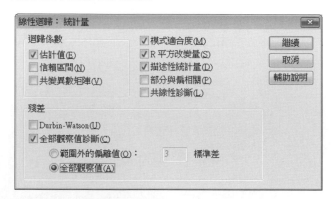

⑥ 按 繼續 鈕, 回上一層對話方塊

⑦ 按 確定 鈕, 即可獲致迴歸結果

因其內容較多, 將其拆分為幾個部份, 說明其顯示結果之作用:

敘述統計

	平均數	標準差	個數
銷售量	2251.00	592.461	10
廣告費	213.00	61.653	10

此部份為所有變數的描述性統計量, 銷售量與廣告費的均數分別為 2251 與 213, 各有 10 個樣本。

相關

		銷售量	廣告費
Pearson 相關	銷售量	1.000	.950
	廣告費	.950	1.000
顯著性 (單尾)	銷售量	.	.000
	廣告費	.000	.
個數	銷售量	10	10
	廣告費	10	10

廣告費與銷售量之相關係數為 0.95, 顯著水準達 0.000＜α=0.01, 兩者存有顯著之高度正相關。

選入/刪除的變數b

模式	選入的變數	刪除的變數	方法
1	廣告費 a	.	選入

a. 所有要求的變數已輸入。
b. 依變數：銷售量

此部份是顯示有那些變數進入到迴歸模式？或那些變數是於迴歸模式中被刪除？

模式摘要b

模式	R	R 平方	調過後的 R 平方	估計的標準誤	R 平方改變量
1	.950 a	.903	.891	195.849	.903

a. 預測變數：(常數), 廣告費
b. 依變數：銷售量

此部份顯示：簡單相關係數為 0.95 (R, 在複迴歸模式, 此部份即複相關係數)、判定係數 (R 平方) 為 0.903、調過後的 R 平方為 0.891 (在複迴歸時使用, 有些統計學家認為在複迴歸模式中, 增加預測變數必然會使 R 平方增大, 故必須加以調整)。

判定係數即這條迴歸線可幫助資料解釋的部份, 判定係數愈大, 代表可解釋的部份愈大；若兩組迴歸模式之判定係數差不多, 就選擇方程式較簡單之一組迴歸模式。

判定係數之公式為：

$$R^2 = \frac{\sum_{i=1}^{n}(\hat{Y}-\bar{Y})^2}{\sum_{i=1}^{n}(Y-\bar{Y})^2} = \frac{迴歸平方和}{總平方和}$$

迴歸平方和佔總平方和之百分比, 即是這條迴歸線可幫助資料解釋的部份。由於

總平方和 ＝ 迴歸平方和 ＋ 殘差平方和

所以, 判定係數就變成

$$R^2 = 1 - \frac{殘差平方和}{總平方和} = 1 - \frac{\sum_{i=1}^{n}(\hat{Y} - Y_i)^2}{\sum_{i=1}^{n}(Y - \bar{Y})^2}$$

殘差平方和就是迴歸線無法解釋的部份, 將其除以總平方和, 就是這條迴歸線無法解釋部份的百分比。以 1 減去無法解釋的百分比, 就是這條迴歸線可幫助資料解釋的百分比, 我們稱之為判定係數。

變異數分析[b]

模式		平方和	自由度	平均平方和	F檢定	顯著性
1	迴歸	2852236.68	1	2852236.682	74.361	.000[a]
	殘差	306853.318	8	38356.665		
	總和	3159090.00	9			

a. 預測變數：(常數), 廣告費
b. 依變數：銷售量

此部份以變異數分析檢定, 判斷因變數 (Y) 與自變數 (X, 於複迴歸中則為全部之自變數) 間, 是否有顯著之迴歸關係存在？判斷是否顯著, 只須看顯著性是否小於所指定之 α 值即可, 如本例之顯著性 0.000<α=0.05, 故其結果為棄卻因變數與自變數間無迴歸關係存在之虛無假設。

係數[a]

模式		未標準化係數		標準化係數		
		B之估計值	標準誤	Beta 分配	t	顯著性
1	(常數)	306.106	233.889		1.309	.227
	廣告費	9.131	1.059	.950	8.623	.000

a. 依變數：銷售量

此部份以 t 檢定, 判斷迴歸係數與常數項是否為 0 (為 0 即無直線關係存在)？其虛無假設為迴歸係數與常數項為 0, 判斷是否顯著, 只須看顯著性是否小於所指定之 α 值即可, 如本例之常數項 (截距) 為 306.106, 其 t 統計量為 1.309, 顯著性 0.227＞α=0.05, 故無法棄卻其為 0 之虛無假設, 迴歸方程式之常數項應為 0, 故往後可將其省略。

另, 本例之自變數 X (廣告費) 的迴歸係數為 9.131, 其 t 統計量為 8.623, 顯著性 0.000<α=0.05, 故棄卻其為 0 之虛無假設, 迴歸方程式之自變數 X 的係數不為 0, 自變數與因變數間存有直線關係。

依觀察值順序診斷ᵃ

觀察值號碼	標準化殘差	銷售量	預測值	殘差
1	.057	2600	2588.85	11.155
2	-.487	2950	3045.39	-95.393
3	-1.441	1850	2132.30	-282.298
4	-.897	1500	1675.75	-175.750
5	1.367	2400	2132.30	267.702
6	1.544	2800	2497.54	302.464
7	-.436	2960	3045.39	-85.393
8	-.387	1600	1675.75	-75.750
9	.501	1500	1401.82	98.179
10	.179	2350	2314.92	35.083

a. 依變數：銷售量

此部份爲於求得

```
y = 9.131x + 306.106
```

之迴歸方程式後, 將各觀察值之 X (廣告費) 代入方程式。以求其預測之銷售量 (萬), 並計算預測結果與原實際銷售量間之殘差 (將兩者相減即可求得, 如觀察值 1 之廣告費爲 250 萬, 代入方程式所求得之預測銷售量爲 2588.85 萬, 以原實際銷售量 2600 萬減去預測結果, 即爲殘差 11.15 萬)。

若是判定係數不是很高, 研究者於此應判斷是否有殘差很大之特異樣本？若有, 可將其排除後再重算一次迴歸, 可求得更適當之迴歸方程式。但問題是殘差應小於多少才好？並無一定標準, 仍全憑研究者自行判斷！本例之判定係數爲 0.903, 相當不錯。所以, 就不必再進行此一處理過程。

殘差統計量ᵃ

	最小值	最大值	平均數	標準差	個數
預測值	1401.82	3045.39	2251.00	562.952	10
殘差	-282.298	302.464	.000	184.648	10
標準化預測值	-1.508	1.411	.000	1.000	10
標準化殘差	-1.441	1.544	.000	.943	10

a. 依變數：銷售量

此部份爲前面之銷售量與殘差的描述性統計量。

由於, 本例之常數項爲 306.106, 其 t 統計量爲 1.309, 顯著性 0.227$>\alpha=0.05$, 故無法棄卻其爲 0 之虛無假設, 迴歸方程式之常數項應爲 0, 故往後可將其省略。所以, 往後可僅取

```
y = 9.131x
```

作為迴歸方程式；或重新進行一次不含常數項的迴歸, 重算其迴歸方程式。於過程中, 另按 [選項(O)...] 鈕, 將「**方程式中含有常數項 (I)**」之設定取消：

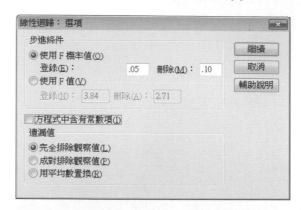

後續之作法完全相同。其新的結果為：

模式	R	R 平方[a]	調過後的 R 平方
1	.997[b]	.993	.992

判定係數 (R 平方) 0.993 大於原含常數項時之判定係數 0.903, 故其解釋能力較強。新的迴歸方程式將不含常數項, 其結果為：

```
y = 10.467x
```

係數[a,b]

模式		未標準化係數		標準化係數	t	顯著性
		B 之估計值	標準誤	Beta 分配		
1	廣告費	10.467	.291	.997	35.936	.000

a. 依變數：銷售量

b. 穿過原點的線性迴歸

『 **馬上練習！** 』

以『SPSS 範例\Ch12\存放款.sav』之內容：

	分行	存款餘額	放款餘額
1	1	65	52
2	2	102	85
3	3	42	37
4	4	58	48

接下頁

求存款對放款之迴歸方程式：

模式摘要

模式	R	R 平方	調過後的 R 平方	估計的標準誤
1	.998ª	.995	.995	2.284

a. 預測變數：(常數), 存款餘額

判定係數 (R 平方) 為 0.995，即存款餘額的變異可解釋 99.5% 的放款餘額差異。

變異數分析ᵇ

模式		平方和	自由度	平均平方和	F 檢定	顯著性
1	迴歸	8966.358	1	8966.358	1718.419	.000ª
	殘差	41.742	8	5.218		
	總和	9008.100	9			

a. 預測變數：(常數), 存款餘額
b. 依變數：放款餘額

變異數分析檢定之顯著性 0.000 < α = 0.05，故其結果為棄卻因變數與自變數間無迴歸關係存在之虛無假設。

係數ª

模式		未標準化係數		標準化係數		
		B 之估計值	標準誤	Beta 分配	t	顯著性
1	(常數)	-2.928	1.806		-1.621	.144
	存款餘額	.890	.021	.998	41.454	.000

a. 依變數：放款餘額

常數項為 -2.928，其 t 統計量為 -1.621，顯著性 0.144 > α = 0.05，故無法棄卻其為 0 之虛無假設, 迴歸方程式之常數項應為 0，故往後可將其省略。

自變數『存款餘額』的迴歸係數為 0.890，其 t 統計量為 41.454，顯著性 0.000 < α = 0.05，故棄卻其為 0 之虛無假設, 迴歸方程式之自變數的係數不為 0，自變數與因變數間存有直線關係。迴歸方程式為

放款餘額 = 0.8901 × 存款餘額 - 2.9276

由於，常數項 (截距) 之檢定結果，無法棄卻其為 0 之虛無假設。故亦可僅取用

放款餘額 = 0.8901 × 存款餘額

本來，可再重新進行一次不含常數項的迴歸。但由於本例之判定係數 (R 平方) 為 0.995 已相當高, 故就不再重新進行一次不含常數項的迴歸。

〔馬上練習！〕

『SPSS範例\Ch12\中古車售價.sav』內, 收集了某一廠牌同

一車型中古車之車齡及其售價 (萬) 資料:

	車齡	價格
1	1	56.0
2	2	48.5
3	3	42.0
4	4	37.6

求中古車車齡對其售價之迴歸方程式:

模式摘要

模式	R	R平方	調過後的 R平方	估計的標準誤
1	.993[a]	.987	.985	1.8048

a. 預測變數: (常數), 車齡

判定係數 (R 平方) 為 0.987, 表整個迴歸模式之解釋力很強, 即車齡的變異可解釋
98.7%的售價差異。

變異數分析[b]

模式		平方和	自由度	平均平方和	F檢定	顯著性
1	迴歸	1908.007	1	1908.007	585.768	.000[a]
	殘差	26.058	8	3.257		
	總和	1934.065	9			

a. 預測變數: (常數), 車齡
b. 依變數: 價格

變異數分析檢定之顯著水準0.000<α=0.05, 棄卻因變數與自變數間無迴歸關係存在之虛
無假設。

係數[a]

模式		未標準化係數		標準化係數		
		B之估計值	標準誤	Beta分配	t	顯著性
1	(常數)	57.800	1.233		46.881	.000
	車齡	-4.809	.199	-.993	-24.203	.000

a. 依變數: 價格

常數項為 57.8, 其 t 統計量為 46.881, 顯著性 0.000 < α =0.05, 故棄卻其為 0 之虛無假
設。

車齡的迴歸係數為 -4.809, 其 t 統計量為 -24.203, 顯著性 0.000< α = 0.05, 故棄卻其為 0
之虛無假設, 迴歸方程式之自變數的係數不為 0, 自變數與因變數間存有直線關係。

其迴歸方程式為

```
y = -4.809x + 57.8
```

即

接下頁

中古車車價 = -4.809×車齡 + 57.8

取得迴歸方程式後, 即可用以預測不同車齡之售價。假定, 要求當車齡為6.5年時, 其售價應為多少？僅須將6.5代入其迴歸方程式之 x：

```
y = -4.809 × (6.5) + 57.8
```

即

中古車車價 = -4.809×6.5 + 57.8=26.54

可求得其中古車車價為 26.54 萬。

12-2 求迴歸並繪圖

前面, 以「**分析 (A)/迴歸方法 (R)/線性 (L)…**」進行迴歸分析, 並無法同時繪出資料散佈圖及其迴歸線。但以「**分析 (A)/迴歸方法 (R)/曲線估計 (C)…**」則可。

假定, 仍以『**SPSS 範例\Ch12\中古車售價.sav**』之某廠牌同一車型中古車之車齡及售價 (萬) 資料進行處理。其步驟為：

① 執行「**分析 (A)/迴歸方法 (R)/曲線估計 (C)…**」

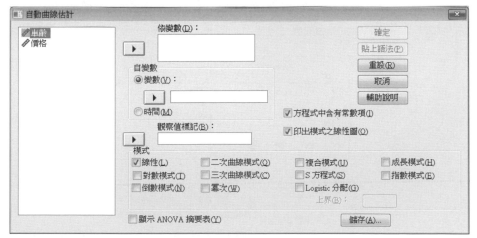

② 選『價格』, 按 ▶ 鈕, 將其送到右側之『依變數 (D)』方塊

③ 選『車齡』, 按 ▶ 鈕, 將其送到右側之『自變數』方塊之「**變數 (V)**」處

④ 確定已選「**方程式中含常數項 (I)**」(若不知是否該選此項？可於有初步結果後, 再視情況改變)

⑤ 確定已選「**印出模式之線性圖 (O)**」(可同時繪出資料散佈圖及其迴歸線)

⑥ 於『模式 (M)』方塊, 選擇欲使用之迴歸模式 (若不知道應使用何者？可多選幾個, 再判斷何者較佳？本例選「**線性 (L)**」)

⑦ 加選「**顯示 ANOVA 摘要表 (Y)**」

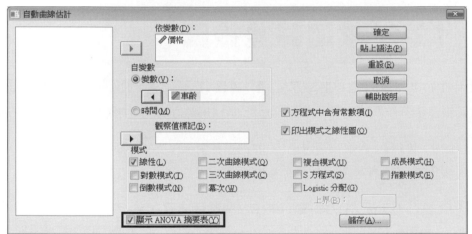

⑧ 按 確定 鈕, 獲致

模式說明

模式名稱		MOD 1
依變數	1	價格
方程式	1	線性
自變數		車齡
常數		包括
值標籤觀察位於圖形中的變數		未指定

模式摘要

R	R平方	調整的R平方	估計值的標準誤差
.993	.987	.985	1.805

自變數是車齡。

依變數為『價格』,『方程式』線性模式, 自變數為『車齡』, 包括常數, 判定係數 (R 平方) 為 0.987。

ANOVA

	平方和	自由度	平均平方和	F	顯著性
迴歸	1908.007	1	1908.007	585.768	.000
殘差	26.058	8	3.257		
總數	1934.065	9			

自變數是車齡。

本部份即變異數分析表, 檢定之顯著水準 0.000<α=0.05, 應棄卻因變數與自變數間無迴歸關係存在之虛無假設。

係數

	未標準化係數		標準化係數		
	B	標準誤差	Beta	t	顯著性
車齡	-4.809	.199	-.993	-24.203	.000
(常數)	57.800	1.233		46.881	.000

車齡的迴歸係數為-4.809, 其 t 統計量為-24.203, 顯著性 0.000<α=0.05, 故棄卻其為 0 之虛無假設, 迴歸方程式之自變數的係數不為 0, 自變數與因變數間存有直線關係。

常數項為 57.8, 其 t 統計量為 46.881, 顯著性 0.000<α=0.05, 故棄卻其為 0 之虛無假設。其迴歸方程式為

```
y = -4.809x + 57.8
```

9

10

11

12

13

14

15

16

最後, 還可同時繪出觀察值散佈圖及其迴歸線:

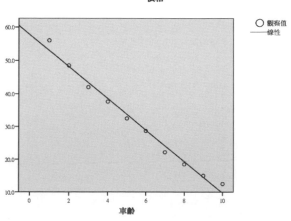

價格

12-3 非線性迴歸

二次曲線模式

有些資料間並不是單純的直線關係, 如『SPSS 範例
\Ch12\年齡與所得.sav』資料:

	年齡	每月所得
1	15	6000
2	20	10000
3	25	15000
4	30	26000

以「**分析 (A)/迴歸方法 (R)/線性 (L)…**」線性模式求其迴歸方程式, 判定係數 (R
平方) 為 0.000, 根本不具任何解釋力, 且變異數分析檢定之顯著性 0.971 > α =
0.05, 無法棄卻因變數與自變數間無迴歸關係存在之虛無假設:

模式摘要

模式	R	R 平方	調過後的R 平方	估計的標準誤
1	.011[a]	.000	-.083	15134.946

a. 預測變數:(常數), 年齡

變異數分析[b]

模式		平方和	自由度	平均平方和	F 檢定	顯著性
1	迴歸	323211.538	1	323211.538	.001	.971[a]
	殘差	2.75E+009	12	229066592.49		
	總和	2.75E+009	13			

a. 預測變數:(常數), 年齡

b. 依變數:每月所得

但若以下示步驟, 將其類型改成二次曲線模式, 結果就完全不同:

① 執行「**分析 (A)/迴歸方法 (R)/曲線估計 (C)…**」

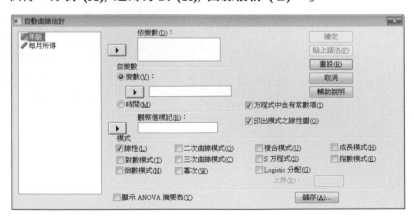

② 選『每月所得』, 按 ▶ 鈕, 將其送到右側之『依變數 (D)』方塊

③ 選『年齡』, 按 ▶ 鈕, 將其送到右側之『自變數』方塊之「**變數 (V)**」處

④ 確定已選「**方程式中含常數項 (I)**」(等有初步結果, 再視情況看是否應取消此設定)

⑤ 確定已選「**印出模式之線性圖 (O)**」

⑥ 於『模式 (M)』方塊, 選擇欲使用之迴歸模式 (若不知道應使用何者？可多選幾個, 再判斷何者較佳？本例選「二次曲線模式 (O)」)

⑦ 加選「**顯示 ANOVA 摘要表 (Y)**」

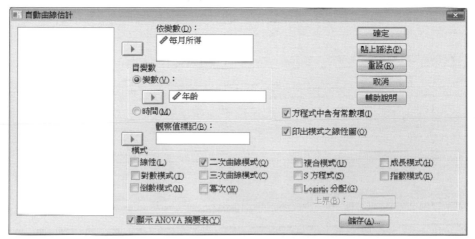

⑧ 按 確定 鈕, 獲致

模式說明

模式名稱		MOD_2
依變數	1	每月所得
方程式	1	二次模式
自變數		年齡
常數		包括
值標籤觀察位於圖形中的變數		未指定
方程式中輸入條件的允差		.0001

『方程式』處顯示其使用二次模式, 依變數為每月所得, 自變數為年齡。

模式摘要

R	R平方	調整的R平方	估計值的標準誤差
.940	.884	.863	5383.550

自變數是年齡。

判定係數 (R 平方) 為 0.884, 就明顯較一次式之線性模式具解釋能力。

ANOVA

	平方和	自由度	平均平方和	F	顯著性
迴歸	2.43E+009	2	1215156799.8	41.927	.000
殘差	318808722	11	28982611.076		
總數	2.75E+009	13			

自變數是年齡。

變異數分析檢定之顯著性 $0.000 < \alpha = 0.05$, 應棄卻因變數與自變數間無迴歸關係存在之虛無假設。

係數

	未標準化係數		標準化係數		
	B	標準誤差	Beta	t	顯著性
年齡	3463.746	385.765	4.982	8.979	.000
年齡**2	-36.540	3.991	-5.081	-9.157	.000
(常數)	-42087.047	8250.414		-5.101	.000

年齡的迴歸係數為 3463.746, 其 t 統計量為 8.979, 顯著性 $0.000 < \alpha = 0.05$, 故棄卻其為 0 之虛無假設。

『年齡**2』表其為年齡平方項, 其迴歸係數為 -36.54 (因為二次曲線模式故有一個變數為平方項), 其 t 統計量為 -9.157, 顯著性 $0.000 < \alpha = 0.05$, 故棄卻其為 0 之虛無假設。

常數項為 -42087.05, 其 t 統計量為 -5.101, 顯著性 $0.000 < \alpha = 0.05$, 故棄卻其為 0 之虛無假設。

迴歸方程式為:

```
y = -36.54x² + 3463.75x - 42087.05
```

(x 為『年齡』)

最後, 還可同時繪出資料觀察值之散佈圖及其迴歸線:

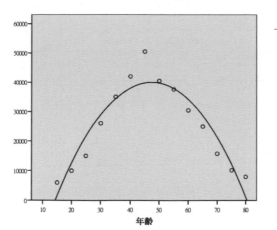

每月所得

〇 觀察值
——二次

〔 馬上練習！〕

以『SPSS 範例\Ch12\成就動機 x 成績.sav』之內容：

	成就動機	成績
1	15	38
2	20	40
3	25	45
4	30	60

檢視應以一次線性或二次曲線較為合適？求成就動機對成績之迴歸方程式並繪製其資料觀察值散佈圖與迴歸線。

線性 模式摘要

R	R 平方	調整的 R 平方	估計值的標準誤差
.661	.437	.380	12.934

自變數是 成就動機。

二次模式 模式摘要

R	R 平方	調整的 R 平方	估計值的標準誤差
.956	.913	.894	5.351

自變數是 成就動機。

一次式時, 判定係數 R 平方為 0.437；二次式時, 判定係數 R 平方為 0.913, 故應選擇二次式之迴歸方程式：

ANOVA					
	平方和	自由度	平均平方和	F	顯著性
迴歸	2711.195	2	1355.597	47.339	.000
殘差	257.722	9	28.636		
總數	2968.917	11			

自變數是 成就動機。

接下頁

係數

| | 未標準化係數 | | 標準化係數 | | |
	B	標準誤差	Beta	t	顯著性
成就動機	4.103	.506	4.503	8.109	.000
成就動機**2	-.041	.006	-3.903	-7.030	.000
(常數)	-22.799	9.744		-2.340	.044

『成就動機』、『成就動機**2』與常數等三項內容之 t 檢定顯著性均 < α =0.05。故爲其方程式爲：

```
y = -0.041x² + 4.103x - 22.799 (x 爲 『成就動機』)
```

其資料觀察值散佈圖與迴歸線圖爲：

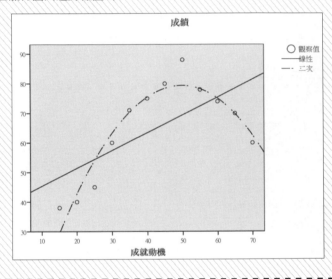

對數模式

「**分析 (A)/迴歸方法 (R)/曲線估計 (C)…**」可求算之迴歸種類很多，包括：直線、二次曲線模式、三次曲線模式、對數模式、指數模式、……等。如，『SPSS 範例\Ch12\樹木直徑與高度.sav』爲樹木直徑與其高度之資料：

	直徑_吋	高度_呎
1	.9	17
2	1.2	25
3	2.9	32
4	3.0	35

以「**分析 (A)／迴歸方法 (R)／曲線估計 (C)…**」, 一次要求計算出『直線』、『二次曲線模式』與『對數模式』之迴歸結果:

其結果為:

線性

模式摘要

R	R 平方	調整的 R 平方	估計值的 標準誤差
.822	.675	.639	14.300

自變數是 直徑_吋。

對數

模式摘要

R	R 平方	調整的 R 平方	估計值的 標準誤差
.962	.926	.917	6.837

自變數是 直徑_吋。

二次模式

模式摘要

R	R 平方	調整的 R 平方	估計值的 標準誤差
.941	.886	.857	8.988

自變數是 直徑_吋。

直線模式之判定係數 (R 平方) 僅為 0.675、二次曲線模式之判定係數為 0.886 而對數模式之判定係數則高達 0.926, 就很明顯的較具解釋力。故以對數模式進行後續之分析:

ANOVA

	平方和	自由度	平均平方和	F	顯著性
迴歸	5240.961	1	5240.961	112.126	.000
殘差	420.675	9	46.742		
總數	5661.636	10			

自變數是直徑_吋。

係數

	未標準化係數		標準化係數		
	B	標準誤差	Beta	t	顯著性
ln(直徑_吋)	21.512	2.032	.962	10.589	.000
(常數)	19.478	3.843		5.069	.001

其迴歸方程式為:

```
y = 21.512Ln (x) + 19.478
```

x 為『直徑_吋』,所獲致之
圖形為:

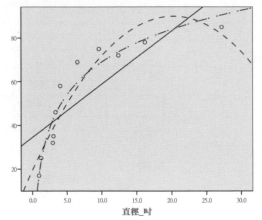

高度_呎

○ 觀察值
—— 線性
—·— 對數
－－ 二次

直徑_吋

〖 馬上練習！〗

依『SPSS 範例\Ch12\迴歸資料.sav』

	x	y
1	100	22
2	200	21
3	250	20
4	300	17

以直線、二次曲線模式與對數模式判斷何者之迴歸效果較佳?

接下頁

線性

模式摘要

R	R 平方	調整的 R 平方	估計值的標準誤差
.864	.747	.705	2.845

自變數是 x。

對數

模式摘要

R	R 平方	調整的 R 平方	估計值的標準誤差
.933	.870	.849	2.038

自變數是 x。

二次模式

模式摘要

R	R 平方	調整的 R 平方	估計值的標準誤差
.941	.886	.857	8.988

自變數是 直徑 吋。

以二次曲線模式之迴歸效果較佳, 其判定係數 (R 平方) 為 0.902。其結果為：

ANOVA

	平方和	自由度	平均平方和	F	顯著性
迴歸	173.093	2	86.547	22.888	.003
殘差	18.907	5	3.781		
總數	192.000	7			

自變數是 x。

係數

	未標準化係數		標準化係數		
	B	標準誤差	Beta	t	顯著性
x	-.026	.006	-2.496	-4.165	.009
x **2	9.98E-006	.000	1.678	2.801	.038
(常數)	24.969	1.781		14.017	.000

其迴歸方程式為：

```
y = 9.98E-6x² - 0.026x + 24.97
```

12-4 複迴歸

現實中, 很多狀況並非簡單之單一變數即可以解釋清楚。如銷售量並非完全決定於廣告費而已, 產品品質、售價、銷售人員、……等, 亦均有其重要性。又如, 銀行計算客戶之信用分數, 亦不會只決定於其每月所得而已, 其動產、不動產, 甚或年齡、性別、教育程度、……等, 亦均有可能影響其信用分數。故於迴歸中, 同時使用多個自變數以預測某一因變數的情況已越來越多。這種同時使用多個自變數之迴歸, 即稱為複迴歸 (multiple regression) 或多元迴歸。

中古車車價之實例

『SPSS 範例\Ch12\中古車車價.sav』為同一廠牌同型中古車之車齡、里程數 (萬公里) 及其價格 (萬) 資料：

	車齡	里程數	價格
1	1	1.5	61
2	2	1.8	57
3	3	4.6	42
4	4	2.4	40

可以下示步驟進行複迴歸分析：

① 執行 「**分析 (A)/迴歸方法 (R)/線性 (L)…**」

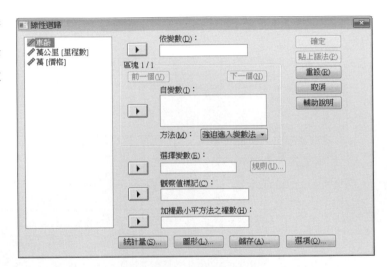

② 選『萬[價格]』, 按 ▶ 鈕, 將其送到右側之『依變數 (D)』方塊

③ 選『車齡』與『萬公里[里程數]』兩變數, 按 ▶ 鈕, 將其送到右側之『自變數 (I)』方塊

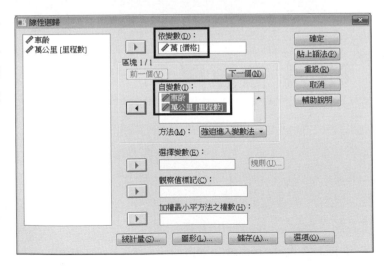

④ 於上圖『方法 (M)』處, 選擇欲使用之迴歸方法 (本例選「**強迫進入變數法**」)

⑤ 按 統計量(S)... 鈕, 選擇：估計值、模式適合度與 R 平方改變量等統計量

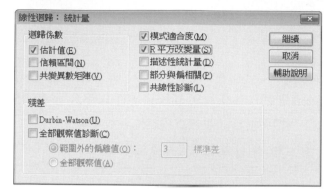

⑥ 按 繼續 鈕, 回上一層對話方塊

⑦ 按 確定 鈕, 即可獲致迴歸結果

模式	R	R 平方	調過後的 R 平方
1	.972ᵃ	.944	.928

a. 預測變數：(常數), 萬公里, 車齡

此結果之複相關係數 (R) 為 0.972, 判定係數 (R 平方) 為 0.944、調過後的 R 平方為 0.928。顯示整組迴歸方程式可解釋價格差異之程度相當高。

變異數分析ᵇ

模式		平方和	自由度	平均平方和	F 檢定	顯著性
1	迴歸	2599.444	2	1299.722	59.018	.000ᵃ
	殘差	154.156	7	22.022		
	總和	2753.600	9			

a. 預測變數：(常數), 萬公里, 車齡
b. 依變數：萬

變異數分析表表中之 F 檢定的顯著性 0.000<α=0.05, 故其結果為棄卻因變數與自變數間無迴歸關係存在之虛無假設。顯示價格與車齡及里程數整體間有明顯迴歸關係存在。

係數ᵃ

模式		未標準化係數		標準化係數		
		B 之估計值	標準誤	Beta 分配	t	顯著性
1	(常數)	62.647	3.207		19.534	.000
	車齡	-5.374	1.216	-.930	-4.419	.003
	萬公里	-.229	1.059	-.046	-.216	.835

a. 依變數：萬

最後之 t 檢定結果中, 常數項為 62.647, 其顯著性 0.000<α=0.05, 故棄卻其為 0 之虛無假設, 迴歸方程式之常數項不應為 0, 故不可將其省略。

『車齡』自變數的迴歸係數為-5.374, 其顯著性 0.003<α=0.05, 故棄卻其為 0 之虛無假設, 車齡與價格間存有直線關係。由其係數為負值, 顯示車齡與價格間之關係為一負相關, 車齡愈大售價愈低。

另一個自變數『里程數』的迴歸係數為-0.229, 其顯著水性 0.835>α=0.05, 故無法棄卻其為 0 之虛無假設, 里程數與價格間並無直線關係。故可將此一係數自迴歸方程式中排除掉。(少掉一個變數, 即可省去蒐集其資料之時間與成本) 所以, 最後之迴歸方程式應為

```
y = -5.374X₁ +62.647
```

(價格 = -5.374×車齡 +62.647)

信用分數之實例

再舉一個複迴歸之例子, 假定『SPSS 範例\Ch12\信用分數.sav 』, 係銀行為核發信用卡, 而蒐集了申請人之每月總收入 (萬)、不動產 (百萬)、動產 (百萬)、每月房貸 (萬) 與扶養支出費用 (萬) 等資料, 並以主管之經驗, 主觀的給予一信用分數 (1~100):

	總收入	不動產	動產	每月房貸	扶養支出	信用分數
1	6.5	12.0	3.0	2.0	2.0	82
2	7.2	8.0	2.0	.0	2.0	86
3	3.8	.0	1.0	.0	1.0	70
4	8.5	15.0	3.5	2.8	2.0	90

為使評估信用分數能有一套公式, 免得老是要主管抽空評分。擬以複迴歸來求得迴歸方程式, 其處理步驟為:

① 執行「**分析 (A)/迴歸方法 (R)/線性 (L)…**」

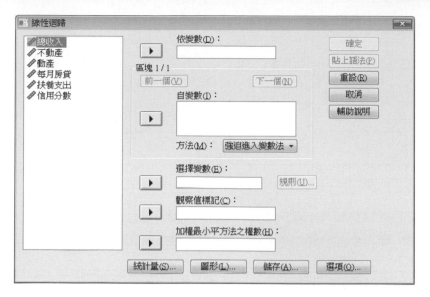

② 選『信用分數』, 按 ▶ 鈕, 將其送到右側之『依變數 (D)』方塊

③ 選『總收入』、『不動產』、『動產』、『每月房貸』與『扶養支出』, 按 ▶ 鈕, 將其送到右側之『自變數 (I)』方塊

④ 於『方法 (M)』處, 選擇欲使用之迴歸方法 (本例選「**強迫進入變數法**」)

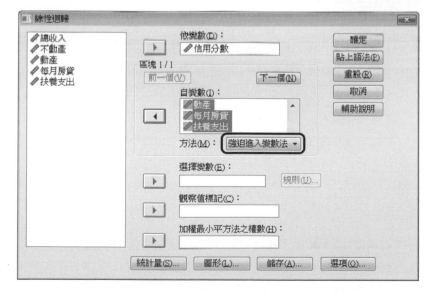

⑤ 按 統計量(S)... 鈕, 選擇：估計值、模式適合度與 R 平方改變量

⑥ 按 繼續 鈕, 回上一層對話方塊

⑦ 按 確定 鈕, 即可獲致迴歸結果

模式摘要

模式	R	R 平方	調過後的 R 平方	估計的標準誤	R 平方改變量
1	.991[a]	.982	.937	2.179	.982

a. 預測變數: (常數), 扶養支出, 每月房貸, 總收入, 不動產, 動產

此結果之複相關係數 (R) 為 0.991, 判定係數 (R 平方) 為 0.982、調過後的 R 平方為 0.937。顯示整組迴歸方程式可解釋信用分數差異之程度相當高。

變異數分析[b]

模式		平方和	自由度	平均平方和	F 檢定	顯著性
1	迴歸	520.001	5	104.000	21.897	.044[a]
	殘差	9.499	2	4.750		
	總和	529.500	7			

a. 預測變數: (常數), 扶養支出, 每月房貸, 總收入, 不動產, 動產
b. 依變數: 信用分數

變異數分析表中之 F 檢定的顯著性 0.044 < α=0.05, 故其結果為棄卻因變數與自變數間無迴歸關係存在之虛無假設。顯示每月總收入、不動產、動產、每月房貸、扶養支出與信用分數整體間有明顯迴歸關係存在。

係數[a]

模式		未標準化係數		標準化係數		
		B 之估計值	標準誤	Beta 分配	t	顯著性
1	(常數)	57.076	4.950		11.530	.007
	總收入	5.351	.995	1.262	5.375	.033
	不動產	.704	.930	.470	.757	.528
	動產	-4.962	5.445	-.637	-.911	.458
	每月房貸	-.090	1.716	-.012	-.052	.963
	扶養支出	-2.499	1.705	-.203	-1.466	.280

a. 依變數: 信用分數

最後之 t 檢定結果中, 常數項為 57.076, 其顯著性 0.007 < α = 0.05, 故棄卻其為 0 之虛無假設, 迴歸方程式之常數項不應為 0, 故不可將其省略。

所有五個自變數中, 僅『總收入』之顯著性為 0.033 < α = 0.05, 可棄卻其為 0 之虛無假設, 表示每月總收入與信用分數間存有直線關係。其係數為 5.351, 顯示每月總收入與信用分數間之關係為正相關, 收入愈高信用分數愈高。

其餘之『不動產』、『動產』、『每月房貸』與『扶養支出』等四個變數之顯著性均大於 α=0.05, 故無法棄卻其為 0 之虛無假設, 顯示信用分數與這些變數間並無顯著之直線關係。故可將這些變數之係數自迴歸方程式中排除掉。所以, 最後之迴歸方程式應為

```
y = 5.351X₁ + 57.076
```

(信用分數 ＝ 5.351×每月總收入 ＋ 57.076)

 〔馬上練習！〕

老師為找出學生出席率高低之主要原因, 以問卷調查蒐集了受測者對影響出席率之因素的同意程度之資料 (5= 非常同意, 1= 非常不同意) , 存於『SPSS 範例\Ch12\ 上課出席率.sav』:

	是否點名	成績高低	上課內容	上課時段	出席率
1	2	3	5	2	.95
2	1	5	3	4	.65
3	3	3	5	2	1.00
4	2	2	5	3	.90

試以複迴歸求出席率高低之迴歸方程式。

(解：出席率＝0.479＋0.100×上課內容－0.057×上課時段)

1. 依『SPSS 習題\Ex12\仰臥起坐與伏地挺身.sav』之資料

	編號	仰臥起坐	伏地挺身
1	1	9	12
2	2	30	40
3	3	26	32
4	4	25	30

求仰臥起坐對伏地挺身之一次線性迴歸方程式, 並繪製圖形。

模式摘要

R	R平方	調整的R平方	估計值的標準誤差
.915	.837	.814	5.059

自變數是仰臥起坐。

ANOVA

	平方和	自由度	平均平方和	F	顯著性
迴歸	919.736	1	919.736	35.937	.001
殘差	179.153	7	25.593		
總數	1098.889	8			

自變數是仰臥起坐。

係數

	未標準化係數		標準化係數		
	B	標準誤差	Beta	t	顯著性
仰臥起坐	1.045	.174	.915	5.995	.001
(常數)	.925	4.067		.227	.827

迴歸方程式為:

> 伏地挺身＝1.0454×仰臥起坐

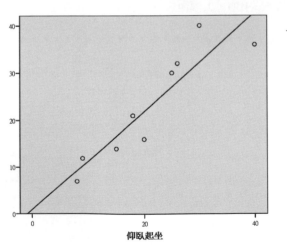

2. 依『SPSS 習題\Ex12\刷卡金額.sav』資料

	零用錢	刷卡金額
1	3000	1500
2	7000	5000
3	5000	3000
4	5000	3000

求零用錢對信用卡刷卡金額之迴歸方程式。

模式	R	R 平方
1	.643[a]	.413

a. 預測變數：(常數), 零用錢

變異數分析[b]

模式		平方和	自由度	平均平方和	F檢定	顯著性
1	迴歸	28938770.0	1	28938769.973	17.626	.000[a]
	殘差	41046415.2	25	1641856.608		
	總和	69985185.2	26			

a. 預測變數：(常數), 零用錢
b. 依變數：刷卡金額

係數[a]

模式		未標準化係數		標準化係數		
		B 之估計值	標準誤	Beta 分配	t	顯著性
1	(常數)	1011.004	504.600		2.004	.056
	零用錢	.349	.083	.643	4.198	.000

a. 依變數：刷卡金額

其判定係數.0.413, 且於 $\alpha=0.05$ 之水準下, 無法棄卻常數項為 0 之虛無假設。故重新執行一次不含常數項之迴歸：

模式	R	R 平方[a]	調過後的 R 平方
1	.914[b]	.836	.830

a. 對於穿過原點的迴歸(無截距模式), R 平方相比較。
b. 預測變數：零用錢

變異數分析[c,d]

模式		平方和	自由度	平均平方和	F檢定	顯著性
1	迴歸	243082653	1	243082653.27	132.672	.000[a]
	殘差	47637346.7	26	1832205.644		
	總和	290720000	27			

a. 預測變數：零用錢
b. 因為透過原點的迴歸其常數是零, 所以總平方和未校正。
c. 依變數：刷卡金額
d. 穿過原點的線性迴歸

係數[a,b]

模式		未標準化係數		標準化係數		
		B 之估計值	標準誤	Beta 分配	t	顯著性
1	零用錢	.494	.043	.914	11.518	.000

a. 依變數：刷卡金額
b. 穿過原點的線性迴歸

其判定係數提高為 0.836, 且『零用錢』係數的顯著水準為 $0.00<\alpha=0.05$, 應棄卻其係數為 0 之虛無假設。所以, 零用錢與刷卡金額間存有直線關係。其係數為 0.494, 顯示兩者之關係為正相關, 零用錢愈多刷卡金額愈高。迴歸方程式為：

刷卡金額＝0.494×零用錢

3. 依『SPSS 習題\Ex12\二次迴歸.sav』之資料

	$\overline{x}$	y
1	3.3	135
2	3.9	155
3	4.9	182
4	6.1	222

求其二次迴歸方程式, 並繪製圖形。 (迴歸方程式為：$y = 3.98x^2 + 129.85$)

4. 依『SPSS 習題\Ex12\學生成績.sav』資料

	總平均	出席率	選修學分	打工時數
1	82	.96	14	4
2	75	.80	16	8
3	68	.70	10	10
4	88	.82	12	0

求本班學生上學期出席率、選修學分數與每週打工時數對總平均成績之複迴歸方程式。

模式	R	R 平方	調過後的 R 平方	估計的標準誤
1	.850[a]	.723	.604	5.012

a. 預測變數：(常數), 打工時數, 選修學分, 出席率

變異數分析[b]

模式		平方和	自由度	平均平方和	F 檢定	顯著性
1	迴歸	458.670	3	152.890	6.085	.023[a]
	殘差	175.875	7	25.125		
	總和	634.545	10			

a. 預測變數：(常數), 打工時數, 選修學分, 出席率
b. 依變數：總平均

係數[a]

模式		未標準化係數		標準化係數		
		B 之估計值	標準誤	Beta 分配	t	顯著性
1	(常數)	58.749	15.445		3.804	.007
	出席率	9.615	21.528	.113	.447	.669
	選修學分	1.237	.786	.393	1.573	.160
	打工時數	-1.081	.351	-.627	-3.078	.018

a. 依變數：總平均

成績高低, 明顯與每週打工時數呈負相關, 打工時數愈多, 成績愈低。

成績＝-1.081×打工時數+58.749

因素分析

1
2
3
4
5
6
7
8
9
10
11
12
13
14
15
16

13-1 概念

因素分析是用來縮減變數維度 (dimension) 的技術, 其主要目的在將原有很多變數 (維度) 之資料, 縮減成較少的維度數, 但又能保持原資料所提供之大部份資訊。

將變數之數目變少後, 於後續之研究報告中, 將較容易進行解釋或繪圖。且還可以拿來進行各種檢定, 或拿來作為後階段判別分析、集群分析、……之依據。故而, 因素分析結果, 通常並不是整個報告之最終分析結果; 而只是一個中間過程, 用以濃縮產生後階段分析所需之變數而已。

在對變數進行因素分析之前, 應先進行 KMO (Kaiser-Meyer-Olkin) 取樣適當性檢定及巴氏球形檢定 (Bartlett Test of Sphericity), 以確定資料的分析效果及是否適合進行因素分析?KMO 值越高表示進行因素分析的效果越好, 其值在 0.9 以上表示效果極佳, 0.8 以上表示是有價值的, 0.7 以上是中度的, 0.6 以上是不好也不壞, 0.5 以上是不太好的, 若值在 0.5 以下, 就表示其效果是無法接受的。而巴氏球形檢定則是在檢定資料是否適合進行因素分析?

於變數中萃取因素的方法有:主成份、未加權最小平方法、概化最小平方法、最大概似法、……。但以主成份最為簡單, 最常被選用。

至於, 應縮減為幾個因素?H Kaiser 所倡之方法為依以能解釋之變異數 (特徵值) 達 1.0 為選取標準, 自動判斷應縮減為幾個因素?這應是最常被選用之判斷方法。

而 R. Cattell 則認為當變數少於 20 時, H Kaiser 法所萃取之因素會過少; 但於當變數多於於 50 時, H Kaiser 法所萃取之因素會過多。故提倡使用『陡坡法』(scree test), 它將每一因素能解釋之變異數安排於縱軸; 橫軸為各因素。將各因素解釋之變異數連成一線, 會成一逐漸遞減之線條。最後, 將陡降後趨於平坦之因素捨棄不用, 因為其等可解釋之變異太少。不過, 最後還是得由研究者主觀判斷, 以決定應縮減為幾個因素?

由於,因素分析的結果一般很難加以解釋。因此,得將各因素軸加以旋轉。常用的因素轉軸方法為『直交轉軸』(orthogonal rotation) 與『斜交轉軸』(oblique rotation),前者讓各軸均維持於 90 度的關係,各軸互相獨立;後者則否。何者為佳?也是研究者個人偏好的問題。

『直交轉軸』分為:四方最大法 (quartimax) 與最大變異法 (varimax)。其中,以『最大變異法』所轉軸後的因素結構較為簡單,應是最廣為使用的轉軸方法。『斜交轉軸』又分為:四方最小法 (quartimin)、共變異最小法 (covarimin)、……等多種。

13-2 申請信用卡考慮因數之因素分析

假定,將訪者對申請信用卡考慮因數的注重程度 (極重要=5、極不重要=1),輸入於『SPSS 範例\Ch13\申請信用卡考慮因素.sav』:

	編號	q1	q3_1	q5	q6_01	q6_02	q6_03	q6_04	q6_05
1	1	2	0	0	4	4	3	3	2
2	2	2	0	0	5	4	2	2	2
3	3	2	0	0	3	4	4	3	2
4	6	2	0	0	4	4	3	4	4

原問卷內容為:

Q6.請就下列申請信用卡之考慮變數勾選其重要程度。

	極重要	重要	普通	不重要	極不重要
1) 年費	☐	☐	☐	☐	☐
2) 循環利息	☐	☐	☐	☐	☐
3) 信用額度	☐	☐	☐	☐	☐
4) 可貸款	☐	☐	☐	☐	☐

接下頁

	極重要	重要	普通	不重要	極不重要
5) 可預借現金	☐	☐	☐	☐	☐
6) 是否全球通行	☐	☐	☐	☐	☐
7) 是否受商店歡迎	☐	☐	☐	☐	☐
8) 失卡風險負擔	☐	☐	☐	☐	☐
9) 24 小時免付費專線	☐	☐	☐	☐	☐
10) 道路救援服務	☐	☐	☐	☐	☐
11) 旅遊保險	☐	☐	☐	☐	☐
12) 發卡銀行知名度	☐	☐	☐	☐	☐
13) 專業形象	☐	☐	☐	☐	☐
14) 卡片設計美觀	☐	☐	☐	☐	☐
15) 贈品	☐	☐	☐	☐	☐

擬將其 15 項變數, 以因素分析之主成份分析, 進行濃縮以萃取較少數的主成份因素, 達成縮減變數個數之目的。

13-3 萃取主成份

以因素分析之主成份分析, 進行萃取主成份之處理步驟為:

① 開啟『SPSS 範例\Ch13\申請信用卡考慮因素.sav』

② 執行「**分析 (A) /資料縮減 (D) /因子 (F) …**」

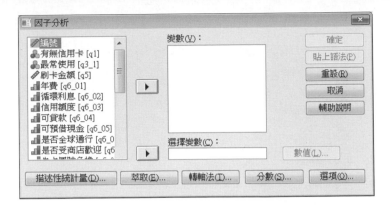

③ 左側選取『年費[q6_01]』~『贈品[q6_15]』等 15 個變數, 按 ▶ 鈕, 將其送
　　到右側之『變數 (V)』方塊

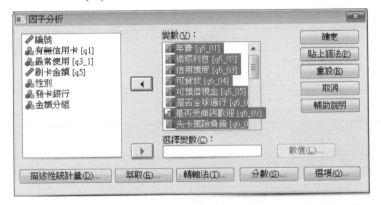

④ 於上圖按 描述性統計量(D)... 鈕, 選「**KMO 與 Bartlett 的球形檢定 (K)**」, 用以
　　確定資料的分析效果及是否適合進行因素分析？

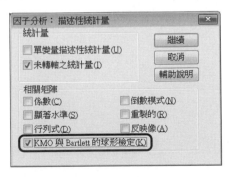

⑤ 按 繼續 鈕, 回上一層對話方塊

⑥ 按 [萃取(E)...] 鈕

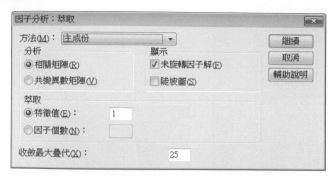

『方法 (M)』處, 有多種萃取方法可供選用, 本例選最常用之「**主成份**」:

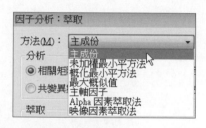

『萃取』處, 可自行決定應縮減為幾個因素；或依「**特徵值 (E)**」大於 1 之標準, 自動判斷應縮減為幾個因素？為比較另一種『陡坡法』的結果如何？本例同時選用「**特徵值 (E)**」與「**陡坡圖 (S)**」:

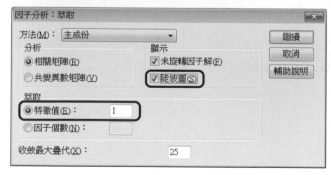

⑦ 按 [繼續] 鈕, 回上一層對話方塊

⑧ 按 [轉軸法(T)...] 鈕, 選擇要使用何種因素轉軸法, 本例選「**最大變異法 (V)**」(varimax):

「**收斂最大疊代 (X)**」處是在設定轉軸幾次後, 若未收斂即自動結束。

⑨ 按 [繼續] 鈕, 回上一層對話方塊

⑩ 按 [分數(S)...] 鈕, 本例選「**因素儲存成變數 (S)**」:

可將各受訪者對各變數之評價代入因素矩陣 (函數), 計算出因素分數, 另存於
此檔案的最後, 供後續之分析使用, 達到縮減變數之目的。其名稱將依因素個
數, 依序為: FAC1_1、FAC2_1、……。最後之 1 代表是第一個因素分析。

⑪ 按 [繼續] 鈕, 回上一層對話方塊

⑫ 最後, 按 [確定] 鈕, 獲致

KMO與Bartlett檢定

Kaiser-Meyer-Olkin 取樣適切性量數。		.644
Bartlett 球形檢定	近似卡方分配	448.733
	自由度	105
	顯著性	.000

　　本部份是在進行 KMO 取樣適當性檢定及巴氏球形檢定, KMO=0.644 大於 0.6 表
示分析效果不好也不壞, 巴氏球形檢定值 448.73, 顯著性=0.000＜α=0.01, 顯示資
料非常適合進行因素分析。

解說總變異量

成份	初始特徵值			平方和負荷量萃取			轉軸平方和負荷量		
	總和	變異數的%	累積%	總和	變異數的%	累積%	總和	變異數的%	累積%
1	3.643	24.289	24.289	3.643	24.289	24.289	2.417	16.113	16.113
2	2.330	15.535	39.824	2.330	15.535	39.824	2.391	15.940	32.053
3	1.607	10.716	50.540	1.607	10.716	50.540	2.135	14.235	46.288
4	1.277	8.513	59.053	1.277	8.513	59.053	1.682	11.214	57.502
5	1.194	7.959	67.012	1.194	7.959	67.012	1.427	9.510	67.012
6	.962	6.411	73.423						
7	.780	5.200	78.623						
8	.643	4.286	82.910						
9	.625	4.165	87.074						
10	.491	3.274	90.348						
11	.420	2.798	93.147						
12	.343	2.284	95.431						
13	.263	1.754	97.185						
14	.230	1.535	98.720						
15	.192	1.280	100.000						

萃取法：主成份分析。

　　本部份表示依特徵值大於 1 之標準, 將 15 個變數濃縮為 5 個因素 (主成份) 。這 5 個因素中, 第 1 個可解釋全部變異之 24.289% 、第 2 個可解釋全部變異之 15.535% 、……、第 5 個可解釋全部變異之 7.959%, 五個因素共可解釋全部變異之 67.012%。可解釋全部變異之百分比, 係由第一個因素開始逐漸遞減, 也就是說越前面之因素越重要。

因素陡坡圖

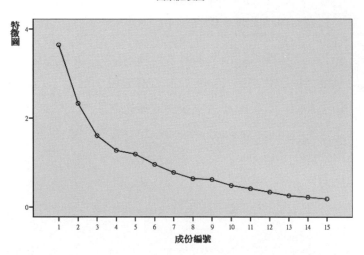

　　若以此陡坡圖來決定因素個數, 發現特徵值漸趨於平緩是在因素 (成份編號) 4 左右, 故應選擇四個因素。不過, 就是因為沒一個明確的判定標準, 故使得 H Kaiser 所倡之特徵值應達 1 為選取標準, 會最常被選用為判斷因素個數之方法。

成份矩陣ᵃ

	成份				
	1	2	3	4	5
年費	.181	.060	.473	.422	-.268
循環利息	.343	-.323	.031	.665	.020
信用額度	.449	-.392	.228	.166	-.443
可貸款	.320	-.611	.508	-.159	.108
可預借現金	.408	-.636	.392	-.270	.114
是否全球通行	.667	.077	-.302	.188	-.051
是否受商店歡迎	.564	-.184	-.455	.312	.199
失卡風險負擔	.540	-.059	-.382	.136	.157
24小時免付費專線	.720	.147	.155	-.079	.324
道路救援服務	.671	.008	.036	-.395	.375
旅遊保險	.611	.405	-.177	-.158	-.048
發卡銀行知名度	.582	.383	.157	-.174	-.495
專業形象	.529	.512	.083	-.142	-.317
卡片設計美觀	-.084	.652	.428	.133	.235
贈品	.037	.476	.452	.353	.430

萃取方法：主成分分析。
a. 萃取了 5 個成份。

這是未轉軸前的成份矩陣, 是用來計算因素分數之矩陣, 一般很難加以解釋。因此, 得將各因素軸加以旋轉。本例是以「**最大變異法 (V)**」進行轉軸, 轉軸後之結果為 :

轉軸後的成份矩陣ᵃ

	成份				
	1	2	3	4	5
年費	.155	-.080	.059	.250	.643
循環利息	-.212	.497	.098	.049	.602
信用額度	.221	.116	.349	-.302	.597
可貸款	-.095	-.031	.839	-.071	.227
可預借現金	-.030	.052	.874	-.170	.118
是否全球通行	.373	.648	.000	-.061	.130
是否受商店歡迎	-.003	.823	.043	-.111	.070
失卡風險負擔	.138	.674	.056	-.080	-.035
24小時免付費專線	.399	.455	.429	.346	-.071
道路救援服務	.372	.400	.557	.140	-.346
旅遊保險	.649	.382	-.011	.087	-.146
發卡銀行知名度	.860	.022	.049	-.020	.204
專業形象	.799	.088	-.049	.128	.069
卡片設計美觀	.184	-.220	-.163	.761	-.011
贈品	-.006	.014	-.030	.853	.114

萃取方法：主成分分析。
旋轉方法：旋轉方法；含 Kaiser 常態化的 Varimax 法。
a. 轉軸收斂於 10 個疊代。

通常, 我們得將『轉軸後的成分矩陣』轉入 Excel 或 Word 稍加整理, 對於每一因素中因素負荷量較高者 (絕對值 0.45 或 0.5 以上), 稍加標示以利進行說明。(應如何加以解釋, 留待後文說明)

13-4 存成新變數作為後階段之資料

由於, 我們曾選「**因素儲存成變數 (S)** 」, 故 SPSS 會將原變數代入未轉軸前的成份矩陣, 每一位受訪者會計算出五個因素分數, 另存於此檔案的最後, 供後續之分析使用, 達到縮減變數之目的。其名稱將依因素個數, 依序為：FAC1_1、FAC2_1、……、FAC5_1： (當然也允許重新命名)

	金額分組	FAC1_1	FAC2_1	FAC3_1	FAC4_1	FAC5_1
1	1.00	-1.3167	.08774	-1.2316	.33366	.10629
2	1.00	-.99184	.31164	-1.5194	.71763	-.21895
3	1.00	-.97443	-.96883	-.59977	.19515	.42576
4	1.00	-.53243	-1.2573	.84023	.62180	.01750

13-5 整理轉軸後的成份矩陣

對於『轉軸後的成分矩陣』, 可以下式步驟, 將其轉入 Excel, 對於每一因素中因素負荷量較高者 (絕對值 0.45 或 0.5 以上), 稍加標示以利進行說明, 最後再轉入 Word 撰寫報告：

① 於『轉軸後的成份矩陣』報表物件上, 單按滑鼠右鍵, 續選取「**複製 (C)** 」, 記下其內容

轉軸後的成份矩陣ª

	成份				
	1	2	3	4	5
年費	.155	-.080	.059	.250	.643
循環利息	-.212	.497	.049		.602
信用額度	.221		這是什麼(W)?		97
可貸款	-.095		剪下(T)		27
可預借現金	-.030		複製(C)		8
是否全球通行	.373		複製物件(Y)		80
是否受商店歡迎			貼上之後(P)		70

② 轉入 Excel, 切換到『**常用**』索引標籤, 按『**剪貼簿**』群組 📋 『**貼上**』鈕, 將內容貼到 Excel

	A	B	C	D	E	F
1	轉軸後的成份矩陣(a)					
2		成份				
3		1	2	3	4	5
4	年費	0.155247	-0.0797	0.059105	0.249639	0.643357
5	循環利息	-0.21156	0.496779	0.09845	0.049435	0.601696
6	信用額度	0.220615	0.116264	0.348587	-0.30169	0.596949
7	可貸款	-0.09514	-0.03136	0.839332	-0.07124	0.226506

③ 於 A3 輸入『變數』字串、B3 輸入『因素 1』字串, 拖曳 B3 右下角之複製控
點, 將其拉到 F3, 產生『因素 1』～『因素 5』字串

	A	B	C	D	E	F
1	轉軸後的成份矩陣(a)					
2		成份				
3	變數	因素1	因素2	因素3	因素4	因素5
4	年費	0.155247	-0.0797	0.059105	0.249639	0.643357

④ 按住 Ctrl 鍵, 點選第 1、2 列之標題按鈕, 選取這兩列, 續按 Ctrl + ▬ 鍵, 將
其刪除

⑤ 按住 Ctrl 鍵, 按第 17、18 列之標題按鈕, 將其選取, 續按 Ctrl + ▬ 鍵, 將尾
部兩列刪除

⑥ 雙按 A 欄之標題按鈕, 將其調整為最適欄寬

	A	B	C	D	E	F
1	變數	因素1	因素2	因素3	因素4	因素5
2	年費	0.155247	-0.0797	0.059105	0.249639	0.643357
3	循環利息	-0.21156	0.496779	0.09845	0.049435	0.601696
4	信用額度	0.220615	0.116264	0.348587	-0.30169	0.596949
5	可貸款	-0.09514	-0.03136	0.839332	-0.07124	0.226506
6	可預借現金	-0.02976	0.051813	0.874444	-0.17047	0.117742
7	是否全球通行	0.372924	0.647619	-0.00027	-0.06118	0.13049
8	是否受商店歡迎	-0.00293	0.822701	0.042563	-0.11052	0.069851
9	失卡風險負擔	0.13789	0.674031	0.055642	-0.07953	-0.03513
10	24小時免付費專線	0.398814	0.455229	0.428941	0.34626	-0.07084
11	道路救援服務	0.372409	0.4002	0.556889	0.140314	-0.34601
12	旅遊保險	0.64855	0.381775	-0.01075	0.086827	-0.14642
13	發卡銀行知名度	0.86031	0.021748	0.048795	-0.01953	0.204436
14	專業形象	0.799429	0.088318	-0.04857	0.127977	0.069209
15	卡片設計美觀	0.18381	-0.2201	-0.16345	0.76099	-0.01061
16	贈品	-0.00586	0.013518	-0.02951	0.852582	0.114172

⑦ 按 A 欄之標題按鈕, 選取該欄, 續按 Ctrl + + 鍵, 插入一空白新欄

⑧ 於 A1 輸入『編號』字串, A2 輸入數字 1, A3 輸入數字 2

⑨ 選取 A2:A3

	A	B
1	編號	變數
2	1	年費
3	2	循環利息
4		信用額度

⑩ 雙按 A3 右下角之複製控點, 可將數字遞增填滿到 A16。這些數字, 是為了要記住各變數之原排列順序

	A	B
14	13	專業形象
15	14	卡片設計美觀
16	15	贈品
17		

⑪ 選取 E2:E16 之數字資料, 按『數值』群組之 『減少小數位數』鈕, 將小數調整為 3 位

	A	B	C	D	E	F	G
1	編號	變數	因素1	因素2	因素3	因素4	因素5
2	1	年費	0.155	-0.080	0.059	0.250	0.643
3	2	循環利息	-0.212	0.497	0.098	0.049	0.602
4	3	信用額度	0.221	0.116	0.349	-0.302	0.597
5	4	可貸款	-0.095	-0.031	0.839	-0.071	0.227
6	5	可預借現金	-0.030	0.052	0.874	-0.170	0.118
7	6	是否全球通行	0.373	0.648	0.000	-0.061	0.130
8	7	是否受商店歡迎	-0.003	0.823	0.043	-0.111	0.070
9	8	失卡風險負擔	0.138	0.674	0.056	-0.080	-0.035
10	9	24小時免付費專線	0.399	0.455	0.429	0.346	-0.071
11	10	道路救援服務	0.372	0.400	0.557	0.140	-0.346
12	11	旅遊保險	0.649	0.382	-0.011	0.087	-0.146
13	12	發卡銀行知名度	0.860	0.022	0.049	-0.020	0.204
14	13	專業形象	0.799	0.088	-0.049	0.128	0.069
15	14	卡片設計美觀	0.184	-0.220	-0.163	0.761	-0.011
16	15	贈品	-0.006	0.014	-0.030	0.853	0.114

⑫ 停於 C3, 切換到『資料』索引標籤, 按『排序與篩選』群組 『從最大到最小排序』鈕, 可將整個表格依『因素 1』之負荷量遞減排序

	A	B	C	D
1	編號	變數	因素1	因素2
2	12	發卡銀行知名度	0.860	0.022
3	13	專業形象	0.799	0.088
4	11	旅遊保險	0.649	0.382
5	9	24小時免付費專線	0.399	0.455
6	6	是否全球通行	0.373	0.648

⑬ 選取負荷量絕對值超過 0.45 之儲存格, 切換到『**常用**』索引標籤, 按『**字型**』群組 ⬙ ▾ 『**填滿色彩**』鈕, 將其填滿黃色, 以利判讀

	A	B	C	D
1	編號	變數	因素1	因素2
2	12	發卡銀行知名度	0.860	0.022
3	13	專業形象	0.799	0.088
4	11	旅遊保險	0.649	0.382
5	9	24小時免付費專線	0.399	0.455

⑭ 仿前兩個步驟, 將『因素 2』~『因素 5』, 均做同樣處理, 將負荷量絕對值超過 0.45 之儲存格, 均填滿黃色, 以利判讀

	A	B	C	D	E	F	G
1	編號	變數	因素1	因素2	因素3	因素4	因素5
2	1	年費	0.155	-0.080	0.059	0.250	0.643
3	2	循環利息	-0.212	0.497	0.098	0.049	0.602
4	3	信用額度	0.221	0.116	0.349	-0.302	0.597
5	4	可貸款	-0.095	-0.031	0.839	-0.071	0.227
6	12	發卡銀行知名度	0.860	0.022	0.049	-0.020	0.204
7	6	是否全球通行	0.373	0.648	0.000	-0.061	0.130
8	5	可預借現金	-0.030	0.052	0.874	-0.170	0.118
9	15	贈品	-0.006	0.014	-0.030	0.853	0.114
10	7	是否受商店歡迎	-0.003	0.823	0.043	-0.111	0.070
11	13	專業形象	0.799	0.088	-0.049	0.128	0.069
12	14	卡片設計美觀	0.184	-0.220	-0.163	0.761	-0.011
13	8	失卡風險負擔	0.138	0.674	0.056	-0.080	-0.035
14	9	24小時免付費專線	0.399	0.455	0.429	0.346	-0.071
15	11	旅遊保險	0.649	0.382	-0.011	0.087	-0.146
16	10	道路救援服務	0.372	0.400	0.557	0.140	-0.346

⑮ 點按 A 欄之任一格, 再按 ⬆↓ 『**從最小到最大排序**』鈕, 可將整個表格資料依『**編號**』遞增排序, 即可還原成原問卷上排列之順序

	A	B	C	D	E	F	G
1	編號	變數	因素1	因素2	因素3	因素4	因素5
2	1	年費	0.155	-0.080	0.059	0.250	0.643
3	2	循環利息	-0.212	0.497	0.098	0.049	0.602
4	3	信用額度	0.221	0.116	0.349	-0.302	0.597
5	4	可貸款	-0.095	-0.031	0.839	-0.071	0.227
6	5	可預借現金	-0.030	0.052	0.874	-0.170	0.118
7	6	是否全球通行	0.373	0.648	0.000	-0.061	0.130
8	7	是否受商店歡迎	0.003	0.823	0.043	-0.111	0.070
9	8	失卡風險負擔	0.138	0.674	0.056	-0.080	-0.035
10	9	24小時免付費專線	0.399	0.455	0.429	0.346	-0.071
11	10	道路救援服務	0.372	0.400	0.557	0.140	-0.346
12	11	旅遊保險	0.649	0.382	-0.011	0.087	-0.146
13	12	發卡銀行知名度	0.860	0.022	0.049	-0.020	0.204
14	13	專業形象	0.799	0.088	-0.049	0.128	0.069
15	14	卡片設計美觀	0.184	-0.220	-0.163	0.761	-0.011
16	15	贈品	-0.006	0.014	-0.030	0.853	0.114

⑯ 選取 B1:G9, 按『剪貼簿』群組 📋『複製』鈕, 記下所選取內容

⑰ 再轉到 Word 文件, 停於要插入表格位置。切換到『常用』索引標籤, 按『剪貼簿』群組 📋『貼上』鈕, 將選取內容複製過來

變數	因素 1	因素 2	因素 3	因素 4	因素 5
年費	0.155	-0.080	0.059	0.250	0.643
循環利息	-0.212	0.497	0.098	0.049	0.602
信用額度	0.221	0.116	0.349	-0.302	0.597
可貸款	-0.095	-0.031	0.839	-0.071	0.227
可預借現金	-0.030	0.052	0.874	-0.170	0.118
是否全球通行	0.373	0.648	0.000	-0.061	0.130
是否受商店歡迎	-0.003	0.823	0.043	-0.111	0.070
失卡風險負擔	0.138	0.674	0.056	-0.080	-0.035
24 小時免付費專線	0.399	0.455	0.429	0.346	-0.071
道路救援服務	0.372	0.400	0.557	0.140	-0.346
旅遊保險	0.649	0.382	-0.011	0.087	-0.146
發卡銀行知名度	0.860	0.022	0.049	-0.020	0.204
專業形象	0.799	0.088	-0.049	0.128	0.069
卡片設計美觀	0.184	-0.220	-0.163	0.761	-0.011
贈品	-0.006	0.014	-0.030	0.853	0.114

頁面:1/1　字數:166　中文(台灣)　插入

13-6 | 於報告中的寫法

對於因素分析之結果,於報告中之寫法可為:

為了探討受訪者對申請信用卡重要考慮因素,本研究設計了:『年費』、『循環利息』、『信用額度』、『可貸款』、『可預借現金』、『是否全球通行』、『是否受商店歡迎』、『失卡風險負擔』、『24小時免付費專線』、『道路救援服務』、『旅遊保險』、『發卡銀行知名度』、『專業形象』、『卡片設計美觀』與『贈品』等15個變數,以量表蒐集各受訪者對每一變數之注重程度(極重要=5、極不重要=1)。

將所獲得之資料,先經過KMO取樣適當性檢定及巴氏球形檢定,KMO=0.644、巴氏球形檢定值448.73,顯著性=0.000,結果顯示資料應該是適合進行因素分析。

通過檢定之後,續以因素分析中的主成份分析來萃取共同因素,依據特徵值大過1作為選取共同因素個數的原則,結果共選取五個主要因素,共可解釋全部變異之67.012%。

再經過最大變異數轉軸法(varimax),對選出的因素進行轉軸,使各因素之代表意義更明顯且更易於解釋,其結果詳表13-1與13-2。(白色部份為因素荷量絕對值大於0.45者)

表 13-1 申請信用卡重要考慮因素主成份分析轉軸後之成份矩陣

變數	因素 1	因素 2	因素 3	因素 4	因素 5
年費	0.155	-0.080	0.059	0.250	0.643
循環利息	-0.212	0.497	0.098	0.049	0.602
信用額度	0.221	0.116	0.349	-0.302	0.597
可貸款	-0.095	-0.031	0.839	-0.071	0.227
可預借現金	-0.030	0.052	0.874	-0.170	0.118
是否全球通行	0.373	0.648	0.000	-0.061	0.130
是否受商店歡迎	-0.003	0.823	0.043	-0.110	0.070
失卡風險負擔	0.138	0.674	0.056	-0.080	-0.035
24 小時免付費專線	0.399	0.455	0.429	0.346	-0.071
道路救援服務	0.372	0.400	0.557	0.140	-0.346
旅遊保險	0.649	0.382	-0.011	0.087	-0.146
發卡銀行知名度	0.860	0.022	0.049	-0.020	0.204
專業形象	0.799	0.088	-0.049	0.128	0.069
卡片設計美觀	0.184	-0.220	-0.163	0.761	-0.011
贈品	-0.006	0.014	-0.029	0.853	0.114

表 13-2 申請信用卡重要考慮因素主成份分析之結果

因素 / 變數名稱	因素負荷量	特徵值	解釋變異量
因素一、知名與專業因素			
發卡銀行知名度	0.860		
專業形象	0.799	3.643	24.289%
旅遊保險	0.649		
因素二、功能因素			
是否受商店歡迎	0.823		
失卡風險負擔	0.674		
是否全球通行	0.648	2.330	15.535%
循環利息	0.497		
24 小時免付費專線	0.455		
因素三、信貸因素			
可預借現金	0.874		
可貸款	0.839	1.607	10.716%
道路救援服務	0.557		

接下表

因素 / 變數名稱	因素負荷量	特徵值	解釋變異量
因素四、促銷因素			
贈品	0.853	1.277	8.513%
卡片設計美觀	0.761		
因素五、費用因素			
年費	0.643		
循環利息	0.602	1.194	7.959%
信用額度	0.597		

　　因素一主要是由『發卡銀行知名度』、『專業形象』與『旅遊保險』等三個相關程度較高的變數所構成, 其因素負荷量介於 0.65 至 0.86 之間, 特徵值為 3.643, 可解釋變異量為 24.289 %。由於, 前二者之因素負荷量較高, 故將此因素命名為『知名與專業因素』。

　　因素二主要是由『是否受商店歡迎』、『失卡風險負擔』、『是否全球通行』、『循環利息』與『24 小時免付費專線』等五個相關程度較高的變數所構成, 其因素負荷量介於 0.46 至 0.82 之間, 特徵值為 2.33, 可解釋變異量為 15.535 %。由於, 這幾個變數均與信用卡之功能有關, 故將此因素命名為『功能因素』。

　　因素三主要是由『可預借現金』、『可貸款』與『道路救援服務』等三個相關程度較高的變數所構成, 其因素負荷量介於 0.56 至 0.87 之間, 特徵值為 1.607, 可解釋變異量為 10.706 %。由於, 前二者之因素負荷量較高, 故將此因素命名為『信貸因素』。

　　因素四主要是由『贈品』與『卡片設計美觀』兩個相關程度較高的變數所構成, 故將此因素命名為『促銷因素』。其因素負荷量介於 0.76 至 0.85 之間, 特徵值為 1.277, 可解釋變異量為 8.513 %。

　　因素五主要是由『年費』、『循環利息』與『信用額度』等三個相關程度較高的變數所構成, 其因素負荷量介於 0.597 至 0.643 之間, 特徵值為 1.194, 可解釋變異量為 7.959 %。由於, 前二者之因素負荷量較高, 故將此因素命名為『費用因素』。

13-7 | 對萃取之主成份進行分析

因素分析之結果, 通常並不是整個報告之最終分析結果; 只是一個中間過程, 用以濃縮產生後階段分析所需之變數而已。

由於, 曾設定「**因素儲存成變數 (S)**」, 故 SPSS 會將原變數代入未轉軸前的成份矩陣, 每一位受訪者會計算出五個因素分數, 另存於此檔案的最後, 供後續之分析使用。

假定, 要針對上階段所獲致之因素分數, 以『有無信用卡[q1]』進行 T 檢定, 看受訪者對各因素之著重程度, 是否會隨有/無信用卡而有顯著差異? 可以下示步驟進行:

① 開啟『SPSS 範例\Ch13\申請信用卡考慮因素.sav』

② 為每一個因素加上中文標記

	名稱	類型	寬度	小數	標記
22	金額分組	數字的	8	2	
23	FAC1_1	數字的	11	5	知名與專業因素
24	FAC2_1	數字的	11	5	功能因素
25	FAC3_1	數字的	11	5	信貸因素
26	FAC4_1	數字的	11	5	促銷因素
27	FAC5_1	數字的	11	5	費用因素

③ 執行「**分析 (A) /比較平均數法 (M) /獨立樣本 T 檢定 (T)** …」, 於左側選『知名與專業因素[FAC1_1]』、『功能因素[FAC2_1]』、『信貸因素[FAC3_1]』、『促銷因素[FAC4_1]』與『費用因素[FAC5_1]』等五個因素

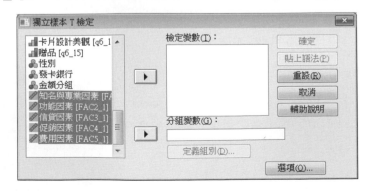

④ 按 ▶ 鈕, 將其送到右側之『檢定變數 (T) 』方塊

⑤ 於左側上半, 選『有無信用卡[q1] 』

⑥ 按 ▶ 鈕, 將其送到右側之『分組變數 (G) 』方塊。其後括號內會顯示兩個問號, 等待定義組別

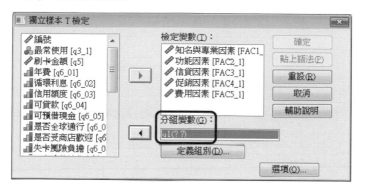

⑦ 按 定義組別(D)... 鈕, 於『組別 1 』與『組別 2 』處, 分別輸入 1 、2

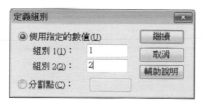

⑧ 按 繼續 鈕, 回上一層對話方塊。『q1』後括號內會顯示 1 與 2

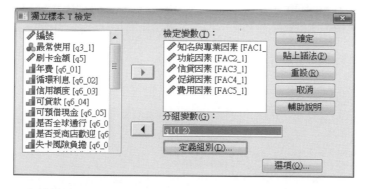

⑨ 按 確定 鈕, 獲致

9

10

11

12

13

14

15

16

組別統計量

	有無信用卡	個數	平均數	標準差	平均數的標準誤
知名與專業因素	有	36	.0469504	1.10055601	.18342600
	無	56	-.0301824	.93882718	.12545606
功能因素	有	36	-.2233907	1.01871497	.16978583
	無	56	.1436083	.96978220	.12959260
信貸因素	有	36	-.0674297	.95795210	.15965868
	無	56	.0433477	1.03231922	.13794946
促銷因素	有	36	.2928888	.85660331	.14276722
	無	56	-.1882857	1.04659251	.13985681
費用因素	有	36	-.0587596	1.13746261	.18957710
	無	56	.0377740	.90966584	.12155921

獨立樣本檢定

		變異數相等的 Levene 檢定				平均
		F 檢定	顯著性	t	自由度	顯著性(雙尾)
知名與專業因素	假設變異數相等	.003	.955	.359	90	.720
	不假設變異數相等			.347	66.188	.730
功能因素	假設變異數相等	.444	.507	-1.737	90	.086
	不假設變異數相等			-1.718	72.090	.090
信貸因素	假設變異數相等	.146	.703	-.516	90	.607
	不假設變異數相等			-.525	78.813	.601
促銷因素	假設變異數相等	3.770	.055	2.305	90	.023
	不假設變異數相等			2.408	84.744	.018
費用因素	假設變異數相等	3.124	.081	-.450	90	.654
	不假設變異數相等			-.429	62.928	.670

於整體分析時, 我們尚需要全體受訪者對各因素之評價均數。故續以下示步驟求得:

① 執行「**分析 (A) /敘述統計 (E) /描述性統計量 (D) …**」, 於左側選『知名與專業因素[FAC1_1]』、『功能因素[FAC2_1]』、『信貸因素[FAC3_1]』、『促銷因素[FAC4_1]』與『費用因素[FAC5_1]』等五個因素, 按 ▶ 鈕, 將其送到右側之『變數 (V) 』方塊

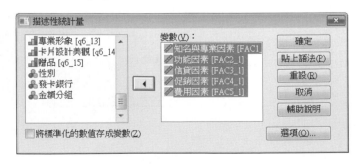

② 按 [選項(O)...] 鈕, 設定要求得平均數、最大值與最小值

③ 按 [繼續] 鈕, 回上一層對話方塊

④ 按 [確定] 鈕, 獲致

敘述統計

	個數	最小值	最大值	平均數
知名與專業因素	92	-4.31324	2.10536	.0000000
功能因素	92	-3.06370	1.46242	.0000000
信貸因素	92	-2.93298	2.35490	.0000000
促銷因素	92	-3.29987	2.07743	.0000000
費用因素	92	-3.15023	2.60817	.0000000
有效的 N (完全排除)	92			

　　然後, 針對分析結果, 逐一將各因素之分組及全體均數、適當之 t 值與顯著性, 彙總到 Word 表格, 並安排其注重程度的排名: (此部份之作法, 參見第九章『均數檢定』之『轉入 Word 撰寫報告』處說明)

因素	有	無	全體	排名	t 值	顯著性	<α
知名與專業	0.047	-0.030	1.56E-16	2	0.36	0.36	
功能	-0.223	0.144	-3.8E-16	5	-1.74	0.04	*
信貸	-0.067	0.043	1.67E-16	1	-0.52	0.30	
促銷	0.293	-0.188	-1.4E-17	3	2.41	0.01	*
費用	-0.059	0.038	-3.2E-17	4	-0.43	0.33	
樣本數	36	56	92				

　　由於, 是在檢定『有信用卡』>『無信用卡』或『無信用卡』>『有信用卡』, 故僅取其『顯著性 (雙尾)』除以 2 之單尾顯著性。檢定結果顯著者, 於其『<α』欄加註"*" (表其<α=0.05), 並於報告中對其詳加解釋; 檢定結果不顯著者, 則僅解釋其重要程度之排序即可。如:

　　受訪者注重之信用卡因素, 依序為:『信貸』、『知名與專業』、『促銷』、『費用』與『功能』。因為各發卡銀行之費用與功能幾乎無差異, 故出現此一結果, 是相當合理的情況。

　　經逐一以 t 檢定依性別分組對其注重程度進行檢定, 發現有『功能』與『促銷』兩因素之注重程度, 會隨是否有信用卡, 而有顯著差異 (α=0.05)。

　　就『功能』因素言, 無信用卡者明顯較有信用卡者重視此一因素。這可能是未持卡者對信用卡功能不甚了解, 有點恐懼感所致。

就『促銷』因素言,有信用卡者明顯較無信用卡者重視此一因素。這顯示,很多人是因為有贈品等促銷活動,而申請信用卡。

所以,發卡銀行若要擴大持卡者數量,應對信用卡的功能多價解釋,消除未持卡者的恐懼感;當然,贈品等促銷活動是絕對免不了的啦!

13-8 洗髮精購買考慮因素的主成份分析

　　茲將受訪者對:價格、去頭皮屑、保濕、熱油護髮、防止掉髮、止癢、避免抗藥性、天然成分、香味、防止分岔、柔順、整體綜合效果、包裝、口碑、方便購買、知名度、流行與廣告促銷等,十八項洗髮精購買考慮因素的注重程度 (極重要=5、極不重要=1) , 輸入於『SPSS 範例\Ch13\洗髮精購買考慮因素.sav』,十八項購買考慮因素分別以 q15_1~q15_18 爲變數名稱:

	編號	使用品牌	q15_1	q15_2	q15_3	q15_4	q15_5	q15_6
1	1	10	3	4	5	3	3	4
2	2	0	3	3	3	3	3	3
3	3	0	4	3	3	3	3	3
4	4	5	4	3	2	2	4	4

　　擬將其等以因素分析之主成份分析進行濃縮,以萃取較少數的主成份,達成縮減變數各數之目的。其處理步驟爲:

① 開啓『SPSS 範例\Ch13\洗髮精購買考慮因素.sav』

② 執行「**分析 (A) /資料縮減 (D) /因子 (F) …**」,左側選取『價格[q15_1]』~『廣告促銷[q15_18]』等 18 個變數, 按 **▶** 鈕,將其送到右側之『**變數 (V)**』方塊

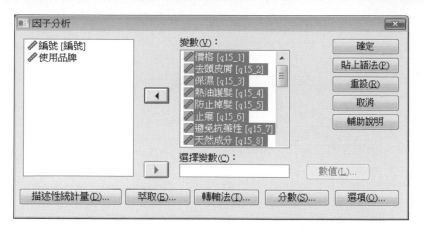

③ 按 [描述性統計量(D)...] 鈕, 選「**KMO 與 Bartlett 的球形檢定 (K)**」

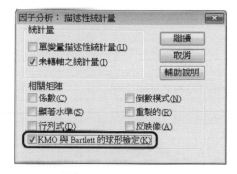

④ 按 [繼續] 鈕, 回上一層對話方塊

⑤ 按 [萃取(E)...] 鈕, 本例選「**主成份**」方法與以「**特徵值 (E)**」1 爲萃取標準

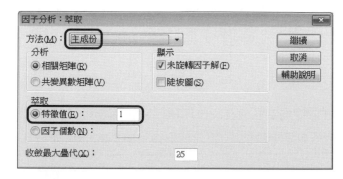

⑥ 按 [繼續] 鈕, 回上一層對話方塊

⑦ 按 轉軸法(T)... 鈕, 選擇要使用「**最大變異法 (V)** 」因素轉軸法, 並顯示「**轉軸後的解 (R)** 」

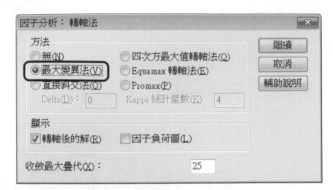

⑧ 按 繼續 鈕, 回上一層對話方塊

⑨ 按 分數(S)... 鈕, 選「**因素儲存成變數 (S)** 」, 擬儲存所計算出之因素分數, 供後續分析使用

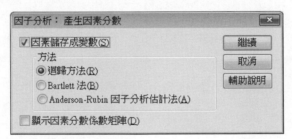

⑩ 按 繼續 鈕, 回上一層對話方塊

⑪ 最後, 按 確定 鈕, 獲致

KMO與Bartlett檢定

Kaiser-Meyer-Olkin 取樣適切性量數。		.816
Bartlett 球形檢定	近似卡方分配	1743.962
	自由度	153
	顯著性	.000

　　本部份是在進行 KMO 取樣適當性檢定及巴氏球形檢定, KMO=0.816>0.8 表示因素分析抽取共同因素的效果是有價值的, 巴氏球形檢定值 1743.96, 顯著性=0.000 ＜α=0.01, 顯示資料是非常適合進行因素分析。

解說總變異量

成份	初始特徵值			平方和負荷量萃取			轉軸平方和負荷量		
	總和	變異數的%	累積%	總和	變異數的%	累積%	總和	變異數的%	累積%
1	4.931	27.392	27.392	4.931	27.392	27.392	2.990	16.611	16.611
2	2.425	13.471	40.863	2.425	13.471	40.863	2.574	14.301	30.912
3	1.590	8.836	49.699	1.590	8.836	49.699	2.455	13.638	44.550
4	1.154	6.411	56.109	1.154	6.411	56.109	1.928	10.708	55.259
5	1.099	6.103	62.212	1.099	6.103	62.212	1.252	6.954	62.212
6	.862	4.789	67.002						
7	.790	4.388	71.390						
8	.700	3.889	75.279						
9	.633	3.518	78.796						
10	.570	3.167	81.964						
11	.547	3.036	85.000						
12	.530	2.945	87.945						
13	.447	2.484	90.429						
14	.411	2.284	92.712						
15	.383	2.127	94.839						
16	.364	2.021	96.860						
17	.291	1.617	98.477						
18	.274	1.523	100.000						

萃取法：主成份分析。

本部份表示依特徵值大於 1 之標準, 將 18 個變數濃縮為 5 個因素 (主成份) , 這 5 個因素共可解釋全部變異之 62.212%。

將各因素以最大變異法進行轉軸後之結果為：

轉軸後的成份矩陣 a

	成份				
	1	2	3	4	5
價格	.216	.093	.049	-.023	.851
去頭皮屑	.040	.663	.267	-.071	.154
保濕	.048	.128	.748	.240	.170
熱油護髮	.180	.203	.711	-.089	-.109
防止掉髮	.103	.766	.138	-.101	-.105
止癢	-.012	.748	.213	.109	.180
避免抗藥性	.009	.695	.020	.345	-.027
天然成分	.104	.535	.010	.582	-.008
香味	.210	-.011	.213	.647	-.192
防止分岔	.173	.243	.703	.183	-.173
柔順	-.039	.073	.689	.398	.310
整體綜合效果	.018	.140	.374	.505	.241
包裝	.610	.033	.144	.341	-.092
口碑	.481	-.015	.170	.555	.170
方便購買	.589	.250	-.115	.221	.275
知名度	.734	-.015	.116	.181	.130
流行	.854	.070	.035	-.039	-.142
廣告促銷	.769	-.010	.140	-.057	.217

萃取方法：主成分分析。
旋轉方法：含 Kaiser 常態化的 Varimax 法。
a. 轉軸收斂於 10 個疊代。

將其結果彙總於表 13-3 與 13-4。 (白色部份為因素荷量絕對值大於 0.45 者)

表 13-3 洗髮精購買考慮因素主成份分析轉軸後之成份矩陣

變數	因素 1	因素 2	因素 3	因素 4	因素 5
價格	0.216	0.093	0.049	-0.023	0.851
去頭皮屑	0.040	0.663	0.267	-0.071	0.154
保濕	0.048	0.128	0.748	0.240	0.170
熱油護髮	0.181	0.203	0.711	-0.089	-0.109
防止掉髮	0.103	0.766	0.138	-0.101	-0.105
止癢	-0.012	0.748	0.213	0.109	0.180
避免抗藥性	0.009	0.695	0.020	0.345	-0.027
天然成分	0.104	0.535	0.010	0.582	-0.008
香味	0.210	-0.011	0.213	0.647	-0.192
防止分岔	0.173	0.243	0.703	0.183	-0.173
柔順	-0.039	0.073	0.689	0.398	0.310
整體綜合效果	0.018	0.139	0.374	0.505	0.241
包裝	0.610	0.033	0.144	0.341	-0.092
口碑	0.481	-0.015	0.170	0.555	0.170
方便購買	0.589	0.250	-0.115	0.221	0.275
知名度	0.734	-0.015	0.116	0.181	0.130
流行	0.854	0.070	0.034	-0.039	-0.142
廣告促銷	0.769	-0.010	0.140	-0.057	0.217

表 13-4 洗髮精購買考慮因素主成份分析之結果

因素／變數名稱	因素負荷量	特徵值	解釋變異量
因素一、行銷因素			
流行	0.854		
廣告促銷	0.769		
知名度	0.734	4.93	27.39%
包裝	0.610		
方便購買	0.589		
口碑	0.481		
因素二、功效因素			
防止掉髮	0.766		
止癢	0.748		
避免抗藥性	0.695	2.43	13.47%
去頭皮屑	0.663		
天然成分	0.535		

接下表

因素／變數名稱	因素負荷量	特徵值	解釋變異量
因素三、護髮因素			
保濕	0.748		
熱油護髮	0.711	1.59	8.84%
防止分岔	0.703		
柔順	0.689		
因素四、香味因素			
香味	0.647		
天然成分	0.582	1.15	6.41%
口碑	0.555		
整體綜合效果	0.505		
因素五、價格因素			
價格	0.851	1.10	6.10%

因素一主要是由『流行』、『廣告促銷』、『知名度』、『包裝』、『方便購買』與『口碑』等六個相關程度較高的變數所構成,,故將此因素命名為『行銷因素』。其因素負荷量介於 0.48 至 0.85 之間, 特徵值為 4.93, 可解釋變異量為 27.39 %。

因素二主要是由『防止掉髮』、『止癢』、『避免抗藥性』、『去頭皮屑』、與『天然成分』等五個相關程度較高的變數所構成, 故將此因素命名為『功效因素』。其因素負荷量介於 0.54 至 0.77 之間, 特徵值為 2.43, 可解釋變異量為 13.47 %。

因素三主要是由『保濕』、『熱油護髮』、『防止分岔』與『柔順』等四個相關程度較高的變數所構成, 故將此因素命名為『護髮因素』。其因素負荷量介於 0.69 至 0.75 之間, 特徵值為 1.59, 可解釋變異量為 8.84 %。

因素四主要是由『香味』、『天然成分』、『口碑』與『整體綜合效果』等四個相關程度較高的變數所構成, 故將此因素命名為『香味因素』。其因素負荷量介於 0.51 至 0.65 之間, 特徵值為 1.15, 可解釋變異量為 6.41 %。

因素五僅『價格』變數之因素負荷量超過 0.45, 特徵值為 1.1, 可解釋變異量為 6.1 %, 故將此因素命名為『價格因素』。

13-9 比較各品牌洗髮精購買考慮因素

於將洗髮精購買考慮因素, 經主成份分析, 並將其因素分數儲存為：FAC1_1、FAC2_1、……、FAC5_1 後。若要以 α=0.05 之顯著水準, 檢定濃縮後之購買考慮因素的重要程度, 是否隨其使用品牌不同而存有顯著差異？

品牌部分的原問卷內容為：

請問您最常使用的品牌為何？(單選)

☐ 1. 海倫仙度絲　　☐ 2. 飛柔　　☐ 3. mod's hair　　☐ 4. 沙宣　　☐ 5. 麗仕

☐ 6. 花王　　☐ 7. 多芬　　☐ 8. 絲逸歡　　☐ 9. 潘婷

☐ 10. 其他_____

可以下示步驟進行：

① 轉入『變數檢視』, 為各因素加上註解文字

	名稱	類型	寬度	小數	標記
20	q15_18	數字的	8	0	廣告促銷
21	FAC1_1	數字的	11	5	行銷因素
22	FAC2_1	數字的	11	5	功效因素
23	FAC3_1	數字的	11	5	護髮因素
24	FAC4_1	數字的	11	5	香味因素
25	FAC5_1	數字的	11	5	價格因素

② 執行「**分析 (A) /比較平均數法 (M) /單因子變異數分析 (O) …**」, 於左側, 以滑鼠拖曳選取『行銷因素[FAC1_1]』～『價格因素[FAC5_1]』, 按 ▶ 鈕, 將其送到右側之『依變數清單 (E) 』方塊

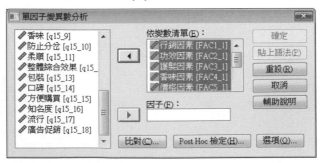

③ 選『使用品牌』, 按 ▶ 鈕, 將其送到右側之『因子 (F) 』方塊

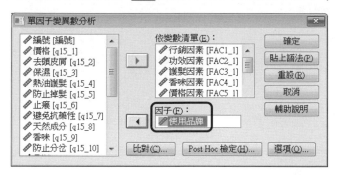

④ 於上圖按 選項(O)... 鈕, 選擇要取得
「**描述性統計量 (D)**」

⑤ 按 繼續 鈕, 回上一層對話方塊

⑥ 按 確定 鈕結束, 即可獲致其等之描述性統計量及單因子變異數分析表

		個數	平均數
行銷因素	海倫仙度絲	21	-.2634257
	飛柔	13	.0311349
	mod's hair	22	-.2004975
	麗仕	10	.1106711
	多芬	20	-.2680105
	其他	36	-.0605621
	總和	122	-.1309169
功效因素	海倫仙度絲	21	.4435311
	飛柔	13	.0003305
	mod's hair	22	.1742601
	麗仕	10	-.2918889
	多芬	20	.3417168
	其他	36	.0077134
	總和	122	.1421746

護髮因素	海倫仙度絲	21	.1517790
	飛柔	13	-.1035164
	mod's hair	22	.6981787
	麗仕	10	-.5606604
	多芬	20	-.0180471
	其他	36	.0571919
	總和	122	.1089585
香味因素	海倫仙度絲	21	.0656583
	飛柔	13	-.7075954
	mod's hair	22	.3973996
	麗仕	10	-.1728976
	多芬	20	.2602858
	其他	36	.2121783
	總和	122	.0986724
價格因素	海倫仙度絲	21	-.1042291
	飛柔	13	-.6425283
	mod's hair	22	.0995738
	麗仕	10	.0149132
	多芬	20	.0418581
	其他	36	-.0698516
	總和	122	-.0809788

ANOVA

		平方和	自由度	平均平方和	F檢定	顯著性
行銷因素	組間	1.954	5	.391	.355	.878
	組內	127.612	116	1.100		
	總和	129.566	121			
功效因素	組間	5.523	5	1.105	1.032	.402
	組內	124.132	116	1.070		
	總和	129.654	121			
護髮因素	組間	13.166	5	2.633	3.060	.012
	組內	99.817	116	.860		
	總和	112.983	121			
香味因素	組間	12.161	5	2.432	2.225	.056
	組內	126.791	116	1.093		
	總和	138.951	121			
價格因素	組間	5.226	5	1.045	.918	.472
	組內	132.025	116	1.138		
	總和	137.251	121			

　　然後, 針對分析結果, 以『第十章 單因子變異數分析』『轉入 Word 撰寫報告』之操作技巧, 將各組均數、F 值、顯著性以及全體均數, 彙總到 Word 表格, 並安排其注重程度的排名:

考慮因素	海倫仙度絲	飛柔	mod's hair	麗仕	多芬	其他	全體	排名	F·值	顯著性	<α
行銷因素	-0.26	0.03	-0.20	0.11	-0.27	-0.06	-0.13	5	0.36	0.88	
功效因素	0.44	0.00	0.17	-0.29	0.34	0.01	0.14	1	1.03	0.40	
護髮因素	0.15	-0.10	0.70	-0.56	-0.02	0.06	0.11	2	3.06	0.01	*
香味因素	0.07	-0.71	0.40	-0.17	0.26	0.21	0.10	3	2.22	0.06	
價格因素	-0.10	-0.64	0.10	0.01	0.04	-0.07	-0.08	4	0.92	0.47	
樣本數	22	14	22	10	20	36	124				

頁面:1/1　字數:110　中文 (台灣)　插入　110%

　　F 檢定結果顯著者, 於『<α』欄加註"*" (表其<α=0.05), 並於報告中對其詳加解釋; 檢定結果不顯著者, 則僅解釋其重要程度之排序即可。如:

　　根據調查結果, 洗髮精購買考慮因素依其重要程度高低, 依序為: 功效因素、護髮因素、香味因素、價格因素與行銷因素。

　　經逐一以 F 檢定, 依使用品牌分組, 對其注重程度進行檢定, 發現只有『護髮因素』之注重程度會隨使用品牌不同, 而有顯著差異 (α=0.05)。這些項目以 mod's hair 與海倫仙度絲等品牌使用者的注重程度較高。

習題

1. 『SPSS 習題\Ex13\衛生棉購買考慮因素.sav』內,有受訪者使用之衛生棉品牌 及其對產品屬性的評價量表。原問卷內容為:

請問您目前使用哪一個品牌的衛生棉?(單選)

□ 1.靠得住   □ 2.蘇菲   □ 3.蕾妮亞   □ 4.康乃馨   □ 5.好自在   □ 6.其他

請就下列有關衛生棉之產品屬性勾選其重要程度。

	極重要	重要	普通	不重要	極不重要
1) 舒適	□	□	□	□	□
2) 乾爽	□	□	□	□	□
3) 貼身	□	□	□	□	□
4) 價格	□	□	□	□	□
5) 長度	□	□	□	□	□
6) 厚薄	□	□	□	□	□
7) 不變形	□	□	□	□	□
8) 撕包裝時無聲	□	□	□	□	□
9) 吸收力	□	□	□	□	□
10) 蝶翼	□	□	□	□	□
11) 香味	□	□	□	□	□
12) 抗菌	□	□	□	□	□
13) 透氣	□	□	□	□	□

接下頁

	極重要	重要	普通	不重要	極不重要
14) 不外漏	☐	☐	☐	☐	☐
15) 易撕包	☐	☐	☐	☐	☐

將產品屬性以主成份分析進行濃縮變數個數, 取得其因素分數, 針對因素分數以『品牌』分組, 進行檢定各品牌間是否存有顯著差異？ ($\alpha=0.05$)

將各品牌均數、F 值、顯著性以及全體均數, 彙總到 Word 表格, 安排其注重程度的排名, 並解釋其結果。

2. 『SPSS 習題\Ex13\染髮行為.sav』內, 有受訪者是否染髮、生活型態、性別與可支配零用金等資料, 生活型態之態度量表的問卷內容為： (非常同意=5、非常不同意=1)

Q9. 此部分的問題是請教你對日常生活、興趣和看法的描述, 請你把每一問題的同意程度在 ☐ 中打勾, 每一題無所謂對錯, 請儘量把你的意見表達出來。

	非常同意	同意	普通	不同意	非常不同意
1). 我很注意流行趨勢	☐	☐	☐	☐	☐
2). 我常比別人早使用新產品	☐	☐	☐	☐	☐
3). 我是一個喜歡追求時髦的人	☐	☐	☐	☐	☐
4). 我經常觀賞運動比賽	☐	☐	☐	☐	☐
5). 一般說來, 我是屬於比較喜歡運動的一群	☐	☐	☐	☐	☐
6). 為了保持身體健康, 我經常運動	☐	☐	☐	☐	☐
7). 我喜歡凡事自己來不靠他人的協助	☐	☐	☐	☐	☐
8). 我做事一向很果斷, 不會拖拖拉拉	☐	☐	☐	☐	☐

	非常同意	同意	普通	不同意	非常不同意

9). 我一向很有主見, 不太在意別人的看法 -- □ □ □ □ □

10). 要我在眾人面前發表意見我會感到害羞 □ □ □ □ □

11). 當大家的目光集中在我身上時, 我會覺

　　 得不自在 ----------------------------------- □ □ □ □ □

12). 在人群中, 我不會主動和別人講話 ------ □ □ □ □ □

13). 商品促銷時, 會增加我購買的意願 ------ □ □ □ □ □

14). 買東西時, 我特別注意價格 --------------- □ □ □ □ □

15). 購物時, 我會貨比三家不吃虧 ------------- □ □ □ □ □

16). 我喜歡從事露營、旅行等野外活動 ----- □ □ □ □ □

17). 假日時我喜歡出去走走, 不願待在家裡 □ □ □ □ □

18). 我喜歡從事健行、慢跑等戶外活動 ----- □ □ □ □ □

19). 我喜歡接近大自然 -------------------------- □ □ □ □ □

20). 人生本來就應時常冒險, 接受挑戰 ------ □ □ □ □ □

21). 我喜歡參加社團活動 ----------------------- □ □ □ □ □

22). 我的社團活動比我大部分的同學多 ----- □ □ □ □ □

23). 我經常和同學朋友一同出遊 ------------- □ □ □ □ □

24). 雖然有投資風險, 但我仍會從事投資活動 - □ □ □ □ □

25). 我會隨時注意財經資訊 --------------------- □ □ □ □ □

26). 與其定期存款, 我寧願將錢拿去投資 --- □ □ □ □ □

9

10

11

13

14

15

16

	非常同意	同意	普通	不同意	非常不同意
27). 我會和同學朋友談論性事 ------------------	☐	☐	☐	☐	☐
28). 情投意合時, 我贊成男女同居 -------------	☐	☐	☐	☐	☐
29). 我贊成婚前性行為 --------------------------	☐	☐	☐	☐	☐
30). 我贊成網路一夜情 --------------------------	☐	☐	☐	☐	☐
31). 我認為在身上刺青是一件很炫的事 -----	☐	☐	☐	☐	☐
32). 我認為打洞 (如：鼻洞、耳洞) 是一件很炫的事 ----------------------------	☐	☐	☐	☐	☐
33). 男生留長髮是一件很酷的事 --------------	☐	☐	☐	☐	☐
34). 女生剪平頭是一件很酷的事 --------------	☐	☐	☐	☐	☐
35). 抽煙會讓我感到快樂 -----------------------	☐	☐	☐	☐	☐
36). 我不排斥援助交際 --------------------------	☐	☐	☐	☐	☐

性別與可支配零用金之問卷內容為：

性別：☐ 1.男 ☐ 2.女

每月可支配零用金：☐ 1. 0～3000　　☐ 2. 3001～6000　☐ 3. 6001～9000　☐ 4. 9001～12000 ☐ 5. 12001～15000

將生活型態之態度量表以主成份分析進行濃縮變數個數, 取得其因素分數, 針對因素分數分別以『是否染髮』、『性別』與『可支配零用金』(得視情況縮減組別) 進行分組, 檢定各組是否存有顯著差異？ ($\alpha=0.05$)

將各分組均數、T 值 (或 F 值)、顯著性以及全體均數, 彙總到 Word 表格, 安排其注重程度的排名, 並解釋其結果。

信度

1
2
3
4
5
6
7
8
9
10
11
12
13
14
15
16

SPSS

14-1 概念

在進行過因素分析或設計妥一套評價量表後,為瞭解問卷的可靠性及有效性。通常,得再進行信度分析。一個量表的信度越高,代表量表之穩定性越高。於量表中,常用的信度檢定方法為『Cronbach's α』與『折半信度』。若要估計內部一致性,前者優於後者,且使用頻率也最高。『折半信度』則將量表任取一半求算信度,因為折半之方式很多,其估計值亦可能不同,較受批評,故而較少被採用。

『Cronbach's α』係數,到底要多少才能被接受,各方之說法不太相同。一般言,全體量表之總信度應在 0.7 以上;各因素之內部一致性,則至少得高過 0.6。否則,就應該重新修訂研究工具。

14-2 內部一致性

假定,欲求算前章之『洗髮精購買考慮因素』的:價格、去頭皮屑、保濕、熱油護髮、防止掉髮、止癢、避免抗藥性、天然成分、香味、防止分岔、柔順、整體綜合效果、包裝、口碑、方便購買、知名度、流行與廣告促銷等,十八項洗髮精購買考慮因素的量表總信度;及因素分析後各因素的內部一致性。

先將前章之執行結果,轉存到『SPSS 範例\Ch14\洗髮精購買考慮因素.sav』:

	編號	使用品牌	q15_1	q15_2	q15_3	q15_4	q15_5
1	1	10	3	4	5	3	3
2	2	0	3	3	3	3	3
3	3	0	4	3	3	3	3
4	4	5	4	3	2	2	4

然後,以下示步驟求量表的總信度:

① 開啟『SPSS 範例\Ch14\洗髮精購買考慮因素.sav』

② 執行「**分析(A)/尺度
(A)/信度分析(R)…**」

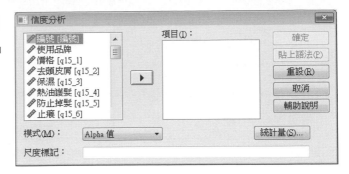

③ 左側選取『**價格
[q15_1]**』~『**廣告促
銷[q15_18]**』等18個
變數, 按 ▶ 鈕, 將
其送到右側之『**項目
(I)**』方塊

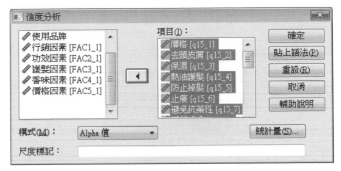

④ 上圖左下角『**模式(M)**』處, 選「**Alpha 值**」以求算 Cronbach's α 係數

⑤ 按 [統計量(S)...] 鈕, 於『描述統計量』方塊選「**刪除項目後之量尺摘要(A)**」,
可針對每一個變數, 計算若是刪除該變數後, 其總信度將變成何值？

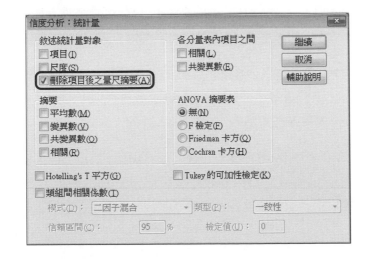

⑥ 按 │ 繼續 │ 鈕, 回上一層對話方塊

⑦ 按 │ 確定 │ 鈕, 獲致

可看到這 18 個變數之量表總信度 Cronbach's α 係數為 0.838, 表示其信度水準算是相當好的。

項目整體統計量

	項目刪除時的尺度平均數	項目刪除時的尺度變異數	修正的項目總相關	項目刪除時的 Cronbach's Alpha 值
價格	61.16	73.871	.256	.840
去頭皮屑	60.89	71.940	.397	.832
保濕	60.73	70.088	.510	.826
熱油護髮	61.19	71.309	.411	.831
防止掉髮	61.12	71.979	.351	.835
止癢	60.87	70.882	.468	.828
避免抗藥性	61.00	71.330	.411	.831
天然成分	60.89	71.318	.486	.828
香味	60.95	72.483	.370	.833
防止分岔	60.88	70.127	.525	.826
柔順	60.47	71.038	.499	.827
整體綜合效果	60.60	72.228	.436	.830
包裝	61.54	70.640	.460	.829
口碑	60.91	70.908	.519	.826
方便購買	61.05	71.459	.446	.830
知名度	61.26	71.283	.467	.829
流行	61.64	71.888	.386	.833
廣告促銷	61.41	71.644	.415	.831

可靠性統計量

Cronbach's Alpha 值	項目的個數
.838	18

每一個變數之最右側『項目刪除時的 Cronbach's Alpha 值』欄, 是針對每一個變數, 計算若是刪除該變數後, 其總信度將變成何值？可發現, 僅有若刪除『價格』其總信度將變為 0.840；以及若刪除『防止掉髮』其總信度將變為 0.835, 這兩者的總信度將超過原來之 0.838。不過, 其超過之幅度相當有限, 故就不將其刪除。

接著, 來計算各因素之內部一致性。其操作之方式相同, 只差於步驟 3 選取之變數項目不同而已。進行重選之前, 先將原於『項目(I)』方塊之變數, 全部選取, 續按 │▶│ 鈕將其移出, 即可進行重選。

以因素一『行銷因素』為例, 其內主要包含：流行 (q15_17)、廣告促銷 (q15_18)、知名度 (q15_16)、包裝 (q15_13)、方便購買 (q15_15)、口碑 (q15_14) 等六個變數, 故於步驟 3 僅選取這六個變數進行求算信度即可：

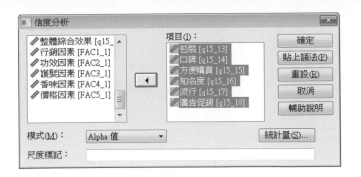

所求得之結果為：

可靠性統計量

Cronbach's Alpha 值	項目的個數
.812	6

項目整體統計量

	項目刪除時的尺度平均數	項目刪除時的尺度變異數	修正的項目總相關	項目刪除時的Cronbach's Alpha 值
包裝	16.85	11.990	.536	.792
口碑	16.21	12.683	.523	.793
方便購買	16.35	12.501	.509	.796
知名度	16.56	11.899	.630	.770
流行	16.93	11.447	.635	.768
廣告促銷	16.71	11.764	.609	.774

其內部一致性 Cronbach's α 係數為 0.812, 由最右側『項目刪除時的 Cronbach 's Alpha 值』欄, 可發現沒有一項超過 0.812, 表示這些項目均不用刪除。

仿此, 計算出其餘各因素之信度。因素二『功效因素』主要包含：防止掉髮 (q15_5)、止癢 (q15_6)、避免抗藥性 (q15_7)、去頭皮屑 (q15_2)、天然成分 (q15_8)。其信度分析結果為：

12

可靠性統計量

Cronbach's Alpha 值	項目的個數
.770	5

項目整體統計量

	項目刪除時的尺度平均數	項目刪除時的尺度變異數	修正的項目總相關	項目刪除時的Cronbach's Alpha 值
去頭皮屑	14.62	8.639	.505	.741
防止掉髮	14.85	8.135	.526	.735
止癢	14.60	8.013	.641	.694
避免抗藥性	14.73	8.165	.561	.721
天然成分	14.62	9.088	.480	.748

其內部一致性 Cronbach's α 係數為 0.770, 由最右側『項目刪除時的 Cronbach 's Alpha 值』欄, 可發現沒有一項超過 0.770, 表示這些項目均不用刪除。

因素三『護髮因素』主要包含：保濕 (q15_3)、熱油護髮 (q15_4)、防止分岔 (q15_10)、柔順 (q15_11)。其信度分析結果為：

可靠性統計量

Cronbach's Alpha 值	項目的個數
.775	4

項目整體統計量

	項目刪除時的尺度平均數	項目刪除時的尺度變異數	修正的項目總相關	項目刪除時的 Cronbach's Alpha 值
保濕	11.33	5.060	.638	.688
熱油護髮	11.78	5.418	.500	.764
防止分岔	11.47	5.290	.592	.713
柔順	11.06	5.519	.590	.716

其內部一致性 Cronbach's α 係數為 0.775，由最右側『項目刪除時的 Cronbach's Alpha 值』欄，可發現沒有一項超過 0.775，表示這些項目均不用刪除。

因素四『香味因素』主要包含：香味 (q15_8)、天然成分 (q15_9)、口碑 (q15_14)、整體綜合效果 (q15_12)。其信度分析結果為：

可靠性統計量

Cronbach's Alpha 值	項目的個數
.628	4

項目整體統計量

	項目刪除時的尺度平均數	項目刪除時的尺度變異數	修正的項目總相關	項目刪除時的 Cronbach's Alpha 值
天然成分	11.39	3.958	.373	.583
香味	11.45	3.674	.407	.560
整體綜合效果	11.10	3.959	.385	.575
口碑	11.41	3.702	.468	.515

其內部一致性 Cronbach's α 係數為 0.628，由最右側『項目刪除時的 Cronbach's Alpha 值』欄，可發現沒有一項超過 0.628，表示這些項目均不用刪除。

因素五『價格因素』主要僅含一個價格 (q15_1) 變數，並無須求算內部一致性。

以上各因素之信度係數，最低為 0.628，最高達 0.812 表示各因素之內部主要變數都頗為一致，表示前章以主成份因數分析縮減『洗髮精購買考慮因素』的效果還不錯。

〔馬上練習！〕

針對前章『SPSS 範例\Ch13\申請信用卡考慮因素.sav』之因素分析結果,進行信度分析:

全體變數之總信度為:0.707

可靠性統計量

Cronbach's Alpha 值	項目的個數
.707	15

項目整體統計量

	項目刪除時的尺度平均數	項目刪除時的尺度變異數	修正的項目總相關	項目刪除時的 Cronbach's Alpha 值
年費	54.34	28.204	.196	.706
循環利息	54.22	27.776	.255	.699
信用額度	54.75	27.640	.331	.691
可貸款	55.48	27.483	.257	.699
可預借現金	55.50	26.802	.280	.698
是否全球通行	54.04	26.613	.457	.677
是否受商店歡迎	54.12	27.733	.324	.691
失卡風險負擔	53.75	28.585	.332	.693
24小時免付費專線	54.20	25.522	.624	.659
道路救援服務	54.87	25.433	.490	.669
旅遊保險	54.27	26.728	.390	.683
發卡銀行知名度	54.58	26.555	.457	.677
專業形象	54.47	27.263	.400	.684
卡片設計美觀	54.96	29.954	-.006	.733
贈品	55.16	28.314	.126	.720

每一個變數之最右側『項目刪除時的 Cronbach's Alpha 值』欄,是針對每一個變數,計算若是刪除該變數後,其總信度將變成何值?可發現,僅有若刪除『卡片設計美觀』其總信度將變為 0.733。不過,其超過全體變數之總信度 0.707 之幅度相當有限,故就不將其刪除。

因素一主要是由『發卡銀行知名度』(q6_12)、『專業形象』(q6_13) 與『旅遊保險』(q6_11) 等三個相關程度較高的變數所構成,其內部一致性 Cronbach's α 係數為 0.730,可考慮將『旅遊保險』(q6_11) 排除,其內部一致性 Cronbach's α 係數將提高為 0.791:

可靠性統計量

Cronbach's Alpha 值	項目的個數
.730	3

項目整體統計量

	項目刪除時的尺度平均數	項目刪除時的尺度變異數	修正的項目總相關	項目刪除時的 Cronbach's Alpha 值
旅遊保險	7.91	1.839	.435	.791
發卡銀行知名度	8.22	1.667	.629	.548
專業形象	8.11	1.812	.612	.579

接下頁

因素二主要是由『是否受商店歡迎』(q6_07)、『失卡風險負擔』(q6_08)、『是否全球通行』(q6_06)、『循環利息』(q6_02)與『24小時免付費專線』(q6_09)等五個相關程度較高的變數所構成,其內部一致性Cronbach's Y數為0.682,可考慮將『循環利息』(q6_02)排除,其內部一致性Cronbach's Y數將提高為0.701:

可靠性統計量

Cronbach's Alpha 值	項目的個數
.682	5

項目整體統計量

	項目刪除時的尺度平均數	項目刪除時的尺度變異數	修正的項目總相關	項目刪除時的 Cronbach's Alpha 值
循環利息	17.80	4.137	.303	.701
是否全球通行	17.63	3.840	.500	.602
是否受商店歡迎	17.71	3.660	.607	.552
失卡風險負擔	17.34	4.599	.443	.638
24小時免付費專線	17.78	4.172	.387	.653

因素三主要是由『可預借現金』(q6_05)、『可貸款』(q6_04)與『道路救援服務』(q6_10)等三個相關程度較高的變數所構成,其內部一致性 Cronbach's α 係數為 0.699,可考慮將『道路救援服務』(q6_10)排除,其內部一致性 Cronbach's α 係數將提高為 0.811:

可靠性統計量

Cronbach's Alpha 值	項目的個數
.699	3

項目整體統計量

	項目刪除時的尺度平均數	項目刪除時的尺度變異數	修正的項目總相關	項目刪除時的 Cronbach's Alpha 值
可貸款	6.59	2.553	.572	.538
可預借現金	6.61	2.065	.671	.383
道路救援服務	5.98	3.142	.334	.811

因素四主要是由『贈品』(q6_15)與『卡片設計美觀』(q6_14)兩個相關程度較高的變數所構成,其內部一致性 Cronbach's α 係數為 0.668:

可靠性統計量

Cronbach's Alpha 值	項目的個數
.668	2

項目整體統計量

	項目刪除時的尺度平均數	項目刪除時的尺度變異數	修正的項目總相關	項目刪除時的 Cronbach's Alpha 值
卡片設計美觀	3.32	1.075	.504	a.
贈品	3.52	.890	.504	a.

a. 此值因項目中的負平均共變異數而成為負值。這違反了信度模式假設。您可能要要檢查項目編碼。

接下頁

因素五主要是由『年費』(q6_01)、『循環利息』(q6_02) 與『信用額度』(q6_03) 等三個相關程度較高的變數所構成, 其內部一致性 Cronbach's α 係數為 0.473：

可靠性統計量

Cronbach's Alpha 值	項目的個數
.473	3

項目整體統計量

	項目刪除時的尺度平均數	項目刪除時的尺度變異數	修正的項目總相關	項目刪除時的 Cronbach's Alpha 值
年費	7.99	1.637	.258	.444
循環利息	7.87	1.565	.322	.324
信用額度	8.40	1.804	.309	.356

以上各因素之信度係數, 最低為 0.473, 最高為 0.730, 各因素之內部主要變數一致性並不高, 表示前章以主成份分析縮減『申請信用卡考慮因素』變數的效果不甚理想。

習 題

1. 針對前章『SPSS 習題\Ex13\衛生棉購買考慮因素.sav』, 產品屬性以主成份分析之結果, 進行信度分析。

2. 針對前章『SPSS 習題\Ex13\染髮行為.sav』, 生活型態之態度量表以主成份分析之結果, 進行信度分析。

15

判別分析

15-1 概念

判別分析 (discriminate analysis) 也有人稱為『區別分析』, 其觀念類似迴歸分析, 均是以一組自變數來預測一個依變數。只不過迴歸分析之依變數, 為連續性之數值資料 (如：所得、信用分數、出席率、銷售量、……等)；而判別分析之依變數 (分組變數), 則為不連續性之間斷資料 (如：是否購買、及格否、是否使用、使用品牌、購買廠牌、……)。

判別分析主要目的在計算一組「預測變數」(自變數) 的線性組合 (判別函數), 對依變數加以分類, 並檢查其再分組的正確性。

判別分析的基本假設之一為：每一個群體的共變異矩陣必須大致相等, 否則, 其判別函數將受到扭曲。故於分析中, 得以 Box's M 來檢定各群體的共變異矩陣是否相等 ?

SPSS 提供有兩種判別分析方法：

✓ 使用全部變數　　　　一次就將全部變數投入於判別函數之中。

✓ 使用逐步分析方法　　一次僅引入一個判別能力較強之變數, 直至其餘變數均未達某一標準為止。不過, 已進入判別函數之變數, 於分析中, 若發現其判別能力未達某一標準, 亦可能會被排除出來。

至於, 求算判別函數之方法, SPSS 使用英國著名統計學家 R. A. Fisher 所提出之方法, 重點在使組間變異對組內變異之比值為最大。其結果有：

✓ Fisher's 判別係數　　內還分為未標準化與標準化, 此法會為每一組產生一條判別函數, 用以計算判別分數, 還可以將其儲存供後續分析之用。

✓ 典型判別函數　　　　此法產生之判別函數個數恆比組別數少一, 有 K 組將只有 K-1 條典型判別函數 (canonical discriminate function), 且其判別能力永遠是第一條最大, 然後依序遞減。

標準化後之判別函數的係數, 即其重要性, 係數絕對值越大者, 其重要性越高。

15-2 以原始資料進行分析

假定, 將訪者是否擁有信用卡? 及對申請信用卡考慮因數的注重程度 (極重要 =5、極不重要=1), 輸入於 『SPSS 範例\Ch15\申請信 用卡考慮因素.sav』:

	編號	q1	q3_1	q5	q6_01	q6_02	q6_03	q6_04	q6_05
16	19	2	0	0	5	5	4	2	2
17	20	2	0	0	4	4	4	4	3
18	21	1	4	2000	5	5	4	2	3
19	22	1	8	3000	4	4	4	3	3

原問卷內容為:

1. 請問您現在是否持有信用卡?

　　① 有　② 無

2. 請就下列申請信用卡之考慮變數勾選其重要程度。

	極重要	重要	普通	不重要	極不重要
1)年費	☐	☐	☐	☐	☐
2)循環利息	☐	☐	☐	☐	☐
3)信用額度	☐	☐	☐	☐	☐
4)可貸款	☐	☐	☐	☐	☐
5)可預借現金	☐	☐	☐	☐	☐
6)是否全球通行	☐	☐	☐	☐	☐
7)是否受商店歡迎	☐	☐	☐	☐	☐
8)失卡風險負擔	☐	☐	☐	☐	☐
9)24 小時免付費專線	☐	☐	☐	☐	☐
10)道路救援服務	☐	☐	☐	☐	☐
11)旅遊保險	☐	☐	☐	☐	☐
12)發卡銀行知名度	☐	☐	☐	☐	☐
13)專業形象	☐	☐	☐	☐	☐
14)卡片設計美觀	☐	☐	☐	☐	☐
15)贈品	☐	☐	☐	☐	☐

擬依其對 15 項申請因素之著重程度為自變數, 受訪者是否擁有信用卡為依變數 (分組變數), 以判別分析進行分析, 用以找出何者才是決定受訪者是否擁有信用卡之主要判別變數？

其處理步驟為：

①　開啟『SPSS 範例\Ch15\申請信用卡考慮因素.sav』

②　執行「**分析(A)/分類(Y)/判別(D)…**」, 左側選取『有無信用卡[q1]』變數, 按 ▶ 鈕, 將其送到右側之『分組變數(G)』方塊

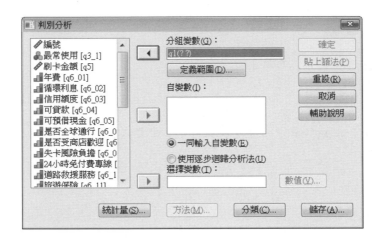

③　於上圖按 定義範圍(G)... 鈕, 於『最小值(I)』輸入 1 (無信用卡), 『最大值(A)』輸入 2 (有信用卡), 定義組別的上下限 (SPSS 除可處理兩組的判別分析外；亦可處理兩組以上的判別分析)

④　按 繼續 鈕, 回上一層對話方塊。『分組變數(G)』方塊處, q1 後之括號內會有剛剛所輸入之組別的上下限

⑤ 左側選取『年費[q6_01]』~『贈品[q6_15]』等 15 個變數, 按 ▶ 鈕, 將其
送到右側之『自變數(I)』方塊

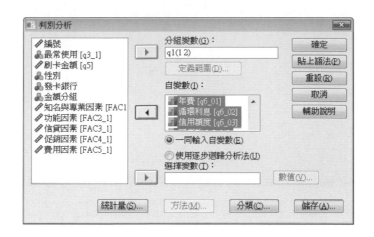

⑥ 於上圖選擇「**一同輸入自變數(E)**」, 擬一次就將全部變數納入到判別函數 (若
變數太多, 可選「**使用逐步迴歸分析法(U)**」, 逐步選用判別能力較強之變數。
但其最後之整體判別能力, 會較全體變數均投入時來得弱一點!)

⑦ 按 統計量(S)... 鈕,
選擇求算「**Box's M
共變異數相等性檢
定(B)**」統計量, 以檢
定各組共變異數之
相等性

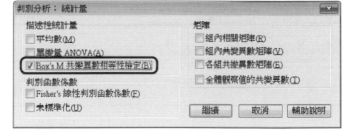

對於『判別函數係數』, SPSS 預設求算標準化後之典型判別函數, 若要一併
求算未標準化典型判別函數, 得加選「**未標準化(U)**」。選「**Fisher's 判別係
數**」可求算標準化 Fisher's 判別函數, 若要一併求算未標準化 Fisher's 判別函
數, 仍得加選「**未標準化(U)**」。

⑧ 按 繼續 鈕, 回上一層對話方塊

⑨ 按 分類(C)... 鈕, 選「**依據組別大小計算(C)**」與「**摘要表(U)**」

判別分析：分類結果摘要

事前機率	使用共變異數矩陣	
○ 所有組別大小均等(A)	◉ 組內變數(W)	繼續
◉ 依據組別大小計算(C)	○ 各組散佈圖(P)	取消
		輔助說明

顯示	圖形
□ 逐觀察值的結果(E)	□ 合併組散佈圖(O)
□ 第一個的限制觀察值(L)： [　]	□ 各組散佈圖(S)
☑ 摘要表(U)	□ 地域圖(T)
□ Leave-one-out 分類方法(V)	
□ 用平均數置換遺漏值(R)	

『事前機率』處, 預設值為「**所有組別大小均等(A)**」, 如組數為 2 則各組事前機率分別為 50%；本例有信用卡者明顯少於無信用卡者 (36 與 56), 故選「**依據組別大小計算(C)**」(36/92 與 56/92)。

『顯示』處, 選「**摘要表(U)**」可列出一交叉表 (混淆矩陣, confusion matrix), 比較原組別與經過判別函數預測所指派之組別的正確率如何？正確率越高, 表判別函數之判別能力越好。

⑩ 按 繼續 鈕, 回上一層對話方塊

⑪ 按 確定 鈕, 獲致分析結果

檢定結果

Box's M 共變數相等性檢定		160.743
F檢定	近似值	1.085
	分子自由度	120
	分母自由度	17533.505
	顯著性	.249

相等母群共變數矩陣的虛無假設檢定。

　　本部份是以 Box's M 統計量檢定兩組之共變異數矩陣是否具有同質性 (homogeneity)？Box's M 統計量為 160.743、F 值 1.085、自由度 (120, 17533)、顯著性 0.249 > α =0.05, 得接受兩組之共變異數矩陣相等之虛無假設。所以, 本例之資料符合判別分析之假設要求。

Wilks' Lambda值

函數檢定	Wilks' Lambda值	卡方	自由度	顯著性
1	.712	28.060	15	.021

本部份是以 Wilks' Λ (Lambda) 檢定整組判別函數的判別能力, Wilks' Λ 值 0.712、卡方值 28.06、自由度 15、顯著性 0.021<α=0.05, 判別能力達顯著水準, 效果不錯。

本部份是標準化後之典型判別函數, 其函數個數恆比組別數少一, 有 2 組將只有一條判別函數。其係數即其重要性, 係數絕對值越大者, 其重要性越高。正值部份以『是否全球通行』最高 (0.553), 其次爲『年費』(0.354)、『卡片設計美觀』(0.347)、『可預借現金』(0.344)、『信用額度』(0.326) 與『贈品』(0.318) 等幾個變數; 負值部份以『循環利息』(-0.674)、『是否受商店歡迎』(-0.534)、『可貸款』(-0.531) 與『發卡銀行知名度』(-0.485) 等幾個變數之係數較大, 這幾個將是重要判別變數。

標準化的典型區別函數係數

	函數
	1
年費	.354
循環利息	-.674
信用額度	.326
可貸款	-.531
可預借現金	.344
是否全球通行	.553
是否受商店歡迎	-.534
失卡風險負擔	.192
24小時免付費專線	.082
道路救援服務	.060
旅遊保險	-.279
發卡銀行知名度	-.485
專業形象	.014
卡片設計美觀	.347
贈品	.318

各組重心的函數

有無信用卡	函數
	1
有	.785
無	-.505

未標準化的典型區別函數 以組別平均數加以評估

本部份是『有信用卡』、『無信用卡』者兩組樣本之判別分數的均數 (重心), 有信用卡者之重心爲 0.785 之正值, 故前面標準化後之典型判別函數係數爲正且較大者:『是否全球通行』(0.553)、『年費』(0.354)、『卡片設計美觀』(0.347)、『可預借現金』(0.344)、『信用額度』(0.326) 與『贈品』(0.318) 等幾個變數, 就是決定受訪者擁有信用卡的主要判別變數, 愈注重這幾個變數之受訪者, 愈可能會擁有信用卡。

無信用卡者之重心爲-0.505之負值,故前面標準化後之典型判別函數係數爲負且較大者:『循環利息』(-0.674)、『是否受商店歡迎』(-0.534)、『可貸款』(-0.531)與『發卡銀行知名度』(-0.485) 等幾個變數,就是決定受訪者無信用卡的主要判別變數,愈注重這幾個變數之受訪者,愈不可能申請信用卡。

本部份指出原爲『有』信用卡者 36 人,經判別函數指派爲『有』信用卡者有 21 人;原爲『無』信用卡者 56 人,經判別函數指派爲『無』信用卡者有 47 人。故此一判別函數的正確判別率爲 73.9%((21+47)/(36+56)=68/92)。本例爲兩組,若無函數正確判別率爲50%;有了本判別函數可提高爲73.9%,效果還算不錯!

分類結果ª

		有無信用卡	預測的各組成員		總和
			有	無	
原始的	個數	有	21	15	36
		無	9	47	56
	%	有	58.3	41.7	100.0
		無	16.1	83.9	100.0

a. 73.9% 個原始組別觀察值已正確分類。

15-3 以萃取後之主成分進行分析

判別分析之自變數,也可以使用主成份分析後之因素分數。這樣將因爲使用之變數變少,處理較快也較容易解釋;但這樣會使得判別能較相對的變弱!

底下,即以第十三章針對選擇信用卡的考慮因素之主成份分析結果:『知名與專業』、『功能』、『信貸』、『促銷』與『費用』等五個主成份因素,爲判別分析之自變數 (變數由 15 個縮減爲 5 個),以受訪者是否擁有信用卡爲依變數 (分組變數),利用判別分析進行分析,用以找出何者才是決定受訪者是否擁有信用卡之主要判別變數?

其處理步驟同於前文,只差所選取之自變數爲『知名與專業因素[FAC1_1]』、『功能因素[FAC2_1]』、『信貸因素[FAC3_1]』、『促銷因素[FAC4_1]』與『費用因素[FAC5_1]』等五個因素而已:

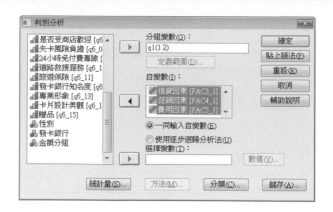

其分析結果為：

檢定結果

Box's M 共變數相等性檢定		13.021
F檢定	近似值	.812
	分子自由度	15
	分母自由度	22335.473
	顯著性	.665

相等母群共變數矩陣的虛無假設檢定。

Box's M 為 13.021、F 值 0.812、自由度 (15, 22335)、顯著性 $0.665 > \alpha = 0.05$, 得接受兩組之共變異數矩陣相等之虛無假設。所以, 本例之因素分數資料符合進行判別分析之假設要求。

Wilks' Λ 值 0.905、卡方值 8.717、自由度 5、顯著性 $0.121 > \alpha = 0.05$, 判別能力未達顯著水準, 整組判別函數的判別能力效果不算很好。

Wilks' Lambda值

函數檢定	Wilks' Lambda值	卡方	自由度	顯著性
1	.905	8.717	5	.121

標準化後之典型判別函數, 正值部份以『功能因素』之係數最高 (0.605)；負值部份以『促銷因素』(-0.783) 之係數較大。

標準化的典型區別函數係數

	函數
	1
知名與專業因素	-.129
功能因素	.605
信貸因素	.185
促銷因素	-.783
費用因素	.162

無信用卡者的重心為 0.257 之正值, 由於『功能因素』係數為正且較高 (0.605), 故而愈注重此一因素 (是否受商店歡迎、失卡風險負擔、是否全球通行、循環利息、24 小時免付費專線) 之受訪者, 愈不可能會申請信用卡。

各組重心的函數

	函數
有無信用卡	1
有	-.399
無	.257

未標準化的典型區別函數 以組別平均數加以評估

有信用卡者的重心為 -0.399 之負值, 由於『促銷因素』之係數為負且係數較高 (-0.783), 故愈注重此因素 (贈品、卡片設計美觀) 之受訪者, 愈可能會擁有信用卡。

原為『有』信用卡者 36 人, 經判別函數預測指派為『有』信用卡者有 16 人；原為『無』信用卡者 56 人, 經判別函數指派為『無』信用卡者有 51 人。故此一判別函數的正確判別率為 72.8% ((16+51)/(36+56)＝67/92)。本例為兩組, 若無函數正確判別率為 50%；有了本判別函數可提高為 72.8%, 效果還算不錯！

分類結果a

		有無信用卡	預測的各組成員		總和
			有	無	
原始的	個數	有	16	20	36
		無	5	51	56
	%	有	44.4	55.6	100.0
		無	8.9	91.1	100.0

a. 72.8% 個原始組別觀察值已正確分類。

15-4 多組別的判別分析

前面兩例, 其處理對象為兩組 (有/無信用卡)。而事實上, 判別分析也可以用來進行兩組以上之多組判別。假定, 收集到『蜜妮』、『Uno』、『資生堂』與『露得清』等四種廠牌洗面乳的使用者, 於『抗痘』、『去油』、『美白』、『保濕』、『去角質』、『緊緻毛孔』與『卸妝』等幾個屬性上之評價 (極滿意=5、極不滿意=1), 輸入於『SPSS 範例\Ch15\洗面乳廠牌及評價.sav』：

	廠牌	抗痘	去油	美白	保濕	去角質	緊緻毛孔	卸妝
1	3	3	1	5	5	5	5	5
2	4	3	5	3	4	5	5	
3	3	3	3	5	5	4	5	
4	1	5	4	5	5	5	4	

擬利用判別分析找出, 何者才是決定受訪者使用某一廠牌洗面乳之主要判別變數？

其處理步驟同於前文, 只差於按 定義範圍(G)... 鈕定義『分組變數(G)』時, 得將範圍安排為多組。本例有四組, 於『最小值(I)』輸入 1,『最大值(A)』輸入 4：

其餘之操作步驟均同。本例之分組變數爲『廠牌』,自變數爲:『抗痘』、『去油』、『美白』、『保濕』、『去角質』、『緊緻毛孔』與『卸妝』等幾個屬性上之評價:

最後之分析結果爲:

檢定結果

Box's M 共變數相等性檢定		141.076
F 檢定	近似值	1.013
	分子自由度	84
	分母自由度	2118.763
	顯著性	.447

相等母群共變數矩陣的虛無假設檢定。

Box's M 爲 141.076、F 值 1.013、自由度 (84, 2118)、顯著性 0.447>α=0.05, 得接受各組共變異數矩陣相等之虛無假設。所以, 本例評價資料符合進行判別分析之假設要求。

由於有四組資料, 應該有三條 (總組數－1) 判別函數, 且其判別能力會逐條遞減, 第一條最高, 餘依序遞減。一條判別函數, 僅是線而已, 難免有所不足, 故第二條是在補強第一條之不足。有了第二條判別函數, 就可構成一個平面, 若還有不足, 再使用第三條來補強。於多組時, 均依此類推……。

第一條判別函數之 Wilks' Λ 值 0.27、卡方值 45.158、自由度 21、顯著性 0.002＜α＝0.05, 達顯著水準, 其判別能力效果很好。但第二與三條判別函數之顯著性分別為 0.067 與 .0104, 均未達顯著水準, 且其判別能力也依序遞減。

Wilks' Lambda值

函數檢定	Wilks' Lambda值	卡方	自由度	顯著性
1 到 3	.270	45.158	21	.002
2 到 3	.560	20.031	12	.067
3	.767	9.140	5	.104

標準化後之典型判別函數，第一條函數正值部份以『美白』與『保濕』之係數較高（0.603 與 0.527）；負值部份以『去角質』之係數較大（-0.309）。第二條函數正值部份以『抗痘』係數較高（1.001）；負值部份以『美白』之係數較大（-0.758）。第三條之判別能力不強, 故省略。

標準化的典型區別函數係數

	函數		
	1	2	3
抗痘	-.266	1.001	.542
去油	-.045	-.467	.035
美白	.603	-.758	.944
保濕	.527	.787	-.884
去角質	-.309	-.488	.181
緊緻毛孔	.032	.130	.214
卸妝	.186	.457	-.324

由於第三條判別函數之判別能力較弱, 故僅取第一、二條判別函數進行後續說明,『蜜妮』之重心為(-.454, 0.460)、『Uno』之重心為(-1.436, -0.172)、『資生堂』之重心為(1.307, 0.327)、『露得清』之重心為(0.433, -1.082)。

各組重心的函數

廠牌	函數		
	1	2	3
蜜妮	-.454	.460	.545
Uno	-1.436	-.172	-.722
資生堂	1.307	.327	-.420
露得清	.433	-1.082	.345

未標準化的典型區別函數 以組別平均數加以評估

若僅取第一、二條判別函數之較重要變數 (係數最高者) 為橫軸與縱軸, 並將各品牌之重心標示出來。可大概繪出下圖, 就可以很清楚看出, 各品牌之洗面乳, 在那一個屬性上之評價項目, 較受使用者肯定：

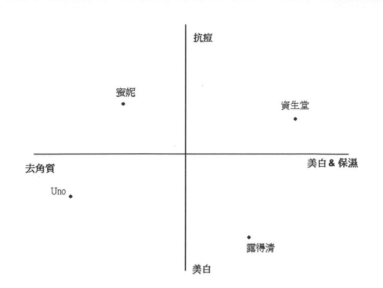

利用第一條函數，可判別出『資生堂』與『Uno』之使用者，『資生堂』使用者較滿意『美白』與『保濕』；『Uno』使用者較滿意其『去角質』。

但光憑第一條判別函數，恐仍無法明顯判別出『蜜妮』與『露得清』之使用者，所以，再以第二條判別函數進行區別，可看出『蜜妮』使用者較滿意其『抗痘』；『露得清』使用者較滿意其『美白』。

最後之摘要表，可看出原為『蜜妮』使用者，經判別函數預測指派為『蜜妮』者有10人；原為『Uno』使用者，經判別函數指派為『Uno』者有7人；原為『資生堂』使用者，經判別函數指派為『資生堂』者有8人；原為『露得清』使用者，經判別函數指派為『露得清』者有 4 人。故整組判別函數的正確判別率為 70.7%（(10+7+8+4)/(14+8+11+8) = 29/41）。本例為四組，若無函數，正確判別率約為25%；有了本組判別函數，可提高為70.7%，效果相當好！

分類結果[a]

| | | 廠牌 | 預測的各組成員 | | | | 總和 |
			蜜妮	Uno	資生堂	露得清	
原始的	個數	蜜妮	10	1	3	0	14
		Uno	1	7	0	0	8
		資生堂	1	1	8	1	11
		露得清	2	1	1	4	8
	%	蜜妮	71.4	7.1	21.4	.0	100.0
		Uno	12.5	87.5	.0	.0	100.0
		資生堂	9.1	9.1	72.7	9.1	100.0
		露得清	25.0	12.5	12.5	50.0	100.0

a. 70.7% 個原始組別觀察值已正確分類。

習 題

1. 針對『SPSS 習題\Ex15\染髮行為.sav』, 以生活型態之態度量表的原始評價分數為自變數, 以是否染髮為因變數, 進行判別分析, 找出決定是否染髮的主要生活型態為何?

2. 針對『SPSS 習題\Ex15\染髮行為.sav』, 以生活型態之態度量表的以主成份分析之結果為自變數, 以是否染髮為因變數, 進行判別分析, 找出決定是否染髮的主要因素為何?

1
2
3
4
5
6
7
8
9
10
11
12
13
14
15
16

16-1 | 概念

集群分析 (cluster analysis) 之目的, 在將事物按其特性分成幾個集群, 使同一集群內之事物具有高度相似性 (homogeneity); 不同集群之事物則具有高度之異質性 (heterogeneity)。

對於衡量相似性, 有使用距離 (如:歐幾里德距離、馬氏距離、……) 或使用配合係數與相似比。

對於建立集群的方法, 可分為:

☑ 層次集群法 (hierarchical method)

此法先將每一事物當成一個點, 計算每一點間之距離 (或相適度), 將最接近的兩個點其合併成一個群體, 少了一個點之後, 再重新計算每一點間之距離 (或相適度), 再將最接近的兩個點其合併成一個群體。如此, 逐次縮減點數, 直至所有點均合併成一個群體為止。

層次集群法最大的缺點就是執行速度較慢, 因為要計算的距離太多了!多年前, 電腦速度還不是很快。筆者讀過一本集群分析之教科書, 內有一幅漫畫, 畫著一個已經剩下骷顱頭與骨骸的人坐在電腦前, 其下之旁白為『我還在等電腦跑集群分析的結果』, 意指等到死了也還跑不出一個結果。印象相當深刻!

筆者於學生時期寫論文時, 也曾以層次集群法於多人共用之大電腦跑過一個原樣本為 1400 之集群分析, 怎麼跑也跑不出一個結果, 每次都因跑太久被電腦自動踢出來不予執行。後來, 一再縮減樣本數至 300 個, 還足足就跑了一整天, 才有一個結果。可見其執行速度有多慢!

常見之方法為連鎖法(linkage method), 又分為使用最小距離的單一連鎖法(simple linkage)、使用最大距離的完全連鎖法(complete linkage)、使用平均距離的平均連鎖法 (average linkage, 或稱重心連鎖法)。這幾個方法的最大問題是無法決

定應分爲幾群才是最恰當？並無一個適當的衡量標準！通常, 是由研究者主觀判定。

還有一種是最小變異法 (minimum variance method), 是 J. E. Ward 所提出, 故又稱之爲華德法 (Ward's method)。此法先將每一事物均視爲一個群體, 然後將各群體依序合併, 合併之順序全視合併後集群組內總變異之大小而定。凡使組內總變異產生最小增量之事物即優先合併, 愈早合併之事物表其相似性愈高。這個方法是利用何時使總變異產生最大增量來決定應分爲幾群才是最恰當？由於有一個明確的判斷方法, 故較常被使用！

☑ 非層次集群法 (non-hierarchical method)

最常被用的方法爲 K 平均數法 (K-means method), K 即其組數。假定有 K 組, 就得先安排 K 個種子點 (seed point), 然後依下示步驟處理:

1. 將原始事物分爲 K 個群體

2. 計算某一事物點到各集群重心之距離, 將其分配到最接近之群體

3. 重新計算增加及減少事物點之集群的重心

4. 重覆上兩個步驟, 直至各事物點不必重新分配到其他集群爲止

此法最大的優點是執行速度較快；但最大的問題在如何決定其 K (組數), 以及如何安排其種子點？通常是以隨機方式安排, 如果不小心將種子點安排的太接近, 很可能使各群之差異變得不明顯。

☑ 二階段集群法 (two-stage clustering approach)

由 M. Anderberg 在 1973 年提出, 以層次集群法 (最好是華德法或平均連鎖法) 取得集群數目, 計算出各群之重心。再以各群之重心爲種子點, 投入 K 平均數法進行重新分群。(國內第一本有關此法之研究論文『兩階段集群分析在市場區隔上之應用』, 就是筆者所寫的。至今, 仍可於使用集群分析之論文或教科書上看到他們引用該論文之內容)

要解釋集群分析之處理步驟及過程,最好是不要有太多樣本點及變數。如此,才能繪出圖形並判讀其樹狀結構圖。所以,我們先以一個簡單之實例進行解說,然後再以正常之問卷調查結果來進行分析。

於十三章,我們曾針對『SPSS 範例\Ch13\洗髮精購買考慮因素.sav』,將訪者對:價格、去頭皮屑、保濕、熱油護髮、防止掉髮、止癢、避免抗藥性、天然成分、香味、防止分岔、柔順、整體綜合效果、包裝、口碑、方便購買、知名度、流行與廣告促銷等,十八項洗髮精購買考慮因素的注重程度,以主成份分析濃縮成:『行銷因素』、『功效因素』、『護髮因素』、『香味因素』與『價格因素』等五個主成份因素。

隨後,我們也曾以單因子變異數分析,檢定濃縮後之主成份因素的重要程度,是否隨其使用品牌不同而存有顯著差異?在當時可取得各品牌因素分數之均數 (詳第十三章) :

		個數	平均數
行銷因素	海倫仙度絲	21	-.2634257
	飛柔	13	.0311349
	mod's hair	22	-.2004975
	麗仕	10	.1106711
	多芬	20	-.2680105
	其他	36	-.0605621
	總和	122	-.1309169
功效因素	海倫仙度絲	21	.4435311
	飛柔	13	.0003305
	mod's hair	22	.1742601
	麗仕	10	-.2918889
	多芬	20	.3417168
	其他	36	.0077134
	總和	122	.1421746

		個數	平均數
護髮因素	海倫仙度絲	21	.1517790
	飛柔	13	-.1035164
	mod's hair	22	.6981787
	麗仕	10	-.5606604
	多芬	20	-.0180471
	其他	36	.0571919
	總和	122	.1089585
香味因素	海倫仙度絲	21	.0656583
	飛柔	13	-.7075954
	mod's hair	22	.3973996
	麗仕	10	-.1728976
	多芬	20	.2602858
	其他	36	.2121783
	總和	122	.0986724
價格因素	海倫仙度絲	21	-.1042291
	飛柔	13	-.6425283
	mod's hair	22	.0995738
	麗仕	10	.0149132
	多芬	20	.0418581
	其他	36	-.0698516
	總和	122	-.0809788

茲將其資料輸入於『SPSS 範例\Ch16\洗髮精品牌集群分析.sav』,並以這組資料來進行下文之各種集群分析:

	品牌	行銷因素	功效因素	護髮因素	香味因素	價格因素
1	海倫仙度絲	-.2634	.44353	.15178	.06566	-.1042
2	飛柔	.03113	.00033	-.1035	-.7076	-.6425
3	mod's hair	-.2005	.17426	.69818	.39740	.09957
4	麗仕	.11067	-.2919	-.5607	-.1729	.01491
5	多芬	-.2680	.34172	-.0180	.26029	.04186
6	其他	-.0606	.00771	.05719	.21218	-.0699

16-2 | 階層化集羣分析

最近鄰法

SPSS 之『最近鄰法』集群分析, 即是使用最小距離之單一連鎖法 (simple linkage)。其處理步驟爲：

① 開啓『SPSS 範例\Ch16\洗髮精品牌集群分析.sav』

② 執行「**分析(A)/分類(Y)/階層集群分析法(H)**…」, 於左側選取『行銷因素』與

『功效因素』, 按 ▶ 鈕, 將其送到右側之 『變數(V)』方塊 (本來 應選取『行銷因素』~ 『價格因素』等五個因 素, 但爲了方便解釋與 繪圖, 故僅選兩個變數)

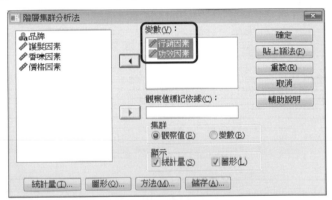

③ 於左側選取『品牌』, 按 ▶ 鈕, 將其送到右側之『觀察值標記依據(C)』方 塊 (此項並非必須, 若無此資料, 將會依序顯示其列號, 如, 第一筆資料其編號 爲 1)

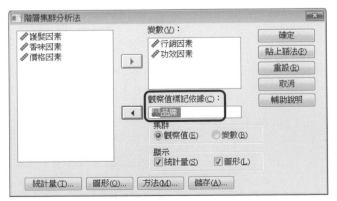

④ 『集群』處, 選「**觀察值(E)**」

⑤ 『顯示』處, 選「**統計量(S)**」與「**圖形(L)**」

⑥ 按 統計量(S)... 鈕, 選「**群數凝聚過程(A)**」, 希望看到集群的每一步驟 (若樣本很多, 其實也可不要此一內容, 否則也只是浪費報表而已)

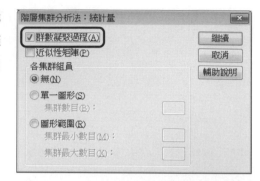

⑦ 『各集群組員』處, 可選「**圖形範圍(R)**」, 要求列出分為幾群時, 其內各包括那些樣本點 (本例選 2~5 群)

　(其實, 這也不重要, 等確定要分為幾群後, 再要求將其分群結果儲存起來即可)

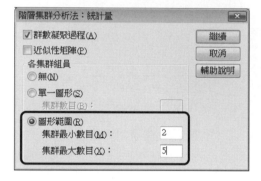

⑧ 按 繼續 鈕, 回上一層對話方塊

⑨ 按 圖形(O)... 鈕, 選「**樹狀圖(D)**」(本圖較容易判讀), 方向改為「**水平(H)**」(本例仍選有「**冰柱圖**」, 純是為了看一下它有多麼不容易判讀而以已。往後, 可考慮選「**無(N)**」將其取消)

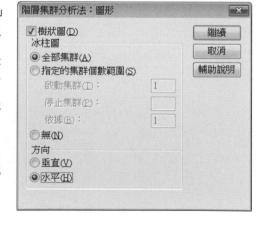

⑩ 按 繼續 鈕, 回上一層對話方塊

⑪ 按 方法(M)... 鈕,『集群方法』處,選「**最近鄰法**」;『測量』處,選「**區間(N)**」之「**歐基里得直線距離平方**」

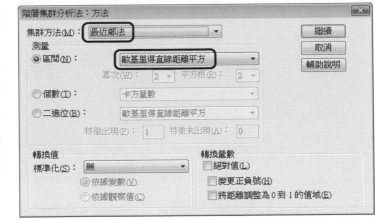

⑫ 按 繼續 鈕,回上一層對話方塊

⑬ 若確定要分為幾群,可按 儲存(A)... 鈕,選擇要將分群結果儲存下來

會於各樣本之最後增加新欄位,並於每列標示該樣本係分在第**幾群**?本例先不儲存,等確定要分為幾群後,再重作一次,並要求將其分群結果儲存起來即可(選「**單一圖形(S)**」並輸入集群數)。

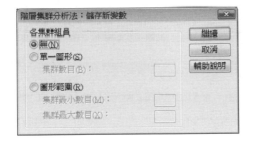

⑭ 按 繼續 鈕,回上一層對話方塊

⑮ 按 確定 鈕,獲致

集群

觀察值處理摘要[a,b]

觀察值					
有效的		遺漏值		總和	
個數	百分比	個數	百分比	個數	百分比
6	100.0	0	.0	6	100.0

a. 歐基里得距離平方使用的
b. 單連法

本部份說明其觀察值個數與使用之方法。

單連法

群數凝聚過程

階段	組合集群		係數	先出現的階段集群		下一階段
	集群1	集群2		集群1	集群2	
1	2	6	.008	0	0	4
2	1	5	.010	0	0	3
3	1	3	.033	2	0	4
4	1	2	.047	3	1	5
5	1	4	.092	4	0	0

本部份標示其群數凝聚過程, 如：第一階段將第 2 個觀察值 (飛柔) 與第 6 個觀察值 (其他) 合併為一群 (代碼為 2)。其後『下一階段』欄處之 4, 表本群 (代碼為 2) 下一個步驟將跳到第四階段。

第二階段, 將第 1 個觀察值 (海倫仙度絲) 與第 5 個觀察值 (多芬) 合併為一群。其後『下一階段』欄處之 3, 表本群 (代碼為 1) 下一個步驟將跳到第三階段。

第三階段, 將代碼為 1 之群 (內含第 1、5 個觀察值, 海倫仙度絲與多芬), 與第 3 個觀察值 (mod's hair) 合併為一群。其後之『下一階段』欄處之 4, 表本群 (代碼為 1) 下一個步驟將跳到第四階段。

第四階段, 將代碼為 1 之群 (內含第 1、3、5 個觀察值, 海倫仙度絲、mod's hair 與多芬), 與代碼為 2 之群 (內含第 2、6 個觀察值, 飛柔與其他) 合併為一群。其後之『下一階段』欄處之 5, 表本群 (代碼為 1) 下一個步驟將跳到第五階段。

最後, 第五階段, 將代碼為 1 之群 (內含第 1、2、3、5、6 個觀察值, 海倫仙度絲、飛柔、mod's hair、多芬與其他) 與第 4 個觀察值 (麗仕) 合併為一群。至此, 全部觀察值合為一群, 即結束集群。

這樣的判讀報表, 並不容易, 若樣本很多, 更加困難。故我們通常並不會要求印出此一內容, 免得浪費報表！

▶ **各集群組員**

各集群組員

觀察值	5集群	4集群	3集群	2集群
1:海倫仙度絲	1	1	1	1
2:飛柔	2	2	2	1
3:mod's hair	3	3	1	1
4:麗仕	4	4	3	2
5:多芬	5	1	1	1
6:其他	2	2	2	1

此部份是顯示, 分爲幾群時, 各觀察值是被分到第幾群？如,『3 集群』時, 第 1 群內含第 1、3、5 個觀察值 (海倫仙度絲、mod's hair 與多芬)；第 2 群爲第 2、6 個觀察值 (飛柔與其他)；第 3 群爲第 4 個觀察值 (麗仕)。

▶ 水平冰柱圖

右圖是水平之冰柱圖, 較不容易判讀。如：『集群個數』爲 1 時, 是將第 6、2、3、5、1 個觀察值 (其他、飛柔、mod's hair、多芬與海倫仙度絲) 與第 4 個觀察值 (麗仕) 合併爲一群。

水平冰柱

觀察值	集群個數				
	1	2	3	4	5
4:麗仕	X	X	X	X	X
	X				
6:其他	X	X	X	X	X
	X	X	X	X	X
2:飛柔	X	X	X	X	X
	X	X	X		
3:mod's hair	X	X	X	X	X
	X	X	X		X
5:多芬	X	X	X	X	X
	X	X	X	X	
1:海倫仙度絲	X	X	X	X	X

『集群個數』爲 2 時, 第一群爲第 6、2 個觀察值 (其他與飛柔)、第二群爲第 3、5、1 個觀察值 (mod's hair、多芬與海倫仙度絲)。

▶ 樹狀圖

樹狀圖

```
* * * * * * H I E R A R C H I C A L   C L U S T E R   A N A L Y S I S * *

Dendrogram using Single Linkage

                    Rescaled Distance Cluster Combine

        C A S E       0    5    10    15    20    25
        Label    Num  +----+----+----+----+----+

        飛柔       2
        其他       6
        海倫仙度絲  1
        多芬       5
        mod's hair 3
        麗仕       4
```

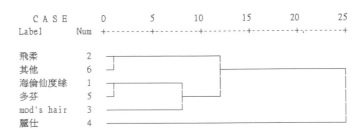

此是集群的樹狀圖, 較容易判讀 (但樣本數若很多, 實也不易判讀)。其橫軸是距離, 以距離 10 向下拉一條線, 恰可分爲三群, 第 1 群爲第 2、6 個觀察值 (飛柔與其他)；第 2 群內含第 1、5、3 個觀察值 (海倫仙度絲、多芬與 mod's hair)；第 3 群

為第 4 個觀察值 (麗仕)。以距離 15 向下拉一條線, 恰可分為二群, 第 1 群為第 2、6、1、5、3 個觀察值 (飛柔、其他、海倫仙度絲、多芬與 mod's hair)；第 2 群為第 4 個觀察值 (麗仕)。

問題來了, 到底應分為幾群才是最恰當？並無一個適當的衡量標準, 通常是由研究者主觀判定。其判斷原則是：群數不要太多, 群內樣本不可太少。

重心集羣法

SPSS 之『重心集群法』集群分析, 即是使用平均距離的平均連鎖法 (average linkage, 或稱重心連鎖法)。其處理步驟同於前文之『最近鄰法』, 只差於『階層分析方法』對話方塊, 得選「**重心集群法**」之『集群方法』而已：

茲僅列出其集群的樹狀圖：

樹狀圖

```
* * * * * * H I E R A R C H I C A L   C L U S T E R   A N A L Y S I S * * *


        Dendrogram using Centroid Method


                   Rescaled Distance Cluster Combine

        C A S E      0       5       10      15      20      25
        Label    Num +---------+---------+---------+---------+---------+
```

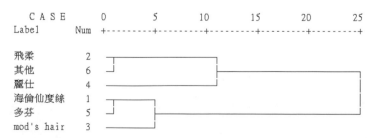

可發現, 本例若分為兩群, 其結果並不同於使用『最近鄰法』。以距離 15 向下拉一條線, 恰可分為兩群, 第 1 群為第 2、6、4 個觀察值 (飛柔、其他與麗仕)。第 2 群內含第 1、5、3 個觀察值 (海倫仙度絲、多芬與 mod's hair)

但若分為三群, 以距離 10 向下拉一條線, 則其分群結果同於使用『最近鄰法』。第 1 群為第 2、6 個觀察值 (飛柔與其他), 第 2 群為第 4 個觀察值 (麗仕), 第 3 群內含第 1、5、3 個觀察值 (海倫仙度絲、多芬與 mod's hair)。

問題還是一樣, 到底應分為幾群才是最恰當?

華德法

SPSS 之『Ward's 法』集群分析, 即是使用最小變異法 (minimum variance method), 是由 J. E. Ward 所提出, 故又稱之為華德法 (Ward's method)。其處理步驟同於前文之『最近鄰法』, 只差於『階層分析方法』對話方塊, 得選「**Ward's 法**」之『集群方法』而已:

此法是利用何時使總變異產生最大增量來決定應分為幾群才是最恰當? 由於, 有一個明確的判斷方法, 故較常被使用! 如, 將其群數凝聚過程:

Ward連法

群數凝聚過程

階段	組合集群		係數	先出現的階段集群		下一階段
	集群1	集群2		集群1	集群2	
1	2	6	.004	0	0	4
2	1	5	.009	0	0	3
3	1	3	.044	0	2	5
4	2	4	.113	1	0	5
5	1	2	.481	3	4	0

整理成右表：(遞增量是將
前後兩階段之係數相減)

階段	群數	係數	遞增量	最大值
1	5	0.004		
2	4	0.009	0.005	
3	3	0.044	0.035	
4	2	0.113	0.069	
5	1	0.481	0.368	**

可發現其總變異的最大遞增量是在群數爲 2 變爲 1 時, 故應以分爲 2 群時, 最爲恰當。

其集群的樹狀
圖爲：

樹狀圖

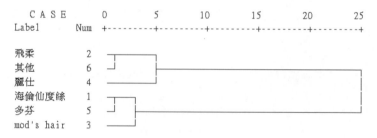

```
* * * * * * H I E R A R C H I C A L   C L U S T E R   A N A L Y S I S * *

Dendrogram using Ward Method

                           Rescaled Distance Cluster Combine

         C A S E         0         5        10        15        20        25
         Label     Num   +---------+---------+---------+---------+---------+

         飛柔        2
         其他        6
         麗仕        4
         海倫仙度絲   1
         多芬        5
         mod's hair  3
```

可發現, 本例之分群結果完全同於『重心集群法』。以分爲兩群爲例, 以距離 10 向下拉一條線, 恰可分爲兩群, 第 1 群爲第 2、6、4 個觀察值 (飛柔、其他與麗仕)。第 2 群內含第 1、5、3 個觀察值 (海倫仙度絲、多芬與 mod's hair)。(亦可由橫軸距離間隔最大處, 向下拉一垂直線, 即是最適當之分群數)

由於, 已確定要分爲 2 群, 故再重新
執行一次, 過程中加按 [儲存(A)...] 鈕,
選擇要將分群爲 2 時之結果儲存下來。
選「**單一圖形(S)**」並輸入集群數 2：

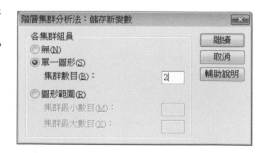

會於各樣本之最後增加一個新欄位 (CLU2_1), 並於每列標示該樣本係分在第幾群：

	名稱	類型	寬度	小數	標記
1	品牌	字串	10	0	
2	行銷因素	數字的	13	5	
3	功效因素	數字的	12	5	
4	護髮因素	數字的	13	5	
5	香味因素	數字的	13	5	
6	價格因素	數字的	12	5	
7	CLU2_1	數字的	8	0	Ward Method

	品牌	行銷因素	功效因素	護髮因素	香味因素	價格因素	CLU2_1
1	海倫仙度絲	-.2634	.44353	.15178	.06566	-.1042	1
2	飛柔	.03113	.00033	-.1035	-.7076	-.6425	2
3	mod's hair	-.2005	.17426	.69818	.39740	.09957	1
4	麗仕	.11067	-.2919	-.5607	-.1729	.01491	2
5	多芬	-.2680	.34172	-.0180	.26029	.04186	1
6	其他	-.0606	.00771	.05719	.21218	-.0699	2

繪製圖形

若只有兩個變數, 就可以繪製其圖形。將可更容易看出各觀察值之樣本點位置, 並檢查集群結果。若將『SPSS 範例\Ch16\洗髮精品牌集群分析.sav』之資料轉到 Excel, 存於『洗髮精品牌集群分析.xls』：

	A	B	C	D	E	F
1	品牌	行銷因素	功效因素	護髮因素	香味因素	價格因素
2	海倫仙度絲	-0.2634	0.4435	0.1518	0.0657	-0.1042
3	飛柔	0.0311	0.0003	-0.1035	-0.7076	-0.6425
4	mod's hair	-0.2005	0.1743	0.6982	0.3974	0.0996
5	麗仕	0.1107	-0.2919	-0.5607	-0.1729	0.0149
6	多芬	-0.2680	0.3417	-0.0180	0.2603	0.0419
7	其他	-0.0606	0.0077	0.0572	0.2122	-0.0699

利用其繪圖功能, 可繪出如下之集群結果:

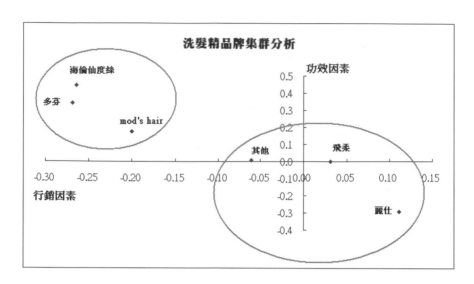

將更容易比較出各品牌之優勢為何? 左上角『海倫仙度絲』、『多芬』與『mod's hair』等三品牌係以功能因素 (『防止掉髮』、『止癢』、『避免抗藥性』、『去頭皮屑』、與『天然成分』) 取勝; 右下角『飛柔』、『其他』與『麗仕』等三品牌, 係以行銷因素 (『流行』、『廣告促銷』、『知名度』、『包裝』、『方便購買』與『口碑』) 取勝。

若將『SPSS 範例\Ch16\洗髮精品牌集群分析.sav』, 以下示步驟進行繪圖, 亦可繪出其資料點的散佈圖:

① 執行「**統計圖(G)／散佈圖/點狀圖(S)…**」

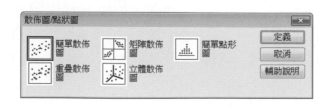

② 於上圖選「**簡單**」, 續按 <u>定義</u> 鈕, 獲致

③ 選『行銷因素』, 按 ▶ 鈕, 將其送到右側之『X 軸(X)』方塊

④ 選『功效因素』, 按 ▶ 鈕, 將其送到右側之『Y 軸(Y)』方塊

⑤ 選『品牌』, 按 ▶ 鈕, 將其送到右側之『設定標記依據(S)』方塊

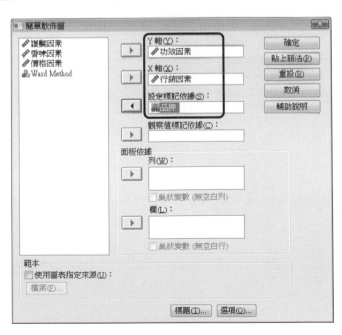

⑥ 按 標題(T)... 鈕, 於『標題』之第 1 行輸入『洗髮精之市場區隔』當其大標題

標題

標題
第 1 行(L): 洗髮精之市場區隔
第 2 行(N):

子標題(S):
註腳
第 1 行(1):
第 2 行(2):

繼續
取消
輔助說明

⑦ 按 繼續 鈕, 回上一層對話方塊

⑧ 按按 確定 鈕, 獲致

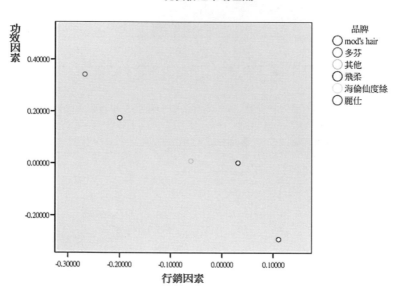

此圖當然也不是很好, 若將其轉貼到『小畫家』稍加修飾, 即可獲致下圖, 將更容易比較出各品牌之優勢為何:

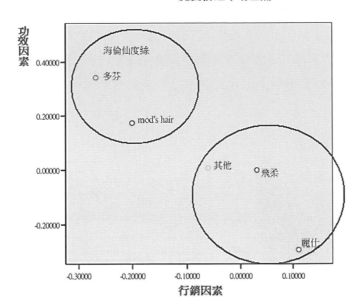

洗髮精之市場區隔

16-3 非階層化集羣分析

　　SPSS 提供之非階層化集群分析法為『K 平均數集群法』(K-means method), K 即其組數, 若未曾以前文之階層化集群分析法進行過分群, 只好是憑研究者自己主觀判斷應分為幾群？假定有 K 組, 就得先安排 K 個種子點 (seed point, SPSS 稱之為中心點) 才能進行 K 平均數集群法。其種子點可以由電腦隨機決定, 也可以由我們自行輸入儲存於檔案, 讓 SPSS 去讀取。

　　為方便與階層化集群分析法進行比較, 底下仍使用『SPSS 範例\Ch16\洗髮精品牌集群分析.sav 』進行『K 平均數集群法』之分析。

隨機種子點

使用『K 平均數集群法』, 得先安排 K 個種子點 (中心點) 才能進行 K 平均數集群法。SPSS 預設狀況是：隨機取 K 個觀察值當種子點 (中心點)。假定, 我們也剛好決定要將先前『SPSS 範例\Ch16\洗髮精品牌集群分析.sav』資料分為兩個集群。其處理步驟為：

① 開啟『SPSS 範例\Ch16\洗髮精品牌集群分析.sav』

② 執行「**分析 (A)/分類(Y)/ K 平均數集群 (K)…**」

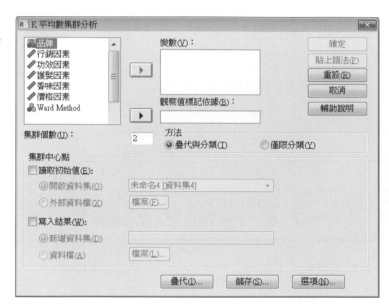

③ 於左側選取『行銷因素』與『功效因素』, 按 ▶ 鈕, 將其送到右側之『變數 (V)』方塊 (為了方便與前文之結果比較)

④ 於左側選取『品牌』, 按 ▶ 鈕, 將其送到右側之『觀察值標示標記依據(B)』方塊 (此項並非必須)

⑤ 於『集群個數(U)』處輸入要分為幾群？ (本例為 2)

⑥ 於『集群中心點』下方, 選取「**寫入結果(W)**」及「**資料檔(A)**」

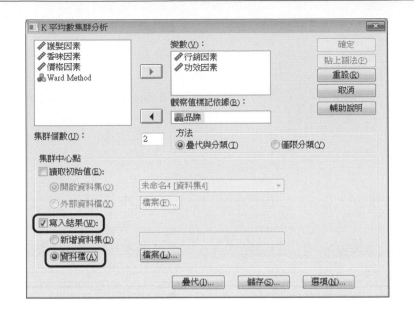

⑦ 按「**資料檔(A)**」後方之 [檔案(L)...] 鈕, 選妥儲存位置, 輸妥檔名, 將存為 SPSS
之資料檔 (本例將其命名為『**K 平均數之結果-隨機種子點**』)

⑧ 按 存檔(S) 回上一層對話方塊

(步驟 6 ～ 8 並非必須, 只是要看其內資料欄位如何安排而已)

⑨ 按 選項(O)... 鈕, 加選「**各觀察值的集群資訊(C)**」(若樣本較多, 則不用)

⑩ 按 繼續 鈕, 回上一層對話方塊

⑪ 若要將分群之結果儲存下來, 可按 儲存(A)... 鈕, 進行儲存設定 (選「**各集群組員(C)**」, 會於各樣本之最後增加一新欄位, 並於每列標示該樣本係分在第幾群)

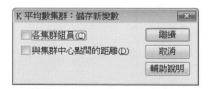

(本例暫不想儲存分群之結果)

⑫ 按 [繼續] 鈕, 回上一層對話方塊

⑬ 按 [確定] 鈕, 獲致

本部份是最初之集群的中心點(種子點), 若回原資料檢視, 可發現是第 1 筆之『海倫仙度絲』與第 4 筆之『麗仕』資料。

快速集群

初始集群中心點

	集群	
	1	2
行銷因素	-.26343	.11067
功效因素	.44353	-.29189

本部份是各集群內分別包含那幾個觀察值? 可看出第 1 群內含第 1、3、5 個觀察值(海倫仙度絲、mod's hair 與多芬); 第 2 群內含第 2、4、6 個觀察值(飛柔、麗仕與其他)。此一結果與先前之『重心集群法』及『Ward's 法』完全相同。

集群成員

觀察值號碼	品牌	集群	距離
1	海倫仙度絲	1	.125
2	飛柔	2	.095
3	mod's hair	1	.152
4	麗仕	2	.214
5	多芬	1	.033
6	其他	2	.135

本部份是分群後, 各集群之中心。與最初之集群的中心點比較, 可發現中心已不是原來之種子點。可見, 於分群過程中會不斷重算新的集群中心。

最後集群中心點

	集群	
	1	2
行銷因素	-.24398	.02708
功效因素	.31984	-.09461

由於, 我們先前設定要將此一結果儲存到『SPSS 範例\Ch16\K 平均數之結果-隨機種子點.sav』。執行後, 開啟該檔, 可看到分群後集群之中心資料:

其第一欄欄名為『CLUSTER_』, 後接用來分群之依據的欄名。下節, 我們就可以仿此資料之安排方式。自行輸入『K 平均數法』所需要之 K 個種子點。

以階層化集羣分析取得種子點

『K平均數法』也允許使用者自行決定種子點之資料。M. Anderberg 在 1973 年提出之二階段集群法 (two-stage clustering approach), 建議以層次集群法 (最好是華德法或平均連鎖法) 取得集群數目, 計算出各群之重心。再以各群之重心為種子點, 投入 K 平均數法進行重新分群。

所以, 我們就以『Ward's 法』之結果, 來計算各群之重心 (中心) 當種子點。此分群資料目前已存於各樣本最後之新欄位 (CLU2_1):

	品牌	行銷因素	功效因素	護髮因素	香味因素	價格因素	CLU2_1
1	海倫仙度絲	-.2634	.44353	.15178	.06566	-.1042	1
2	飛柔	.03113	.00033	-.1035	-.7076	-.6425	2
3	mod's hair	-.2005	.17426	.69818	.39740	.09957	1
4	麗仕	.11067	-.2919	-.5607	-.1729	.01491	2
5	多芬	-.2680	.34172	-.0180	.26029	.04186	1
6	其他	-.0606	.00771	.05719	.21218	-.0699	2

接著, 以下示步驟先求算各群重心 (即求算各變數之均數):

① 執行「**分析(A)/比較平均數法(M)/平均數(E)…**」

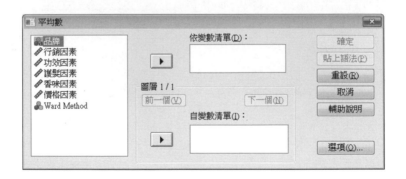

② 於左側, 選取『行銷因素』與『功效因素』, 按 ▶ 鈕, 將其送到右側之『依變數清單(D)』方塊

③ 於左側, 選取『Ward Method』(此係其註解, 原欄名為 CLU2_1), 按 ▶ 鈕, 將其送到右側之『自變數清單(I)』方塊

④ 按 確定 鈕, 獲致兩群體之中心 (平均數)

報表

Ward Method		行銷因素	功效因素
1	平均數	-.2439779	.3198360
	個數	3	3
	標準差	.03772486	.13596246
2	平均數	.0270813	-.0946150
	個數	3	3
	標準差	.08568852	.17088410
總和	平均數	-.1084483	.1126105
	個數	6	6
	標準差	.15983804	.26571742

接著, 將兩群體之中心 (平均數) 資料輸入到『SPSS 範例\Ch16\以華德法之結果當種子點.sav』, 擬作為下階段『K 平均數集群法』之起始種子點。第一欄之欄名為『CLUSTER_』, 後接用來分群之依據的欄名:

	CLUSTER_	行銷因素	功效因素
1	1	-.24398	.31984
2	2	.02708	-.09461

然後, 再以下示步驟進行『K 平均數集群』:

① 開啟『SPSS 範例\Ch16\洗髮精品牌集群分析.sav』

② 執行「**分析(A)/分類(Y)/K 平均數集群(K)**…」

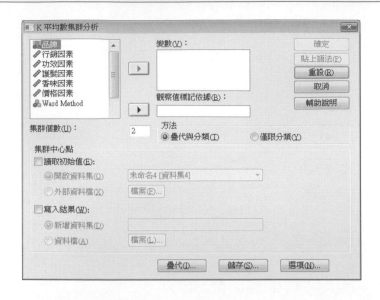

③ 於左側, 選取『行銷因素』與『功效因素』, 按 ▶ 鈕, 將其送到右側之『變數(V)』方塊 (為了方便與前文之結果比較)

④ 於左側, 選取『品牌』, 按 ▶ 鈕, 將其送到右側之『觀察值標示標記依據(B)』方塊 (此項並非必須)

⑤ 於『集群個數(U)』處輸入要分為幾群? (本例為 2)

⑥ 於『集群中心點』處, 選「**讀取初始值(E)**」及「**外部資料檔(X)**」 (若『SPSS範例\Ch16\以華德法之結果當種子點.sav』目前處於開中狀態, 可利用「**開啓資料集(O)**」進行開啓)

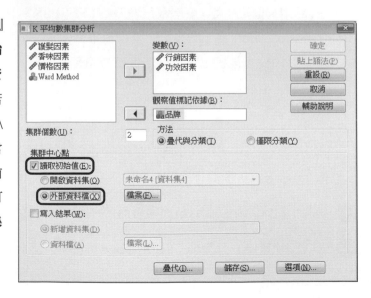

⑦ 於上圖按其後之 檔案(L)... 鈕。找出『SPSS 範例\Ch16\以華德法之結果當種子點.sav』當起始種子點

⑧ 按 開啟舊檔(O) 鈕, 回上一層對話方塊

⑨ 按 [選項(N)...] 鈕, 加選「**各觀察值的集群資訊(C)**」(若樣本較多, 則不用)

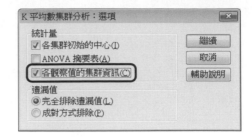

⑩ 按 [繼續] 鈕, 回上一層對話方塊

⑪ 按 [確定] 鈕, 獲致

此即由『SPSS 範例\Ch16\以華德法之結果當種子點.sav』所讀入之起始種子點。

快速集群

初始集群中心點

	集群	
	1	2
行銷因素	-.24398	.02708
功效因素	.31984	-.09461

自 FILE 副命令輸入

本部份是各集群內各包含那幾個觀察值？可看出第 1 群內含第 1、3、5 個觀察值 (海倫仙度絲、mod's hair 與多芬)；第 2 群為第 2、4、6 個觀察值 (飛柔、麗仕與其他)。此一結果與先前之『重心集群法』、『Ward's 法』, 以及第一次以隨機取得種子點之『K 平均數法』, 分群結果完全相同。(若樣本較多, 則可能會有不同)

集群成員

觀察值號碼	品牌	集群	距離
1	海倫仙度絲	1	.125
2	飛柔	2	.095
3	mod's hair	1	.152
4	麗仕	2	.214
5	多芬	1	.033
6	其他	2	.135

本部份是分群後, 各集群之中心。與最初之集群的中心點比較, 可發現根本就是原來所輸入之種子點, 此乃是由於其分群結果完全相同的原因所致。

最後集群中心點

	集群	
	1	2
行銷因素	-.24398	.02708
功效因素	.31984	-.09461

〔馬上練習！〕

以『SPSS 範例\Ch16\洗髮精品牌集群分析.sav』之內容, 改採使用『行銷因素』、『功效因素』、『護髮因素』、『香味因素』與『價格因素』等五個因素, 進行二階段之集群分析。第一階段以華德法取得集群數目, 計算出各群之重心。再以各群之重心為種子點, 投入 K 平均數法進行第二階段重新分群。

Ward連法

群數凝聚過程

階段	組合集群 集群1	集群2	係數	先出現的階段集群 集群1	集群2	下一階段
1	1	5	.049	0	0	2
2	1	6	.179	1	0	3
3	1	3	.538	2	0	5
4	2	4	1.047	0	0	5
5	1	2	2.484	3	4	0

將其整理成:

階段	集群數	係數	遞增量	最大值
1	5	0.049		
2	4	0.179	0.130	
3	3	0.538	0.359	
4	2	1.047	0.509	
5	1	2.484	1.437	**

總變異的最大遞增量是在群數為 2 變為 1 時, 故應以分為 2 群, 最為恰當。

其集群的樹狀圖為:

樹狀圖

```
* * * * * * H I E R A R C H I C A L   C L U S T E R   A N A L Y S I S * *


Dendrogram using Ward Method


                    Rescaled Distance Cluster Combine

     C A S E      0         5        10        15        20        25
    Label   Num   +---------+---------+---------+---------+---------+

  海倫仙度絲    1    ┌─┐
  多芬          5    ┘ │
  其他          6      ┤
  mod's hair   3      ┘
  飛柔          2
  麗仕          4
```

接下頁

各集群內之成員為：

各集群組員

觀察值	2集群
1:海倫仙度絲	1
2:飛柔	2
3:mod's hair	1
4:麗仕	2
5:多芬	1
6:其他	1

第 1 群為第 1、3、5、6 個觀察值 (海倫仙度絲、mod's hair、多芬與其他)；第 2 群內含第 2、4 個觀察值 (飛柔與麗仕)。將分群結果儲存於『CLU2_2』可發現此結果已不同於前文以兩個變數進行分析之結果 (CLU2_1)：

	品牌	行銷因素	功效因素	護髮因素	香味因素	價格因素	CLU2_1	CLU2_2
1	海倫仙度絲	-.2634	.44353	.15178	.06566	-.1042	1	1
2	飛柔	.03113	.00033	-.1035	-.7076	-.6425	2	2
3	mod's hair	-.2005	.17426	.69818	.39740	.09957	1	1
4	麗仕	.11067	-.2919	-.5607	-.1729	.01491	2	2
5	多芬	-.2680	.34172	-.0180	.26029	.04186	1	1
6	其他	-.0606	.00771	.05719	.21218	-.0699	2	1

以新的分群結果,求各群中心：

觀察值摘要

Ward Method		行銷因素	功效因素	護髮因素	香味因素	價格因素
1	平均數	-.1981239	.2418054	.2222756	.2338805	-.0081622
	個數	4	4	4	4	4
2	平均數	.0709030	-.1457792	-.3320884	-.4402465	-.3138076
	個數	2	2	2	2	2
總和	平均數	-.1084483	.1126105	.0374876	.0091715	-.1100440
	個數	6	6	6	6	6

將其存入資料檔：

	CLUSTER_	行銷因素	功效因素	護髮因素	香味因素	價格因素
1	1	-.198124	.2418054	.2222756	.2338805	-.00816
2	2	.0709030	-.145779	-.332088	-.440246	-.31381

以此各群中心之資料,重新投入『K 平均數法』進行集群分析：

接下頁

初始集群中心點

	集群	
	1	2
行銷因素	-.19812	.07090
功效因素	.24181	-.14578
護髮因素	.22228	-.33209
香味因素	.23388	-.44025
價格因素	-.00816	-.31381

自 FILE 副命令輸入

獲致各集群內最終之成員為：

集群成員

觀察值號碼	品牌	集群	距離
1	海倫仙度絲	1	.296
2	飛柔	2	.505
3	mod's hair	1	.519
4	麗仕	2	.505
5	多芬	1	.275
6	其他	1	.324

第 1 群為第 1、3、5、6 個觀察值 (海倫仙度絲、mod's hair、多芬與其他)，第 2 群為第 2、4 個觀察值 (飛柔與麗仕)。將分群結果儲存於『QCL_1』可發現, 此結果完全同於前文以『華德法』進行分析之結果 (CLU2_2)：

	品牌	行銷因素	功效因素	護髮因素	香味因素	價格因素	CLU2_1	CLU2_2	QCL_1
1	海倫仙度絲	-.2634	.44353	.15178	.06566	-.1042	1	1	1
2	飛柔	.03113	.00033	-.1035	-.7076	-.6425	2	2	2
3	mod's hair	-.2005	.17426	.69818	.39740	.09957	1	1	1
4	麗仕	.11067	.2919	.5607	.1729	.01491	2	2	2
5	多芬	-.2680	.34172	-.0180	.26029	.04186	1	1	1
6	其他	-.0606	.00771	.05719	.21218	-.0699	2	1	1

各群最後之集群中心為：

最後集群中心點

	集群	
	1	2
行銷因素	-.19812	.07090
功效因素	.24181	-.14578
護髮因素	.22228	-.33209
香味因素	.23388	-.44025
價格因素	-.00816	-.31381

可發現第 1 群 (海倫仙度絲、mod's hair、多芬與其他) 係以『功效因素』、『護髮因素』與『香味因素』見長。而第 2 群飛柔與麗仕則以『行銷因素』見長。(『價格因素』請讀者自行分析)

16-4 信用卡消費者之市場區隔

於十三章, 我們曾針對『SPSS 範例\Ch13\申請信用卡考慮因素.sav』, 將受訪者對申請信用卡重要考慮因素:『年費』、『循環利息』、『信用額度』、『可貸款』、『可預借現金』、『是否全球通行』、『是否受商店歡迎』、『失卡風險負擔』、『24 小時免付費專線』、『道路救援服務』、『旅遊保險』、『發卡銀行知名度』、『專業形象』、『卡片設計美觀』與『贈品』等 15 個變數, 以主成份分析濃縮成:『知名與專業因素』、『功能因素』、『信貸因素』、『促銷因素』與『費用因素』等五個主成份因素。

本章, 先將這些資料及其因素分數, 以及受訪者的基本資料、是否有信用卡、主要使用之信用卡、每月刷卡金額、……等資料, 轉存到『SPSS 範例\Ch16\信用卡市場區隔.sav』:

	金額分組	FAC1_1	FAC2_1	FAC3_1	FAC4_1	FAC5_1
1	1	-1.3167	.08774	-1.2316	.33366	.10629
2	1	-.99184	.31164	-1.5194	.71763	-.21895
3	1	-.97443	-.96883	-.59977	.19515	.42576
4	1	-.53243	-1.2573	.84023	.62180	.01750

底下, 就利用經主成份分析所濃縮成之『知名與專業因素』、『功能因素』、『信貸因素』、『促銷因素』與『費用因素』等五個主成份因素, 針對受訪者進行二階段集群分析, 將其分群找出信用卡市場區隔。於以判別分析驗證其分群之適當性後, 再針對市場區隔進行描述其特性。

第一階段 - 華德法集羣分析

第一階段先以『華德法』集群分析, 判斷應分為幾群? 其處理步驟為:

① 開啟『SPSS 範例\Ch16\信用卡市場區隔.sav』

② 執行「分析(A)/分類(Y)/階層集群分析法(H)…」

③ 於左側, 選取『知名與專業因素[FAC1_1]』、『功能因素[FAC2_1]』、『信貸因素[FAC3_1]』、『促銷因素[FAC4_1]』與『費用因素[FAC5_1]』等五個因素, 按 ▶ 鈕, 將其送到右側之『變數(V)』方塊

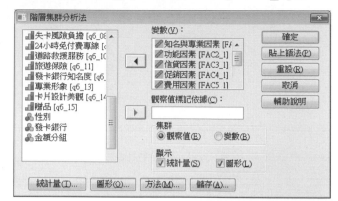

④ 按 方法(M)... 鈕, 於『集群方法』處, 選「**Ward's 法**」;『測量』處, 選「**歐基里得直線距離平方**」

⑤ 按 繼續 鈕, 回上一層對話方塊

⑥ 按 確定 鈕, 獲致將 91 個樣本由 91 群合併到成為 1 群的凝聚過程

Ward連法

群數凝聚過程

階段	組合集群 集群1	集群2	係數	先出現的階段集群 集群1	集群2	下一階段
1	6	61	.104	0	0	10
2	38	68	.227			44
	4	42	.421	0	0	70
85	16	26	218.129	78	77	86
86	1	16	243.950	82	85	90
87	5	17	270.367	84	83	89
88	13	44	306.161	81	79	89
89	5	13	348.795	87	88	91
90	1	4	393.808	86	80	91
91	1	5	455.000	90	89	0

將最後幾個凝聚過程彙
總到右表, 並計算其總變
異的遞增量：

階段	集群數	係數	遞增量	最大值
85	7	218.13		
86	6	243.95	25.82	
87	5	270.37	26.42	
88	4	306.16	35.79	
89	3	348.79	42.63	
90	2	393.81	45.01	
91	1	455.00	61.19	**

可發現總變異的最大遞增量是在群數為 2 變為 1 時, 故應以分為 2 群, 最為恰當。

確定要分為 2 群後, 再重新執行一次前面的『華德法』集群分析, 但得按 儲存(A)... 鈕, 選擇要將分群為 2 之結果儲存下來：

可將分群結果儲存於『CLU2_1』：

	FAC4_1	FAC5_1	CLU2_1
1	.33366	.10629	1
2	.71763	-.21895	1
3	.19515	.42576	1
4	.62180	.01750	1

接著, 以下示步驟先求算各群之重心 (即求算各變數之均數)：

① 執行「**分析(A)/比較平均數法(M)/平均數(E)…**」

② 於左側, 選取『知名與專業因素[FAC1_1]』、『功能因素[FAC2_1]』、『信貸因素[FAC3_1]』、『促銷因素[FAC4_1]』與『費用因素[FAC5_1]』等五個因素, 按 ▶ 鈕, 將其送到右側之『依變數清單(D)』方塊

③ 於左側, 選取『Ward Method』(此係其註解, 原欄名為 CLU2_1), 按 ▶ 鈕, 將其送到右側之『自變數清單(I)』方塊

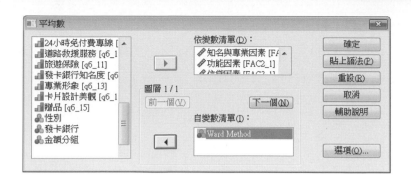

④ 按 ▭確定▭ 鈕, 獲致兩群體之中心 (平均數)

報表

Ward Method		知名與專業因素	功能因素	信貸因素	促銷因素	費用因素
1	平均數	.0171105	-.5386589	-.3017762	.3860384	.1678256
	個數	50	50	50	50	50
	標準差	.71103419	1.01342622	.93215312	.84542648	.79907352
2	平均數	-.0203696	.6412606	.3592574	-.4595696	-.1997924
	個數	42	42	42	42	42
	標準差	1.27063479	.46582440	.96839355	.98346811	1.17523020
總和	平均數	.0000000	.0000000	.0000000	.0000000	.0000000
	個數	92	92	92	92	92
	標準差	1.00000000	1.00000000	1.00000000	1.00000000	1.00000000

第二階段 -K 平均數法集羣分析

接著, 將兩群體之中心 (平均數) 資料輸入到『SPSS 範例\Ch16\信用卡分群第一階段中心.sav』, 擬作爲下階段『K 平均數集群法』之起始種子點: (注意其欄名的安排方式, 否則無法被順利讀取。第一欄爲『CLUSTER_』, 其餘各欄恰與進行集群分析之五個因素分數欄同名稱)

	CLUSTER_	FAC1_1	FAC2_1	FAC3_1	FAC4_1	FAC5_1
1	1	.0171	-.5387	-.3018	.3860	.1678
2	2	-.0204	.6413	.3593	-.4596	-.1998

然後, 再以下示步驟進行『K 平均數集群』:

① 開啓『SPSS 範例\Ch16\信用卡市場區隔.sav』

② 執行「**分析(A)/分類(Y)/K 平均數集群(K)…**」

③ 於左側, 選取『知名與專業因素[FAC1_1]』、『功能因素[FAC2_1]』、『信貸因素[FAC3_1]』、『促銷因素[FAC4_1]』與『費用因素[FAC5_1]』等五個因素, 按 ▶ 鈕, 將其送到右側之『變數(V)』方塊

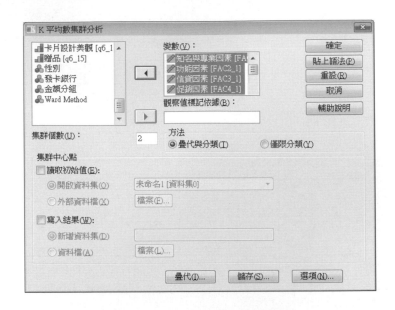

④ 於『集群個數(U)』處輸入要分為幾群? (本例為 2)

⑤ 於『集群中心點』處, 選「**讀取初始值(E)**」及「**外部資料檔(X)**」

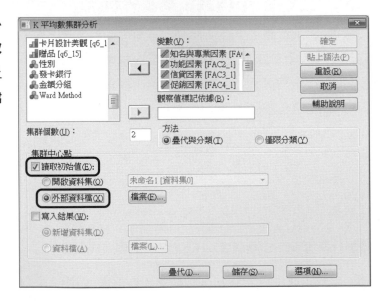

⑥ 按「**外部資料檔(X)**」後之 檔案(L)... 鈕。找出『SPSS 範例\Ch16\信用卡分群第一階段中心.sav』當起始種子點

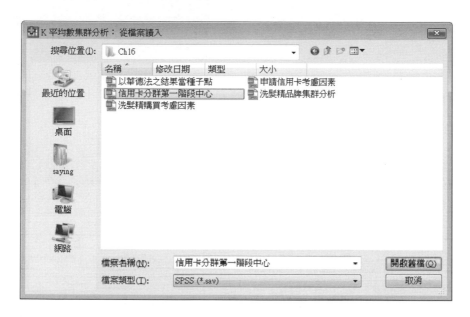

⑦ 按 開啟舊檔(Q) 鈕, 回上一層對話方塊

16

⑧ 按 選項(N)... 鈕, 加選「**各觀察值的 集群資訊(C)**」

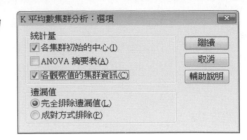

⑨ 按 繼續 鈕, 回上一層對話方塊

⑩ 按 儲存(S)... 鈕, 選擇要將分群結果 儲存下來

⑪ 按 繼續 鈕, 回上一層對話方塊

⑫ 按 確定 鈕, 獲致初始集群中 心

初始集群中心點

	集群	
	1	2
知名與專業因素	.01711	-.02037
功能因素	-.53866	.64126
信貸因素	-.30178	.35926
促銷因素	.38604	-.45957
費用因素	.16783	-.19979

首 FILE 副命令輸入

及最後之集群中心:

最後集群中心點

	集群	
	1	2
知名與專業因素	.04690	-.04898
功能因素	-.55569	.58039
信貸因素	-.30363	.31713
促銷因素	.52783	-.55129
費用因素	.11362	-.11867

可發現第 1 群在『促銷因素』上之分數較高, 故可將其命名為『促銷群』; 而第 2 群在『功能因素』與『信貸因素』上之分數較高, 尤其在『功能因素』上之差異更 明顯, 故將其命名為『功能群』。

兩群體分別含幾個樣本：

各集群中的觀察值個數

集群	1	47.000
	2	45.000
有效的		92.000
遺漏值		.000

第 1 群有 47 個樣本；第 2 群有 45 個樣本。並將分群結果儲存於『QCL_1』：

	FAC5_1	CLU2_1	QCL_1
13	-1.3369	2	2
14	-.73532	2	2
15	.72438	1	2
16	.70443	1	2
17	.13389	2	2

比較『CLU2_1』與『QCL_1』，可發現兩次分群結果有點不一樣。由於，在已知群數的情況下，『K 平均數法』優於『Ward's 法』，故我們取『QCL_1』之結果進行後續之分析。

茲將這些資料彙總於右表：

	集群一	集群二
知名與專業	0.0469	-0.0490
功能	-0.5557	0.5804
信貸	-0.3037	0.3172
促銷	0.5278	-0.5513
費用	0.1137	-0.1187
人數	47	45
百分比	51%	49%
集群命名	促銷群	功能群

驗證分羣結果

　　要驗證先前之分群結果是否適當？可將分群結果 (『QCL_1』) 當分組變數, 將原『知名與專業因素[FAC1_1]』、『功能因素[FAC2_1]』、『信貸因素[FAC3_1]』、『促銷因素[FAC4_1]』與『費用因素[FAC5_1]』等五個因素當自變數。跑一次判別分析, 看其判別函數之分組準確率如何？準確率越高, 表先前之分群結果越好。

其處理步驟如下：

① 開啟『SPSS 範例\Ch16\信用卡市場區隔.sav』

② 執行「**分析(A)/分類(Y)/判別(D)…**」

③ 左側選取『集群觀察值個數[QCL_1]』變數 (K 平均數法之分群結果)，按 ▶ 鈕，將其送到右側之『分組變數(G)』方塊

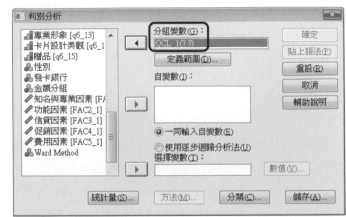

④ 於上圖按 定義範圍(D)… 鈕，於『最小值(I)』輸入 1，『最大值(A)』輸入 2，定義組別的上下限

⑤ 按 繼續 鈕，回上一層對話方塊。『分組變數(G)』方塊處，QCL_1 後之括號內會有剛剛所輸入之組別上下限

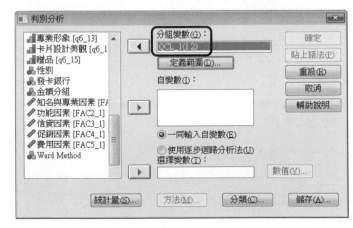

⑥ 左側選取『知名與專業因素[FAC1_1]』、『功能因素[FAC2_1]』、『信貸因素[FAC3_1]』、『促銷因素[FAC4_1]』與『費用因素[FAC5_1]』等五個因素,按 ▶ 鈕,將其送到右側之『自變數(I)』方塊

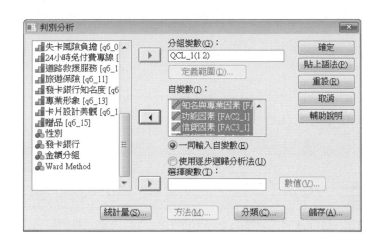

⑦ 選擇「**一同輸入自變數(E)**」

⑧ 按 **分類(C)...** 鈕,於『事前機率』處,選「**依組別大小計算(C)**」事前機率;於『顯示』處,選「**摘要表(U)**」,可列出一交叉表 (混淆矩陣, confusion matrix),比較原組別與經過判別函數所指派之組別的正確率如何?

⑨ 按 **繼續** 鈕,回上一層對話方塊

⑩ 按 **確定** 鈕,獲致

Wilks' Lambda值

函數檢定	Wilks' Lambda值	卡方	自由度	顯著性
1	.266	115.724	5	.000

Wilks' Lambda 值 0.266、卡方值 115.724、自由度 5、顯著性 0.000<α=0.05,判別能力達顯著水準, 效果非常好。

標準化後之典型判別函數, 正值部分以
『功能因素』之係數最高 (1.060); 負值部分
以『促銷因素』之係數較大 (-1.031)。

標準化的典型區別函數係數

	函數 1
知名與專業因素	-.109
功能因素	1.060
信貸因素	.671
促銷因素	-1.031
費用因素	-.262

集群 1 的重心為-1.606 之負值, 由於『促
銷 因 素 』之 係 數 為 負 且 係 數 較 高
(-1.031), 故愈注重此因素 (贈品、卡片設計
美觀) 之受訪者, 愈可能會歸屬到集群 1。

各組重心的函數

集群觀察值個數	函數 1
1	-1.606
2	1.677

未標準化的典型區別函數 以組別平均數加以評估

集群 2 的重心為 1.677 之正值, 由於『功能因素』係數為正且較高 (1.060), 故而愈注重此一因素 (是否受商店歡迎、失卡風險負擔、是否全球通行、循環利息、24 小時免付費專線) 之受訪者, 愈可能會歸屬到集群 2。

分類結果[a]

	集群觀察值個數	預測的各組成員 1	預測的各組成員 2	總和
原始的 個數	1	47	0	47
	2	0	45	45
%	1	100.0	.0	100.0
	2	.0	100.0	100.0

a. 100.0% 個原始組別觀察值已正確分類。

此一判別函數的正確判別率為 100%, 證明分群結果相當良好!

描述分羣結果

　　將二階段集群分群之結果, 經判別分析確認分群正確率之後, 確定了應該分爲兩個市場區隔後。接著即可針對這兩個市場區隔進行深入分析, 如：以群別進行與基本資料之『交叉表分析』, 可看出各群內之人口的性別、年齡、教育程度、職業、所得、有無信用卡、爲何申請、爲何不申請、所接觸之媒體、……等相關資料。

　　此外, 也可以群別與對受訪者申請信用卡時所著重之考慮因素 (進行主成份分析前之原始著重程度)、生活型態之態度量表、……等評價量表, 進行『獨立樣本 T 檢定』(兩群體) 或『單因子變異數分析』(多群體), 以探討各群之考慮因素及生活型態的差異。

　　由於, 對各群體有充份的瞭解, 當業者考慮針對某一市場區隔進行重點促銷或主打某一專案時, 將較能有效的深入到該群, 不僅提高效果更能省下大筆經費。

　　首先, 以群別分別與性別、家庭所得、每月零用金、分組過之刷卡金額、有無信用卡、……等資料, 進行交叉表分析。其處理步驟爲：

①　開啓『SPSS 範例\Ch16\信用卡市場區隔.sav』

②　執行「**分析(A)/描述性統計(E)/交叉表(C)…**」

③　左側選取『集群觀察值個數 [QCL_1]』變數 (K 平均數法之分群結果), 按 ▶ 鈕, 將其送到右側之『欄(C)』方塊

④ 選『有無信用卡[Q1]』、『最常使用[Q3_1]』、『性別』、『家庭所得[家庭所得]』、『可支配零用金[零用金]』、『發卡銀行』與『金額分組』變數, 按 ▶ 鈕, 將其送到右側之『列(O)』方塊

⑤ 按 統計量(S)... 鈕, 選擇要求得「**卡方統計量(H)**」

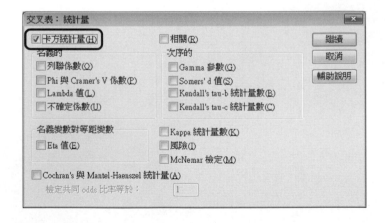

⑥ 按 繼續 鈕, 回上一層對話方塊

⑦ 按 儲存格(E)... 鈕, 設定要顯示「**觀察值(O)**」及「**行(C)**」百分比

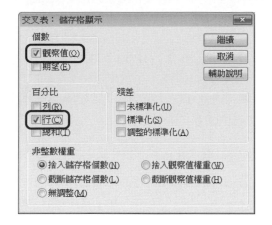

⑧ 按 [繼續] 鈕, 回上一層對話方塊

⑨ 按 [確定] 鈕, 即可獲致各交叉表及其卡方值

茲將其交叉分析之結果彙總如下：

交叉內容	卡方	自由度	顯著性
有無信用卡 * 群別	2.738	1	0.123
最常使用 * 群別	4.222	7	0.754
性別 * 群別	1.537	1	0.215
家庭月所得 * 群別	0.836	2	0.659
可支配零用金 * 群別	2.022	2	0.364
發卡銀行 * 群別	0.549	4	0.969
金額分組 * 群別	2.011	2	0.366

並未發現有任何顯著差異之現象。(可能是受訪者均為大學生, 其齊質性太高之故)

由於, 只有兩群。故接著以『獨立樣本 T 檢定』, 檢定不同群別受訪者對：『 年費 』、『 循環利息 』、『 信用額度 』、『 可貸款 』、『 可預借現金 』、『 是否全球通行 』、『 是否受商店歡迎 』、『 失卡風險負擔 』、『 24 小時免付費專線 』、『 道路救援服務 』、『 旅遊保險 』、『 發卡銀行知名度 』、『 專業形象 』、『 卡片設計美觀 』與『 贈品 』等 15 個變數之著重程度。其處理步驟為：

① 開啟『SPSS 範例\Ch16\信用卡市場區隔.sav』

② 執行「**分析(A)/比較平均數法(M)/獨立樣本 T 檢定(T)…**」

③ 於左側選取『年費[q6_01]』~『贈品[q6_15]』, 按 ▶ 鈕, 將其送到右側之
『檢定變數清單(T)』方塊

④ 左側選取『集群觀察值個數[QCL_1]』變數 (K 平均數法之分群結果), 按 ▶
鈕, 將其送到右側之『分組變數(G)』方塊

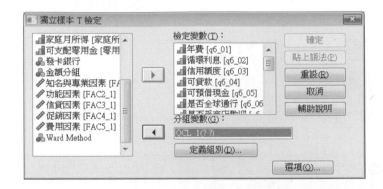

⑤ 按 　定義組別(D)...　 鈕, 定義組別之代碼

⑥ 按 　繼續　 鈕, 回上一層對話方塊

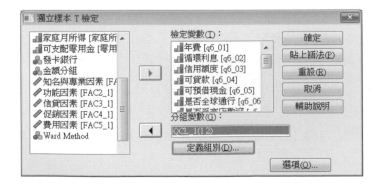

⑦ 按 ［ 確定 ］ 鈕結束，即可獲致其等之 T 檢定結果

組別統計量

	集群觀察值個數	個數	平均數
年費	1	47	4.38
	2	45	3.89
循環利息	1	47	4.11
	2	45	4.42
信用額度	1	47	3.53
	2	45	3.93
可貸款	1	47	2.77
	2	45	3.24
可預借現金	1	47	2.57
	2	45	3.40
是否全球通行	1	47	4.11
	2	45	4.78
是否受商店歡迎	1	47	3.96
	2	45	4.78

		個數	平均數
失卡風險負擔	1	47	4.51
	2	45	4.96
24小時免付費專線	1	47	4.13
	2	45	4.44
道路救援服務	1	47	3.34
	2	45	3.89
旅遊保險	1	47	4.13
	2	45	4.29
發卡銀行知名度	1	47	3.91
	2	45	3.89
專業形象	1	47	4.06
	2	45	3.96
卡片設計美觀	1	47	4.04
	2	45	2.98
贈品	1	47	3.79
	2	45	2.82

獨立樣本檢定

		變異數相等的 Levene 檢定		平均		
		F 檢定	顯著性	t	自由度	顯著性(雙尾)
年費	假設變異數相等	4.671	.033	2.819	90	.006
	不假設變異數相等			2.790	70.966	.007
循環利息	假設變異數相等	.163	.687	-1.804	90	.075
	不假設變異數相等			-1.811	88.069	.074
信用額度	假設變異數相等	4.120	.045	-2.678	90	.009
	不假設變異數相等			-2.682	89.859	.009
可貸款	假設變異數相等	.168	.683	-2.588	90	.011
	不假設變異數相等			-2.585	89.232	.011
可預借現金	假設變異數相等	.220	.640	-4.244	90	.000
	不假設變異數相等			-4.238	88.956	.000
是否全球通行	假設變異數相等	10.350	.002	-4.699	90	.000
	不假設變異數相等			-4.753	72.977	.000
是否受商店歡迎	假設變異數相等	2.265	.136	-6.428	90	.000
	不假設變異數相等			-6.485	79.645	.000
失卡風險負擔	假設變異數相等	72.815	.000	-4.349	90	.000
	不假設變異數相等			-4.428	55.588	.000

24小時免付費專線	假設變異數相等	5.676	.019	-2.072	90	.041
	不假設變異數相等			-2.062	83.955	.042
道路救援服務	假設變異數相等	1.190	.278	-3.003	90	.003
	不假設變異數相等			-3.010	89.760	.003
旅遊保險	假設變異數相等	.002	.965	-.928	90	.356
	不假設變異數相等			-.927	89.606	.356
發卡銀行知名度	假設變異數相等	7.410	.008	.161	90	.873
	不假設變異數相等			.159	73.206	.874
專業形象	假設變異數相等	4.852	.030	.721	90	.473
	不假設變異數相等			.716	80.539	.476
卡片設計美觀	假設變異數相等	1.658	.201	6.537	90	.000
	不假設變異數相等			6.495	80.828	.000
贈品	假設變異數相等	.394	.532	5.020	90	.000
	不假設變異數相等			5.034	89.395	.000

於整體分析時,我們尚需要全體受訪者對各屬性著重程度之均數。故續以下示步驟求得:

① 執行「**分析(A)/敘述統計(E)/描述性統計量(D)…**」

② 於左側以滑鼠拖曳選取『**年費[q6_01]**』～『**贈品[q6_15]**』,按 ▶ 鈕,將其送到右側之『**變數(V)**』方塊

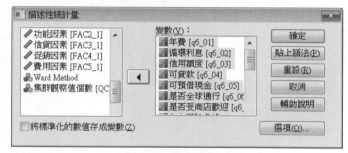

③ 按 確定 鈕,獲致全體受訪者對各屬性著重程度之均數

敘述統計

	個數	平均數
年費	92	4.14
循環利息	92	4.26
信用額度	92	3.73
可貸款	92	3.00
可預借現金	92	2.98
是否全球通行	92	4.43
是否受商店歡迎	92	4.36
失卡風險負擔	92	4.73
24小時免付費專線	92	4.28
道路救援服務	92	3.61
旅遊保險	92	4.21
發卡銀行知名度	92	3.90
專業形象	92	4.01
卡片設計美觀	92	3.52
贈品	92	3.32
有效的 N (完全排除)	92	

茲將其結果彙總如下：(其作法參見第九章『均數檢定』之『轉入 Word 撰寫報告』部份之說明)

變數	平均數			t 值	顯著性	< α
	集群 1	集群 2	全體			
年費	4.38	3.89	4.14	2.79	0.00	*
循環利息	4.11	4.42	4.26	-1.80	0.04	*
信用額度	3.53	3.93	3.73	-2.68	0.00	*
可貸款	2.77	3.24	3.00	-2.59	0.01	*
可預借現金	2.57	3.40	2.98	-4.24	0.00	*
是否全球通行	4.11	4.78	4.43	-4.75	0.00	*
是否受商店歡迎	3.96	4.78	4.36	-6.43	0.00	*
失卡風險負擔	4.51	4.96	4.73	-4.43	0.00	*
24 小時免付費專線	4.13	4.44	4.28	-2.06	0.02	*
道路救援服務	3.34	3.89	3.61	-3.00	0.00	*
旅遊保險	4.13	4.29	4.21	-0.93	0.18	
發卡銀行知名度	3.91	3.89	3.90	0.16	0.44	
專業形象	4.06	3.96	4.01	0.72	0.24	
卡片設計美觀	4.04	2.98	3.52	6.54	0.00	*
贈品	3.79	2.82	3.32	5.02	0.00	*
樣本數	47	45	92			

可發現有：『年費』、『循環利息』、『信用額度』、『可貸款』、『可預借現金』、『是否全球通行』、『是否受商店歡迎』、『失卡風險負擔』、『24 小時免付費專線』、『道路救援服務』、『卡片設計美觀』與『贈品』等申請信用卡考慮因素的注重程度, 隨其群別不同而存有顯著差異。

第 1 群 (『促銷群』) 較著重：『年費』、『卡片設計美觀』與『贈品』等申請信用卡考慮因素。而第 2 群 (『功能群』) 較著重：『循環利息』、『信用額度』、『可貸款』、『可預借現金』、『是否全球通行』、『是否受商店歡迎』、『失卡風險負擔』、『24 小時免付費專線』與『道路救援服務』等申請信用卡考慮因素。

習題

1. 針對『SPSS 習題\Ex16\
   衛生棉廠牌分群.sav 』

	廠牌	舒適	價格	吸收力	香味
1	靠得住	-.2476	-.32999	.09179	.35027
2	蘇菲	-.0133	.09697	-.10122	-.0117
3	蕾妮亞	-.8159	-.03141	.02009	-.3811
4	康乃馨	.25467	.20909	.09690	-.1371
5	好自在	.47236	.08396	-.01701	.06412
6	其他	-.2887	-.56416	-.11623	.10267

以華德法進集群分析。

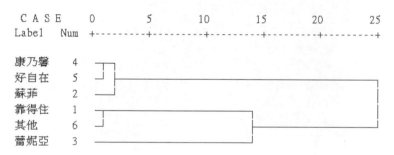

Dendrogram using Ward Method

Rescaled Distance Cluster Combine

```
    C A S E    0      5      10     15     20     25
    Label  Num +---------+---------+---------+---------+---------+

    康乃馨    4   ┐┌
    好自在    5   ┘│
    蘇菲      2    └
    靠得住    1   ┐
    其他      6   ┘
    蕾妮亞    3
```

分群結果：

	廠牌	舒適	價格	吸收力	香味	CLU2_1
1	靠得住	-.2476	-.3300	.09179	.35027	1
2	蘇菲	-.0133	.09697	-.1012	-.0117	2
3	蕾妮亞	-.8159	-.0314	.02009	-.3811	1
4	康乃馨	.25467	.20909	.09690	-.1371	2
5	好自在	.47236	.08396	-.0170	.06412	2
6	其他	-.2887	-.5642	-.1162	.10267	1

2. 針對『SPSS 習題\Ex16\染髮行為.sav 』，以生活型態態度量表的主成份分析結果
   為自變數，以二階段集群分析，對其進行分群。以判別分析驗證其合適性，續對
   各集群進行描述。

APPENDIX

附錄

1
2
3
4
5
6
7
8
9
10
11
12
13
14
15
16

附錄一 卡方分配的臨界值

d.f. \ α	右尾機率						
	25%	10%	5%	2.5%	1%	0.5%	0.1%
1	1.32	2.71	3.84	5.02	6.63	7.88	10.83
2	2.77	4.61	5.99	7.38	9.21	10.60	13.82
3	4.11	6.25	7.81	9.35	11.34	12.84	16.27
4	5.39	7.78	9.49	11.14	13.28	14.86	18.47
5	6.63	9.24	11.07	12.83	15.09	16.75	20.52
6	7.84	10.64	12.59	14.45	16.81	18.55	22.46
7	9.04	12.02	14.07	16.01	18.48	20.28	24.32
8	10.22	13.36	15.51	17.53	20.09	21.95	26.12
9	11.39	14.68	16.92	19.02	21.67	23.59	27.88
10	12.55	15.99	18.31	20.48	23.21	25.19	29.59
11	13.70	17.28	19.68	21.92	24.72	26.76	31.26
12	14.85	18.55	21.03	23.34	26.22	28.30	32.91
13	15.98	19.81	22.36	24.74	27.69	29.82	34.53
14	17.12	21.06	23.68	26.12	29.14	31.32	36.12
15	18.25	22.31	25.00	27.49	30.58	32.80	37.70
16	19.37	23.54	26.30	28.85	32.00	34.27	39.25
17	20.49	24.77	27.59	30.19	33.41	35.72	40.79
18	21.60	25.99	28.87	31.53	34.81	37.16	42.31
19	22.72	27.20	30.14	32.85	36.19	38.58	43.82
20	23.83	28.41	31.41	34.17	37.57	40.00	45.31
21	24.93	29.62	32.67	35.48	38.93	41.40	46.80
22	26.04	30.81	33.92	36.78	40.29	42.80	48.27
23	27.14	32.01	35.17	38.08	41.64	44.18	49.73
24	28.24	33.20	36.42	39.36	42.98	45.56	51.18

α d.f.	右尾機率						
	25%	10%	5%	2.5%	1%	0.5%	0.1%
25	29.34	34.38	37.65	40.65	44.31	46.93	52.62
26	30.43	35.56	38.89	41.92	45.64	48.29	54.05
27	31.53	36.74	40.11	43.19	46.96	49.64	55.48
28	32.62	37.92	41.34	44.46	48.28	50.99	56.89
29	33.71	39.09	42.56	45.72	49.59	52.34	58.30
30	34.80	40.26	43.77	46.98	50.89	53.67	59.70
40	45.62	51.81	55.76	59.34	63.69	66.77	73.40
50	56.33	63.17	67.50	71.42	76.15	79.49	86.66
60	66.98	74.40	79.08	83.30	88.38	91.95	99.61
70	77.58	85.53	90.53	95.02	100.43	104.21	112.32
80	88.13	96.58	101.88	106.63	112.33	116.32	124.84
90	98.65	107.57	113.15	118.14	124.1	128.30	137.21
100	109.14	118.50	124.34	129.56	135.81	140.17	149.45

9

10

11

12

13

14

15

16

附錄二 標準常態分配表

Z	Z 值的小數第二位									
	0.00	0.01	0.02	0.03	0.04	0.05	0.06	0.07	0.08	0.09
0.0	0.0000	0.0040	0.0080	0.0120	0.0160	0.0199	0.0239	0.0279	0.0319	0.0359
0.1	0.0398	0.0438	0.0478	0.0517	0.0557	0.0596	0.0636	0.0675	0.0714	0.0753
0.2	0.0793	0.0832	0.0871	0.0910	0.0948	0.0987	0.1026	0.1064	0.1103	0.1141
0.3	0.1179	0.1217	0.1255	0.1293	0.1331	0.1368	0.1406	0.1443	0.1480	0.1517
0.4	0.1554	0.1591	0.1628	0.1664	0.1700	0.1736	0.1772	0.1808	0.1844	0.1879
0.5	0.1915	0.1950	0.1985	0.2019	0.2054	0.2088	0.2123	0.2157	0.2190	0.2224
0.6	0.2257	0.2291	0.2324	0.2357	0.2389	0.2422	0.2454	0.2486	0.2517	0.2549
0.7	0.2580	0.2611	0.2642	0.2673	0.2704	0.2734	0.2764	0.2794	0.2823	0.2852
0.8	0.2881	0.2910	0.2939	0.2967	0.2995	0.3023	0.3051	0.3078	0.3106	0.3133
0.9	0.3159	0.3186	0.3212	0.3238	0.3264	0.3289	0.3315	0.3340	0.3365	0.3389
1.0	0.3413	0.3438	0.3461	0.3485	0.3508	0.3531	0.3554	0.3577	0.3599	0.3621
1.1	0.3643	0.3665	0.3686	0.3708	0.3729	0.3749	0.3770	0.3790	0.3810	0.3830
1.2	0.3849	0.3869	0.3888	0.3907	0.3925	0.3944	0.3962	0.3980	0.3997	0.4015
1.3	0.4032	0.4049	0.4066	0.4082	0.4099	0.4115	0.4131	0.4147	0.4162	0.4177
1.4	0.4192	0.4207	0.4222	0.4236	0.4251	0.4265	0.4279	0.4292	0.4306	0.4319
1.5	0.4332	0.4345	0.4357	0.4370	0.4382	0.4394	0.4406	0.4418	0.4429	0.4441
1.6	0.4452	0.4463	0.4474	0.4484	0.4495	0.4505	0.4515	0.4525	0.4535	0.4545
1.7	0.4554	0.4564	0.4573	0.4582	0.4591	0.4599	0.4608	0.4616	0.4625	0.4633
1.8	0.4641	0.4649	0.4656	0.4664	0.4671	0.4678	0.4686	0.4693	0.4699	0.4706
1.9	0.4713	0.4719	0.4726	0.4732	0.4738	0.4744	0.4750	0.4756	0.4761	0.4767
2.0	0.4772	0.4778	0.4783	0.4788	0.4793	0.4798	0.4803	0.4808	0.4812	0.4817
2.1	0.4821	0.4826	0.4830	0.4834	0.4838	0.4842	0.4846	0.4850	0.4854	0.4857
2.2	0.4861	0.4864	0.4868	0.4871	0.4875	0.4878	0.4881	0.4884	0.4887	0.4890

Z	Z 值的小數第二位									
	0.00	0.01	0.02	0.03	0.04	0.05	0.06	0.07	0.08	0.09
2.3	0.4893	0.4896	0.4898	0.4901	0.4904	0.4906	0.4909	0.4911	0.4913	0.4916
2.4	0.4918	0.4920	0.4922	0.4925	0.4927	0.4929	0.4931	0.4932	0.4934	0.4936
2.5	0.4938	0.4940	0.4941	0.4943	0.4945	0.4946	0.4948	0.4949	0.4951	0.4952
2.6	0.4953	0.4955	0.4956	0.4957	0.4959	0.4960	0.4961	0.4962	0.4963	0.4964
2.7	0.4965	0.4966	0.4967	0.4968	0.4969	0.4970	0.4971	0.4972	0.4973	0.4974
2.8	0.4974	0.4975	0.4976	0.4977	0.4977	0.4978	0.4979	0.4979	0.4980	0.4981
2.9	0.4981	0.4982	0.4982	0.4983	0.4984	0.4984	0.4985	0.4985	0.4986	0.4986
3.0	0.4987	0.4987	0.4987	0.4988	0.4988	0.4989	0.4989	0.4989	0.4990	0.4990

附錄三　t 方分配的臨界值

	右尾機率					
n	10%	5%	2.5%	1%	0.5%	d.f.
2	3.078	6.314	12.706	31.821	63.657	1
3	1.886	2.920	4.303	6.965	9.925	2
4	1.638	2.353	3.182	4.541	5.841	3
5	1.533	2.132	2.776	3.747	4.604	4
6	1.476	2.015	2.571	3.365	4.032	5
7	1.440	1.943	2.447	3.143	3.707	6
8	1.415	1.895	2.365	2.998	3.499	7
9	1.397	1.860	2.306	2.896	3.355	8
10	1.383	1.833	2.262	2.821	3.250	9
11	1.372	1.812	2.228	2.764	3.169	10
12	1.363	1.796	2.201	2.718	3.106	11
13	1.356	1.782	2.179	2.681	3.055	12
14	1.350	1.771	2.160	2.650	3.012	13
15	1.345	1.761	2.145	2.624	2.977	14
16	1.341	1.753	2.131	2.602	2.947	15
17	1.337	1.746	2.120	2.583	2.921	16
18	1.333	1.740	2.110	2.567	2.898	17
19	1.330	1.734	2.101	2.552	2.878	18
20	1.328	1.729	2.093	2.539	2.861	19
21	1.325	1.725	2.086	2.528	2.845	20
22	1.323	1.721	2.080	2.518	2.831	21
23	1.321	1.717	2.074	2.508	2.819	22
24	1.319	1.714	2.069	2.500	2.807	23
25	1.318	1.711	2.064	2.492	2.797	24
26	1.316	1.708	2.060	2.485	2.787	25
27	1.315	1.706	2.056	2.479	2.779	26
28	1.314	1.703	2.052	2.473	2.771	27
29	1.313	1.701	2.048	2.467	2.763	28
30	1.311	1.699	2.045	2.462	2.756	29

附錄四　F 分配的臨界值

（ $\alpha = 0.05$ ， $F_{\alpha}(\nu_1, \nu_2)$ ）

ν_2 ╲ ν_1	1	2	3	4	5	6	7	8	9	10
1	161.45	199.50	215.71	224.58	230.16	233.99	236.77	238.88	240.54	241.88
2	18.51	19.00	19.16	19.25	19.30	19.33	19.35	19.37	19.38	19.40
3	10.13	9.55	9.28	9.12	9.01	8.94	8.89	8.85	8.81	8.79
4	7.71	6.94	6.59	6.39	6.26	6.16	6.09	6.04	6.00	5.96
5	6.61	5.79	5.41	5.19	5.05	4.95	4.88	4.82	4.77	4.74
6	5.99	5.14	4.76	4.53	4.39	4.28	4.21	4.15	4.10	4.06
7	5.59	4.74	4.35	4.12	3.97	3.87	3.79	3.73	3.68	3.64
8	5.32	4.46	4.07	3.84	3.69	3.58	3.50	3.44	3.39	3.35
9	5.12	4.26	3.86	3.63	3.48	3.37	3.29	3.23	3.18	3.14
10	4.96	4.10	3.71	3.48	3.33	3.22	3.14	3.07	3.02	2.98
11	4.84	3.98	3.59	3.36	3.20	3.09	3.01	2.95	2.90	2.85
12	4.75	3.89	3.49	3.26	3.11	3.00	2.91	2.85	2.80	2.75
13	4.67	3.81	3.41	3.18	3.03	2.92	2.83	2.77	2.71	2.67
14	4.60	3.74	3.34	3.11	2.96	2.85	2.76	2.70	2.65	2.60
15	4.54	3.68	3.29	3.06	2.90	2.79	2.71	2.64	2.59	2.54
16	4.49	3.63	3.24	3.01	2.85	2.74	2.66	2.59	2.54	2.49
17	4.45	3.59	3.20	2.96	2.81	2.70	2.61	2.55	2.49	2.45
18	4.41	3.55	3.16	2.93	2.77	2.66	2.58	2.51	2.46	2.41
19	4.38	3.52	3.13	2.90	2.74	2.63	2.54	2.48	2.42	2.38
20	4.35	3.49	3.10	2.87	2.71	2.60	2.51	2.45	2.39	2.35
21	4.32	3.47	3.07	2.84	2.68	2.57	2.49	2.42	2.37	2.32
22	4.30	3.44	3.05	2.82	2.66	2.55	2.46	2.40	2.34	2.30
23	4.28	3.42	3.03	2.80	2.64	2.53	2.44	2.37	2.32	2.27
24	4.26	3.40	3.01	2.78	2.62	2.51	2.42	2.36	2.30	2.25

9

10

11

12

13

14

15

16

ν_1 \ ν_2	1	2	3	4	5	6	7	8	9	10
25	4.24	3.39	2.99	2.76	2.60	2.49	2.40	2.34	2.28	2.24
26	4.23	3.37	2.98	2.74	2.59	2.47	2.39	2.32	2.27	2.22
27	4.21	3.35	2.96	2.73	2.57	2.46	2.37	2.31	2.25	2.20
28	4.20	3.34	2.95	2.71	2.56	2.45	2.36	2.29	2.24	2.19
29	4.18	3.33	2.93	2.70	2.55	2.43	2.35	2.28	2.22	2.18
30	4.17	3.32	2.92	2.69	2.53	2.42	2.33	2.27	2.21	2.16
40	4.08	3.23	2.84	2.61	2.45	2.34	2.25	2.18	2.12	2.08
60	4.00	3.15	2.76	2.53	2.37	2.25	2.17	2.10	2.04	1.99
120	3.92	3.07	2.68	2.45	2.29	2.18	2.09	2.02	1.96	1.91

$$(\alpha =0.05 \text{ , } F \alpha(\nu_1, \nu_2))$$

ν_1 \ ν_2	11	12	13	14	15	16	17	18	19	20
1	242.98	243.91	244.69	245.36	245.95	246.46	246.92	247.32	247.69	248.01
2	19.40	19.41	19.42	19.42	19.43	19.43	19.44	19.44	19.44	19.45
3	8.76	8.74	8.73	8.71	8.70	8.69	8.68	8.67	8.67	8.66
4	5.94	5.91	5.89	5.87	5.86	5.84	5.83	5.82	5.81	5.80
5	4.70	4.68	4.66	4.64	4.62	4.60	4.59	4.58	4.57	4.56
6	4.03	4.00	3.98	3.96	3.94	3.92	3.91	3.90	3.88	3.87
7	3.60	3.57	3.55	3.53	3.51	3.49	3.48	3.47	3.46	3.44
8	3.31	3.28	3.26	3.24	3.22	3.20	3.19	3.17	3.16	3.15
9	3.10	3.07	3.05	3.03	3.01	2.99	2.97	2.96	2.95	2.94
10	2.94	2.91	2.89	2.86	2.85	2.83	2.81	2.80	2.79	2.77
11	2.82	2.79	2.76	2.74	2.72	2.70	2.69	2.67	2.66	2.65
12	2.72	2.69	2.66	2.64	2.62	2.60	2.58	2.57	2.56	2.54

ν_2 \ ν_1	11	12	13	14	15	16	17	18	19	20
13	2.63	2.60	2.58	2.55	2.53	2.51	2.50	2.48	2.47	2.46
14	2.57	2.53	2.51	2.48	2.46	2.44	2.43	2.41	2.40	2.39
15	2.51	2.48	2.45	2.42	2.40	2.38	2.37	2.35	2.34	2.33
16	2.46	2.42	2.40	2.37	2.35	2.33	2.32	2.30	2.29	2.28
17	2.41	2.38	2.35	2.33	2.31	2.29	2.27	2.26	2.24	2.23
18	2.37	2.34	2.31	2.29	2.27	2.25	2.23	2.22	2.20	2.19
19	2.34	2.31	2.28	2.26	2.23	2.21	2.20	2.18	2.17	2.16
20	2.31	2.28	2.25	2.22	2.20	2.18	2.17	2.15	2.14	2.12
21	2.28	2.25	2.22	2.20	2.18	2.16	2.14	2.12	2.11	2.10
22	2.26	2.23	2.20	2.17	2.15	2.13	2.11	2.10	2.08	2.07
23	2.24	2.20	2.18	2.15	2.13	2.11	2.09	2.08	2.06	2.05
24	2.22	2.18	2.15	2.13	2.11	2.09	2.07	2.05	2.04	2.03
25	2.20	2.16	2.14	2.11	2.09	2.07	2.05	2.04	2.02	2.01
26	2.18	2.15	2.12	2.09	2.07	2.05	2.03	2.02	2.00	1.99
27	2.17	2.13	2.10	2.08	2.06	2.04	2.02	2.00	1.99	1.97
28	2.15	2.12	2.09	2.06	2.04	2.02	2.00	1.99	1.97	1.96
29	2.14	2.10	2.08	2.05	2.03	2.01	1.99	1.97	1.96	1.94
30	2.13	2.09	2.06	2.04	2.01	1.99	1.98	1.96	1.95	1.93
40	2.04	2.00	1.97	1.95	1.92	1.90	1.89	1.87	1.85	1.84
60	1.95	1.92	1.89	1.86	1.84	1.82	1.80	1.78	1.76	1.75
120	1.87	1.83	1.80	1.78	1.75	1.73	1.71	1.69	1.67	1.66

$(\alpha = 0.05 , F \alpha(\nu_1, \nu_2))$

ν_2 \ ν_1	21	22	23	24	25	26	27	28	29	30
1	248.31	248.58	248.83	249.05	249.26	249.45	249.63	249.80	249.95	250.10
2	19.45	19.45	19.45	19.45	19.46	19.46	19.46	19.46	19.46	19.46
3	8.65	8.65	8.64	8.64	8.63	8.63	8.63	8.62	8.62	8.62
4	5.79	5.79	5.78	5.77	5.77	5.76	5.76	5.75	5.75	5.75
5	4.55	4.54	4.53	4.53	4.52	4.52	4.51	4.50	4.50	4.50
6	3.86	3.86	3.85	3.84	3.83	3.83	3.82	3.82	3.81	3.81
7	3.43	3.43	3.42	3.41	3.40	3.40	3.39	3.39	3.38	3.38
8	3.14	3.13	3.12	3.12	3.11	3.10	3.10	3.09	3.08	3.08
9	2.93	2.92	2.91	2.90	2.89	2.89	2.88	2.87	2.87	2.86
10	2.76	2.75	2.75	2.74	2.73	2.72	2.72	2.71	2.70	2.70
11	2.64	2.63	2.62	2.61	2.60	2.59	2.59	2.58	2.58	2.57
12	2.53	2.52	2.51	2.51	2.50	2.49	2.48	2.48	2.47	2.47
13	2.45	2.44	2.43	2.42	2.41	2.41	2.40	2.39	2.39	2.38
14	2.38	2.37	2.36	2.35	2.34	2.33	2.33	2.32	2.31	2.31
15	2.32	2.31	2.30	2.29	2.28	2.27	2.27	2.26	2.25	2.25
16	2.26	2.25	2.24	2.24	2.23	2.22	2.21	2.21	2.20	2.19
17	2.22	2.21	2.20	2.19	2.18	2.17	2.17	2.16	2.15	2.15
18	2.18	2.17	2.16	2.15	2.14	2.13	2.13	2.12	2.11	2.11
19	2.14	2.13	2.12	2.11	2.11	2.10	2.09	2.08	2.08	2.07
20	2.11	2.10	2.09	2.08	2.07	2.07	2.06	2.05	2.05	2.04
21	2.08	2.07	2.06	2.05	2.05	2.04	2.03	2.02	2.02	2.01
22	2.06	2.05	2.04	2.03	2.02	2.01	2.00	2.00	1.99	1.98
23	2.04	2.02	2.01	2.01	2.00	1.99	1.98	1.97	1.97	1.96
24	2.01	2.00	1.99	1.98	1.97	1.97	1.96	1.95	1.95	1.94
25	2.00	1.98	1.97	1.96	1.96	1.95	1.94	1.93	1.93	1.92

ν_1 ν_2	21	22	23	24	25	26	27	28	29	30
26	1.98	1.97	1.96	1.95	1.94	1.93	1.92	1.91	1.91	1.90
27	1.96	1.95	1.94	1.93	1.92	1.91	1.90	1.90	1.89	1.88
28	1.95	1.93	1.92	1.91	1.91	1.90	1.89	1.88	1.88	1.87
29	1.93	1.92	1.91	1.90	1.89	1.88	1.88	1.87	1.86	1.85
30	1.92	1.91	1.90	1.89	1.88	1.87	1.86	1.85	1.85	1.84
40	1.83	1.81	1.80	1.79	1.78	1.77	1.77	1.76	1.75	1.74
60	1.73	1.72	1.71	1.70	1.69	1.68	1.67	1.66	1.66	1.65
120	1.64	1.63	1.62	1.61	1.60	1.59	1.58	1.57	1.56	1.55

($\alpha = 0.05$, $F_\alpha(\nu_1, \nu_2)$)

ν_1 ν_2	40	60	120
1	251.14	252.20	253.25
2	19.47	19.48	19.49
3	8.59	8.57	8.55
4	5.72	5.69	5.66
5	4.46	4.43	4.40
6	3.77	3.74	3.70
7	3.34	3.30	3.27
8	3.04	3.01	2.97
9	2.83	2.79	2.75
10	2.66	2.62	2.58
11	2.53	2.49	2.45
12	2.43	2.38	2.34

ν_2 \ ν_1	40	60	120
13	2.34	2.30	2.25
14	2.27	2.22	2.18
15	2.20	2.16	2.11
16	2.15	2.11	2.06
17	2.10	2.06	2.01
18	2.06	2.02	1.97
19	2.03	1.98	1.93
20	1.99	1.95	1.90
21	1.96	1.92	1.87
22	1.94	1.89	1.84
23	1.91	1.86	1.81
24	1.89	1.84	1.79
25	1.87	1.82	1.77
26	1.85	1.80	1.75
27	1.84	1.79	1.73
28	1.82	1.77	1.71
29	1.81	1.75	1.70
30	1.79	1.74	1.68
40	1.69	1.64	1.58
60	1.59	1.53	1.47
120	1.50	1.43	1.35